上海市哲社规划项目

"汉英特殊类词语——副词性关联词语多视角比较研究"（2014BYY003）

上海市教委人文社科类科研创新重点项目

"汉英特殊类词语——副词性关联词语比较研究"（14ZS113）资助

汉英特殊类词语

副词性关联词语多视阈比较研究

原苏荣　著

THE MULTI-PERSPECTIVE
COMPARISON OF WORDS OF
SPECIAL TYPE
Adverbial Conjunctions
in Chinese and English

上海三联书店

You should know your own language only if you compared it with other languages.

——Friedrich Engels

你只有将本族语同其他语言加以比较，你才会真正懂得自己的语言。

——弗里德里希·恩格斯

序

　　长期以来,副词研究一直是汉语语法研究的重要课题,特别是这些年来,随着各种语言学理论的引入和借鉴,研究方法的不断改进和完善,研究手段的不断更新和提升,汉语副词研究更是得到了蓬勃发展,各种研究成果数量与日俱增,质量持续提高。当然,在取得巨大成绩的同时,也不能忽视副词研究中存在的问题,比如,作为近年来副词探究热点之一的关联功能现象,虽然不同视角、分散研究的各类成果已有不少,但是从语篇层面进行多个视角的系统研究成果还是不多,尤其是结合特定语言学理论与研究方法的汉英比较研究的深层次探讨就更少了。而原苏荣先生的这本《汉英特殊类词语——副词性关联词语多视阈比较研究》,正是对副词性关联词加以全面探究的突破与尝试。据我所知,原苏荣在这方面已有过相当成功的探索,曾经在博士论文的基础上出版过专著《汉英副词性关联词语比较研究》。很显然,这本在上海市教委科研创新重点项目和上海市哲社项目结项基础上修改而成的新著,无疑是汉英副词关联功能研究方面的又一重要力作。

　　副词性关联词语是一较为庞杂的类别,其功能也多种多样。总体而言,这些起连接作用的副词和副词性词语主要是在句子中或语篇中起关联作用,表示分句之间、句子之间或语段之间关系的词语。许多汉、英副词性关联词语在起到修饰功用的同时,也兼任关联作用。很显然,这些词语不是与名、动、形以及副、介、连等并列的一种词类,而是从词语的关联功能划分出来的一种功能性综合类别，是一类特殊的词语。从来源看，这类关联词语来源于各种相关的副词性词语；就功用看，这类词语大多兼具语篇连接功能的汉英语语气副词和副词性短语以及在固定与类固定短语中内部起关联副词作用的词语。所以，长期以来在对外汉语教学与英语语言教学中，这类词语的用法一直是个比较棘手的难点。本书的特点就在于运用当代主要语言学流派的方法，通过语料库中丰富语料的分析与比较，对汉语与英语中的具有关联作用的副词和副词性词语进行了全面、深入、细致的描写和解释。由于本书特别强调了两种语言中该类词语的共性，对英语背景的汉语学习者理解、把握这些副词性关联词语的复杂用法，具有极大的启发作用，对汉英词典和英汉词典的编撰，也能提供理论和方法上参考。具体而言，我觉得，这本专著在学术上主要有以下特点：

就借鉴的理论与方法而言，本书采用集认知语言学研究法、构式语法研究法、功能语言学研究法、语篇语言学研究法、类型学研究法和应用语言学研究法为一体的多视阈比较法。认知论、构式论和系统功能论在语言哲学观上有许多相似主张，如语言的连续性和系统性，形式和意义/功能的对应性。功能语言学和语篇语言学也有相通之处，如都注重语篇"衔接"的研究。类型学研究法注重"形式描写，功能解释"，描写体现在蕴涵共性的逻辑形式上，而其描写为功能解释提供了坚实的基础。应用语言学则是在以上各个领域中实际应用的语言学分支。正是这一系列相通之处。使得本书的汉英副词性关联词语比较研究的"认知—功能—类型—应用"的多视角成为一种有效的可能。本书在大规模语料调查的基础上，进行全面比较分析；以检索的真实文本语料作支持，从用法解释、规则描写深入到原理解释和机理探究，非常具体细致。从而为其结论的可靠性提供了坚实的基础。而且，作者的研究视角也相当合理，不但选择了当代主要语言学流派作为描写框架,视野比较开阔,并且还能做到不同视角的互相补充。这方面比起其他仅仅选择一个理论框架的比较研究来,自然能在多个方面都能做到有所创新、有所突破。

就取得的创新与突破来讲,本书在众多表面的差异之下,找到了汉英副词性关联词语的基本相同点,对共性的强调得到了凸显。在类型学视角下的比较中,还联系到较多的法语和日语的语料进行分析,吴语中牵涉到的性质包括声调、音域和重音;EACs的调值、调类记录与分析;声调音域分析等,相当深入具体。尤其是汉英紧缩格式的研究历来相对薄弱,本书这方面的描写相对充实,无疑在多方面充实了英汉语法对比的这一以往相对薄弱的领域。而且,更为难能可贵的是,在作者的多方努力下,这本论著通过认知分析、功能解释、多语型比较与应用的研究等,多角度解决了汉英副词性关联词语以往还没有在多学科、多领域比较研究的不足,填补多视阈下比较研究汉英副词性关联词语的空缺。

我认为,本书的优点主要体现在四个方面:首先,研究视角新颖:当前学界所进行的汉英比较研究,大多只是着眼于一两个方面;而本书依次从六个方面对汉英副词性关联词语作了逐项深入的比较与阐释。其次,探究方法有效:本书基于大规模语料调查,借鉴了有效的语言学理论;每一章的论点基本上都能做到既有事实依据又经周密论述,所得出的结论相对合理可靠。再次,成果可信度高:本书的单项成果大多已得到学术界的认可,绝大多数章节都曾提交学术会议讨论,根据专家意见全面修改;其中的五篇个案已经在 C 刊上发表。最后,具有实用价值:本书的研究成果对于汉英学界今后进一步对副词性关联词语研究具有重要的借鉴作用;而且对汉英语言教学与计算机处理也有参考价值。

原苏荣先生自读博以来,一直跟我多方面的学术交流,所以,我对他学术水平和专业精神比较了解。特别是这次全面通读了这一著作之后,我深深地感到,本书确实是一部优秀学术著作,不但语料扎实可靠,分析细致合理,理论丰富严密。而且,这本论著基本完成后,作者不断加以修改,力求精益求精,经过几年打磨、修订才定稿。应该说,这本书多视阈系统地拓展了汉英副词性关联词语研究的深度和广度,具有特定的学术价值和理论意义,本书对推动该类词语研究具有积极作用。据我所知,原苏荣教授今年申报的国家社科项目《言语互动视阈下汉英语篇关联模式与机制研究》已荣获立项。所以我相信,原苏荣先生今后在汉英语篇关联模式研究方面,一定还会不断有更加优秀的成果面世。

总之,尽管这本学术论著也还存在着一些须要进一步改进和完善之处,但是,我认为,本书无疑是一部迄今为止在汉英副词性关联词语比较研究领域方面最为重要的创新之作,是一部相当值得认真一读并且值得多方借鉴的专著,所以,特地郑重向大家推荐。

张谊生

2019 年 7 月于上海师范大学

目　　录

第一章 引言

1.1 选题依据

1.1.1 国内外研究现状

自《马氏文通》以来,副词一直是汉语词类研究中引起争议和存在问题最多的一类。国内学界早已关注副词性关联词语在意义完整语篇中的重要性,迄今,对该类词语的研究主要集中于以下三个方面。

1. 副词性关联词语的界定。章振邦(1983)提出副词性关联词语充当连接性状语,在句子之间起连接作用;张道真(1984)认为副词性关联词语有承接上文的作用,有些接近连词;薄冰、赵德鑫(1999)提出副词性关联词语用于连接句子、分句,它们可表示各种关系。

2. 汉语语篇中的研究。重要的成果如廖秋忠(1986)、屈承熹(1991)和张谊生(1996)等探究了副词的篇章连接功能;严艺(2011)指出"原来"具有的篇章功能;方霁(2013)讨论了"好在"的篇章衔接关系和功能。

3. 汉英比较研究。在许余龙、潘文国、杨自俭等研究的基础上,陆建非等(2011)、刘曜(2016)比较了汉英副词性关联词语的语篇衔接功能;施发勇(2012)、邹清妹(2015)、胡芳芳(2015)等分别基于不同的语料库对汉英篇章中的副词性关联词语进行了比较。

国外学界对英语副词性关联词语的研究过程与国内学界对汉语该类词语的研究过程基本一样。

1. 副词性关联词语的界定。Halliday & Hasan(1976)提出副词性关联词语起衔接功能和连接特殊语义关系的作用；Quirk *et al.*(1985)指出副词性关联词语是说话者对两个语言单位之间的联系所作的评价；Biber *et al.*(2000)认为副词性关联词语建立语篇单位间的语义联系。可以看出，中外学者的观点大同小异。

2. 英语语篇中的研究。主要有 Larson(1985)对"either ... or ..."中的 either 的连接功能进行了分析；Schwarz(1999)对"neither ... nor ..."中的 neither 进行了探究；Cinque(1999, 2004)等探讨了副词的篇章连接功能。

3. 比较研究。Johannessen(2003,2005)论述了副词性关联词语的句法特点、关联特征，尤其是在德语话语中的关联特点，并进行了英、德副词性关联词语比较研究。

1.1.2　国内外简评

关于副词性关联词语研究的各种论文有上百篇，不乏质量上乘之作。学界对篇章层面的副词性关联词语具有的篇章连接功能、语义作用等，有不同表达或只是术语不同而已。但迄今为止，对汉英副词性关联词语多视阈比较及其研究模式框架的探索还很不够，对该类词语的研究，可以概括为：

1. 同一视角研究多，多个视角比较少。汉英副词性关联词语比较研究多是在同一个视角的比较研究，而从多个视角对汉英副词性关联词语这一领域的比较研究还未见到。

2. 单语内研究多，双语比较研究少。汉、英语界对副词性关联词语，多为各自语言系统内的单语研究，汉英双语比较研究少。

3. 句内研究多，篇章层面研究少。汉、英语界对副词性关联词语多在句内层面的研究,从语篇角度的比较研究少,对汉英语共性特点和规律、差异及其原因等方面的研究还不够。

4. 分散研究多,多视角系统比较少。汉、英语界大都是对某些副词性关联词语进行较为零散的研究,缺乏多视角比较研究的框架,缺乏较系统的比较研究机制。多视阈系统比较研究汉英副词性关联词语丞待加强。

简言之,国内外学界对汉英副词性关联词语多视阈比较研究总体上是一个新的方向,多视阈研究汉英副词性词语有待深入和拓展。

1.1.3 独特价值

学术价值

1. 构建认知—功能—类型—应用视阈下的比较模式。探求认知—功能—类型—应用视阈下汉英这一特殊类词语比较研究的新框架和新方法。

2. 建立从理论语言学视阈下到应用语言学视阈下的(宏观)比较机制。揭示在语言共性观照下研究其功能差异和认知规律,探究汉英副词性关联词语的具体应用规则和语言结构类型上的机制与原理。

3. 通过认知分析、功能解释、多语型比较和应用研究,解决汉英副词性关联词语还没有在多学科、多领域比较研究的不足,填补多视阈下比较研究汉英副词性关联词语的空白。

应用价值

1. 对从事汉英对比语法教学和研究,特别是汉英副词教学和研究者有实际参考价值。对全面深入研究副词性关联词语提供理论、方法上的支持和应用借鉴。

2. 为对外汉语教学及英语教学提供规则描写和理论解释上的参考和服务;对汉英/英汉词典编撰、汉英互译也有启发和支持作用。

3. 副词性关联词语的阅读教学模式探究,在调查研究、实际应用和深入分析的基础上,验证了该教学模式的可行性。

1.2　研究目的和方法

1.2.1　研究目的

本书是在学术界已有研究的基础上,对汉英副词性关联词语进行多视阈比较研究,其研究目的在于:本选题具有理论上的探索意义,方法上的创新,填补多视阈下对该类词语比较研究的不足,克服该领域的学术盲区。

1.2.2　研究方法

1. 语料库研究法。应用 1)"美国当代英语语料库(COCA)"和"北京大学中国语言学研究中心语料库(CCL)"、2)"现代汉英/英汉双向平行同质语料库"(是自建 500 万字的语料库,本语料库中的语料均选自国内外名家作品、著名报刊,各类经典标准文本。),以汉英副词性关联词语为检索项,使用 WordSmith 6.0 和 Searching System for Chinese Corpus 5.0,分析副词性关联词语的分布、频次、功能、语义等。用实证方法对该类词语进行描写、统计与分析。

2. 综合研究法。集认知语言学研究法、功能语言学研究法、类型学研究法和应用语言学研究法为一体的多视阈比较法。认知论和系统功能论在语言哲学观上有许多相似主张,如语言的连续性和系统性。类型学研究法注重"形式描写,功能解释",描写体现在蕴涵共性的逻辑形式上,而它的描写为功能解释提供了坚实的基础。这些相通之处使汉英副词性关联词语比较研究的认知—功能—类型—应用视角成为可能,并在跨语言比较中发挥积极作用。

我们的立论依据是建立在大量实际语料的收集、整理和分析

的基础上,在研究方法上注意贯彻以下几个原则:

　　1) 共性研究与个性研究相结合;

　　2) 形式和意义相结合;

　　3) 描写与解释相结合;

　　4) 定性分析和定量分析相结合。

1.3　基本框架

本书共分九章:

第一章　引言。分三个部分:1. 选题依据:包括国内外学界对汉英副词性关联词语的研究现状和简评,本书研究的独特价值(如学术价值、应用价值);2. 研究目的和方法:研究方法包括语料库研究法和综合研究法;3. 基本框架:包括章节简介、视阈选择和排序的依据和几种视阈之间的理论关系。

第二章　汉英副词性关联词语判别标准及其分类。主要阐述特殊类词语——副词性关联词语的定义和副词性关联词语的由来,阐释副词性关联词语的性质特点,提出副词性关联词语的判别标准:1. 从单用、合用和位置来判别;2. 张斌先生(2003)分析复句的关系类别和关联词语的语篇连接功能的三个方面。依据判别标准将副词性关联词语分为八大类、二十个小类;又根据副词性关联词语关联性的强弱,将其分成典型性副词性关联词语和非典型性副词性关联词语两大类。这为多视阈下比较奠定了扎实的研究基础。

第三章　认知语言学视阈下的比较。从认知语法及其相关研究引出本章研究的现状和研究意义,接着重点进行认知识解视阈下副词性关联词语比较研究和自主/依存联结框架下副词性关联词语比较研究;提出副词性关联词语的认知定义;按照不同的认知域对副词性关联词语进行新的分类;指出在句子或语篇层面副词性关联词语起的作用。

第四章　构式语法视阈下的比较。先介绍构式语法及其相关研究,然后进行汉英紧缩格式比较和汉英四字/四词格比较。探究由成对的副词性关联词语所连接的意义关系相同的五种紧缩句;"四字格"和"四词格"有其对应性,且具有相同/相似的表达方式。并对其意义关系一致性的构成、特点和规律等相关问题做了一定的分析和解释。

第五章　功能语言学视阈下的比较。首先介绍了功能语言学及其相关研究,接着进行句法功能比较、语义功能比较和语篇功能比较,最后概括总结了汉英该类副词的共性和差异,探究了其中的原因。该视阈下的比较证实了韩礼德功能语言学理论应用于探析该类副词的可行性和有效性。

第六章　语篇语言学视阈下的比较。本章对语篇语言学及其相关研究简述后,接着阐释了本研究现状和研究意义。本章聚焦于散文语篇中的副词性关联词语比较和小说语篇中的副词性关联词语比较。散文语篇中的副词性关联词语比较是以巴金的作品及其英译文中副词性关联词语为比较对象进行的研究;小说语篇中的副词性关联词语比较则是以诺贝尔文学奖获得者、被称为"当代短篇小说巨匠"的爱丽丝·门罗的作品和被称为"加拿大文学女皇"的玛格丽特·阿特伍德的作品及其汉译文中副词性关联词语的比较,旨在对中外文学作品汉译英和英译汉研究以借鉴,为读者阅读欣赏文学作品提供新的视角。

第七章　类型学视阈下的比较。通过类型学及其相关研究的综述,引出以"特提"类副词性关联词语为例,重点在类型学视阈下的"特提"类副词性关联词语比较研究和北部吴语的"特提"类副词性关联词语音高重音相对位置比较研究。较具体地讲,是从类型学的象似性和经济性出发,分析和研究英语中的 especially、法语中的 particulièrement、汉语中的"尤其是"和日语中的"特に"这类词的类型学特征,找出它们的共性和差异。从语音角度,对"特别是"和"尤其是"在吴方言中的声调、音域、音节和音高重音相对位置进行比较研究。

第八章　应用语言学视阈下的比较。通过对应用语言学及其相关研究综述,发现狭义的应用语言学是语言教学,尤其是指外语教学和第二语言教学。本视阈通过汉英副词性关联词语在阅读材料中的调查比较,探究副词性关联词语在教材的使用和阅读教学中的应用研究,集中于上海地区、苏沪地区不同版本高中英语教材中副词性关联词语的比较研究。最后对副词性关联词语的阅读教学模式进行了探究,以求研究的细致和深入,也在于验证该教学模式的可行性。

第九章　结语。归纳了本研究的成果和不足。研究成果:如提出了副词性关联词语的认知定义;发现功能语言学理论应用到汉英副词性关联词语比较中,其可行性和有效性得到了很好的验证;指出了汉英该类词语的类型学价值,建构了基于副词性关联词语的阅读教学模式等。不足之处:如有些问题由于涉及面较多、较广,难以用少量的篇幅作全面而清楚的阐述;书中某些内容难免有交叉重复之处,虽作修改,仍有不尽人意的地方。

本书视阈选取和排序依据。

依据1:根据许国璋先生(1988)为《语篇分析概要》所作序中对语言诸相的分类及其阐释,本书以分相研究开始,以综合研究结束。认知语言学、构式语法、功能语言学、语篇语言学、类型学属分相研究,应用语言学属综合研究。研究语言符号概念化和范畴等,构成认知语言学;研究符号形义配对,构成构式语法;研究语言符号的三元功能、语境和语义,构成系统功能语言学;研究符号系列上下前后的关系,构成语篇语言学;研究语言符号的语型,构成类型学。以上五相有逻辑关系,连在一起是合乎语言学原理的。

依据2：我们先从理论语言学视阈的比较，然后从应用语言学视阈的比较，这样比较既有逻辑关系，也合乎语言学原理。

几种视阈之间的理论关系

认知语言学和功能语言学的关系。学界对认知语言学和功能语言学之间的关系一直有争议：有学者认为认知语言学就是功能语言学，即本质上是功能语言学；有的认为功能语言学属于认知语言学的范畴，但是有些认知语言学家，如 George Lakoff 认为认知语言学不属于功能语言学的范畴（王馥芳，2015：23,52）。作为一种普通语言学理论，功能语言学是一个独立学派（张德禄，2018：42 - 43）。[①]

认知语言学和构式语法的关系。学界基本上把构式语法看作是认知语言学范式里的一个较为独立的理论框架（王馥芳，2015：206），Fillmore(1988)、Goldberg(2005)等认为构式语法是一种新兴语法理论和研究方法。

语篇语言学和功能语言学的关系。有的学者认为语篇语言学主要是使用语言学的一些理论、原理或者方法来阐释语篇，所以应该属于应用语言学的范畴。有的学者则认为语篇语言学既不属于功能语言学，也不属于应用语言学，比如胡曙中（2012：2）指出系统功能语言学派是语篇语言学的三大主要学派之一，Robert de Beaugrande 和 Wolfgang Dressler 于 1981 年合作出版了《语篇语言学导论》，标志着语篇语言学成为了一门独立的学科。

类型学和应用语言学的关系。有的学者认为类型学研究也是属于应用语言学范畴；有的认为应该是普通语言学中研究语言类型的一个分支，类型学是当代语言学的一门显学（金立鑫，

---

① 普通语言学又称"一般语言学"、"语言哲学"或"理论语言学"。（参见《普通语言学教程》索绪尔著，高名凯译，商务印书馆，1999）

2011：ⅰ‐ⅲ)。

可见,学界对这些语言学理论的关系,是仁者见仁,智者见智。

本书为了论述的方便,把它们独立成章,单独作为一个理论视角来探究。

第二章　汉英副词性关联词语
判别标准及其分类

2.1　汉英特殊类词语——副词性关联词语

"副词性关联词语(Adverbial Conjunctions,简称 ACs)"是处于副词与连词两个词类之间,在句子中或语篇中起关联作用的词语。它不是与形容词、连词、介词、名词等并列的一种词类,而是从词语的关联功能划分出来的一种功能性综合类别,也称之为特殊类词语(原苏荣,2013b:22)。其中包括:1.关联副词,如"也",also;"就",just;"还",still;"又"、"再",again 等。它们在单句中充当状语,在复句和语篇中除了状语功能外,主要起关联作用,常常与连词搭配使用。2.具有篇章连接功能的副词和副词性短语,如"其实",actually;"原来"、"本来",originally、formerly;"随后"、"接着",afterwards、then;"立刻"、"马上",immediately、instantly;"显然",apparently、obviously;"可能"、"也许",perhaps、probably;"确实"、"的确",certainly、surely;"忽然",suddenly;"幸亏"、"好在"、"幸而",fortunately、luckily、happily;"尤其是",especially;"难怪",no wonder;"实际上",in fact;"终于",at last 等。它们作状语修饰谓词中心语,也用在句首作全句状语,并在复句和语篇里起连接小句或句子、语段的作用。3. 在固定/类固定短语中具有关联副词作用的词语,如"忽……忽……",now ... now ... ;"不……不……",neither ... nor ... ;"半……半……",half ... half ... ;"非……即……",either ... or ... ;"又……又……",both ... and ...①等。可见汉英具有关联作用的副词包含于以上三种词语中(详见附录1、附录2)。

国内外学界早已对副词性关联词语的词类归属、作用和范围等作了相关研究。

在汉、英语副词中,有些副词除具有限定、修饰谓语的作用外,还可以在词与词之间、短语与短语之间、句子与句子之间和语段与语段之间起连接作用。据此,不少学者主张从副词中划出关联副词这一小类②。汉语界如:廖庶谦在《口语文法》(1951)一书中,就将关联副词划作十类副词中的一类;李泉(1996)先是从意义着手,并结合形式,后来又从分布上对副词进行了考证、再分类,提出关联副词这一小类;张谊生(2000)对关联副词的范围界定得比较宽泛,认为关联副词"是一个动态的、不定的副词次类";而邢公畹(1994)对关联副词的范围界定得比较严格,认为只有"少数副词能起关联作用"。多数学者认为关联副词是副词的次

---

① both ... and ... 有副词功能,修饰限制谓词,即 both V/A and V/A,如:(1)... and when we **both laughed and reddened**, casting these looks back on the pleasant old times ... (Charles Dickens *David Copperfield*) (2) But her dress was **both shabby and soiled**, even rather dirty. (Lawrence *Women In Love*) both ... and ... 又有"指示词"的功能,修饰限制体词,即 both NP and NP,如:(3)**Both Birkin and Ursula** were suspended. (Lawrence *Women In Love*)因此,它是副词兼指示词。(详见原苏荣,2013b:23)

② 关于"副词性关联词语"的术语问题,以往研究,汉语界多称为"关联副词",英语界则叫做"连接副词"、"联加状语"或"连接成分"。其实,不管是"连接副词"还是"联加状语"还是"连接成分"还是"关联副词"都是着眼于它们起连接/关联作用这一点。在前贤研究的基础上,根据我们的考察研究认为"副词性关联词语"这一术语更为恰当。

类;赵元任(1979)认为"大多数关联副词都是副词性连词;副词性连词(adverbial conjunctions)就是同时是副词又是连词。"

英语界如:章振邦(1983:474)提出连接副词(conjunctive adverbs)充当连接性状语,在句子之间起连接作用。张道真(1984:303)认为有一类副词有承接上文的作用,可以使本句子和前面的句子连接得更紧密,有些接近连词。薄冰(2001:390)提出连接副词(conjunctive adverb)用于连接句子、分句或从句,它们可表各种关系。韩礼德和哈桑(Halliday, M. A. K. & Hasan, R.)(1976:230)提出连接副词(conjunctive adverbs)起衔接功能,能够起连接作用的特殊语义关系。夸克等(Quirk, R. *et al.*, 1985:442,632)指出连接副词(conjuncts)具有连接的语义作用。拜伯等(Biber, D. *et al.*, 1999:558)认为连接副词(linking adverbs)作状语,建立不同长度语篇单位间的语义联系,起语篇衔接的作用。克里斯特尔(Crystal, 2000:76)指出"某些状语(其主要功能是连接)有时也称作'连接成分(conjunctive)'或称'连接副词(conjuncts)'"。

可见,学者对副词性关联词语范围的大小有不同的看法,对副词性关联词语的词类归属有不同的认识。国内外对副词性关联词语的研究还不多,对其性质特点和界定标准研究尤其重要。

汉英副词性关联词语范围大、数量多,为研究的相对集中和准确起见,首先,应阐述副词性关联词语的概念、性质特点,提出汉英副词性关联词语的界定标准;其次,基于界定标准框定汉英副词性关联词语的范围和研究对象;再次,依据一定的标准对汉英副词性关联词语作出分类。

本书重点阐述副词性关联词语的性质特点和界定标准,旨在对副词性关联词语有进一步的认识,为框定副词性关联词语的范围与分类研究奠定基础。

2.2　副词性关联词语的性质特点

副词性关联词语是起关联功能的副词,是在复句、句组和篇章段落中用来连接分句或段落,表示两个语言单位之间关系的词语。如:

(1) 离敌人越近,越觉得打得过瘾,越觉得打得解恨!(**魏巍**《谁是最可爱的人》)

例(1)用"越……越……"把词和短语及分句连接起来构成更大的语言单位,表示两种情况的连贯关系和倚变(连锁)关系。

我们再来看英语例句:

(2) *Then* I thought about Peter and what had happened to him; Ainsley, *however*, would only be amused if I told her. *Finally* I asked her if she was feeling better.

(Margaret Atwood *The Edible Woman*)

例(2)用 then 和 finally 表明时间关系,用 however 表示转折关系。

副词性关联词语是语篇关系的语法标志,在复句中和语篇中起关联作用。

汉语表时间、频率、范围的副词"也、就、都、又、才、还",在复句或语篇中可以起关联作用,或者单用,或者跟其他词语配合使用。这些也在本研究范围之内。如:

(3) 孩子走了一会儿,又匆匆忙忙地跑回来了。

英语中也有这种情况,如:

(4) *Hardly* had I got in the house *when* the phone rang.

(Cowie, 1993:714)

这些词语不在篇章或复句的分句间起关联作用时,就不是关联副词,以下例句中的副词就不是关联副词:

（5）小王怎么又请假了！

（6）He stayed with us *nearly* two weeks.（任学良，1981：228）

汉语的关联副词经常可以省略，比如：

（7a）这从司令部的动静也可以看出来，虽然照常紧张，但已经没有多少战争气氛了。（沙汀《随军散记》）

但要添加上相应的关联副词，就更凸显复句关系。如上例可为：

（7b）这从司令部的动静也可以看出来，虽然照常紧张，但却已经没有多少战争气氛了。

这里加上"却"强化复句的转折关系。

总之，副词性关联词语除具有修饰功能、作状语外，还可以在词、短语、分句、句子或语篇中起连接作用，它们不但在句法上有修饰限制功能，而且在语义上也具有关联功能。

此外，副词性关联词语的特点还包括：结构和语义的双向性，结构上联系前后两个语言单位，语义上表示前后两个部分的关系。例如：

（8）警察接到报案后，很快就赶到了出事现场。

（9）We had a week in Rome，and *then* went to Vienna.（Pearson，2003：945）

例（8）、（9）中的"就"、then 连接前后两个小句，表示两事紧承。

汉、英语中，语义上有双向性的关联副词，有时可以省略前一个关联词语，例如：

（10）他说得对，他不疯！有了清官，才能有清水。（侯学超，2004：76）

（11）Starting off early，*then* you won't have to rush.（Pearson，2003：1718）

例(10)中,"有了清官"之前省略了关联词语"只有"或"如果";例(11)中,正句前面的分词短语作条件状语,实际上是条件小句中省略了关联词语 if。

既然提出副词性关联词语,为了更清楚地认识汉英语副词性关联词语的性质特点,将副词性关联词语与其他词类进行比较,是非常必要且有效的。

2.2.1 副词性关联词语和副词

副词最本质的特征就是作状语,在谓词性结构中充当修饰成分,修饰动词、形容词及副词等,而副词性关联词语除作状语的功能外,还兼有关联前后小句、句子或语段的作用。例如:

(12) 陈毅领杜宁走到洞前⋯⋯先听杜宁报告了一下于参议来的情况,随后就打听宣传队半年多来在前线的工作。(《邓友梅选集》)

(13) It would make things so much simpler if we called them by their names. *After all*, they're not criminals.(戴炜栋等,1997:8)

例(12)中的"先"、"随后"是副词性关联词语,都起关联作用,表示承接关系。例(13)中的副词性关联词语 after all(毕竟)作状语,起关联作用,表示让步关系。

2.2.2 连词、关联词语和连词性关联词语、副词性关联词语

连词又叫连接词(conjunction),在句法结构中专门连接词、短语和小句。

关联词语是在语篇结构中起联系作用,并表示(事理的、逻辑的、心理的)种种关系的虚词。就句法性质而言,关联词语分为连词性关联词语和副词性关联词语两类。

连词性关联词语,如:

(14) 苏岭泉站了起来。开头那表情里满是打算告诉我的味道,可是,忽然他又眨眨眼,改了主意。(刘心武《看不见

的朋友》)

（15）*But* this tune，"How Long has This Been Going On，"
is one of the great songs *because* the introduction's
melody is purer than the song it introduces. *And* only
great jazzmen have acknowledged that. （Michael
Ondaatje *The English Patient*）

例(14)、(15)中的"可是"、but，because，and 都是连词性关
联词语。

副词性关联词语从句法性质上说，在所在小句内部，是副词；
从语篇结构中来说，又是关联词语。赵元任先生举例说："你来我
就走。""就"修饰"走"，同时连接后果小句（Yuen Ren Chao，
1968）。这里的"就"是副词性关联词语。英语中，如：This
article，which seems a little loose in construction，is *yet* quite
inspiring. （高永伟，2009：1862）。yet 意为"（虽然）……却……"，
修饰 quite inspiring，同时连接转折小句。这里的"yet"也是副词
性关联词语。

本研究限制在副词性关联词语之内。根据阐述分析的需要，
特别是在对比分析时，有时也会涉及关联性副词的一些其他功
能，一些具有结构关联功能和语用功能的非副词成分。

2.3　副词性关联词语判别标准

所谓副词性关联词语，是指在句法位置上，它是副词；在语篇
连接功能上，它是关联词语。

本研究结合前贤的标准①，从以下两个方面判别副词性关联
词语：

---

① 参见张谊生（2014）

1. 从单用、合用和位置来判别

1) 无论单用还是合用，都位于句中主语之后，谓词性成分之前。汉语如："就"、"刚"、"却"等。英语如：just、only、then 等。例如：

(16) 我刚翻出这个名字，她就大声地说："菠萝好吃，中国也有菠萝。"（刘心武《多桅的帆船》）

(17) Can you wait five minutes? I *just* have to iron this(＝it is the last thing I have to do). (Pearson，2000：1118)

2) 用在谓词性成分之前，又能用于句首，这主要是指"语气副词"。位于句中，在书面语中常用逗号，在口语中则用语调表示与其他成分明确分开。如"确实"、"幸亏"、"宁可"、perhaps、really、however 等。如：

(18a) 我们的方针是首先揭露他们的阴谋，尽量避免流血，宁可我们自己人被打伤，对为首闹事触犯刑律的依法处理。（《邓小平文选》）

(18b) 柳惠光总是找最保险的路走，他宁可自己吃点亏，也不肯冒险的。（周而复《上海的早晨》）

(19a) This is a cheap and simple process. *However* there are dangers. (Pearson，2003：794)

(19b) Wyman stressed，*however*，that the main function of this church is to serve the needs of the poor. (Pearson，2000：1012)

3) 在语篇中，当副词性关联词语接应句子、段落等时，尤其适合于句首位置①。还有一些是短语，且多单用，具有上面 2) 的

---

① 这种情况是副词性关联词语在语篇中的衔接条件和关联所处的语境条件决定的。

用法。

(20) 他对司机说:"开车回饭店。我敢打赌,下午他就会来敲
　　　我办公室的门儿。"果不其然,让赫贵田说中了。(刘一
　　　达《八珍席》)

(21) If any girl had rebelled, she would no longer have
　　　taken her rebellion to heart. *Formerly*, when
　　　insulted, she wept; now, she smiled. (Charlotte
　　　Bronte *Professor*)

再者:

英语中的 however, though, actually 等位于句末,表示转折
关系。如:

(22) She promised to phone. I heard nothing, *though*.
　　　(Cowie, 1993:949)

(23) "It's supposed to be a chair of Literary Criticism,
　　　endowed by UNESCO. It's just a rumour,
　　　actually." (David Lodge *Small World*)

2. 张斌先生(2003)分析复句的关系类别和关联词语的语篇
连接功能有三个方面

逻辑关系:如因果关系、假设关系、条件关系、目的关系,等。

事理关系:如并列关系、承接关系(连贯关系)、解证关系、总
分关系、选择关系,等。

心理关系:如递进关系、转折关系、让步关系,等。

这是我们进一步界定汉英副词性关联词语的关联功能的重
要依据。

请看下面的例子:

(24) 一个星期过去了,①却不见罗切斯特先生的消息,十天
　　　过去了,他②仍旧没有来。费尔法克斯太太说,③要是
　　　他直接从里斯去伦敦,④并从那儿转道去欧洲大陆,一

年内不再在桑菲尔德露面,她⑤也不会感到惊奇,⑥因为他⑦常常出乎意料地说走⑧就走,听她这么一说,我心里冷飕飕沉甸甸的,⑨实际上我在任凭自己陷入一种令人厌恶的失落感,⑩不过我调动了智慧,重建了原则,⑪立刻使自己的感觉恢复了正常……"(夏·勃朗特《简·爱》)

例(24)中的②"仍旧"、⑦"常常"句法上都是副词,在小句中作状语,具有典型的修饰功能。不在我们要研究的范围之内。

③"要是"、④"并"、⑥"因为"、⑩"不过"都是连词,起连接上下文/前后句的作用,也不在我们要研究的范围之内。

而①"却"、⑤"也"、⑧"就"、⑨"实际上"、⑪"立刻"则是副词性关联词语。

(25) During this interval, ①even Adele was②seldom sent for to his presence, ③and all my acquaintance with him was confined to an occasional rencontre in the hall, on the stairs, ④or in the gallery, ⑤when he would⑥sometimes pass me⑦haughtily and coldly, ⑧just acknowledging my presence by a distant nod or a cool glance, ⑨and⑩sometimes bow and smile with gentlemanlike affability … Leaving superiority out of the question, ⑪then, you must⑫still agree to receive my orders … (Charlotte Bronte *Jane Eyre*)

例(25)中的②seldom、⑥sometimes、⑦haughtily and coldly、⑩sometimes 是副词,作状语修饰各自所在句子里的谓词性中心语,这不在我们的研究范围。

③and、④or、⑤when、⑨and 是连词,具有典型的连接功能,起承上启下的作用,表示语言单位间不同的逻辑语义关系,也不在我们要研究的范围之内。

①even、⑧just、⑪then、⑫still 是副词性关联词语,它们具有副词的基本特征,又具有关联功能①,表示语言单位间不同的关系。

根据此标准,我们可以很容易地判别副词性关联词语这一特殊类词语。

2.4　副词性关联词语分类

副词性关联词语的篇章衔接功能是实现语篇成为意义连贯的整体的重要手段之一(原苏荣、陆建非,2011)。通过对真实语料的分析、结合前贤对副词性关联词语在句子和篇章中的语义关系的分类。根据我们考察统计,汉英副词性关联词语在篇章衔接中的功能类型可以归纳为八大类二十次类,其中八大类包括:1.时顺;2.断言;3.解释;4.转折;5.条件;6.加合;7.推论;8.结果。汉英副词性关联词语的篇章衔接功能类型表,详见附录 3。

根据副词性关联词语关联性的强弱,将其分成典型性副词性关联词语和非典型性副词性关联词语两大类。"典型性副词性关联词语",是指在词、短语、句子或语篇等语言单位之间起关联作用的副词,具备:1.结构上一般必须用它们来连接词、短语、句子或语篇,显示语言单位之间较强的语义关系;2.是一种有显性标记的副词性关联词语,就是在上下文中都可以找到经常或固定地与副词性关联词语或关联连词搭配使用的词语,即典型性副词性关联词语在发挥其关联作用同时常与某些特定的词语共现,形成一种格式。因此,显性标记也是判别典型性副词性关联词语的形式标记。这类汉英副词性关联词语,详见附录 4。"非典型性副词

---

① 关于语言中的关联,我们认为语言单位间的关联其本质就是语言单位间的关系,关联意味着关系。(参见崔希亮,2001)。

性关联词语"则是指在句子间或语篇中起关联作用的副词,结构上能连接两个或两个以上的分句,显示语篇组织单位/成分(句、段、语段)之间的一种语义关系,其中后一单位/成分对解释前者起着重要作用,而且我们可以在语篇中找到另一个成分(前后两个成分之间在结构上可能有关联也可能无,但这并不影响其衔接关系的意义(Halliday & Hasan,1976:8))。非典型性副词性关联词语是一种宽泛意义上的副词性关联词语,即它们在句子或语篇中发挥关联功能时,经常单独使用,往往不和其它词语搭配共现。该类汉英副词性关联词语,详见附录5。

2.5　小结

本章首先阐述了副词性关联词语的概念、来源和词类归属,讨论了国内学界对该类词语的定义和术语,指出虽然术语不同,但着眼点是一样的,即它们都起连接/关联作用;还指出探究该类词语的性质特点和界定标准的重要性,提出了可行性研究步骤及其意义。其次,基于真实语例,阐释了副词性关联词语的性质特点,提出了副词性关联词语的界定标准和分类体系:汉英副词性关联词语在篇章衔接中的功能类型可以归纳为八大类二十小类;依据副词性关联词语关联性的强弱,将其又分成典型性副词性关联词语和非典型性副词性关联词语两大类。这为多视阈比较汉英副词性关联词语奠定了坚实基础。

第三章　认知语言学视阈下的比较

3.1　认知语言学及其相关研究

认知语言学源自国外,由美国语言学家兰盖克(Langacker)提出,后来由许多国内外的学者发展起来。

国外研究,兰盖克是美国加利福尼亚大学的一名教授,他在二十世纪七十年代建立了一个与生成语法截然不同的理论系统"空间语法",后来改名为"认知语法"①。他于 1982 年发表一篇题为 *Space Grammar*,*Analyzability*,*and the English Passive* 论文。基于本论文,他又分别于 1987 和 1991 年出版两卷名为《认知语法基础》的著作。在这两本书中,他系统全面地论述了他的语法理论。这两卷书为后人对认知语法的研究奠定了坚实的基础。在那时,单词 cognitive 变得很流行。为了和其他学者保持一致,他把"空间语法"改为"认知语法"。2000 年,他出版了名为

---

① 语法(grammar)一词的含义很广,这里所讲的"语法"指的是语言研究的一个平面,因此,认知语法又称认知语言学;同理,功能语法也称功能语言学。(黄国文,1988:4)

《语法与概念化》一书,在这本书中他再一次总结并对他的理论做了革新性的阐述。拉考夫(Lakoff,1987)和约翰内森(Johannessen,1999)分别对认知语法做了重要的阐述。他们之间的很多观点是一致的。泰勒(Taylor)在2002年出版了《认知语法》一书。在这本书中,他对兰盖克的理论做了全面的分析并给予高度的评价。同时,他阐述了认知语法和其他理论的关系。比如,泰勒对兰盖克的符号理论与索绪尔的符号理论做了对比。他也强调音位单位、语义单位以及符号单位。在某种程度上,认知语法本身成为主流的一部分(泰勒,2002:36)。因此,兰盖克的认知语法被语言学家广泛接受。

认知语法基于体验哲学,反对乔姆斯基的自主和模块化,认为语言不是一个自主的系统而是一个动态的符号单位,这个符号单位是由语义单位和音位单位组成的。人类的语言知识和能力不能和其他的认知能力分离开来。拉考夫(1987:553)提到一门语言的语法是一个认知次系统。语法中要学的任何东西一定是认知次系统的一部分。兰盖克(1991:1)持相同的观点:认知语法把语言看成是人类的认知不可分割的一部分。

国内研究,近年来许多国内学者对认知语法也有不少研究。沈家煊(1994:12-20)对兰盖克的《认知语法基础》做了介绍和描述,这能够使读者更容易地理解这个理论。其中的描述有:语言是一个自足的认知系统;句法是一个自足的形式系统;描写语义的手段是以真值条件为基础的某种形式逻辑。兰盖克提出三个针锋相对的假设:语言不是一个自足的认知系统;句法不是一个自足的形式系统;基于真值条件的形式逻辑用来描写语义是不够的,因为语义描写必须参照开放的、无限度的知识系统。王寅(2005)对认知语法的发展做出了巨大的贡献。基于著名认知语言学家,如兰盖克、泰勒、拉考夫以及约翰内森的研究,王寅的《认知语法概论》主要阐述了认知语法的一些基本观点和应用。他提出了新的分析方法：如语言和句法是非自主的、语义等同于概念化、人类的基本认知能力和他们思考世界的方式是研究的出发点、分析方法：如符号单位和识解被用于解释语法。陶文好（2000）讨论并分析了象征结构（认知语法的核心）的认知过程。牛保义（2008：1-5）基于对认知语法框架内配价关系的详细探究建立了一个分析模型——自主/依存联结。他认为自主/依存联结是使一个构式内各个成分配价关系概念化的一个有效方法。

概言之，国内外对认知语言学的相关研究包括以下几个方面：

1. **认知语言学理论及其在教学等方面的应用研究。** 比如 Lakoff（1980）、Langacker（1987，1988）、Fauconnier（1994）、Newmark（2001）；王瑞昀（2003）、辛斌（2006）、高文成（2007）、欧阳莉花（2011）、张寅（2012）、李敏（2013）、王丹丹（2015）、刘永兵 & 张会平（2015）、陈家旭（2016）、夏秀文（2016）、李鹏娟 & 张红（2016）、闫军丽（2017）等。

2. **认知语言学与语篇分析研究。** 如 Halliday & Hasan（1985）、Langacker（1991，2001）、Lakoff（1999）；王寅（2003，2005，2006）、魏在江（2006）、张辉 & 江龙（2008）、张玮（2008）、周频（2008，2009）、胡健 & 张佳易（2012）、岳鑫鑫（2012）、张蕊（2015）等。

3. **认知语言学的翻译研究主要有：** 1）认知语言学的翻译观。比如 De Beaugrande（1978）、Dan & Wilson（2001）；宋德生（2005）、王寅（2005）、李弘 & 王寅（2005）、吴波（2008）、谭业升（2009）、束定芳（2009）、陈道明（2010）、李慧（2011）、李明 & 卢红梅（2011）、章国军（2011）、康冰（2012）、李江春（2012）、徐彩华（2014）、史蕊（2014）、徐鑫（2014）、陈珍玉（2015）、法鹏宇（2015）、李庆明 & 刘冰琳（2016）、荆桂萍（2016）等。2）认知语言学与翻

译实践。如 Brown & Yule(1983)、Katan(2008)、Ferreira & Schwieter(2010)、Martín(2010)、Newmark(2001);谭业升(2004,2012,2010)、萧立明(2005)、吴迪 & 付有龙(2009)、郑弼权(2009)、蔡龙文(2010)、王瑛(2010)、王瑛 & 谭业升(2010)、李亚青 & 吴喜才(2011)、唐文生(2011)、史蕊(2014)、李庆明 & 刘冰琳(2016)等。

4. 认知语言学与隐喻研究。如 Earl & Mac(1985)、Lakoff(1987,1989)、Ning Yu(1998)、Olaf(1999)、Diane(2000)、Mcelhanon(2002);于林龙(2004)、魏在江(2006)、苏立昌(2008)、李毅(2009)、林星(2009)、谢琴(2009)、陈晖(2012)、谢菁(2012)、朱守信(2012)、蓝纯(2013)、束定芳(2013)、赵丽梅(2013)、崔俊学(2015)、葛欢欢(2015)、仲颖 & 李健雪(2016)等。

5. 认知语言学研究综述。如 Rosch(1975)、Langacker(1990)、Cook(1994)、Ungerer(1996);赵艳芳(2000)、辛斌 & 李曙光(2006)、朱丽燕(2010)、赵晓东(2010)、吕晶晶(2011)、李瑛(2012)、薛旭辉(2012)、梁燕华 & 王小平(2014)、袁晓亮(2014)、刘晓宇 & 王刚(2015)、于翠红 & 刘件福(2015)等。

可见,国内外学界对认知语法的研究取得了很大成就。然而,从一个新的角度——认知语言学的视阈对副词性关联词语进行探究还很少。

3.2 本研究现状和研究意义

我们知道,近二十年来认知语言学非常流行,吸引了众多学者对其应用和研究。认知语言学不仅仅是一种理论,也是一种研究范式。如果一个语言学习者的认知能力好,那么他就会很快地掌握一门语言。这就足以说明语言和认知能力的密切关系,词语是语言的一个重要组成部分。副词性关联词语大都是处于副词和连词之间"过渡地带"的特殊类词语。它们是从词语的一种关联功能划分出来的一种功能性综合类别(原苏荣,2013b:22)。

本章以副词性关联词语为研究对象,采用认知语法的研究方法和比较研究法,基于语料库,以真实语例为佐证,来比较分析汉英副词性关联词语在不同层面的异同。

本研究的目的和意义:第一、是以认知识解和自主/依存联结为理论框架来充分研究汉英副词性关联词语。认知识解是认知语法中的一项重要内容,而自主/依存联结是认知语法的一个分析模型。我们试图在自主结构和依存结构联结时,画出有代表性的副词性关联词语的认知图解。汉语和英语属于不同的语系,所以他们之间一定存在着差异和共性。第二、通过对汉英副词性关联词语的研究来分析两种语言中副词性关联词语之间的异同特点和规律。本研究的意义还在于:对于第二语言学习者来说,可以很快记住新单词,并且提高他们的学习效率;可以帮助学界更加深入地了解副词性关联词语;有助于人们在认知语言学视角下进一步解释其语言现象。再者,本研究有助于解决副词性关联词语在这一领域的一些热点问题,为拓展汉英副词性关联词语的研究范围提供新的启示。

3.3　认知识解视阈下副词性关联词语比较

3.3.1　认知识解

认知识解是认知语法的一个重要部分,也是学界研究的热点问题。兰盖克(1987:487-488)认为认知识解是当人们使用语言时用不同的方法来诠释同一场景的能力。话语的意义不仅来自于概念内容,而且来自于当人们描述场景时所采用的不同方法。兰盖克把识解关系定义为:"说话者及其他所描述的场景之间的关系,并且涉及焦点评价和意向。"泰勒(2002:11)认为认知识解是"语言上,我们为了译码一个场景所采用的词语。"哈马万德(Hamawand,2005:194)则认为认知识解是"说话者在语篇上使场景概念化并且在语言上选择合适的结构时所采用的语言策略。"

王寅(2005:23)提出"识解"来自于心理学术语"意向",并指出兰盖克采用"意向"一词的目的。"意向"是形成一个概念、语义结构和语言表达的一个具体方式;它强调人们的主观因素以及语义观和具体解释方法有密切的关系,是人们选择不同的视角以及选择不同的方法,来解释场景和内容时的一种认知能力。文旭(2007:36)指出认知识解是可以用不同的方法来识解一个特定场景,并且编码此场景时用不同的方法构成不同的概念。虽然这些学者对认知识解给出的定义是不同的,但是他们有共同点:通过识解来实现概念化。识解是人们从不同的角度观察同一个事物并且采用不同的方法来解释这个事物的能力。

认知语法界普遍认为意义等于概念化,且语义和人们的认知有密切联系。有两种形式的意义表征,一个是概念表征(识解机制的输入);另一个是意义表征(识解机制的输出)。

简言之,认知识解是人们洞察同一语言现象的能力,当人们使用不同的方法时,他们就会得到不同的结果。副词性关联词语和认知机制有着密切联系,所以从认知语法的角度研究副词性关联词语是一个较好的选择。

3.3.2　副词性关联词语的认知识解比较

根据兰盖克(1991:4)和王寅(2005:24)的观点,我们可从以下五个方面具体"识解"和分析描写副词性关联词语的辖域、凸显、详略度、背景以及视角。

3.3.2.1　辖域内的副词性关联词语

辖域又叫认知域或语义域,它是认知语法的一项重要内容。辖域是人们描写语义结构时所涉及的概念领域。任何对词语的描述都要在认知域的范围内进行。

认知语法描写词语的意义时，主要用"认知域"来代替传统的意义特征，将意义视为概念化的过程和结果。认知域就是在这一过程中形成的一个内在的、连贯的、凝聚在一起的范围，并进行语义描写。在某种程度上，认知域等同于语境，因为所有的语言单位都是依靠语境的。在认知域中，通过次结构的凸显来限定并描写语义单位。然而，认知域又不同于语境，它是人们大脑中的知识语境。

认知域有两种类型：基本认知域和抽象认知域。前者是一个简单的概念，包括时间域、空间域、情感域、颜色域、嗅觉域、触觉域、上位域以及下位域。基本认知域是概念复杂性的最底层（兰盖克，1987：149），是人类概念化过程的出发点。抽象认知域是一个复杂的概念或者是知识系统，又称为"概念复合体"。本文主要讨论基本认知域下的副词性关联词语。需要说明的是，本文探究的副词性关联词语是基于原苏荣（2013，2015）的界定标准和限定范围内的副词性关联词语（功能类型分八个大类二十个小类）。

3.3.2.1.1　时间域内的副词性关联词语

词义上看，时间域与时间相关。有不少副词性关联词语属于时间域，如汉语的"原来"和英语的 originally 属于"先时域"；汉语的"现在"和英语的 now 是"现在域"；汉语的"接着"和英语的 then 是"后时域"；汉语的"同时"和英语的 meanwhile 属"同时域"，即同一时间域，它们表示两个或两个以上的事件同时发生；汉语的"始终"和英语的 all the time 属于"全时域"，它们可以覆盖整个时间域。

我们可以将不同时间域的副词性关联词语概括如下表 1，同时也可以看出它们类别数量的优先顺序规律：后时＞先时＞现在。（注：副词性关联词语（Adverbial Conjunctions）简称 ACs；

表1　时间域内的副词性关联词语

时间域 ACs		先时	现在	后时	同时	全时
副词性关联词语（ACs）	汉语	首先、起先、先、原来、原本、本来	此刻、现在、当时	接着、继而、才、随即、随后、立即、旋即、当即、立刻、顿时、俄顷、马上、总算、总归、总是、终于	同时	始终、一直
	英语	at first, firstly, formerly, in advance, originally, previously	now, at present, currently, presently	afterwards, promptly, immediately, lastly, later（on）, soon（after）, thereupon, thereafter, next, subsequently, then, at last, right away, straight away, instantly, forthwith, directly, finally, eventually, ultimately	meanwhile, simultaneously, concurrently, contemporaneously, synchronically, meantime	all the time

为清晰可见，我们画出了以下图示：

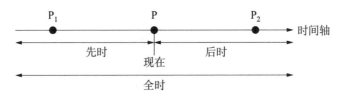

图 1　时间域内的副词性关联词语

如图 1 所示,时间轴代表整个时间域,本文探讨闭区间[P₁, P₂]代表的时间域。P、P₁ 和 P₂ 是时间轴上的三个点。P₁ 代表词语 firstly(首先)和 at first(起先),它们可以表示事情发生的起点,所以它们也属于上位域。P 代表所有在"现在域"一栏的副词性关联词语。P₂ 代表词语有 at last、finally 和 ultimately(终于),它们可以表示事情发生的终点,所以它们也属于下位域。开区间(P₁, P)包括在"先时域"一栏除了 at first 和 firstly 的副词性关联词语,而开区间(P, P₂)代表除了 at last、finally 和 ultimately 处于"后时域"栏的副词性关联词语。

分三种情况讨论:

一是说话者描述现在发生的事,见图 1a。

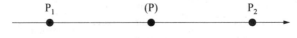

图 1a　描述现在发生事件的时间域

我们根据从"北大语料库(CCL)"和"当代语料库(COCA)"中选取的时间域内的副词性关联词语的例子加以分析说明。

(1) 义信最近来信说,厂址不好找,地皮贵,原来二十块港币一平方尺,现在涨到了三十几块了,还是不好找。(周而复《上海的早晨》)

(2) There are birthday toasts to Ben Siegel's wife, Elaine. *Afterwards*, lanterns light the way to the prow of

lawn where the temporary stage has been constructed.
(The Virginia Quarterly Review，2003)

例(1)中的"原来"和"现在"表示厂址地皮价格的先时状况和当前状况。例(2)描述了两个事件，它们是一个接着一个发生的，读者可以很容易地从副词性关联词语 afterwards 推测先为伊莱恩生日祝酒，之后通往舞台的灯笼才亮的。

值得一提的是，"现在域"栏的副词性关联词语在有些情况下被省略，例如：

(3)（当时）四川、西康地区的土匪，也曾煽起反革命暴乱。同时，华东地区的海上匪情也十分严重。(《中华人民共和国军事史要》)

(4)（Now）They are occupying our territory and we want them to withdraw. That's what we want with them. *All the time*，they connect themselves with fighting terror like this. (Fox_Cavutu，2003)

例(3)中的"同时"指出了两个小句所描述的事件无先后关系。也就是，四川、西康以及华东地区的土匪在同一时间煽起反革命暴乱，句子隐含了"当时"。例(4)中的 all the time 表明了从开始到结束，"他们"一直在反抗恐怖主义者的袭击，句子省略了 now。由此可见，当使用同时域或全时域的副词性关联词语时，"现在域"栏的副词性关联词语可以被省略。

二是当说话者描述过去发生的事件的时候，在"现在域"栏内的副词性关联词语要放在处于"后时域"栏的副词性关联词语的后面，即 $P > P_2$。这种情况下为图 1b：

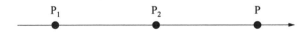

图 1b　描述过去发生事件的时间域

(5) 当天夜里,他风尘仆仆地到达措勤县委所在地。第二天
上午,他不顾旅途劳累,召集县委、县政府的干部开会,听
取汇报……随后,他又去看望和慰问驻当地的武警部队
官兵。(领导干部的楷模——孔繁森《人民日报》)

(6) *At first*, it was raining but *then* magnificently beautiful
as a drizzle cleared and the sun poured through the
trees. (American Spectator,2003)

例(5)借用好几个时间状语,尤其是副词性关联词语"随后"
描述了孔繁森的一系列活动的先后关系,而这些活动都发生在过
去。例(6)中,说话者使用 at first … then 来表明天气的变化,即
先是雨天后转晴。结合动词的时态也可以看出整个过程发生在
过去。

三是当描述将来的事件时,我们用图 1c 表示。这种情况下,
"现在域"栏内的副词性关联词语要放在"先时域"栏的副词性关
联词语的前面,即 $P<P_1$。

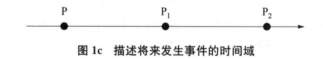

图 1c 描述将来发生事件的时间域

(7) "今天,我们首先就要求得中华民族的解放,然后才有我
们个人的出路和解放……"(杨沫《青春之歌》)

(8) This year, with so many guests, I will freeze them,
and the soup, *in advance*. (New York Times,2012)

例(7)中"今天"表明说话者描述未来发生的事,"首先"即"先
时域"副词性关联词语,未来先有中华民族解放,后有个人的解
放。例(8)中的 in advance 表明说话者想要强调的是,他将在许
多宾客到来之前,做好充分准备。

从上面的分析中可以很容易地看出,当时间域下的副词性关

联词语用在复句或语篇中的时候,事件的先后顺序就很明显了。它们在连接小句,表达事件时间顺序、意义关系中起到重要的作用。

3.3.2.1.2　情感域内的副词性关联词语

根据 Langacker 的观点(1987:151),情感有两类,一类是积极情感,比如欣喜、热爱和兴奋。另一类是消极情感,比如伤心、焦虑和绝望。然而,他也提出了这两类情感的交叉。我们发现有一些副词性关联词语可以表达情感或态度,它们属于情感域,下面让我们来看一些从语料库中随机选取带有副词性关联词语的例子是如何表达情感的:

(9) 幸亏医生及时抢救,让她喝了"救命丹",才止住血。(李文澄《努尔哈赤》)

例(9)中的句意为:如果不是医生抢救及时,她的血就会不止。"幸亏"后面的事件是好事,属于积极的情感域。

(10) Well, *fortunately* I'm healthy. I've met so many people. I've been blessed in my career. (CNN_King Wknd,2002)

(11) The last thing I wanted to find was another termination challenge. *Happily*, I didn't. (Fantasy & Science Fiction,2010)

副词性关联词语 luckily、fortunately 和 happily 可以表达相同的语义特征。它们描述的事件,在说话者看来都是让人们感到欣慰的。例(10)中说话者的身体健康,遇到很多有阅历的人并且有一个让他很满意的工作。例(11)中的说话者很开心,因为在他的生活中没有挑战了。

(12) 正走着,突然,我发现石径右侧有一平坦巨石,可以歇脚,便拐了过去。(1995 年 9 月份《人民日报》)

(13) 阵阵腰痛和对边疆缺水的极度焦灼,使得李国安无法入睡。突然,一阵敲门声打断了他的思路,推门一看,是从百里外的托克托县团结村赶来的两位老大爷,身上的霜就像洒了一层面粉。(1996年1月份《人民日报》)

例(12)和例(13)中的"突然"表达不同的情感。前者表达的是一个精疲力竭的说话者的积极情感。令他惊奇的是,他发现一块可以休息的石头,因此他很兴奋。而后者表达的是消极的情感。李国安的腰痛和对边疆缺水的极度焦急,使得他无法入睡,并且在这个时刻,使情况更加糟糕的是敲门声打断了他的思路。

(14)本来,作为一个领导干部,有一件风雨衣,拿应得的奖金,一些急难险重的工作交给下级干部去做,等等,情理之中,合理合法,但是他们偏偏从严要求自己,这就大大提高了他们的威望和感召力,激发了广大干部和群众的积极性,化为推动改革和发展的强大动力。(1994年第三季度《人民日报》)

(15)偏偏,我们就是执迷地相信,失败者都是咎由自取的。我们从来没有认真反省过,真正失败的是我们这个社会!(香港中文大学学生会《为我们未来的社会建言》)

副词性关联词语"偏偏"后面的内容既可以是肯定的,也可以是否定的。例(14)领导者本应当把紧急困难的事情下发给下级干部去做,然而他们对自己要求很严格,这也激发了群众的热情,无疑是一件好事情。例(15)中的"偏偏"表达的就是消极的情感。通过使用"偏偏"读者可以意识到他们失败的原因是应该归咎于社会,而不是失败者自己。

(16)终于,我们平安地抵达目的地。(《读者》)

(17)终于,宋、蒋矛盾加剧,一场孕育已久的暴风雨来临了。(陈廷《宋氏家族全传》)

尽管上面两个例子中都运用了"终于",但是表达了不同的情感。很明显,例(16)表达的是积极的情感,因为"我们"安全地到达目的地,但是例(17)中的"终于"表达的是消极的情感,因为随着宋、蒋矛盾加剧,一场孕育已久的暴风雨最后终于来临了。

(18) We were sitting there, and then *suddenly* I don't remember anything afterwards. (PBS News Hour, 1994)

(19) I realized that I had forgotten about the party at my house after school. *Suddenly* I was not sad anymore, but excited. (Writing, 2001)

(20) In 2013, there were about 3,000 people on death row. *Only*, 2% of those were executed. (ABC, 2014)

(21) He expects to come here next year because I'm here. *Only*, he wants to be a doctor. (New York Times, 2011)

(22) *Finally*, she whispers, with love, with hate. (Three Musketeers, 1993)

例(18)中的 suddenly 告诉读者说话者那时很无助,因为当他和家人坐在一起的时候什么事都记不起来了,所以这里的suddenly 表达否定情感。但是例(19)中的 suddenly 表达的是积极的情感,当说话者放学后忘记去参加派对时,他感到兴奋,而非伤心。例(20)的 only 表明与监狱里的人们相比被处死的人数是相当少的。读者可以从两方面来理解说话者的意思,一是,说话者认为那些没有被处死的人是很幸运的。二是,说话者对不完善的司法系统感到失望。也许说话者认为犯法的人应当被判以死刑。例(21)中的 only 与 want 一起连用表达了说话者想成为医生的强烈愿望。除了医生,他什么都不想做。既可理解为积极的情感,因为我在;也可以理解为消极的情感,除这个职业之外别的都不干。同样,例(22)中 finally 后面的"她"既爱又恨地耳语某件事,表达一种交集的情感。

通过对情感域下的汉语副词性关联词语的研究分析,我们发现读者可以较容易地洞察到说话者的情感。不少副词性关联词语是处于积极和消极之间的,即它们在一种语境中表达积极的情感,而在另一种语境中表达的却是消极的情感。

根据以上讨论,我们将汉英副词性关联词语的情感域归纳为下图(图2):

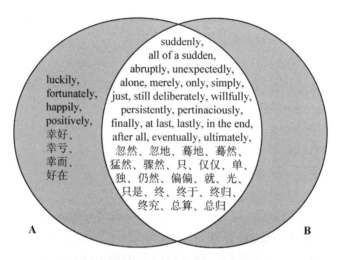

luckily, fortunately, happily, positively, 幸好、幸亏、幸而、好在

suddenly, all of a sudden, abruptly, unexpectedly, alone, merely, only, simply, just, still deliberately, willfully, persistently, pertinaciously, finally, at last, lastly, in the end, after all, eventually, ultimately, 忽然、忽地、蓦地、蓦然、猛然、骤然、只、仅仅、单独、仍然、偏偏、就、光、只是、终、终于、终归、终究、总算、总归

A   B

图2   情感域中的副词性关联词语

上面两个圆 A 和 B。A 代表积极情感域,B 代表消极情感域,A∩B 代表交叉情感域,也就是说,这部分的副词性关联词语既可以表示积极的情感也可以表示消极的情感。然而,经过我们的分析发现几乎没有副词性关联词语纯粹地表示消极的情感。

3.3.2.1.3   数量域内的副词性关联词语

有些副词性关联词语可以用在数字前面或后面表达数量,这样的词语在汉语中有:"至少"、"大约"、"几乎"、"仅仅"等;英语中有:at least、roughly、almost、only 等。我们从语料库中选取了一些例子并加以分析。

(23) 我在香港回到,加拿大回到香港那段日子,每个月我刷卡,至少,有四五十万的港币,那些,那些妖魔鬼怪都来了,每天。(王杰《鲁豫有约》)

(24) 大约,又过了十来分钟,前边一二十里的地方机枪"哒哒哒"响了。(杜鹏程《保卫延安》)

(25) 美国社会及人们选择性开放文化模式的结果,导致性道德堕落,使美国社会每年有 100 万个 14—18 岁的少女怀孕,其中未婚先孕者,黑人占 68%,白人占 32%,几乎 9 个少女中就有一个少女妈妈。(丁锦宏《教育学》)

例(23)的说话者通过使用汉语副词性关联词语"至少"来说明他每月的开支要超出 400,000 港元。例(24)的意思为:大约 10 分钟之后,前方的机枪响了。例(25)中使用数量词的原因是为了陈述美国性道德堕落这一现象。由于数量很大,又很难获得精确的结果,所以说话者运用了副词性关联词语"几乎"来连接两个句子。

(26) I guess I know about 1,000 songs, *almost*. (Denver Post, 1999)

(27) Don't think it's coming until five, *at least*. (King, Stephen, Just After Sunset, Stories, 2008)

(28) Jen learns the trip won't be 55 miles long as promised, but 62, *roughly*. (Backpacker, 2000)

(29) Get this now, his total personal commitment to that $1.1-billion extravaganza is only, *only*, $11-million. (CNN_Money Line, 1990)

例(26)使用 almost,表达的意思为说话者熟悉不到 1000 首歌,但是接近那个数字。在例(27)中,它会在五点或者五点以后到来,roughly 表达不精确的数量,但是非常接近后面的数字。在例(28)中,与 55 英里相比,珍旅游的路程更加接近 62 英里。也许 62 英里不是珍旅游的路程的精确长度,但是比 55 英里精确。例(29)中的副词性关联词语 only 表明的言外之意是:尽管他非常有钱,但是他对那项活动捐的钱很少。

数量域内的副词性关联词语在表达事物、活动数量的多少、精确度、范围等方面起着非常重要的作用。

3.3.2.1.4　视角域内的副词性关联词语

视觉域是一个人通过眼睛看到的现象或者范围。作为人们认识世界的直接信息来源,视力为人们知识系统的发展提供最重要的起始材料。人们通过他们的视觉器官活动来积极地或者消极地洞察他们周围的事物。有些副词性关联词语属于视觉域的,汉语中如"显然"与"显而易见";英语中如 obviously、clearly、evidently。下面是从两个语料库中选取的例子来具体阐释视觉域下的副词性关联词语。

(30) 显然,真理与谬论是一对函义截然相反的概念。(程稳平、程实平《21 世纪牛顿力学》)

(31) "唔……"他一边仔细地审度着我的微笑,一边支吾道。显而易见,他对我的反应不是很高兴,我告诉她我得想一想。(斯蒂芬妮·梅尔《暮光之城 1·暮色》)

在例(30)中,真理和谬论是两个完全相反的概念,这是众所周知的。例(31)中,从他的面容和行为来看,他心情不好是毋庸置疑的。

(32) Elise would have been embarrassed, upset. *Clearly*, something has happened here! (Plough share, 1997)

(33) *Obviously*, I see less of him, now that I have someone else who needs me all the time. (Today's Parent, 2001)

在例(32)中,伊利斯既厌烦又尴尬,毫无疑问,令人不快的事情发生在她身上。例(33)表明说话者经常看不见"他",但是有人取代了"他",因为这个人经常在说话者的视力范围内。

上面分析了四种基本认知域,通过分析我们发现同一个副词性关联词语在不同的语境中属于不同的认知域。比如 at last 和 finally 可以是时间域,情感域以及下位域的副词性关联词语之一。only 不仅是数量域中的一员,而且是情感域中的一员。当然它们属于哪个认知域,一定要由它们所在的语境决定,这样很容易去判断一个副词性关联词语所属的认知域。所有的概念都来源在人类认识他们周围的环境中起到意义重大的基本认知域中。因此,对于我们来说基于基本认知域来研究副词性关联词语的语言现象是很有意义的。

3.3.2.2 副词性关联词语的认知分类

我们根据不同的认知域,对汉英副词性关联词语进行了重新分类(共分为四大类五小类)。如下表(表2):

表2 认知域视角下的汉英副词性关联词语的重新分类

认知域		副词性关联词语	
		英语	汉语
时间域	先时	at first, firstly, in advance, originally, formerly, previously	先、原本、原来、本来
	现在	currently, now, at present, presently	现在、此时、当时
	后时	then, later (on), soon (after), thereupon, thereafter, instantly, next, (soon) afterwards, immediately, directly, subsequently, right away, promptly, presently, straight away, forthwith, lastly, at last, finally, eventually, in the end, ultimately	随即、随后、接着、继而、才、立即、旋即、当即、立刻、顿时、俄顷、马上、终于、总归、总是、总算

认知域		副词性关联词语	
		英语	汉语
情感域	积极	luckily, fortunately, happily, positively	幸好、幸亏、幸而、好在
	中性	all of a sudden, abruptly, alone, only, simply, just, suddenly, unexpectedly, merely, deliberately, still willfully, persistently, pertinaciously, finally, at last, lastly, in the end, after all, eventually, ultimately	忽然、忽地、蓦地、蓦然、猛然、骤然、只、仅仅、单、独、仍然、偏偏、就、光、只是、终、终于、终归、终究、总算、总归
	消极	/	/
数量域		at least, at most, more or less, approximately, roughly, only, nearly, almost	至少、至多、大约、大概、大致、几乎、仅仅
视觉域		obviously, clearly, evidently, apparently, distinctly, conspicuously	显然、显而易见

3.3.2.3　凸显

凸显(prominence)在英语中也被称作 salience。在认知语言学中,凸显是语言信息的选择和安排,这是人类主观认知的结果并且超越逻辑推理和客观性的(Ungerer and Schmid, 1996:38—39)。在日常生活中,那些不同寻常的客体最容易进入人们的认知视野,因为那些不同寻常的客体具有"认知凸显"性。人们有确认方向和焦点的认知能力,这是凸显原则形成的认知基础。凸显原则是认知语言学中人们界定词类与分析句法的一项重要依据。我们都知道移动的物体比静止的物体更容易吸引我们的注意力。移动的物体是凸显的,因此成为了句子的主语,不凸显的参与者就成为了句子的宾语或者句子的其他成分。

兰盖克(1987:118)在凸显视角下提出了一对概念"侧面—基

体(profile-base)"，他把侧面定义为"最大凸显并且可以被认为是一种焦点"，基体定义为"陈述的范围并且可以被描述为侧面所在的必要的语境"。任何一个语言表达的语义不能单独由侧面或者基体所决定，而是由二者共同决定的。根据兰盖克的观点，只有将侧面施加于基体之上才能形成一次认知识解。识解的结果与视角和认知主体的主观因素密切相关。下面两个图表可以帮助我们理解这一概念。

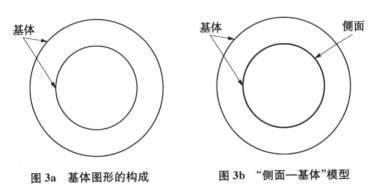

图 3a　基体图形的构成　　　　图 3b　"侧面—基体"模型

图 3a 和图 3b 表明两个圆组成一个基体，一种语言表达的整体意义。这两个图最大的区别是在图 3b 内存在一个凸显出来的侧面，在图中它是通过圆内加粗的圆表现出来的。总之，这个加粗的圆是侧面，是整个语义的凸显。基体为侧面提供语境并且限定侧面。

有一类副词性关联词语在句子或语篇中表示特提，它们有突出其前面或后面成分的功能。汉语的"尤其是"、"特别是"，英语的 especially、particularly，它们经常用在"A,('尤其是'、'特别是'、especially、particularly、specially)B"句式中。A 和 B 可以是同为小句、同为短语性成分或者一个是小句与一个是短语成分。A 和 B 之间有三种语义关系，不过 A 总是包含 B 的。凸显视角下基体与侧面可表示的关系主要有整体与部分的关系、集体与个体的关系和总述与分述的关系。

3.3.2.3.1   整体与部分的关系

整体与部分的关系是指：B是一个小集合，而A是有许多这样的小集合组成的大集合，本质上A和B是一致的。这种语义关系可以表示为：

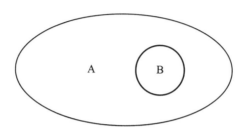

图4   整体与部分的关系

（34）历史需要翻开新的一页，让一切人—尤其是财富创造者们（他们同时也是历史的创造者）有一双火眼金睛，无论面对自己，还是他人，都能辨清人还是兽，把隐藏在人们心灵深处的禽兽清除出去，保证新的劳动方式不断完善，大放光彩。（《中国文化概论》）

例（34）中，所有的人A是基体，在所有的人之中，财富创造者们B(侧面)也叫历史创造者突出了。与所有的人相比，财富创造者们只是其中的一个部分。

（35）At one time or another, most gardeners-and *especially* garden writers-express their disdain for certain plants. (Horticulture, 1994)

（36）School health educators and other professionals involved in the development and education of adolescent males must be aware of what drives certain actions, *particularly* those with negative health outcomes, such as alcohol and drug use. (Journal of School Health，2011)

（37）Whenever you hear a lot of media in this country, *specially* a lot of small media that wants attention，it gets kind of yappy.（CNN_1998）

例（35）中，在大多数的园艺工人（基体）之中，园艺作家被突出了。所以 A 代表大多数的园艺工人，B 代表园艺作家。例（36）在所有的行为中，导致不良健康状况的行为被突出了。很明显，在例（37）中，许多小媒体包含于大媒体之中。A 代表大媒体，B 代表小媒体。在上面的例子中，通过使用"尤其是"、"特别是"、especially、particularly 和 specially，A 和 B 的整体和部分关系非常明显。

3.3.2.3.2　集体与个体的关系

集体 A 与个体 B 的关系指的是 B 是 A 中的一点。可以说 A 是基体，B(侧面)是 A 中突出的一点。A 和 B 的语义关系图表如下：

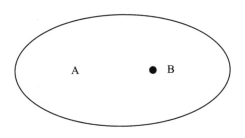

图 5　集体与个体的关系

（38）"二姐，我这次来前，妈咪、大姐、小妹，二弟和小弟都向你问好！为了咱们宋家，大家都希望你能回上海，不要在这里受罪了。尤其是妈咪，老人家非常挂念你。"（陈廷《宋氏家族全传》）

通过使用"尤其是"，读者可以很容易注意到说话者的家庭成员都希望他们的二妹能够回到上海,而不是待在这儿受罪。妈妈是家庭成员之一。在所有的家庭成员里,妈妈的愿望是极其强烈的。这里家庭成员是集体 A,妈妈是个体 B。

(39) 24 Anthony is a Jewish boy burdened and blessed with a sympathy for others — *especially* the beautiful girl next door, whose gangster father is bad news. (Christian Science Monitor,2000)

(40) But in this country, *particularly* and *peculiarly* here, there is a-an equation between one's ascent to fame and a proportionate decrease in their privacy. (Ind Geraldo,1994)

在例(39)中,安东尼同情其他人,但是他最同情的是那个漂亮的小女孩,因为他的爸爸是一个歹徒。这里,其他人是基体 A,漂亮的小女孩是侧面 B。同样地,在例(40)中,使用了两个副词性关联词语 particularly 和 peculiarly 来强调"这里"的状况很符合说话者所描述的。集体是这个国家,个体是"这里",即这个国家的一个地方之一。

3.3.2.3.3 总述与分述的关系

A 与 B 是总述与具体分述的关系,意思是小句 A 是对某一特定的事件或环境的总体陈述,B(侧面)小句对它进行具体分述。为了更加容易理解这种关系,我们画出了 A 与 B 的语义图。如下:

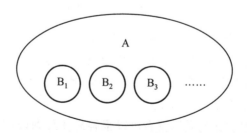

图 6 总述与具体分述的关系

（41）加入世贸后，美国等许多国家、地区的农产品价格低廉
将挤掉中国一部分市场。尤其是肉类产品、禽类产品及
饲料业受冲击严重。（华民《WTO 与中国》）

在中国加入世贸之后，美国等许多国家以及地区的农产品低
廉的价格会取代中国一部分农产品市场 A，在总述中国一部分农
产品市场中，具体分述肉类产品 B_1、禽类产品 B_2 及饲料业 B_3 受
到极大的影响。

（42）In connection with the monstrous pictures of whales，I
am strongly tempted here to enter upon those still
more monstrous stories of them which are to be found
in certain books，both ancient and modern，*especially*
in Pliny，Purchas，Hackluyt，Cuvier，... （Herman
Melville Moby Dick，or The Whale）

在例（42）中，总体陈述 those still more monstrous stories of
them which are to be found in certain books，仅仅通过总述，读者
便可以知道这些故事书具体是关于什么，especially 后面的内容
（侧面）是对总述部分进行分别说明，告诉读者这些故事有的发生
在 Pliny 身上，有的发生在 Purchas 身上……发生在具体的人身
上的故事被凸显出来了。

3.3.2.4 详略度

详略度是人类认知机制的一个重要内容，它是指人们观察或
者描述同一事件的精确度。不同的识解结果源自人们观察客观
事物时的详略度。也就是说，人们可以从不同的度来解释语言现
象。对语言现象不同层面的理解不仅出现在词汇层面，而且出现
在句子层面。

详略度揭示了词汇（名词、动词、副词等）之间的层级性。副
词性关联词语也有层级性。

3.3.2.4.1　英语副词性关联词语的详略度

根据一个英语副词性关联词语的层次性,我们从精确到不精确和确定到不确定两个方面分析其详略度。

1. 精确→不精确

表3a　英语副词性关联词语的详略度

精确─────────────────────────→不精确		
exactly, surely, sure, undoubtedly, enough, truly, definitely, precisely, really, actually, certainly, indeed, definitively, positively	＞almost＞nearly＞ approximately＞	roughly, more or less, at most, at least

为了更好地理解详略度,我们给出了下面的例子:

(43a) *Exactly*, that old woman is eighty years old.

(43b) *Almost*, that old woman is eighty years old.

(43c) *Nearly*, that old woman is eighty years old.

(43d) *Approximately*, that old woman is eighty years old.

(43e) *Roughly*, that old woman is eighty years old.

尽管描述的事情是那位老太太年纪多大,但是由于使用副词性关联词语的不同,所表示的意义也不同。句子(43a)表明那位老太太80岁了,说话者陈述当天是老太太的80岁生日。从句子(43b)到(43d),也许说话者知道老人家的年龄,但是老太太的年龄不到80岁。句子(43e)中的roughly可以给读者两种猜测。一是说话者不知道那位老太太的准确年龄,他只是猜测。二是说话者知道那位老太太的准确年龄,只是他不想说出来。

2. 确定→不确定

表3b　英语副词性关联词语的详略度

确定————————————————————→不确定

obviously，clearly，evidently，apparently，distinctly，conspicuously	＞probably＞likely＞possibly＞maybe＞perhaps

请看下面的例句：

(44a) It is midnight，the light in his room is still on.
Obviously，he is awake.

(44b) It is midnight，the light in his room is still on.
Probably，he is awake.

(44c) It is midnight，the light in his room is still on.
Likely，he is awake.

(44d) It is midnight，the light in his room is still on.
Possibly，he is awake.

(44e) It is midnight，the light in his room is still on.
Maybe，he is awake.

(44f) It is midnight，the light in his room is still on.
Perhaps，he is awake.

上面句子的现象是一样的，但是推测的程度不一样。句子(44a)的说话者对"他"很了解，知道"他"只要开着灯，就一定是处于醒着的状态的。从句子(44b)到(44f)，根据说话者的心理状态来判断，"他"醒着的可能性依次降低。也许有其他的可能，比如，"他"没有关灯就睡觉了，或者由于"他"害怕黑暗，故意开着灯睡觉。

3.3.2.4.2　汉语副词性关联词语的详略度

汉语副词性关联词语性也有层级，也可以表示各种关系。如下所示：

1. 精确→不精确①

表4a   汉语副词性关联词语的详略度

确定━━━━━━━━━━━━━━━━━━→不确定

的确/确实/真的/当然/肯定＞几乎＞至少/至多＞大约＞大致

请看下面例解：

(45a) 的确，那位老人家 90 岁了。

(45b) 确实，那位老人家 90 岁了。

(45c) 真的，那位老人家 90 岁了。

(45d) 当然，那位老人家 90 岁了。

(45e) 肯定，那位老人家 90 岁了。

(45f) 那位老人家几乎 90 岁了。

(45g) 那位老人家至少 90 岁了。

(45h) 那位老人家至多 90 岁（了）。

(45i) 那位老人家大约 90 岁了。

(45j) 那位老人家大致 90 岁了。

以上例句虽然是描述老人家的年龄，但因为使用了不同的副词性关联词语，使句子意义表现出从说话人角度看老人家从确切年龄到不确切年龄的层级性。例(45a)到例(45c)表明老人家是 90 岁了。例(45d)和例(45e)是经过观察或判断，认准老人家 90 岁了。例(45f)到(45h)猜测老人家接近 90 岁了。而例(45i)和例(45j)猜测老人家大概接近 90 岁。

---

①   本研究的"精确"是从说话人的角度看，而不是从客观情况出发。宗守云教授看了本研究后，认为"副词性关联词语属于情态范畴，情态是说话人的主观认定，即使最强的认定也带有主观性。"

2. 确定→不确定

表 4b 汉语副词性关联词语的详略度

确定————————————————→不确定

当然/显然/显而易见＞也许/兴许/或许/可能

例如：

(46a) 他平时勤学苦练，当然，可以取得好成绩。

(46b) 他平时勤学苦练，显然，可以取得好成绩。

(46c) 他平时勤学苦练，显而易见，可以取得好成绩。

(46d) 他平时勤学苦练，也许，可以取得好成绩。

(46e) 他平时勤学苦练，兴许，可以取得好成绩。

(46f) 他平时勤学苦练，或许，可以取得好成绩。

(46g) 他平时勤学苦练，可能，可以取得好成绩。

例(46a)到例(46c)表明因为他平时勤学苦练，确定可以取得好成绩。例(46d)到例(46g)指也许会取得好成绩，表示的是可能性和不确定性。

汉英副词性关联词语有一个差异，即：在表达不确定性方面，英语的副词性关联词语存在的层级明显，而汉语中则层级比较模糊，主要是确定和不确定。

从上面图表，我们可以很容易知道从左到右不精确性或者不确定性依次增强。

通过以上分析，我们得出结论：副词性关联词语的详略度决定了句子乃至篇章的详略度。

3.3.2.5 背景

背景(setting)在英语里也被称作 background 或者 ground，它与我们上面提到的基体或语境有共同特征。了解一种表达的意义或者结构需要另一种表达的意义或者结构作为基体。兰盖克提出了另一组来自心理学的概念"图形—背景"。

　　认知语言学家认为语言与认知有一定的联系,比如情感、记忆以及意识,因此他们尝试着用心理学的理论来解释语言。"图形—背景"理论是心理学中一个重要的概念。"图形—背景"理论的意思是:人们为了更加方便地洞察周围的多种事物,他们总是将事物分开来。例如,当人们看到海洋和帆船的画面时,他们总是很自然地将他们分离开来,并认为"小事物具有意义"。他们会把船当作图形,把海洋当作背景。把它们分离之后,他们会很容易地理解帆船是在大海中航行的。认知语言学家认为"图形—背景"理论对人们的意识有极大的影响,所以他们认为这个理论也可以用来解释语言。

　　王寅认为有三个概念与背景相似。第一个是范畴化,理解一个表达式的意义或者结构需要另外一个或数个表达式的意义或者结构作为基础。对一个或数个意义或结构的范畴化,可作为理解另外一个意义或者结构的背景。第二个是隐喻,在隐喻中,始源域就提供了分析和理解目标域的背景。第三个是语境,它是理解语言时不可或缺的参考信息。同时,背景也与"预设"这一概念相关,例如副词性关联词语 again 就预设了先前曾发生过某事这一背景。

(47) He shivered dramatically. *Again*, no sound, no movement. (O'Keefe, Molly, 2008)

(48) This kid sounded exactly like an eleven-year-old who was a little bit scared. I was impressed. I was also utterly nonplused. But, *again*, I stayed with it. (Fantasy and Science Fiction)

(49) It's his birthday, *again*. If Harry had lived, he'd be 126 years old. (Film Comment, 2004)

　　在例(47)中,again 的使用预设了之前没有声音没有运动的场景。例(48)的说话者预设了他之前与这个孩子玩过。读者可以推测例(49)的说话者在前文中一定详细描述过亨利的生日情况。总之,如果看到 again,那么预设的内容在前文中大部分都被提到过。

与 again 相对应的汉语副词性关联词语是"又",它也可以预设背景。

(50) 不久,法国传教士马神父在广西西林被杀,叶名琛不好好处理,又得罪了法国。于是英法联军来和我们算总账。(蒋廷黻《中国近代史》)

这里使用了"又"表明叶名琛之前得罪了法国,这就是背景。也有可能两次得罪法国的原因不一样。

还有另外一类副词性关联词语也预设背景,它们是可理解性的副词性关联词语,英语中有 no wonder、small wonder、not surprisingly,对应的汉语中有"难怪"、"无怪"、"无怪乎"、"怪不得"、"怨不得"。

(51) You're also very high energy, I promise you. Oh, it's true, Sue, and you know it. *No wonder* my father loves you so much. You're so cute. (CNN Talk Back, 1997)

(52) Unlike the early English roadsters, though, the mighty little Miata proved reliable (a big plus) and featured such modern comforts as air conditioning and power windows. *Small wonder* it became a hot seller. (Boys Life, 1999)

(53) Aruba is a very manageable destination for Texans-most Arubans speak at least four languages, including English, and Continental offers nonstop flights from Houston. *Not surprisingly*, when I visited the island five years ago, it wound up high on the list of places

I'd like to see again. (Houston Chronicle，2008)

在例(51)中，"我的爸爸"非常爱你的原因是你精力充沛并且很可爱，这也是本句的背景。例(52)的背景是梅赛德斯比先前的英国流浪者更加可靠、更加有力并且更加流行。知道这个背景，毫无疑问小梅赛德斯就成为了热销品。例(53)中，说话者想去阿鲁巴岛的原因，一是很多阿鲁巴岛人会说不止四种语言；二是从休斯顿到阿鲁巴岛有直接的航班；三是对于说话者来说，与当地人交流很方便。所以五年以前阿鲁巴岛是说话者梦想去的地方。

(54) 我们一实行新政，科举出身的先生们，就有失业的危险，
　　　难怪他们要反对。(蒋廷黻《中国近代史纲要》)

从例(54)可见，那些靠科举成名的人们一旦新政策执行就会面临失业的危险，所以他们反对这个政策。此例句中，原因就是背景。

背景是认知识解过程中的一个重要因素，可理解性的副词性关联词语就是标志。

3.3.2.6　视角

视角指的是人们描述物体时采取的角度，它涉及观察者和物体的相对关系。视角可以直接影响语言表达。不同的角度会产生不同的认知参照点，然后人们把这些参照点作为认识其他物体的起点。从不同的视角来选用不同的参照点，我们就会有不同的认知路径，因此会产生不同形式的语言表达。视角与背景以及凸显有密切的关系。杨亦鸣(2004)曾经列举了三个例子来讨论副词性关联词语所指的不同的焦点。

(55a) *Luckily*，**you** remind him.

(55b) *Luckily*，you **remind** him.

(55c) *Luckily*，you remind **him**.

在上面的三个例子中，每个例句中加粗的词语是被强调的。(55a)的言外之意为：只有"你"提醒他才是有用的，别人的话他根

本不听。(55b)中的动词"提醒"被强调了,言外之意为:如果你不提醒他,那么他早就忘记了。(55c)的焦点是宾语"他",意思是:你提醒别人是没有用的。从认知的角度来看,只有你知道"你提醒别人是没有用的",才会把"他"作为焦点。

相似地,汉语中副词性关联词语"幸亏"、"幸而"、"好在"也可以指向不同的焦点,例如:

(56a) 幸亏婴儿和夫妇俩治疗及时,才得以康复。

(56b) 幸亏婴儿和夫妇俩治疗及时,才得以康复。

在例(56a)中,是"婴儿和夫妇俩"被及时治疗了,不是别人。然而在例(56b)中,强调的点是"及时",意思是若不是及时治疗,主语婴儿和夫妇就不能很快康复。

很明显,人们采用不同的视角来解释同一语言现象,就会产生不同的意义。换句话说,人们采用的视角会对理解同一语言表达产生重要的影响。

通过在认知识解视角下对汉英副词性关联词语的研究,我们可以得出以下结论:副词性关联词语不仅是语义词语,而且是以认知为导向的词语。

本研究有利于拓宽对副词性关联词语的研究范围,有利于语言学习者更好地理解这些语言现象,有利于加速人类大脑的认知进程并更加深入了解这类词语。

3.4　自主/依存联结框架下副词性关联词语比较

3.4.1　自主/依存联结框架/模型

根据 Langacker(1987;1991;2008)、Taylor(2002)和牛保义(2008;2011)的研究,我们发现配价关系、自主结构和依存结构与自主/依存关系在理解自主/依存联结模型时起重要作用。因此,这部分先对它们做一简述。

3.4.1.1 配价关系

配价指的是各组成结构的依存关系。配价关系反映了语言结构中不同成分之间的基本关系(牛保义,2008:1)。认知语法的配价关系主要研究对应、凸显、自主和依存以及组构四个方面的内容。配价关系指的是两个或两个以上的象征结构之间的组合关系(Langacker,1987:277)。例如:副词性关联词语 not surprisingly(难怪)的配价关系可以被分析为象征结构 not 和象征结构 surprisingly 之间的组合关系。Taylor(2002:202)指出如果结构 X 的某一特定成分被识解为结构 Y 的对应成分,那么结构 X 和结构 Y 具有配价关系。

自主/依存联结是认知语法框架下的一种分析模型,当自主成分和依存成分联结的时候,这种模型就形成了(牛保义,2011:230)。在语言应用中,它研究的是一个构式内部各个组成部分之间的配价关系。

3.4.1.2 自主结构和依存结构

讨论自主结构和依存结构之前,我们先了解一下象征结构。象征结构具有双极性:音位极和语义极(Langacker,1987:67)。也就是说,象征结构包含音位结构和语义结构两部分(Langacker,1987:77;牛保义,2015:35)。

自主结构是指,可以独立出现的、自身的语义明示不预设另一结构或者说是不需要进一步概念化的音位结构或语义结构。比如,音位结构里,辅音依附于元音,前者为依存结构,后者(即元音)为自主结构;语义结构里,动词是依存结构(Langacker,1987:468,488)。Taylor(2002:226)认为自主结构是不需要进一步概念化的音位结构或语义结构。自主结构通常比依存结构更重视意义,即自主结构的语义内容要比依存结构具体、独立、稳定(牛保义,2008:2)。

3.4.1.3 自主/依存关系

自主/依存关系指的是自主成分和依存成分之间的内部关系。Langacker（1987：300）将"自主/依存关系"定义为：A 和 D 为自主/依存关系，在一个配价关系中，A 是对 D 所凸显的认知结构中一个图式性的次结构所作出的阐释。成分 A 和成分 D 为自主/依存关系是指，成分 D 的语义明示依附成分 A。Langacker（1987：278）提出自主/依存关系主要依赖于自主成分和依存成分之间的对应关系。

根据自主/依存关系，我们可以通过阐释位和侧面限定把自主成分和依存成分联结为一个相对自主的合成结构。自主/依存联结形成的分析模型是用来分析语言中的语法配价关系的一种分析框架（Langacker，1987）。这一框架/模型可以表示为图 7（参见 Langacker，1987：326）：

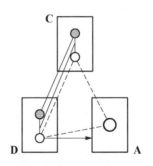

图 7　自主结构和依存结构的合成结构

图 7 可以解释为：D 是概念依存成分，A 是概念自主成分，C 是由 D 和 A 联结而成的合成结构。D 里的实心圆代表依存成分所凸显认知结构中的一个图式性次结构，空心圆代表其中另一个次结构；A 代表自主成分凸显的侧面；箭头代表阐释关系；用来连接两个圆的粗体竖线代表关系；粗体斜线表示凸显的对应关系，虚斜线表示非凸显的对应关系。本图可读作：A 和 D 为自主/依

存关系,这种关系是通过 A 凸显出来的侧面和 D 的图式性次结构之间的阐释或对应关系建立起来的（牛保义,2008:4）。A 和 D整合得到合成结构 C。该模式采用自下而上的运作方法。

基于上述模型,Langacker（1987:77）又指出词具有双极性:即任何一个词汇都具有语义（词的意义）语音（词的发音）两极,该模型表示为:[[语义]/[语音]],其中斜线的左边是语义极,斜线的右边是语音极。

至于复句/语篇层面的自主/依存联结框架/模型,认知语法学家认为,句子的各种成分间都有对应关系（Langacker,1988:125）。如整合关系是由两个或更多单位结合而成的、更大的结构,语言单位从小到大,由词、短语、小句组合关系构成更大的象征结构,即语法结构。本研究复句/语篇方面的该类副词与小句对应,即该类副词（依存结构）依附于小句（自主结构）,结合成更大的结构——复句/语篇,我们对复句/语篇层面该类词语的探究,采用依存结构依附于自主结构分析模式。

自主/依存联结分析模型简单易行、通俗易懂、合情合理,具有较强的解释力（牛保义,2008:5）。它可以用于解释一个语言表达式的不同的方面,比如音位方面、词汇语义方面以及复句或语篇方面。下面主要讨论自主/依存联结模型是如何应用于解释英汉副词性关联词语的。

3.4.2 自主/依存联结框架下副词性关联词语的音位整合

3.4.2.1 英语副词性关联词语的音位整合

研究副词性关联词语的音位意义在于:一方面,有利于深入地研究副词性关联词语;另一方面,通过分析副词性关联词语的音位整合结构可以更容易地标出一个单词的重音。因为它们在某些场合下需要重读来表示特定的交际意义（Ladd,1980;Edwards,1997）。

这个模型可以被用于分析一个单词的音位整合结构。下面我们首先以英语中两个常用的副词性关联词语 just 和 surely 为例，通过认知图解来探究其音位结构的整合过程。

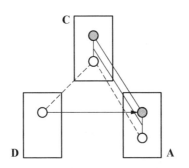

图 8　副词性关联词语 just 的认知图解

根据元音是自主结构，辅音是依存结构（Langacker，2008：199；牛保义，2011：230），图 8 的含义可以解释为：just 的音位合成结构是［dʒʌst］，有两个辅音和一个元音。D 中的空心圆代表辅音［dʒ］，它是一个依存成分，A 中的实心圆代表元音［ʌ］，它是自主结构凸显的次结构，下面的空心圆标示辅音［st］，它是非凸显的次结构，可见，在自主结构中也有非凸显的次结构。C 为由 A 和 D 联结而成的合成结构。上面的实心圆代表凸显成分［ʌst］，下面的空心圆代表辅音结构［dʒ］。箭头代表阐释关系，用来连接两个小圆的粗体竖线代表关系，虚线表示非凸显的对应关系，粗体斜线表示凸显的对应关系。D、A 和 C 分别表示为［dʒ］、［ʌst］和［dʒʌst］。也就是说，［dʒ］有一个图式性的子结构，该子结构和［ʌst］建立起对应关系，联结为合成结构［dʒʌst］。just 的整合过程就完成了。

副词性关联词语 surely 有两个音节，所以它的形成有别于 just。

图 9 的意义可以解释为：surely 的音位合成结构为［ʃuəli］（详见 Langacker，1987：332），它有两个合成结构［ʃuə］和［li］，

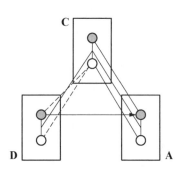

图 9　副词性关联词语 surely 的认知图解

前者是自主成分,后者是一个依存成分。每个里面有两个小圆,两个小圆的关系可以表示为 D 。A 中的实心圆代表[uə],D 中的实心圆代表[i],C 中的实心圆代表[ʃuə];A、D 和 C 中的下面三个小圆分别代表[ʃ]、[l] 和[li]。C 中的实心圆是 A 中凸显的次结构和非凸显结构的合成。C 中下面的空心圆是 D 中图式性凸显的次结构和 A 中非凸显结构的组合。A、D 和 C 可以分别表示为[ʃuə]、[li] 以及[ʃuəli],[li]有一个图式性的子结构,该子结构与[ʃuə]建立起对应关系,联结为[ʃuəli]。surely 的整合过程就完成了。

从上面的分析,每个副词性关联词语都可以这样分析,而且是解释音位极的基本模式;有了这种基本模式就可以更好地解释较复杂的词语的音位极。由于有限的空间,其他的副词性关联词语的认知图解就不一一画出了。对于一些太长、太复杂的词,画出这样的图解就比较困难。因此,牛保义(2011:230–236)提出一个新自主/依存模型:首先,依存成分 D 语义凸显的次结构,提供了一个阐释位,用 e 表示(见图 10)。置于虚线方框里的这一次结构是抽象的、图式性的。自主成分 A 语义凸显的次结构对依存成分 D 凸显的认知结构中的图式性次结构做出了具体的阐释(elaboration correspondence),如向左的粗体箭头所示。自主成分 A

的语义凸显对依存成分 D 的语义凸显（salience）做出了具体的阐释，两者之间建立起对应关系（如虚线的双箭头所示），或者说自主成分 A 被识解为依存成分 D 的一个论元。因此，依存成分 D 可以与自主成分 A 组构起来（如图中下方箭头所示），联结为合成结构[DA]，如图中 C 所示。C 后的省略号表示这样的合成结构还可以与其它成分联结，组成更为复杂的合成结构（composite structure）。

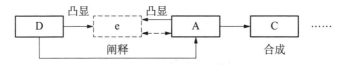

图 10　自主/依存模型（牛保义，2011）

这个模型比较简单。我们用这个新的模型来分析副词性关联词语 moreover 的音位极。moreover 的音位合成结构为[mɔ: rəuvə]（Langacker，1987：332），它包括三个合成结构：[mɔ:]、[rəu] 和 [və]。合成结构[rəu]被重读，我们把它当作自主成分₁，合成结构[və]为依存成分₁，它提供一个阐释位。合成结构[rəu]的语义凸显的次结构很好地解释了合成结构[və]的次结构，[rəu]和[və]建立起对应关系，所以它们联结合成自主结构₂[rəuvə]，合成结构[mɔ:]是一个提供阐释位的依存结构₂，元音[ɔ:]是其中凸显的次结构。自主结构₂[rəuvə]的语义凸显的次结构解释依存结构₂[mɔ:]语义凸显的次结构。[mɔ:]和[rəuvə]音位结构中的图式性子结构建立起对应关系，联结为合成结构[mɔ: rəuvə]。moreover 的整合过程就完成了。

3.4.2.2 汉语副词性关联词语的音位整合

汉语中，词可以是单音节，也可以是双音节。以单音节为例，一个音节包括声母、韵母以及声调。一般情况下，汉语词的音位结构中，韵母是自主结构，声母是依存结构。

我们以汉语中的单音节副词性关联词语"仅"为例，来认识其音位合成结构是如何合成的。

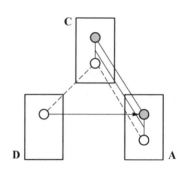

图 11　汉语副词性关联词语"仅"的认知图解

图 11 可以解释为："仅"的音位合成结构为[tɕin214]。它包含两部分，一个是声母[tɕ]的发音，它对应的是 D 中空心圆。另外一个是韵母[in]的发音，它对应的是 A。元音[i]是自主成分，位于上方的实心圆，而[n]是一个辅音，是 A 的非凸显的次结构。C 代表这两部分的合成结构，上面凸显的实心圆代表元音[in]，下面的空心圆代表辅音[tɕ]。竖线和斜线代表直接的对应关系，虚线表示非直接的关系。D、A 和 C 分别可以表示为[tɕ]、[in] 和[tɕin]。[tɕ]有一个图式性的子结构，该子结构和[in]建立起对应关系，当这两部分联结，副词性关联词语"仅"的认知过程就形成了。

3.4.3 自主/依存联结框架下副词性关联词语的语义整合

3.4.3.1 副词性关联词语在词汇方面的语义整合

众所周知，句子是由字/词组成。进行词汇层面分析主要是为更好地理解句子甚至语篇，因此很有必要分析英汉副词性关联词语的构成。

像音节一样，每个词语也有按特定方式排列的更小的单元组成的内部结构。一个单词结构的最重要的部分是语素。与音节不同的是，语素具有双极性，换句话说，一个词的构成也是双极性

的（语义极和语音极），表示为：[［语义］/［语音］]。在本公式
的斜线的左边是语义极，斜线的右边是语音极。词汇就具有这种
双极特性：即任何一个词汇都具有语义（词汇的意义）语音（词汇
的发音）两极（Langacker，1987：77）。本书把副词性关联词语作
为研究对象，来分析几个典型的、具有代表性的副词性关联词语
形成的认知过程，以期对这一特殊类词语的进一步认识。

3.4.3.1.1 英语副词性关联词语的语义整合

英语词汇音节不一、构词复杂、特点鲜明。我们首先以英语
副词性关联词语 doubtless（无疑地）为例，分析其形成的认知过
程。其公式模型可以表示为 [[[DOUBT] / [doubt]]—[[LESS]
/ [less]]]，大写字母代表语义单位，小写字母代表语音单位。符
号"—"代表"结合（integration）"的意思（Langacker，1987：75）。
它的认知过程可以用下图 12 来表示。

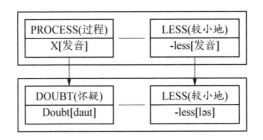

图12 "doubtless"的认知过程

两个大的长方形具有对应关系，第二个长方形可以解释为：
它有两层，上面一层是语义极，用大写字母表示；下面一层是语音
极，它表示这个词是如何发音的，并且给出了音标。

自主/依存联结被用于解释词根语素和非词根语素的区别。
后者包括词缀以及更加抽象的符号，比如过程语素。词根是一
个词的中心。根据 Langacker（1987：307）的观点，词根是自主
性的，它提供语音内容的起始的排列；非词根语素是依存的，它

们的关系就好比辅音修饰元音一样。doubtless 的表达可以写成 [[doubt] less]。其中 doubt 被定义为是自由语素不依靠其他成分的词根,所以它是自主结构;-less 是词缀,是依附于词根的,所以它被看作是依存结构。它与词根共同形成合成结构 doubtless。

其次,我们以比较复杂的英语副词性关联词语 unexpectedly (意外地)为例,分析其形成的认知过程,该词有四个组成部分:词根 expect,一个前缀 un-,以及两个后缀 -ed 和 -ly。和其它副词性关联词语一样,该单词的结构具有层级性,它的认知形成过程可以表示为(图 13):

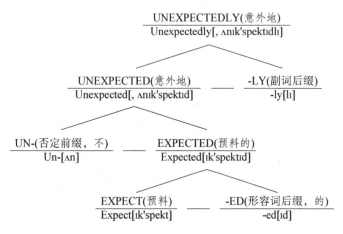

图 13　"unexpectedly"的认知过程

每一个象征结构都具有双层性,上面一层代表语义极,下面一层代表音位极(Langacker,1987:67),图 13 采用自下而上的分析方法来解释 unexpectedly 的认知过程,解释如下:首先,依存成分 -ed 和自主结构 expect 结合成合成结构 expected,它是一个词干$_1$,词干 expected 本身是一个自主结构,因为它可以单独使用。其次,自主结构 expected 与表示否定意义的前缀 un-结合形成词干$_2$

unexpected,最后,词干$_2$与副词词缀-ly 完美结合完成整个过程,合成组构成分的最高层 unexpectedly。总之,词根（expect）和两个词干（expected 与 unexpected）和最后的合成结构 unexpectedly 都是自主结构,而三个词缀 un-、-ed 和 -ly 是依存结构。

基于前人研究,原苏荣（2013：110）认为副词性关联词语有两类,一类是只有一个单词的,另一类是短语或词组。一些短语或词组被称为副词性关联词语是由于以下两个方面的原因。第一,有些固定短语也可用作（状语）副词,这些短语在形式上是恒定的,短语或词组中的几个词几乎不保留其各自的意义（Biber et al.，1999：540）,比如 no wonder（怪不得）。第二,它们与副词性关联词语的功能相似,也被称为关联性短语副词。自主/依存联结模型可以很好地解释第二种情况的词组或短语。根据认知语法自主/依存联结的侧面/侧重决定体,有些词组或短语类的副词性关联词语是修饰语与中心语的关系,如 sure enough、soon afterword、even more、still more。sure、afterword、more、more 是中心语,enough、soon、even、still 是修饰/强调语。兰盖克（Langacker，1987：309）还指出词组中的副词侧面决定体,修饰语被定义为与中心语结合的概念依存构件。因此,sure、afterword、more、more 是自主成分,enough、soon、even、still 是依存成分。[①]

3.4.3.1.2 汉语副词性关联词语的语义整合

前一部分,我们遵循词根是自主结构,词缀是依存结构的原则来分析英语副词性关联词语的形成。然而,汉语中的一个词语的形成认知过程主要是词根与词根的结合（齐沪扬,2007：185－186）。所以这一部分采用的分析方法有所不同。

根据原苏荣（2013：38)大部分的汉语副词性关联词语是双

[①]　本书所说的"自主语、依存语",跟依存语法中所说"自主语"（核心）和"依存语"（从属语）不尽相同,本书主要看语义独立性。

音节结构。双音节结构指的是即成的语言片段是由两个音节组成，但是在意义上相对完整。我们把汉语的双音节结构的副词性关联词语分为两类。第一类是没有自主成分的，因为两个语素的语义都和整体的词的语义不够密切，两个音节在形成一个双音节的副词性关联词语时扮演同等角色。比如"马上"的意思和语素"马"（一种动物）与语素"上"（表示方位）的意思都不同，这两个语素相互依存。第二类是两个语素其中的一个的语义带有"整体"意义，与"整体"意义关系密切，那么我们把这个语素称之为自主成分，另一个语素称之为依存成分。"大约"就是一个例子。"大约"的"整体"意思表示概数，"约"带有"整体"意义，意义上与"整体"关系密切，但是"大"（表示面积、体积、容量、数量、强度、力量超过一般或超过所比）的语义和整体的意义关系不密切。其理据一来自 Levin（2001）、陆丙甫（1998，2010）的"语义靠近动因"和"整体效应现象"。陆丙甫（1998：355）指出语义关系密切的成分倾向于靠近在一起。双音节副词性关联词语的语义关系是受到"语义靠近"动因的作用而造成的，从"整体效应"现象解释，语素本身带"整体"意（陆丙甫，2010）。可见，"大约"中的"约"本身带有"整体"意义，与"整体"意义上关系紧密，所以是自主成分，"大"与"整体"意义关系不密切，则是依存成分。理据二，第一类词的两个词素的意义都已虚化或转化，第二类词其中的一个语素的语义与整个词的意义还有明显联系。也就是语义合成性（composionality）的差别，第一类词语合成性弱，语义透明度低；第二类词语合成性强，语义透明度高①。故，双音节结构的汉语中的副词性关联词语的分类如下：

---

① 张谊生教授和高航教授审阅此稿后，提出这一理据。

表5　汉语中双音节副词性关联词语的自主/依存结构分类①

类型	汉语副词性关联词语
第一类	马上、其实、倒是、好在、起码、无怪
第二类	单单、原本、原来、本来、随即、随后、接着、既而、当即、立刻、顿时、的确、确实、真的、肯定、果真、反而、反倒、忽地、当然、果然、自然、忽然、猛然、骤然、显然、大约、大概、大致、大略、大凡、大多、大都、几乎、终于、终归、终究、总算、总归、尤其、特别、极其、仅仅、只是、唯独、偏偏、甚至、幸亏、幸而、也许、或许、至少、至多

从上表可以看出，很多副词性关联词语属于第二类的。我们说这类词语是自主/依存结构的。具体的说，一个语素的意义接近整体，这个语素就是自主结构，那么另外一个语素就是依存于自主结构的依存结构。

3.4.3.2　副词性关联词语在复句/语篇方面的语义整合

3.4.3.2.1　英语副词性关联词语在复句/语篇方面的语义整合

本研究的副词性关联词语（依存结构）与小句（自主结构）对应，结合成了更大的结构——句子/语篇，我们对句子/语篇层面该类词语的探究，采用依存结构依附于自主结构分析模式。当副词性关联词语出现在复句或语篇层面时，多数情况下它们是依存结构，因为它们在句子或语篇中通常作状语或插入语，起修饰和连接小句的功能（张斌，2010：149-162）。它们可以放在句首，句中或句末（原苏荣，2013：111），因为位置不同，它们与其他成分的依附度也不同。下面我们从"美国当代英语语料库"中选取有代表性的例子来分析副词性关联词语在句子或语篇层面所扮

---

①　张巍教授审阅此稿后，提出的语义透明度和语法化程度的标准，对本书所研究该类词语的自主/依存结构分类有很大帮助。谨此谢忱！

演的角色。原苏荣（2013：107－110）把副词性关联词语划分成八大类二十小类，本书从每一个小类中随机选取一个副词性关联词语，从数据库中随机选取几个例子（位于句首、句中、句末，前后有逗号和前后无逗号）来详细解释副词性关联词语在句子或语篇层面所扮演的角色。我们选取有代表性的副词性关联词语是immediately。

（57）*Immediately* I recognized the bizarre path I had taken to tenure，but in time I have seen what it suggests about the process in general.（Education，2001）

（58）*Immediately*，he knew his face had betrayed his reaction because he saw the patriarch's glance touch him，then...（Matthew Hughes，2006）

（59）He thought，*immediately*，of what a boon that would be for kissing.（Ms，2004）

（60）John came home，*immediately*.（ABC_20/20，2008）

immediately 是"后时"类的副词性关联词语。从例（57）到例（60），immediately 都是句子层面或语篇层面的依存结构，它前面或后面的内容是自主结构。例（57）的依存成分 immediately 置于句首，且不用逗号，紧密依附于后面的句子（中心语）。作为依存结构，依附于后面的自主结构（句子），强调了说话者在很短时间内思想的转变，表明说话者的思维很敏捷。作为修饰语与中心语结合的概念依赖构件 immediately，与中心语形成凸显的对应关系，整合成为表达意义完整的复句结构。例（58）的依存成分 immediately 也置于句首，但用逗号和后面句子隔开，起承上启下的连接作用，是对后面句子的说明解释，强调他的面部表情很快暴露了自己的心里反应。虽然 immediately 后加逗号和句子主要部分关系不很紧密，但从自主/依存角度考察，它与后面小句联结所表达的完整意义是通过修饰语 immediately 与中心语（后面句子)的对应关系实现的。例(59)中的 immediately 既是一个插入成分,也是依存成分,它与前面 he thought 的关系比较密切,因为它说明了他想到这个观点所用的时间。具体讲,1) immediately 前后使用逗号,起连接功能,对前面内容进行解释,作插入语/成分(张道真,1984:498-500);2) immediately 又是依存成分,它和前面小句的联结是通过修饰语与中心语(前面句子)的对应关系实现的,其对应关系实现较大的象征结构 he thought, immediately,该结构又和后面的内容联结构成更大的象征结构,体现了语言单位从简到繁组合关系构成更大象征结构(即语法结构)。例(60)强调的是约翰回家这个事件,immediately 作为依存成分说明的是约翰做事情很慌张,也许他在家里有很急的事情要做。尽管它是依存结构,但是如果去掉它的话,就无法表明约翰的急切心情。immediately 置于句末,且用逗号与前面句子隔开,表明它置于句末不如置于句首或句中时与句子的关系紧密。从复合结构的侧重决定体来看,修饰语 immediately 与中心语 John came home 建立对应关系,整合为句子结构,表达完整的意义。

值得一提的是,例(57)和例(58)中的 immediately 都是位于句首,他们的区别是,前者对它的自主结构的依存性要强于后者对它的自主结构的依附。

从依附程度、对应关系和联结程度三个方面看:例(57)依附性最强,例(58)、例(59)次之,例(60)最弱;对应关系方面,例(57)对应关系凸显,例(58)、例(59)次之;例(60)非凸显;从(它们的语义)联结程度上看,例(57)最紧密,例(58)、例(59)次之,例(60)最松散。

3.4.3.2.2 汉语副词性关联词语在复句/语篇方面的语义整合

正如前面所提到的,句子或语篇层面的英语副词性关联词语结构上作为依存结构,语义上充当依存成分。对从"美国当代英语语料库"中选取的典型例子的分析可以支持我们的观点。这一部分主要讨论汉语的副词性关联词语在句子或语篇层面所扮演的角色。我们从"北大语料库"中检索例句，从每一个次类中随机选取一个副词性关联词语，每个词语选取两、三个例子（分别为副词性关联词语放在句首和句中，前后有逗号和前后无逗号），来详细解释副词性关联词语在句子或语篇层面所扮演的角色。我们选取有代表性的副词性关联词语是兼类词"原来"，它既属时间类词语，表示先时关系，又属解释类，表示解释补正关系。

（61）戴愉为什么不向晓燕表示爱情呢？原来他还没有得到主子的许可，他不敢。（杨沫《青春之歌》）

（62）一天，一位美国记者到宋府来找宋子文。原来，他就是受宋庆龄之托，专程来上海看望宋子文的希恩先生。（陈廷《宋氏家族全传》）

（63）这是谁呀，这是田参谋长，原来，文化大革命田参谋长。（1982年北京话调查资料）

　　例（61）中"原来"置于句首，紧密依附于后面句子，作依存成分。通过"原来"与后面小句的凸显对应关系，联结构成完整句子结构，来解释说明"戴愉为什么不向晓燕表示爱情"的原因。例（62）中的依存结构"原来"，后用逗号，置于句首，具有承接上下文的功能。通过修饰语（"原来"）与中心语（后面的句子）的对应关系，联结构成句子结构。"原来"后面的内容是对前面内容的补充，即解释了这位美国记者的来历以及他来上海的目的。例（63）中的依存成分"原来"，置于句中，前后有逗号。虽然它与前后内容的依附程度较低，但从自主/依存角度来看，它与后面的内容是对应关系，联结构成的小句结构，内容表示补充确认。

　　在检索的过程中，我们很难发现汉语副词性关联词语位于句末的情况，"原来"也一样。汉语副词性关联词语位于句首和句中是汉语表达的一大特点。虽然"原来"放在句中，但与后面内容形成对应关系,联结构成语法结构,且从自主/依存联结和语义上来说,它更加依附于后面的内容。

可见,汉语中副词性关联词语也可以放在句首或句中,且与英语副词性关联词语的功能基本相同。但很少有位于句末的情况。

从句法位置看副词性关联词语的依附程度、对应关系和联结程度:当该类词语置于句首,后面没有逗号时,它们的依附性最强、对应关系凸显、联结最紧密;当该类词语置于句首,后面有逗号时,它们的依附性比较强、对应关系比较凸显、联结较紧密;当该类词语置于句中时,情况和该类词语置于句首、后加逗号时差不多;当该类词语置于句末(主要指英语)前面有逗号时,它们的依附性比较弱、对应关系非凸显、联结不太紧密。

经过从"美国当代英语语料库"和"北大语料库"中检索的例子来分析英汉副词性关联词语所扮演的角色,我们发现在句子或语篇层面,英汉副词性关联词语都充当依存结构,这是汉英两种语言的一大共性。

本书验证了自主/依存联结理论框架对英汉"副词性关联词语"这一特殊类词语解释的合理性和可行性。

通过本章分析,基于前人的研究,我们提出了副词性关联词语的认知定义:副词性关联词语是在复句或语篇中起连接作用的副词和副词性词语,它们不仅具有修饰功能而且还具有连接功能。它们体现了说话者对某一现象或特定事件的心理状态、态度或认知过程。比如,当说话者使用 in fact 时,至少有两种意思,一是 in fact 后面的内容是对前面内容的补证,说话者说出他的真实感受,或对他所说的话表示确认。二是当后句的意思与前面内容相反,表转折关系的认知过程,说话人持相反的态度。

3.5 小结

本章介绍了国内外学界对认知语法和基于认知语法对副词性关联词语的研究现状。其研究重点有：1. 从认知识解理论框架下探究副词性关联词语。认知识解包括五个方面：认知域、凸显、详略度、背景和视角。不同种类的副词性关联词语可从不同的方面进行研究。2. 系统地介绍了自主/依存联结理论，然后以自主/依存联结为理论框架，集中探究英汉副词性关联词语的音位整合和语义整合（语义整合包括词汇方面和复句/篇章方面）的认知特点。主要有以下发现：1）音位方面，英语的元音是自主结构，辅音是依存结构；而汉语词的音位结构中，声母是依存结构，韵母是自主结构。2）词的内部结构语义方面，英语的副词性关联词语具有双极性，词根是自主结构，词缀是依存结构；有些词语，当一个语素作修饰/强调语时，这个语素是依存成分，中心语是自主成分。汉语中，大都是双音节结构的副词性关联词语，当其中一个语素带有"整体"意义，与"整体"意义关系紧密时，这个语素就是自主成分，另一个语素是依存成分；当任何一个语素与整体意义不紧密时，这两个语素则相互依存。3）复句或语篇方面，在意义完整的复句和语篇中，英汉副词性关联词语都充当依存结构。

本章研究的主要贡献：1. 按照不同的认知域对副词性关联词语进行了新的分类；2. 指出了英汉副词性关联词语的音位整合和语义整合的认知特点，探究了在句子或语篇方面副词性关联词语所起的作用；3. 提出了副词性关联词语的认知定义。

第四章　构式语法视阈下的比较

4.1　构式语法及其相关研究

构式语法理论(Construction Grammar)是 20 世纪 80 年代后期由 Fillmore、Goldberg 等人提出的一种新兴语法理论和研究方法。Fillmore(1988：36)提出：1. 构式是规约性的句法表征；2. 构式是习语性的；3. 词项本身就是构式；4. 构式就像一个由母亲和女儿组成的核心家庭树。Lakoff(1987：538)指出"一个语法构式的特征越是有理据性，它就越像一个好的格式塔。"他认为好的构式塔容易认识、容易掌握，使用也方便。Goldberg(2005,2006)继承了 Fillmore 和 Lakoff 的"模式观"，提出语法分析的所有层面都涉及构式：构式是业已习得的形式和意义或话语功能的对子，包括词素、词、习语、部分由固定词汇填充的短语结构(如 The Xer, the Yer)。构式的一个重要特征就是在语言使用中反复出现而成为一种"型式"(pattern)，如规律性的构词模式、规律性的短语模式和句式等(王望妮、孙志农，2008：49)。

构式语法是近十多年来中国学界进行语言研究的新兴理论。戈尔德贝格(Goldberg，1995；2006)指出构式是"形式和意义的结合体"(pairing of form and meaning)或"形式和功能的结合体"(pairing of form and function)，并将其定义为"C 是一个构式当且仅当 C 是一个形式—意义的配对〈Fi, Si〉, 且 C 的形式(Fi)或意义(Si)的某些方面不能从 C 的构式成分或其他先前已有的构式中得到完全预测"。这表明任何语言的表达式, 其整体意义是超越了部分意义之和的。陆丙甫(2008)认为, 语块(chunk)是"人类信息处理能力的实际运用单位"。根据构式和语块理论, "每个构式都是由语块构成, 语块是构式的构成单位"(陆丙甫等, 2009)。

国内外学界对构式语法的研究可以概括为: 1. 构式语法的理论评价。国外学者有: Fillmore et al (1988)、Kay(1995)、Kuzar(1998)、Allerton(2002)、Fillmore & Sag(2003)、Goldberg(1995, 2006)、Croft(2001)、Boas(2013)、Traugott & Trousdale(2013)、Trousdale & Norde(2015)等。国内学者包括: 袁毓林(2004)、严辰松(2006)、邓云华 & 石毓智(2007)、陈满华(2009)、高波 & 石敏(2010)、刘正光(2011)、牛保义(2011)、侯国金(2013, 2015)、张娟(2013)、文旭 & 杨坤(2015)、刘树晟 & 段业辉(2015)、陆俭明(2008, 2016a, 2016b, 2016c)、周洋(2016)、董晓明 & 林正军(2017)、刘瑾 & 杨旭(2017)、王雅刚 & 刘正光(2017)、于鑫(2017)等。2. 构式语法的发展研究。国外学者包括: Boas(2003)、Fried & Jan(2004)、Gries & Anatol(2004)、Gries et al (2005)、Briton(2005)、Langacker(2009)、Hilpert(2013)、Traugott & Trousdale(2013)、Traugott(2003, 2010, 2014)等。国内学者有: 刘润清(1995)、王寅(2009)、陆丙甫(2008, 2012)、刘大为(2010a, 2010b)、程琪龙 & 程倩雯(2015)、朱琳(2015)、严敏芬 & 李健雪(2016)、文旭 & 杨旭(2016)、张克定(2014)、杨永龙(2016)、陈满华 & 贾莹(2014)、麻金星(2015)、彭睿(2016)、陆俭明(2016)、施春宏(2016)、袁毓林(2017)、杨春雷 & 姜霞(2017)等。3. 应用研究。主要涉及 1)在英语教学、汉语教学中的应用研究, 如: 陈满华(2009)、苏丹洁 & 陆俭明

(2010)、李小华 & 王立非(2010)、林正军 & 刘永兵(2012)、崔淑燕(2014)、王初明(2015)、袁野(2017)、钟书能 & 黄瑞芳(2017)、鞠志勤(2017)、朱文(2017)等。2)翻译研究和实践。比如：Bassnett & Lefevere(2004)、Benjamin(2004)、王东风(2010)、杨子 & 王雪明(2014)、唐婧 & 杨洋(2016)、赵文婷(2016)、陈水生(2017)等。4.构式语法和英语语法。该领域主要是英语界的学者，如：石毓智(2004)、熊学亮(2007)、李苗(2013)、林璐(2014)、田臻等(2015)、王寅 & 曾国才(2016)、席建国 & 王文斌(2016)等。5.构式语法和汉语语法。该领域主要是英语界和汉语界的学者，比如：张伯江(1999)、徐盛桓(2003)、沈阳(2009)、龙国富(2014)、徐开妍 & 肖奚强(2015)、程亚恒(2015)、吕文茜(2015)、陈晓蕾 & 陈文博(2016)、顾鸣镝(2016)、王天翼(2016)、杨旭(2016)、马楠(2017)、钟书能 & 石毓智(2017)、雷冬平(2017)、陈松松 & 张辉(2017)等。6.语块研究。这是基于构式语法的一种新的语言理论,研究学者主要有：Robinson(2005)、纪云霞 & 林书武(2002)、陆丙甫 & 蔡振光(2009)、陆俭明(2010)、苏丹洁 & 陆俭明(2010)、陆俭明(2011)、苏丹洁(2010, 2011, 2012a, 2012b)等。

综上所述,学界对构式语法的研究取得了不菲的成果,但在应用构式语法理论分析汉英副词性关联词语方面的研究成果还不足,尤其是汉英副词性关联词语在紧缩格式中的比较研究还有待加强。

4.2　本研究现状和研究意义

4.2.1　学界对汉英副词性关联词语在紧缩句中的比较研究

汉英成对的副词性关联词语(如汉语的"一……就……"、"越……越……";英语的 now … now …（忽……忽……）、

half … half …(半……半……))是特殊类词语:副词性关联词语的一个类别(原苏荣、陆建非,2011:122;原苏荣,2013b:23)。这种成对的副词性关联词语常用在复句及其紧缩句中,具有明显的话语标记特点。关于这类话语标记就是希弗琳(Schiffrin,1987)指出的话语层次上的标记,是依存于前言后语、划分说话单位的界标。在话语连贯模式中,将信息置于一个解释性框架之中,话语标记正是在形成的话语结构、意义和行为中语句位置的标志。

紧缩句是一种特殊的话语框架结构表达不同的意义关系,是用单句形式表达复句内容的一种特殊的句子形式(张斌,2009)。一般来说,紧缩句由复句的分句紧缩联结而成。"紧"是指复句内部的语音停顿取消(尤指汉语);"缩"是指复句中某些成分被缩略掉(张斌,2010)。汉语和英语都有紧缩句。学界从不同角度对紧缩句做过研究,如寇代辉(1998)主要探讨了条件、让步、因果等关系的紧缩句的英译;陈颖(2005)集中研究了紧缩句的有标关联和无标关联;毛润民(2007)认为紧缩句不同于连动句、兼语句和主谓作宾句。但学界关于汉英紧缩句中成对的副词性关联词语意义关系比较分析却少有,汉英紧缩句中的结构形式的异同,表达意义共性探讨不多见。

本章研究的紧缩句(结构)既有构式的属性,也具有语块的特点。汉语紧缩构式主要由两个语块构成,其形式框架可标码为:A1(S1)+A2(S2),其中 A 代表副词性关联词语,前置标 A1、后置标 A2 构成成对的关联标记,连接前件 S1、后件 S2。A1 加 S1 称为前块,A2 加 S2 称为后块,如"一请就到。"中的"一请"为前块,"就到"是后块[1]。英语紧缩构式也是由两个语块构成,其形式框

---

① 紧缩句中表达不同意义关系的典型成对的构式是 A1(S1)+A2(S2),但在有的情况下,成对的前块需用连词性关联词语连接前件,其构式框架可标码为 C1(S1)+A2(S2),C1 代表连词性关联词语,C1 与 A2 配对出现,如"即使……也……"。

架可标码为：Phr. ＋S，其中 Phr. 是紧缩短语，称为前块；S 是小句，称为紧缩构式的后块，如 *Returning home*，he called me.（他一到家就给我打电话。）中的"returning home"是前块，"he called me"是后块。可见，汉语为两个语块，形式对称；英语为两个语块，形式不对称，但是汉英紧缩构式"一……就……"意义关系是一样的，都表示承接关系。

　　汉英成对的副词性关联词语在紧缩句中多有变化，许多情况下缺乏一一对应关系，却可具有一些基本的、本质上的意义相同特点，意义关系一致性特点。在我们的研究中，有必要把研究对象局限在一个较少的范围内（原苏荣，2013a）。故，本章重点进行意义一致的跨语言识别，比较分析汉英成对的副词性关联词语在紧缩句中结构形式上的不同，表达意义上的相同，旨在揭示汉英紧缩句都可表达含成对的副词性关联词语的相同的意义关系，探究其规律及其原因，进一步认识汉英成对的副词性关联词语在紧缩句中的语言特点，为汉外语学习提供帮助，也希望对学习者掌握这方面的翻译技巧有所启发。

4.2.2　学界对汉语的"四字格"和英语的"四词格"比较研究

　　学界对"四字格"和"四词格"的研究[①]，可概括为三个方面：1. 汉语"四字格"的研究，如冯树鉴（1985）提出了"四字格"分为成语和根据一定语境灵活组合的普通词语两大类；张斌（1988）将四字短语称之为类固定短语。2."四字格"在译文中的运用，如裘因（1991）、郭卫民（2009）等都是对翻译中汉语"四字格"的运用探究。3."四字格"和"四词格"的比较研究，如原苏荣（2012）对汉语的"四字格"和英语的"四词格"做了一定的分析。以往研究以对

---

　　①　汉语中一般说一个音节书写起来就是一个字，而英语中的一个单词，含一个或一个以上的音节；《汉语字典》以字为单位，《英语词典》以词为单位，所以汉语叫"四字格"，英语叫"四词格"。

汉语"四字格"为多,缺乏对"四字格"和"四词格"的比较研究,研究广度和深度都很有限。原来传统的语法思路限制了研究的进展。

构式理论方法在特殊句式研究上取得了不少成绩,但应用构式语法理论对汉语"四字格"和英语"四词格"比较研究却少见。本章以构式语法理论为依据,以真实的文本语料为佐证,集中探究:1."四字格"和"四词格"的性质特点;2."四字格"和"四词格"中构式框架成分对应关系;3.副词性关联词语在"四字格"和"四词格"格中的表达方式,并讨论以上问题可能的原因是什么?遵循的规律特点有哪些?旨在促进对"四字格"和"四词格"的进一步认识。

4.3　汉英紧缩格式比较

4.3.1　副词性关联词语的意义关系一致性

弗雷泽(Fraser,1999:940)认为话语标记作为一类词汇表达式,主要来源于句法类的连词、副词、介词短语和分词短语等。他强调话语标记标示信息间的关系。成对的副词性关联词语在紧缩句中可以表示这种信息间的意义关系。下面我们集中讨论汉英紧缩句中的成对的副词性关联词语及其意义关系的一致性。

复句中的两个分句[①],经过紧缩把其中的某些成分缩略掉,变成单句形式表达复句内容的句子形式。在汉语的紧缩句中经常用成对的副词性关联词语表达意义关系,而英语紧缩句则多用不同的构式表示和汉语一样的意义关系,译成汉语时常常使用成对

---

①　关于分句和小句,汉语界常称作"分句",而英语界多说"小句(clause)"。其实性质是一样的,只是术语不同而已。

的副词性关联词语标示其意义关系。例如：

表1　复句及其紧缩句

	复句	紧缩句
(1)	只要师傅一指点,他就明白。	师傅一点就明白。
(2)	小李长号吹得时间越长,吹得越好。	小李长号越吹越好。
(3)	*The moment the pilot found the engine was working badly*, the pilot was obliged to land.	*On finding that the engine was working badly*, the pilot was obliged to land.(飞机驾驶员一发现引擎不灵就迫降。)(薄冰,1998: 320)
(4)	*The more* people there are, *the merrier* they will be.	*The more*, *the merrier*.(人越多越开心)(葛传槼、陆谷孙等,2000: 1637)

从表1可见,紧缩句是由分句凝合而成的复句变异形式。例(1)、(2)中,首先是各分句之间没有了语音停顿,书面上不用逗号,某些成分也被缩略掉了,如"只要师傅一指点,他就明白。"——"师傅一点就明白。","只要"和后面分句的主语略掉了。再如,"小李长号吹得时间越长,吹得越好。"——"小李长号越吹越好。"缩略的就更多了。其次,紧缩句的内容相当于复句的两个分句,如"师傅一点就明白。"的内容,就包括"只要师傅一指点"和"他就明白"两个部分,这两个部分之间的关系是分句间的关系。第三,紧缩句中多用副词性关联词语表达种种关系。有些在一般的单句或复句中只起修饰限制作用的副词,如"不",在紧缩句中"不……不……"连用却有了关联作用,变成了成对的副词性关联词语。汉语中这类构式很多,如"一……就……"、"越……越

……"、"不……也……"、"再……也……"、"非……不……"
等等。①

英语中也有紧缩句。例(3)、(4)中,首先,各分句之间某些成
分被缩略掉了,如 *The moment the pilot found the engine was
working badly*, the pilot was obliged to land. — *On finding
that the engine was working badly*, the pilot was obliged to
land. 关联词语 the moment 及其后面分句的主语省略掉了②,后
面的动词 found 变成了介词短语 *on finding*。再如 *The more*
people there are, *the merrier* they will be. — *The more, the
merrier*. 就缩略了各分句中的主语和谓语。其次,紧缩句的内容
相当于复句的两个分句,如 *On finding that the engine was
working badly*, the pilot was obliged to land. 的内容就包括 The
moment the pilot found the engine was working badly 和 The
pilot was obliged to land 两个部分,这两个部分之间的关系是分
句间的关系。第三,紧缩句中的偏句多为短语形式,与正句一起
表达各种意义关系③,如 on finding…为介词短语。例(3)句意为
"飞机驾驶员一发现引擎不灵就迫降。"例(4)句意为"人越多越开
心。"这两个紧缩句中分别隐含"一……就……"、"越……越
……",而"一……就……"、"越……越……"是典型的成对的副词
性关联词语。可见,虽然汉英紧缩句表达形式不对应,但却可表
达相同的意义关系,例(1)和例(3)都表示承接关系,例(2)和例
(4)表示倚变条件关系。汉语显性的成对的副词性关联词语和英

---

① 需要指出的是,虽然紧缩句是复句的紧缩,但在日常语言应用中,并不是所有
的紧缩句都可以还原成复句,即不能反推过去,因为有的紧缩句是语言使用中早已约
定俗成的一种紧凑凝练的形式。再者,有的也没有必要改回去,如"他一请就到。"一句
紧缩句,表达清楚、简练,显然不必改成"只要有人请他,他就到。"

② "关联词语"包括副词性关联词语和连词性关联词语,详见原苏荣(2013b:
28)。

③ "偏句"又称"从句","正句"也称"主句"。

语隐性的成对的副词性关联词语意义关系是一致的。

4.3.2 副词性关联词语所连接紧缩句的关系一致性

维尔茨比兹卡（Wierzbicka，1992：164）和威尔金斯（Wilkins，1992：123)都认为关联话语标记是多义的,在不同的上下文会有不同的意义。汉英成对的副词性关联词语都可连接表达不同意义关系的紧缩句。汉语紧缩句是由显性成对的副词性关联词语合用连接,英语则是用隐性成对的副词性关联词语（尤指译成汉语时明显要使用相应的成对副词性关联词语或成对的副词性关联词语与连词性关联词语搭配来表达其意义)连接表达相同的意义关系。

1. 承接关系紧缩句

汉语表示事件之间的承接关系的紧缩句,常由"一……就……"、"一……便……"连接。例如：

(5) 我急疯了,我给他打长途,他一听见我的声音就骂我：你他妈的捣什么乱？（刘心武《多桅的帆船》）

例(5)中"他一听见我的声音就骂我"里的构式"一……就……"相当于"……接着……"。由"一……就……"联结而成的紧缩句表示承接关系。

英语表示事件之间的承接关系的紧缩句,常使用"介词＋动名词/名词"的构式："Prep.（on）＋V-ing/NP,...",如例(6)、(7)中"Prep.（on）＋V-ing/NP,..."构式相当于"……接着……"。从汉语译文明显看出是由"一……就……"连接的紧缩句,表示承接关系。

(6) *On arriving*, she took a taxi.（她一到就打了一辆出租车。)（Quirk. R, *et al.*, 1985：660）

(6') *As soon as she arrived*, she took a taxi. [1]

---

① (n')是英语紧缩句的还原复句,还原复句可以让我们更准确地理解句子的意义。

(7) *On his return*，Bland began to plan a visit to the North.
（布兰德一回来就开始计划到北方参观。）（Huddleston，
R. *et al*.，2002：1476）

(7'）*As soon as Bland returned*，he began to plan a visit to
the North.

2. 条件关系紧缩句

汉语的"一……就……"、"一……便……"还可以表示充分条
件关系。例如：

(8) 他一天到晚只知道怎样把最后的力气放在手上脚上，心
中成了块空白。到了夜晚，头一挨地他便像死了过
去，……（老舍《骆驼祥子》）

例(8)中"头一挨地他便像死了过去"里的"一……便……"相
当于"只要……就……"。"一……便……"联结的紧缩句都表示
充分条件关系。[①]

英语也有表条件关系的紧缩句，其常用构式是"过去分词＋
名词短语"——"V-ed＋NP，…"。请看下例：

(9) *Given enough time*，we can do it well. （只要给我们足够
的时间，我们就能做好）（张道真，1984：258）

(9'）*If we are given enough time*，we can do it well.

例(9)"V-ed＋NP，…"构式相当于"只要……就……"，表示
充分条件关系。

3. 倚变性条件关系紧缩句

由成对的关联副词短语"越……越……"连接而成的紧缩句，
表示随着条件的变化，结果也变化，叫做倚变条件关系。倚变条

---

① "一……就……"、"一……便……"表示的究竟是承接关系还是充分条件关
系，要看语境，总的来说，在叙述事件的叙述句中，"一……就……"、"一……便……"表
事件之间的承接关系；在说明、解释、判断、推理的说明句中，"一……就……"、"一……
便……"表事件之间的充分条件关系。

件是一种特殊的充分条件。下面的例句就是表示这种关系：

（10）他的手哆嗦着，越哆嗦越厉害，以致把毛笔上的墨汁溅得如雨点一般。（刘心武《黄伞》）

例（10）中"越哆嗦越厉害"里的构式"越……越……"相当于"只要……就……"，其联结的紧缩句表示倚变条件关系。

英语表示这种关系，常用以下例句中的构式：

（11）*The longer，the better.*（谈得时间越长越好。）

（11'）*The longer* he plays the piano，*the better* he plays.
（他弹钢琴时间越长，弹得越好。）

这个复句用"the A_1-er . . . ，the A_2-er . . ."作标记，表示两个部分的倚变条件关系，其句法构式框架为"the A_1-er＋clause（小句），the A_2-er＋clause"。复句紧缩/隐含后，其构式为"The＋A_1-er，the＋A_2-er"，语义相当于"越……越……"，表示倚变条件关系。

4. 让步转折关系紧缩句

汉语紧缩形式表让步转折关系，多用"不……也……"等连接。构式"不……也……"相当于"即使……也……"，其联结的紧缩句表示让步转折关系。英语紧缩句的构式，表让步转折关系，常用"动词过去分词＋介词短语"——"V-ed＋PP，…"。例如：

（12）再说，高妈知道他到王家来，要是夜间丢了东西，是他也得是他，不是他也得是他！（老舍《骆驼祥子》）

（13）*Mocked by everybody*，he had my sympathy.（人人都嘲笑他，我却同情他。）（薄冰，1998：349）

（13'）Although he was mocked by everybody，he had my sympathy.

例（12）中"不是他也得是他"里的"不……也……"构式隐含着"即使不……也……"的意思，其实这是一种虚拟让步句。"不……也……"连接的紧缩句中"也"引导的分句突出了让步转折关系。例(13)的构式是"V-ed＋PP，…"，相当于隐含着"虽然……却……"，表示让步转折关系。

5. 假设关系紧缩句

汉语此类关系通常用"不……就……"和"不……不……"表示。英语也可用两种构式的紧缩句表示假设关系：一是"过去分词＋名词短语"——"V-ed＋NP，…"；二是"名词＋动词的现在分词"——"NP＋V-ing，…"。例如：

(14) 你需要帮助吗？需要就别客气，说 Yes。不需要就直截了当说 No，我现在已经对你说了 Yes 了。(池莉《你以为你是谁》)

(15) *Given better attention*，the cabbages could have grown better.（如果管理得好一点，这些大白菜还可以长得好些。）(张道真，1984：277)

(15') *If the cabbages had been given better attention*，they could have grown better.

(16) *Weather permitting*，we'll have an outing tomorrow.（天气允许的话，我们明天就去郊游。）(张道真，1984：278)

(16') If weather permits，we'll have an outing tomorrow.

例(14)中"不需要就直截了当说 No"里的"不……就……"相当于"要是……就……"，其联结的紧缩句表示假设条件关系。

例(15)中的构式"V-ed＋NP，…"相当于"如果……还……"；例(16)的构式"NP＋V-ing，…"相当于"如果……就……"，都表示假设条件关系。

通过以上分析，我们可以看出汉英至少有五种意义关系相同的紧缩句。汉语均有明确成对的副词性关联词语连接紧缩句，英语则是用不同的构式构成紧缩句，但隐含的意义关系则由成对的副词性关联词语连接。汉英紧缩句虽然表现形式不同，但表达每种紧缩句的意义关系是一致的。

基于上文讨论,下面我们对意义关系相一致的紧缩句及其相关问题(如紧缩句还原复句的理据、构成原因,紧缩句辨别方式、主要特点等)作进一步的分析总结:

第一,每种紧缩句中英语例句的还原复句是帮助我们正确理解其意义关系的重要方式。分析紧缩句的形成和探究紧缩句还原/补回复句有其极其相似或相同的理据,即缩略或隐含。对于隐含,张国宪(1993:130)指出"隐含是由句法构式的紧缩而形成的一种语言现象。"例如,"我们不见不散。"就隐含着"假如……就……"、"如果……就……"的意思。虽然这些关联词语在理解句子意思的时候要填补上去,但在实际表达的时候并不需要出现。英语也基本如此,比如上文的英语例句在理解句子时要补上关联词语、主语和谓语(或部分谓语),但实际表达时并不需出现。

无论汉语的紧缩句还是英语紧缩句的隐含都有其句法上的限制,它们补回复句还要依据复句中的分句与分句(紧缩构式中短语与短语)之间的逻辑关系。

第二,对于英语紧缩句,多使用作状语的分词、介词等构成分词短语构式、介词短语构式表示承接、条件、转折等意义关系。其原因是具有状语意义的分词小句、介词小句可表示时间(承接)、条件、原因和结果。(Hewings,1999:150)

第三,我们注意到,一个单用的副词性关联词语可以表几种不同的复句关系。就这一点来说,辨认复句类型主要靠偏句中的关联词语,而汉语偏句中的关联词语,有些是连词性关联词语;英语大致也是这样。因此,我们要讨论紧缩句中的副词性关联词语的功能,有时不得不涉及一些在偏句中出现的连词性关联词语。

第四,考察汉英五种意义关系相同的紧缩句,我们发现一种意义关系至少有一对或不止一对连用搭配构式来表达,如承接关系、假设条件关系等。而且,有的连用/搭配构式在一定的语境下,可表示两种意义关系,如"一……就……"构式,既可表示承接关系,还可表示充分条件关系;"one more＋NP,…"构式,既可表示假设条件关系,又可表达充分条件关系。

第五,比较发现,虽然人们常说的英语是形态语言,注重形式标记,但汉语的成对的副词性关联词语在紧缩句中的标记比英语的成对的副词性关联词语在紧缩句标记更为凸显。

第六,汉英紧缩句的常见形式有明显的不同。由于语言经济性特点[①],各种紧缩形式使用的范围广、历史长,形成了许多固定或类固定的构式,如汉语的"不见不散";英语的"No cross, No crown."。本着人类共同的认知规律,虽然汉英两种语言的外显形式不同,英语紧缩句常用特定短语表示,汉语的紧缩构式大都用副词性关联词语组成构式框架,但是汉英在表达意义关系上有共性,汉英至少在五种紧缩句中,汉语显性的成对的副词性关联词语所连接的紧缩句和英语隐性的成对的副词性关联词语所连接的紧缩句在意义关系方面是一致的。

4.4　汉英四字/四词格比较

4.4.1　"四字格"和"四词格"的性质特点

无论是汉语的"四字格"还是英语的"四词格"种类繁多,都有各自的结构框架,在我们的研究中,有必要把研究对象局限在一个较少的范围内(原苏荣,2013a:33)。本章讨论范围局限在构式框架中含成对的副词性关联词语的"四字/词格"。

汉语的"四字格"中间有不少"成对的成分",已经具有"类型标记"的意义,它们构成了类固定短语的构式框架,大都是由固定

---

①　吕叔湘先生在香港大学的一次演讲中谈汉语语法的特点时,曾讲到"汉语语法的经济性"。(范开泰,1997:187-190)

词汇填充的短语结构。这些成对的成分在句法上大都是副词性的,它们在关联功能上与副词性关联词语相同,如:"不……不……"、"忽……忽……"等。它们是学得的形式和意义或话语功能的对子(Goldberg,2006:5)。请看例句:

(17) 不把这种东西打倒,什么新文化都是建立不起来的。不破不立,不塞不流,不止不行,它们之间的斗争是生死斗争。(《毛泽东选集》(2))

英语中也有类似的"成对的成分"构成一种"四词格"构式,如:neither ... nor ...(不……不……)、now ... now ...(忽……忽……)等。例如:

(18) It burnt on, however, quite steadily, *neither* receding *nor* advancing.(然而,那光继续亮着,显得很稳定,不退不进)(Charlotte Brontë*Jane Eyre*)

许多"四字/词格"的结构框架是由成对的副词性关联词语组合而成,且不少"四字/词格"都是前后两个片段组成的联合结构,如:"半推半就"、"现编现唱"、*now* rising *now* swooping(忽上忽下)、*half*-believing *half*-doubting(半信半疑)等,它们的内部结构是"偏正+偏正"。

在英语中,我们把诸如 *neither* sorrow *nor* crying(不悲不泣)、*both* tired *and* hungry(又累又饿)、*either* true *or* false(非真即假)等"四词格"称为成对组合构式。正如 Goldberg(2006:5)指出的那样,它们是由固定词汇组合的短语结构。

汉语"四字格"中具有关联作用的副词有两类:一类本身就是关联副词,如:"就"、"也"、"再"、"都"、"还"等;另一类本身不是关联副词,但在"四字格"里有关联作用,如"现编现唱"中的"现……现……"起关联作用,是成对的副词性关联词语。汉语"四字格"中的成对的副词性关联词语可以表达逻辑关系,如"不破不立"、"越劝越哭";也可以表达事理关系,如"一来一去"、"又说又笑"等。

在英语中,从常用的成对关联构式 neither … nor …、either … or … 和 both … and … 等构成的"四词格"来考察,英语的"四词格"主要表示并列、选择之类的事理关系。

汉、英语中"四字/词格",有些已经充分凝固化,成为固定短语——成语,还有很多则有较强的"类化"功能,结构上分为凝固化的成对形式的构式框架,如"不见不散"中的"不……不……"和可以自由变化的部分,如"不见不散"中的"见"和"散"。语法上研究对后一种情况感兴趣。因为"不……不……"从句法上分析是一种"能产的"紧缩结构,是一种语法构式。英语如 now cold now hot(忽冷忽热)、now … now …(忽……忽……)从句法上分析是一种"能产的"紧缩结构、语法构式。

本章研究的汉英"四字/词格"大都是结构上凝固化的成对的构式框架,且具有较强的"类化"功能和上述结构性质特点。构式的能产性(Goldberg,2006:13)是其重要的特点之一。这些构式具有习语性或规约性的表征(Fillmore,1988:36),且具有容易认识、容易掌握、应用方便的特征(Lakoff,1987:538)。

4.4.2　构式框架成分的对应关系

有关联作用的副词在"四字格"中出现得很多。有些"四字格"从古汉语相沿习用直到现在,是成语,结构类型属固定短语。如:

(19)"独来独往"。

语出《庄子·在宥》:"出入六合,游乎九州,独来独往,是谓独有。"作为成语,后世沿用至今。如,周而复《上海的早晨》(第二部):"徐守仁在家里独来独往,横眉竖眼……"成语性质的"四字格",用的时间长了,形式上也会出现一些变化,例如"独来独往",语序颠倒,衍生出"独往独来"。邓一光《我是太阳》一部三:"远藤熏一平素不爱和别的教职工来往,总是独往独来,对学生十分严厉。"这些成语式的构式是习语形式和意义的对子(Goldberg,

2006：5）。

更常见的变化形式是保留一些成分，形成框架，替换其它部分，构成了一种"类固定短语"。这种类固定短语中作为框架的成分，多是成对的副词性关联词语叠用。我们可以把这类构式称为词语形式和意义的对子（Goldberg，2006：5）。例如：

(20)"不……不……"：不冷不热

(21)"一……就……"：一学就会

汉语的"四字格"和英语的"四词格"有一定的对应。例如，英语 *neither* haughty *nor* humble，翻译成汉语是"不亢不卑"。英语的 neither ... nor ... 称"关联副词"，汉语的"不……不……"是副词性关联词语，性质是一样的。下面两个例子，也是以副词性关联词语 half ... half ...（半……半……）为框架的英语"四词格"。

(22) *half*-genuine，*half*-false（半真半假）[①]（《现代汉语词典》（增补本），2002：52）

(23) *half*-believing，*half*-doubting（半信半疑）（同上：52）

其他框架构式有 now ... now ...（忽……忽……），either ... or ...（非……即……），both ... and ...（又……又……）等。

但是这种对应比较少，常见的英语半固定短语翻译成汉语大都可以或者必须译成"四字格"。其中作为语法框架的都有副词成分，但不像汉语"四字格"中那样，构成成对的关联成分，只能说是非常宽泛意义上的副词性关联词语。例如：

(24) postpone *again and again*（一拖再拖）（《现代汉语词典》（增补本），2002：2255）

(25) strike and stroke *alternately*（又打又拉）（任学良，

———————

① 英语"四词格"均以下划线标示；英语"四词格"的汉译文"四字格"，如果与汉语"四字格"相对应的我们用下加点标示，如不对应的则用下划线标示。

1981：215)

汉语的"四字格",充分体现了汉语的韵律性特点,二二组合,平仄交错,和谐悦耳,简洁明快。究其原因,汉语"四字格"是汉语追求双音化和对称的结果。而英语除一些如 neither … nor …、now … now …与汉语"四字格"对应可以称为"四词格"外,其它都有不同的表达法:有的用单个副词或副词词组表达,如 alternately、again and again;还有许多其他的表达构式。虽然有些"四字格"和"四词格"框架成分形式上不对应,但意义是对应的,这从汉语译文可以证明。

4.4.3　构式框架中成对的副词性关联词语的表达方式

4.4.3.1　同一个副词成对连用①

汉语中同一个副词连用做"四字格"的语法构式框架有很多。如:

"现……现……":现做现卖;　"亦……亦……":亦步亦趋

英语中,也有同一个副词连用,作关联词语的情况,但数量比汉语少。比如例(22)的 *half*-genuine,*half*-false,例(23)的 *half*-believing,*half*-doubting。再如:

(26) I must watch this ghastly countenance-these blue, still lips forbidden to unclose-these eyes *now* shutting *now* opening. (我得看着这鬼一样的面孔,看着这色如死灰、一动不动、不许张开的嘴唇,看着这双忽闭忽睁的眼睛。) (Charlotte Brontë *Jane Eyre*)

例(26)*now* shutting *now* opening(忽闭忽睁)中的 shutting(闭)、opening(开)均为动词的现在分词形式,这些动词分词用同一个副词 now 连接,构成了"四词格"。这仅仅是部分情况,也就是说英语中只有少数同一个副词连用(如,half、now)可构成"四

---

① 本章所讨论的"副词"就是我们所研究的"副词性关联词语"。

词格"。用重复作为修辞手段,英语中比汉语中少得多。这是修辞对比中一个很有趣的现象。原因可能跟文化审美有关,中国尚同,英(美)国尚异(重视个性)。汉语自古以来就喜欢用重复、排比、对偶,这些都有重复性质。

4.4.3.2　不同的副词成对使用

汉语中不同的副词成对使用做"四字格"的语法框架的,也不少。如:"一……即……"、"非……即……"、"一……再……"、"半……不……"。

1. 嵌入的成分是同一个动词或形容词。

这种情况,如:一拖再拖、半白不白。

据我们考察,英语中没有这种表达方式的"四词格"。

2. 嵌入的成分是不同的词。

1)嵌入的成分是动词,词性相同,前后成分意义相似、相对或不同。如:一蹶不振、一点就通、一触即发、非打即骂。

英语中的类似框架,如 neither … nor … 和 either … or …。在这种关联构式里可嵌入动词、形容词和副词。嵌入的动词可以是助动词(例27)、动词的现在分词(例18)、动词的过去分词(例28)等。这充分表现出英语这种形态语言不同于汉语的一大特点。如:

(27) He *neither* <u>does</u> *nor* <u>doesn't</u>. She is the harlot …(他<u>既不是爱也不是不爱</u>。对他来说,她是个婊子……)

(H. D. Lawrence *Women In Love*)

例(27)*neither* does *nor* doesn't 中的 does(爱)、doesn't(不爱)均为助动词,替代上文的动词 love(爱),英语中为避免语言重复,取得更好的表达效果,达到语言简洁的目的。其功能:一是符合经济原则;二是从某种角度讲,起一定的修辞效果。这是英语区别于汉语的另一个特点。

(28) … though they themselves may have *either* <u>seen</u> *or*

heard of some one's falling into a cistern ashore;(⋯⋯
虽然他们自己也许曾经耳闻目睹到有人掉进了岸上的
水槽的事故;)(Herman Melville *Moby Dick*)

例(28)*either* seen *or* heard of 中的 seen(看见)、heard of(听
说)均为动词的过去分词,该例中的动词过去分词与 have 构成现
在完成时,体现了过去分词在英语语态和时态中的作用,而汉语
没有这种形态的语法规则。

例(18)、例(26)都是现在分词,但例(18)中的现在分词是嵌
入框架中形成"四词格",而例(26)是用同一个副词连用构成"四
词格"。这是英语语言内部的不同。

2) 嵌入的成分为形容词。

汉语常见的这类"四字格",如:非好即坏、半新不旧。

英语相类似的"四词格"关联构式"neither … nor …"同样
可嵌入形容词,如"*neither* humble *nor* haughty"(不卑不亢)。
再如:

(29) I suppose it was a good figure in the athletic sense of
the term-broad chested and thin flanked, though
neither tall *nor* graceful.(我想从运动员的角度看,他
胸宽腰细,身材很好,尽管既不高大,也不优美。)
(Charlotte Brontë *Jane Eyre*)

例(29)*neither* tall *nor* graceful 中的 tall(高的)、graceful(优美
的)。从英语例子可以看出,"四词格"——*neither* tall *nor* graceful
中嵌入的成分与汉语一样,词性相同,意义不同也不一定相对。

另外,英语关联构式 neither … nor …,either … or …
组成的"四词格"中也可以嵌入副词,还可以嵌入介词。这一点跟
汉语不一样。例如:

(30) The air all round was intangible, *neither* here *nor*
there, and there was an unreal noise of banjoes, or

suchlike music.（周围的空气神秘莫测，<u>不知何处传来班卓琴一类的音乐声</u>。）（H. D. Lawrence *Women In Love*）

(31) Hung-chien said, "Why don't we start off with a cup to whet our appetites and have another one after dinner European-style?" Miss Sun was *neither* for *nor* against the idea.（鸿渐道："饭后再来一杯，做它一次欧洲人，好不好？"孙小姐<u>无可无不可</u>。）（Ch'ien Chung-shu *Fortress Besieged*）

这两句翻译成汉语，英语的副词 here 和 there，汉语中对应的"这儿"、"那儿"是处所词；英语的介词 for 和 against，到汉语里就变成动词了，"赞成"和"反对"都是动词。这反映了跨语言间词类的差异。因为介词在英语是显赫范畴，汉语不是，所以英语介词用法远远丰富于汉语。（刘丹青，2011：292－93）

4.4.3.3　副词与连词成对使用

汉语"四字格"中有关联作用的副词与连词搭配使用的常见构式只有"不……而……"、"一……而……"两个。如：不期而遇、一哄而散。

英语中副词与连词的搭配使用组成的"四词格"，最常用的是 both … and …①关联构式。例如：

(32) But her dress was *both* shabby *and* soiled, even rather dirty.（可她的衣服挺旧，又破又脏，沾着污垢，甚至可

---

① both … and … 有副词功能，修饰限制谓词，即 both V/A and V/A，如：… and when we ***both*** **laughed** ***and*** **reddened**, casting these looks back on the pleasant old times …（当我们两个<u>笑得满脸通红</u>，回忆着恍如隔世的往昔那段快乐时光的时候……）（Charles Dickens *David Copperfield*）。所以，Hendriks(2001)和 Johannessen (2005：419)等认为 both … and … 中的 both 和 either … or … 中的 either 为关联副词。

以说太脏了。)(Lawrence *Women In Love*)

(33) I should to have freedom and opportunity to show that I could *both* feel *and* communicate the pleasure of social intercourse.(我很想有自由和机会表现我既能感受又能表达的社交乐趣。)(Charlotte Brontë *The Professor*)

例(32)*both* shabby *and* soiled 中的 shabby(破旧的)、soiled(污垢的)同为形容词;例(33)*both* feel *and* communicate 中的 feel(感受)、communicate(表达)同为及物动词。

可见,在 both … and … 构式框架中,也可以嵌入不同的词类,每个例句中嵌入的词性相同,意义不同也不一定相对。

我们还可以看出,汉英"四字/词格"大都具有从类固定短语到习语的变化过程。如汉语的"半信半疑"、"不卑不亢",英语的 *neither* here *nor* there(无关紧要)、*now* cold *now* hot(忽冷忽热)等。

从以上讨论我们可以部分证明构式的研究的关键,就是现有一些固化的框架成分,然后可以填进去一些可变成分,随着可变成分也专化了,就成了习语。汉、英"四字/词格"的情况基本如此。且汉英这种构式都可能遵循从凝固化到构式化到习语化的变化过程或规律。

我们发现四字/四词格的成因,一是人们在使用语言交际时,需遵循一定的语用原则。根据关联的交际原则,每一个话语或明示的交际行为都应设想它本身具有最佳关联性(Sperber & Wilson,1995:158)。经济原则是交际中人们以最少的投入来获得最佳的交际效果。所以人们在使用语言交际时,往往要遵循经济原则,在能够准确表达自己思想的前提下,一般采用简练的格式,而"四字/词格"恰好适应了这一需求。二是汉语的韵律性特征——语素的单音节性和组合上的非形态性,而英语是语素不限于单音节性和组合上的形态性。汉英"四字/词格"是学得的形式和意义以及话语功能的对子(Goldberg，2006：5)，是语言学习者基于他们交际中听到(看到)的语言而学得的(Goldberg，2006：227)。

本章认为"四字/词格"的结构特点，一般情况下，一是由复句紧缩而成的，二是结构框架大都是由具有关联功能的副词组合而成的。例如："不见不散"、"不胖不瘦"等，其复句形式是"如果不见，就不散"和"既不胖，也不瘦"。用现代汉语解释就是由复句紧缩而成，即由分句整合而成的复句变异形式。首先，是分句之间没有了语音停顿，书面上不用逗号，某些成分，如"如果"和"就"，"既"和"也"被缩略掉了。其次，"四字格"中多用副词性关联词语表达种种关系，如上例"四字格"中"不……不……"分别表示条件关系和并列关系。

英语中，也有类似情况，如：

（34）The eagle glided through the sky, *now* rising *now*-swooping.（鹰在天空中翱翔，忽上忽下。）(Pearson Education Limited，2000：1400)

例（34）中的"*now* rising *now* swooping"是由复句"The eagle was *now* rising，(the eagle was) *now* swooping."紧缩整合而成的"四词格"形式。首先，分句之间没有了语音停顿，书面上不用逗号，某些成分如，主语 the eagle 和助动词 was 被缩略掉了。其次，"四词格"中起关联作用的副词"now … now …"表示并列关系。[1]

---

[1]　需要指出的是，并不是所有的"四字/词格"都是复句紧缩而成。因为有不少"四字/词格"是语言合用中早已约定俗成的一种紧凑凝练形式。结构凝固以后，慢慢形成固定构式，人们又经常使用就成了习惯语，其形成过程：凝固化→构式化→习语化。

4.5　小结

本章基于构式语法理论,对汉英副词性关联词语在紧缩句中的对应关系和汉语的"四字格"与英语的"四词格"中的副词性关联词语进行比较研究。

首先,采用意义一致的跨语言识别,比较分析了汉英紧缩句中成对的副词性关联词语的意义关系一致性、副词性关联词语的构式关系一致性和副词性关联词语所连接紧缩句的关系一致性。文章基于探究汉英语言的意义共性,发现由成对的副词性关联词语(包括显性的、隐性的成对的副词性关联词语)所连接的意义关系相同的 5 种紧缩句,并对其意义关系一致性的构成、特点和规律等相关问题做了一定的分析和解释。

其次,探讨了"四字格"和"四词格"的性质特点,讨论了汉语的"四字格"和英语的"四词格"构式框架成分的对应关系,比较了"四字格"和"四词格"中成对的副词性关联词语的表达方式。通过对"四字格"和"四词格"的对应关系及其表达方式考察,发现"四字格"和"四词格"有其对应性,且具有相同/相似的表达方式。其特点:一是"四字/词格"是学得的形式和意义以及话语功能的对子;二是由复句紧缩而成;三是结构框架大都是由成对的副词性关联词语组合而成,且具有韵律性特征。"四字/词格"都可能遵循从凝固化到构式化到习语化的变化过程和特点规律。

总之,我们进行跨语言对比研究,应该遵循"大同小异、求同存异"的原则,去探索研究语言间的共同特点、共性规律,以达到对不同语言的进一步认识。(原苏荣,2008:64)

第五章 功能语言学视阈下的比较

5.1 功能语言学及其相关研究

根据韩礼德（M. A. K. Halliday，1985；1994）、汤普森（G. Thompson，1996；2004；2014）和胡壮麟、朱永生、张德禄等（2005）的研究，系统功能语言学主要由三大元功能/纯理功能构成，即语篇功能、人际功能和概念功能（概念功能又分为经验功能和逻辑功能）。语篇功能是用语言来组织信息、话语；人际功能是用语言来跟人沟通；概念功能是用语言谈论世界，用语言来表明信息或小句之间的关系。语篇功能包括主位系统、信息系统和衔接系统；人际功能包括语气系统、情态系统和基调系统；概念功能包括及物性系统、语态系统和归一性系统。概念功能主要指在功能语言学中，小句通过及物性表述相关概念；及物性分析所含的三个成分，即参与者、过程和环境。过程包括物质过程（也有称"动作过程"）、心理过程、关系过程、行为过程、言语过程和存在过程。基于三大元功能，学者们对系统功能语言学的研究还扩展至语法隐喻（包括概念隐喻、人际隐喻和语篇隐喻）；复句和词组；语域与语类；评价理论（包括态度、介入和级差）等。

　　作为功能语言学的主要创始人,韩礼德的学术思想是在以英国语言学家弗斯(J. R. Firth)为首的伦敦学派的基础上发展起来的,其代表作《功能语法导论(*An Introduction to Functional Grammar*)》是介绍功能语法理论的经典学术著作,自 1985 年第一版由爱德华·阿诺德出版社(Edward Arnold〔Publishers〕Limited)出版以来,就成为国内外许多大学讲授功能语法的基本教科书和广大功能语言学爱好者必读的参考书。该书第二版于 1994 年由爱德华·阿诺德出版社出版,后由外语教学与研究出版社于 2000 年出版。第三版于 2004 年由霍德·阿诺德出版社(Hodder Arnold)出版,又由外语教学与研究出版社于 2008 年出版。本书(尤其是第二版)内容丰富,讲解深入浅出,具有较强的科学性、理论性及实用性。国内外不少学者是通过学习研读本书后,走向研究功能语言学之路的,并取得了丰硕成果。

　　国内外对功能语言学的相关研究主要包括以下几个方面:1. 功能语言学理论的评介和发展研究。如 Halliday(1985,1994,2004,2013,2014)、Halliday & Matthiessen(2004,2013,2014)、Thompson(1996,2004,2014)、Martin & White(2005)、Fontaine(2013);胡壮麟等(2005)、胡壮麟(2000,2014,2016)、朱永生(2012)、张德禄(2009)、黄国文(2001,2007,2008)、彭宣维(2013,2016)、辛志英 & 黄国文(2010)、常晨光(2004)、王振华 & 张庆彬(2013)、杨炳钧 & 罗载兵(2012)、杨信彰(2009)、刘承宇(2005)、李美霞(2007)、姜望琪(2014)等。2. 功能语言学视角下不同领域的研究。如 Halliday & Hasan(1976,1989)、Halliday(2002)、Hasan(1995)、Matthiessen(2007)、Martin(2007)、Wegener(2016);张德禄(1999)、黄国文(2010a,2010b)、彭宣维(2011)、王振华 & 张庆彬(2013a,2013b)、王勇 & 徐杰(2011)、辛志英 & 黄国文(2013)、刘承宇(2003)、常晨光(2001)、李美霞 & 宋二春(2010)、林正军 & 杨忠(2010)、林正军 & 王克非

(2012)、何伟等(2017)、杨雪燕(2012)等。3. 功能语言学的应用研究,主要有:1)功能语言学与外语教学研究。如方琰(1993)、王初明(1996)、张德禄(2004,2013)、王振华(2004)、杨炳钧 & 尹明(2000)、杨雪燕(2003)等。2)功能语言学与翻译研究及实践。如 Yuan Surong(2016)、黄国文(2006,2009,2015a,2015b)、黄国文 & 余娟(2015)、司显柱(2004,2005,2006)、王东风(2006)、张美芳(2002,2005)等。

可见,功能语言学视阈下汉英副词性关联词语研究存在不足,本章以汉英"侥幸"类副词性关联词语为例,集中探究其在功能语言学视角下的共性和差异、特点和规律及其原因。

5.2　本研究现状和研究意义

"趋利避害"是人们在跨文化交际中的一大共性。汉英特殊类词语:"侥幸"类副词性关联词语("幸亏"、"幸而"、"好在"、*fortunately*、*luckily*、*happily*)就是在人们交际中常用来表示因某事存在、发生而避免了窘境的存在的词语。副词性关联词语是特指在复句和语篇中起连接作用的副词和副词性词语(原苏荣、陆建非,2011:126;原苏荣,2013:2)。根据关联性强弱标准,副词性关联词语分为典型性副词性关联词语和非典型性副词性关联词语。"侥幸"类副词性关联词语(以下简称"该类词语")作为典型性副词性关联词语是我们日常交际中常用的词语。

国内外对该类词语相关的研究并不多。国内研究如赵彦春(2001)探讨了该类词语的位置变化与相关的句法—语义问题;杨亦鸣等(2004)从语用歧义方面探讨了"幸亏"的语义指向;高书贵(2006)提出"语义辖域"的概念,并探讨了该辖域中"幸亏"隐含的转折意义;方红(2003)探讨了"幸而"、"好在"等"侥幸"类副词性关联词语的功能、使用和发展。国外研究如夸克等(Quirk *et al.*,

1985）把副词/状语分为四类：附加副词（adjunct）、附接副词
（subjunct）、外接副词（disjunct）和连接副词（conjunct）。韩礼德
（1994）从功能的角度把这些副词称为"评注性附加语"。还有一
些其他方面的研究，诸如句法方面（Bellert，1977；Ernst，2002/
2006；Johannessen，2005），语义方面（Thomason，1970），语用方
面（Schiffrin，1987；Brinton，1996）以及历时语法化方面
（Traugott *et al*.，2003）等。

总之，国内外对于该类词语的研究较少，且不够深入，从功能
语言学角度的研究更是少见，本研究对深入认识该类词语有研究
价值和实际意义。

本研究基于"美国当代英语语料库"和"北大语研中心语料
库"，旨在功能语言学视角下探究汉英特殊类词语："侥幸"类副词
性关联词语的句法、语义及语篇功能的异同特点和规律，并运用
韩礼德的功能语言学理论做出分析和解释。

5.3   句法功能比较

本章从汉英语料库中对每个词语各选取 500 个例子。首先，
观察语料，列出相应具体语境的例子。其次，根据它们句法位置
的分类，说明它们的特征。再者，对于该类词语的句法特征做定
量和定性分析，试图从收集到的语料中探讨它们的异同特点和规
律，并运用韩礼德的功能语言学理论做出解释。

5.3.1   句法特征及分析

韩礼德（1994）认为"语言是一个复杂的符号系统，由多层构
成"。我们在小句和句子之间做了区分，在书面语中，句子首字母
大写，以句号、问号或感叹号结束。一个句子由若干分句组成，分
句可以看作"小句"，由短语或词组体现。词组是词的扩展，而短
语是小句的浓缩。从下面的代表性例句可以看出该类词语的句

法结构和分布。

(1) 幸亏当时火车头的速度较慢,公交车被撞开 10 多米远,后轮被卡在另一侧的铁轨之下,幸未发生翻车。(新华社 2004 年新闻稿—002)

(2) 但李将军幸而生于美国,所以他虽然战败,仍然不失为一代英雄。(《读者》合订本 1999)

(3) "唉……真是白费劲了。"赛后,小娄沮丧地对记者说。好在,她的队友各个"技艺高超",她跟着沾光,也得了团体第一名。(新华社 2004 年新闻稿—002)

(4) 第二年,他们幸亏得到一个名叫斯科特的土著人帮助,才学会了在这片陌生的土地上种植小麦和建房屋。(RMRB:1993,12)

(5) *Fortunately*, Zane had decided to explore the area anyway, and it ended up being one of the best decisions of his life. (Adair Cherry *Undertow*)

(6) If you sit naked on a bed ... even for a few moments, your labia can pay the price. *Luckily*, the situation is unlikely to be serious. (Nicole Blades *Symptoms You Should Never Ignore*)

(7) There are, *fortunately*, a number of places around town where you can get really excellent fried chicken cooked to order. (Chicago News 080326)

(8) A kid in a car behind me went right over the back of me. I didn't come off, *luckily*. (Chris Nashawaty *The Motorcycle Diarists*)

我们区分小句和句子,部分因为在韩礼德功能语言学框架内小句是体现句子的意义单位,句子被视为小句复合体,部分因为汉语和英语在表达上包括标点符号有所不同,根据它们的具体语

言结构单位和句法组合语境,把它们的句法位置分为三类:(小)句首、(小)句中和(小)句末,具体如下所示①:

  a. 句首:△+主语+谓语,～+△+主语+谓语,△+谓语,～+△+谓语,△+体词;

  b. 句中:主语+△+谓语,～+主语+△+谓语;

  c. 句末:主语+谓语+△,主语+谓语+△+介词短语

我们根据它们的句法分布做了数据统计,结果如下表所示:

表 1　该类词语的句法分布数据统计

<table>
<tr><th colspan="2">类别</th><th>幸亏</th><th>幸而</th><th>好在</th><th>luckily</th><th>fortunately</th><th>happily</th></tr>
<tr><td rowspan="5">句首</td><td>△ + 主语+谓语</td><td>67.8%②
339③</td><td>63%
315</td><td>81.2%
406</td><td>76%
380</td><td>73.8%
369</td><td>68%
340</td></tr>
<tr><td>～+△+主语 + 谓语</td><td>5%
25</td><td>1.2%
6</td><td>7%
35</td><td>9.2%
46</td><td>7.4%
37</td><td>10%
50</td></tr>
<tr><td>△+谓语</td><td>21.6%
108</td><td>26%
130</td><td>7.4%
37</td><td>/
/</td><td>/
/</td><td>/
/</td></tr>
<tr><td>～+△+谓语</td><td>1%
5</td><td>0.14%
7</td><td>1%
5</td><td>1%
5</td><td>1.2%
6</td><td>0.8%
4</td></tr>
<tr><td>△+体词</td><td>0.6%
3</td><td>0.4%
2</td><td>/
/</td><td>/
/</td><td>/
/</td><td>1.2%
6</td></tr>
<tr><td rowspan="2">句中</td><td>主 语 +△+谓语</td><td>4%
20</td><td>7.4%
37</td><td>3.4%
17</td><td>6.2%
31</td><td>10.6%
53</td><td>13.6%
68</td></tr>
<tr><td>～ + 主语 + △ + 谓语</td><td>/
/</td><td>0.6%
3</td><td>/
/</td><td>1.8%
9</td><td>/
/</td><td>1.6%
8</td></tr>
</table>

---

  ①　为表达和分类的方便,我们用"△"代表该类词语,"～"代表位于本文研究的该类词语前的成分,"+"代表不同成分间的界限。

  ②　在图表中,计算的百分比等于例子的数量除以总数 500。

  ③　此数字代表某一分类中例子的数量。

续　表

	类别	幸亏	幸而	好在	*luckily*	*fortunately*	*happily*
句末	主语＋谓语＋△	/ /	/ /	/ /	4% 20	6% 30	3% 15
	主语＋谓语＋△＋介词短语	/ /	/ /	/ /	1.8% 9	1% 5	1.8% 9

表2　该类词语出现在逗号前/后的分布数据统计①

	类别	幸亏	幸而	好在	*luckily*	*fortunately*	*happily*
句首	A②	0.8%③ 4④	0.4% 2	3.8% 19	74% 370	70.2% 351	59.4% 297
	B	/ /	/ /	/ /	7.8% 39	4.4% 22	8.4% 42
	C	0.4% 2	/ /	/ /	/ /	/ /	/ /
	D	/ /	/ /	/ /	0.4% 2	0.2% 1	0.6% 3
	E	/ /	/ /	/ /	/ /	/ /	0.6% 3
句中	F	/ /	/ /	/ /	6.2% 31	8.4% 42	10.2% 51
	G	/ /	/ /	/ /	1.8% 9	/ /	1.6% 8

---

①　从收集的语料来看,该类词语出现在逗号后面仅限于英语中句首的情况。

②　为了方便起见,我们用大写字母 A 到 I 代替上面的分类,A 代表△＋主语＋谓语,B 代表～＋△＋主语＋谓语,以此类推。

③　计算的百分比等于 A 分类下的例子数量除以总数 500。

④　此数字代表 A 分类下语料中收集到的例子的数量。

续表

类别		幸亏	幸而	好在	*luckily*	*fortunately*	*happily*
句末	H	/ /	/ /	/ /	3.6% 18	4.8% 24	3% 15
	I	/ /	/ /	/ /	1.8% 9	/ /	/ /

上面的表1、表2说明了两种语言在该类词语方面体现的异同特征：

5.3.1.1　相似点

1. 两种语言的该类词语都倾向于出现在句首位置，尤其在结构"△＋主语＋谓语"中。

（汉语：67.8%、63%、81.2%；英语：76%、73.8%、68%[①]）

2. 两种语言的该类词语都能够出现在下面的结构中。

△＋主语＋谓语，～＋△＋主语＋谓语，～＋△＋谓语，△＋体词，主语＋△＋谓语，～＋主语＋△＋谓语，但是各自的数量不同。

3. 两种语言的该类词语能出现在下面的结构中，位于逗号的前面，但各自的数量明显不同。

（汉语：0.8%、0.4%、3.8%；英语：74%、70.2%、59.4%）

5.3.1.2　不同点

1. 汉语该类词语相对于英语该类词语在位于句首"△＋谓语"的结构中占绝对优势。

（汉语：21.6%、26%、7.4%；英语：0）

---

① 例子数量的总数都是500。

2. 英语该类词语在下面的结构中出现频率高于汉语该类词语。

①主语＋△＋谓语：

（汉语：4％、7.4％、3.4％；英语：6.2％、10.6％、13.6％）

②～＋主语＋△＋谓语：

（汉语：0.6％；英语：1.8％、1.6％）

③～＋△＋主语＋谓语：

（汉语：5％、1.2％、7％；英语：9.2％、7.4％、10％）

3. 英语该类词语能够出现在下面的结构中，而汉语该类词语不可以。

①主语＋谓语＋△：

（汉语：0；英语：4％、6％、3％）

②主语＋谓语＋△＋介词短语：

（汉语：0；英语：1.8％、1％、1.8％）

4. 汉语该类词语在"△＋谓语"结构中出现频率明显占优势。

（汉语：21.6％、26％、7.4％；英语：0）.

5. 英语该类词语出现在逗号前面明显占优势，尤其在"△＋主语＋谓语"的结构中。

（汉语：0.8％、0.4％、3.8％；英语：74％、70.2％、59.4％）

汉语该类词语在这种用法中限制性较强；英语该类词语能够在句中作插入语，而汉语该类词语不能：

（汉语：0；英语：6.2％、8.4％、10.2％、1.8％、1.6％）

英语该类词语能够出现在句末，位于逗号之后，而汉语该类词语不能：

（汉语：0；英语：3.6％、4.8％、3％、1.8％）

5.3.2　功能解释

根据该类词语的结构分布，本文在功能语言学视阈下从人际功能和语篇功能角度解释这些语言现象。

5.3.2.1　人际功能

在人际功能里,该类词语在两种语言的语气系统中充当情态附加语。除了情态附加语,附加语还有情境附加语和连接性附加语。它们之间的区别是元功能上的。请看下面源自韩礼德(1994)并由我们改编后的表(表3):

表3　功能语言学的附加语分类

附加语类别		元功能	语气结构的位置
环境性附加语		经验功能	剩余部分中
情态附加语	语气附加语	人际功能	语气中
	评注性附加语		
连接性附加语		语篇功能	非语气结构中

语气附加语同归一性、情态、时间和语气紧密相关。语气附加语和评注性附加语间的界限不是非常明显。不同的是评注性附加语同语气的关系没有语气附加语紧密。它们都表达了讲话者对于整个命题的态度(Halliday,1994)。如例(1)、例(5):

(1)

幸亏	当时	火车的速度	较慢
情态附加语	环境性附加语	主语	谓语
语气	剩余部分	语气	剩余部分
语气			

(5)

Fortunately,	Zane	had	decided	to explore the area anyway,
情态附加语	主语	定式成分(过去)	谓语	补语
语气			剩余部分	

　　例(1)和(5)中的该类词语都表达了讲话者对其后面命题的态度。成晓光(2009)认为任何语言活动都包括基本言语和功能性言语两个层面。基本言语构建人的主体性。在这个层面上,言语主体表征言语活动的基本内容,建构指示意义和命题意义。而功能性言语由诸如言语主体命题态度的人际意义和语篇意义组成。

　　就该类词语的句法位置而言,表1中的数据表明该类词语主要出现在小句的外围(句首、句末)。正如史金生(2003)所说,句法成分由主观到客观的顺序反映了一个普遍的语言现象,即主观性越强的成分越可能出现在句子的外围。事实上,这种观点从另一个角度证实了这些词语的人际功能。表1表明该类词语倾向于出现在句首位置,尤其在"△+主语+谓语"的结构中。不过,这些英语词语出现频率比汉语词语高。在"△+主语+谓语"结构中,该类词语的人际功能表现在对其后的由主语和谓语构成的命题加以评论。表2该类词语出现在逗号前/后,不仅对命题加以评论,还凸显其语篇衔接、意义连贯的作用。

　　当它们出现在主语和谓语之间时,它们其实还是评论整个命题。不过在某个命题中,表达的信息重点不同。英语该类词语在位于句末"主语+谓语+△"的结构中整体评论前面的命题,如下面例句所示(被评论的命题由下划线标注):

　　(9) They probe me, engage in obscene acts. <u>No one else hears them</u>, *luckily*. (Gail Waldstein *Singing in the Ear Canal*)

　　然而汉语一般不允许把这些词语置于句末评论整个命题。这证明汉语对于该类词语的句序限制更强。邵敬敏等(2004)说到汉语是孤立型语言,体现如下特点:主要借助于语序、虚词等其他语法手段表示语法关系和语法意义;英语作为印欧语系的分支借助形态变化、词序变化、虚词变化等表达语法关系和语法意义。基于此种看法,英语在形式上拥有更多的手段表达意义,在该类词语句法位置上限制更少。这部分地解释了为什么汉语该类词语不出现在句末。

5.3.2.2　语篇功能

语篇功能由三种方式实现：主位结构、信息结构和衔接（胡壮麟等，2005）。本研究将从两方面解释语篇功能及其对这些词语句法分布的影响。

5.3.2.2.1　主位结构

我们首先用主位结构分析一些代表性例句，进一步探究它对该类词语句法分布的影响。比如例（2）、例（6）：

（2）

但	李将军	幸而生于美国，
结构	主题	述位
语篇	经验	
多重主位		

（6）

Luckily,	the situation	is unlikely to be serious.
情态附加语	主题	述位
人际	经验	
多重主位		

可见，如果该类词语是主位的一部分，讲话者表明自己对事情的态度，通过把重要的内容主位化来告知听话者自己的看法；如果它们是述位的一部分，讲话者相对更隐蔽地表达自己对命题的态度，告知听话者关于主语的一些情况。当该类词语出现在主位部分时，讲话者的主观性表现得更为明显。通过研究一个文本

的主位—述位结构以及主位模式的进程有助于研究文本的信息流,有助于进一步了解文本是如何取得其目的。

5.3.2.2.2 衔接

"衔接是语言系统中语篇组织成分的一部分,是通过使一个成分的意义解释依赖于另一个成分,把结构上没有关系的成分互相连接起来的手段"(Halliday & Hasan, 1976:27)。汉英副词性关联词语作为衔接的显性标记,既可以位于主语之后,也可以位于主语之前。其基本规则是:该类词语可以出现在句首(主语之前),也可以出现在句中(主语之后,谓语之前),副词性关联词语常出现在主语之后,谓语之前。汉语的副词性关联词语也可以放到句末。例如,"确实她比以前更加漂亮了"也可以说成"她比以前更加漂亮了,确实"。这种格式一般看作"倒装句"。英语中句末衔接要比汉语更常见,参见例(1)至(8)。

原苏荣(2013b)指出在副词和连词间存在一个连续统,有一类副词既有修饰功能,也有连接功能,称为"副词性关联词语"。这种解释从另一个角度证明了本书研究的词语可以像连接附加语一样在语篇中起连接作用,这种连接是语义上的。语篇中语义成分的连贯需要在形式上表达,然而语言形式仅反映显性意义。交际者共有知识、共有文化背景和现有情境语境等引起的隐含意义不能在形式上表现出来,从而在语言形式上留下了许多空缺。影响语篇连贯的外部因素包括文化语境、情景语境和认知模式等。外部因素包含了语篇意义以及连接的机制(张德禄,1999)。这种观点很好地解释了影响连贯的因素,从更高层面说明了连接表达方式的不同可以表示连贯完整的语篇意义。

5.4 语义功能比较

本节将从以下方面做出探讨:1. 该类词语在语篇中的语义结

构,此结构由若干基本语义成分组成,并且在韩礼德语言逻辑语义系统框架内探讨这些语义成分间的逻辑关系;2.该类词语和一些典型词语的<u>共现</u>特点和规律。

5.4.1　语义结构比较

基于检索的语料,我们总结了该类词语在语篇中的语义结构,其核心成分由该类词语所在小句充当。这些成分共同构成了一个有机的单位,在交际中处于同一层面上。这些语义单位不仅仅限于句子,还可以由简单句、复句甚至在特定情境中由句子的某一部分充当。我们从收集的 500 个例子中每 5 个例子选取 1个,总共获得 100 个例句作为研究对象。

在仔细研究这 100 个例子的语义结构后,我们发现它们具有共同特征,尽管具体语境差异较大。我们把语义成分归纳如下[①]:

A. 客观存在的条件/事实 a 或现象 a;

B. 由不好的现象 a 造成了不好的现象 b;

C. 出现了改变条件 a 的有利条件 c 帮助解决问题 a 或在一定程度上减少 a 的负面影响;

D. 因此,不利的结果 b 得以避免或程度减轻,甚至其负面效果不再继续下去;

E. 在 c 的基础上可能产生另一个结果(不一定完全是讲话者期望的有利结果)。讲话者可能用它进一步叙述和 c 有关的情况。

这 5 个基本成分构成了语篇中的结构,其中该类词语出现在 C中。结构 A+B+C(该类词语在其中)+D+E 是一个抽象的概念。在实际语言应用中,出现各种各样的变体。但这并不影响我们的研究,因为此结构已经被收集的语料证实了。典型的顺序是 A+B+C(该类词语在其中)+D+E,不过有时 E 出现在 D 前。在这 5 个成分中,理论上来说,成分 A B D E 都可以不出现,但成分 C 必须在语

---

① 这个归纳是建立在高书贵(2006)研究的基础上。

篇中出现。省略成分通常不会影响对某一语篇的理解。

在交际过程中，讲话者提供自己认为足量的信息，听话者努力从语境（包括情境语境和文化语境）中猜测讲话者预期的意义。因此，在听话者想知道的内容和讲话者想说的内容之间便产生矛盾。部分地是由语言的经济性本质造成的。不过，既然讲话者选择不说某事，讲话者假设听话者可以猜测省略的信息，理解言中之意。现在，让我们考察一些例子以进一步了解语篇中该成分的内容。

(10) 她成天昏昏迷迷地倒在污脏潮湿的木板上，极度的贫血和恶劣的饮食，以及烙伤的地方化着脓，(A)林红死后，她几乎也要死去了。(B)幸而那个女看守还不错，时常替她弄来点面汤或鸡蛋汤；又找来狱医替她诊治；(C)小俞更是细心热情地照护着她；(D)终于使她青春的生命又活了下来。(E)（杨沫《青春之歌》）

(11) The first time Stubb lowered with him, (A) Pip evinced much nervousness; (B) but *happily*, for that time, escaped close contact with the whale; (C) and therefore came off not altogether discreditably; (D) though Stubb observing him, took care, afterwards, (Herman Melville *Moby-Dick*, *or The Whale*)

上面的例句表明语篇中的语义结构确实存在，它由若干基本成分组成，A 是一个客观事实或背景信息，通常被视为不利的。它是语篇中结构成立的前提条件。好与坏是个相对的概念。假设某一语篇中没有不利的事实或情况，包含该类词语的语义成分便没有存在意义。因此，成分 A 是该结构的客观前提条件，在形式上表现为陈述句。例如，在例(10)中，"极度的贫血和恶劣的饮食，以及烙伤的地方化着脓"，是主要的不利事实，或许造成"林红死后，她几乎也要死去了"；在例(11)中，不利事实 The first time Stubb lowered with him 使 Pip 非常紧张不安。B 是由 A 导致的不良后果。它或许已出现，或许有可能出现。例如，在例(10)中，"她几乎也要死去了"是"极度的贫血和恶劣的饮食，以及烙伤的地方化着脓"的后果；在例(11)中，Pip 非常紧张不安是由 The first time Stubb lowered with him 造成的。成分 C 引出一个有利事实或条件，此条件有利于 B 中问题的解决或减少 B 中不利结果的负面影响，甚至避免此结果的出现。例如，在例(10)中，"那个女看守还不错"是"她好起来"的原因。实际上，成分 D 从另一个角度重释了逃离 B 中不利结果这一事实。例如，在例(11)中，"therefore came off not altogether discreditably"重述了竞争者的胜利。E 是由 C 带来的有利结果，或者由讲话者引出，此内容或许不是理想中的，如例(10)"她青春的生命又活了下来"是由"小俞更是细心热情地照护着她"引出的。

根据我们收集的语料，我们把该语义结构分成两种形式：完全式和省略式。完全式指的是所有成分都出现；省略式指的是 5 个成分中的某一个或某些成分不出现。此外，值得注意的是成分 A 和 C 不能省略。因此，我们有下面的组合方式：AC、ABC、ACD、ACE、ABCD、ABCE、ACDE 和 ABCDE。前面的 7 个都是省略式，最后一个是完全式。根据收集和分析的 100 个例子，我们得到下表的数据(表 4)：

表4　语义结构成分数据统计表

	AC	ABC	ACD	ACE	ABCD	ABCE	ACDE	ABCDE
幸亏	12	4	38	20	14	6	4	2
幸而	24	/	29	27	4	8	4	4
好在	12	8	8	36	4	16	8	8
luckily	54	2	16	18	2	8	/	/
fortunately	58	6	6	26	/	/	4	/
happily	52	20	4	16	/	8	/	/

表 4 的数据表明汉语该类词语倾向以 ACD 和 ACE 的形式出现,总计数量为 158。英语该类词语明显倾向以 AC 的形式出现,总计数量为 164。这个数据证明汉语更倾向于说明或进一步陈述成分 C 带来的积极影响。如果我们在上表中把语义成分 C 和 D 计算在内,这种对比会更明显。在 100 个例子中,包括 D 或 E 或既包括 D 又包括 E 的汉语例子总计为 240 个,而英语例子只有 108 个。

在前面部分,我们已经讨论了该类词语的人际功能,它们在韩礼德的功能语言学中被称之为情态附加语,表达讲话者对命题的态度。韩礼德(1994)根据情态的价值判断把情态值分为三种:高、中、低,如下表(表 5)所示:

表 5　情态的三种"赋值"

	概率	频率	义务	倾向
高	certain	always	required	determined
中	probable	usually	supposed	keen
底	possible	sometimes	allowed	willing

这种定义和解释启发我们从功能的角度提出同该类词语情态值相关的假设:我们认为在表达上汉语该类词语的情态值可能比英语该类词语的情态值要高。这种假设已部分被表 4 证实。语义成分 D 和 E 用来陈述 C 的积极影响,在一定程度上强调 C 带来的利益。另一个观点也促使我们提出这个假设:汉语是意合语言,重隐性连贯,而英语是形合语言,重显性连接。根据这种观点,在汉语中讲话者通常应该省略更多的语义成分,尤其是语义成分 D 和 E。

5.4.2　该类词语隐含的逻辑-语义关系

韩礼德的概念功能包括经验功能和逻辑功能。逻辑功能指的是语言对于不同小句意义单位间逻辑关系的表达。更具体地说,是语义成分 C 同其前面和后面成分的关系。就语言系统的逻辑成分而言,存在两个系统维度:一是相互依存系统——并列和主从关系,另一个是逻辑-语义系统——扩展和投射关系。这两个维度使我们能在功能框架内描述小句复合体。

根据韩礼德的观点,语言中的所有逻辑结构要么是并列关系要么是主从关系。主从结构由希腊字母符号 α、β 等表示,并列关系由阿拉伯数字 1、2 等表示。典型的小句复合体是并列和主从序列的混合。构成集合体的小句有主小句和次小句。主小句在并列集合体中是起始的小句,在主从集合体中是支配小句;次小句在并列集合体中是继续小句,在主从集合体中是依附小句(Halliday,1994),如下表(表 6)所示:

表 6　主、次小句

	主小句	次小句
并列关系	1(起始小句)	2(继续小句)
主从关系	α(支配小句)	β(依附小句)

我们将使用韩礼德的符号标示成分间的关系,具体如下:1. 详述＝(等于);2. 延伸＋(增加);3. 提高×(乘以)。在下面的内容中,我们将运用这些符号表示小句间的逻辑-语义关系,探讨所研究副词隐含的语义关系。

5.4.2.1　转折

转折属于逻辑-语义关系中的延伸关系。这里转折关系指的是语义成分 A 同 C 或者语义成分 A B 同 C 的关系(在有些情况下,B 省略以零形式出现)。转折关系意味着所表达的内容和原先预料的相反。本章研究的该类词语标示了这种意料之外的意义,反映了讲话者的情感态度。如果这种关系是外显的,在该类词语前通常出现一个表转折的连词"但"、but；如果没有这个连词，这层转折关系是以隐含的形式表现。例如：

（12）

[最后一发，单红有些大意，仅打出 8.3 环，‖ 好在加尔金娜也只打出了 9.8 环，]		
α1	×β1	＋2
单红以 0.4 环的优势险胜。（新华社 2004 年新闻稿—001）		

（13）

[So this is a country that is also going to go through a great economic shock，‖ but *fortunately*，	
α1	＝β1
it's a rich country.］(Fox News Watch 20110315)	
＋2	

在例（12）中，符号[]中有三个小句，分别是"单红有些大意"，"仅打出 8.3 环"和"好在加尔金娜也只打出了 9.8 环"。前两个小句和后一个小句是并列关系，由阿拉伯数字 1 和 2 表示。这种关系属于转折关系，在逻辑-语义关系中是延伸的一种，由符号＋表示。"单红有些大意"和"仅打出 8.3 环"的关系处理为主从关系，前一个小句是支配小句，表原因。后一个小句是依附小句，表结果。这层关系属于逻辑-语义关系中的增强关系，由符号×表示。在例（13）中，由符号‖隔开的两个分句的关系是转折，用 1、2 表示。在第一个分句中，有一个支配小句和一个依附小句，分别由符号 α 和 β 表示。因为该依附小句详述其中的支配小句，所以它们的关系属于扩展的一种，由符号＝表示。

上面是我们在韩礼德所说的逻辑功能的框架内做的解释。

这种分析会在下面的部分加以应用。

5.4.2.2 有利的因果-条件关系

有利的因果-条件关系属于逻辑-语义关系中的增强种类。在增强关系中,一个小句可以通过多种方式增强另一个小句的意义,诸如参照时间、地点、方式、原因和条件等(Halliday,1994)。具体到研究的副词,这层关系指的是语义成分 C 及其后面成分即 D 或 E 或者 D E 间的关系。不过后面的 D 和 E 都可能省略。前者和后者的关系是表有利的因果-条件关系。这种关系在多数情况下都被认为是有利的,因为前者对后者具有有利的影响,表达了讲话者积极的情感态度。在表达上,汉语倾向使用诸如"才"、"否则"等词表明这层关系,而英语中这种倾向性不强。我们将在下面部分讨论这点。例如,

(14)

他年青时,曾蹈法网,[幸而他酷爱读书,从事写作,获得非凡的成就,‖ 才
α11　　　　　　+α12　　　+α13　　　　×β
使他免于法律的制裁。](读书 vol. —005)

(15)

[*Luckily* my two parental families were huge, ‖ so with selections from
1　　　　　　　　　　　　　　　　　×2
their names and with the addition of friends my age, I had another fifteen minutes of meditation.]
(Reynolds *The Tongues of Angels*)

这里该类词语表示的有利条件和因果关系是其所在的小句

和后面的小句(或小句复合体)间的关系。例如,在例(14)中,"他酷爱读书,从事写作,获得非凡的成就"可以被视为"他免于法律的制裁"的条件或原因。例(15)中,my two parental families were huge 是 I had another fifteen minutes of meditation 的原因或条件。

5.4.2.3　共现

本研究中的共现在一定程度上可以看作形式上的标记,表明了语义成分 C 对其后面命题的积极影响。这些典型的词语出现在后面的命题中,或者用来引出它们。下表是我们仔细研究收集的 100 例子后得到的结果:

表7　汉语副词性关联词语与典型词语的共现现象统计

	才	最终	总算	终于	从而	因此	所以	于是	结果	方	便	不然①	否则
幸亏	11	1	1	1	1	/	/	/	/	/	/	5	6
幸而	9	/	/	1	1	1	1	1	/	2	1	1	3
好在	2	2	1	1	/	2	2	/	1	/	1	/	3

表8　英语副词性关联词语和典型性词语的共现现象统计

	so	therefore	as a result②
luckily	6	1	/
fortunately	2	1	/
happily	5	1	1

---

① 我们这里仅列出这个词。实际上,这里还有两个其它的词语:"要不然"和"要不"。

② 尽管它是一个短语,我们仍然可以把它看作一个单词用来引出表结果的命题。

　　表7和表8清楚地表明了同英语该类副词共现的词语不单种类上简单，数量上也不典型。此外，在英语中讲话者似乎不倾向从否定的角度使用诸如otherwise（对应的汉语为"否则"）等词语引出或强调语义成分C带来的积极影响。不过值得注意的是此结论的概括性受收集语料的局限。相对而言，同汉语该类副词共现的词语在数量上和多样性上更为典型。这个结论同前文的语言现象相一致：英语倾向省略语义成分D和E（参见表4）。我们认为上表说明的事实从另一方面再一次证明了前文提及的假设：在表达上汉语副词的情态值可能比英语副词的情态值要高①。

　　本章在功能语言学视角下探究汉英"侥幸"类副词性关联词语的句法、语义功能，发现了它们的异同点，并做出一定的功能性解释。可见，把韩礼德的功能语言学理论应用到汉英特殊类词语——副词性关联词语的比较研究中，其可行性和有效性已得到了很好的验证。

5.5　语篇功能比较

　　本节以"先时"类副词性关联词语为例，从语篇功能的实现方式：衔接和主位结构（胡壮麟等，2005）两个方面进行探究。

　　衔接是功能语法与语篇分析中研究篇章连贯的重要手段。韩礼德与哈桑（1976）在《英语的衔接》一书中将衔接分为语法衔接与词汇衔接。前者包含指称、替代、省略和连接，后者则包括重复、同义词以及搭配。衔接是一种语义关系，比较概况的意义由语法表达，而比较具体的意义由词汇表达。

5.5.1　语法衔接

　　语法衔接是指衔接由语法来表达，包括指称、省略、替代和连

---

① 本书的部分表格及解释是建立在原苏荣（2013b）研究的基础上的。

接。连接介于词汇衔接和语法衔接之间，主要属于语法衔接（韩礼德与哈桑，1976）。

5.5.1.1 指称

指称是篇章中作为指称对象或通过其他对象体现出来的特殊对象。它又分为人称指称、指示指称以及比较指称。

1. 人称指称

韩礼德与哈桑（1976）将人称指称定义为语境中通过人称范畴而表现出来的指称功能。具体又体现为第一人称、第二人称及第三人称。然而在这三种人称中，只有第三人称具有衔接功能，它是回指前文提到的对象。第二与第三人称则被当作外指来理解。在含有"先时"类副词性关联词语的句子中，第三人称指称得到了广泛使用。

(16) 连云山的思考并没有成熟，本来他是不想说的，但他最后还是给了当地官员一个底，一个结结实实的底。（1994 年报刊精选，10）

(17) Asian Indians were categorized as Asian Americans for the first time in 1980; *previously* they had been categorized as a European ethnic group. (American, 2000)

例(16)和(17)都是含有"先时"类副词性关联词的典型句。例(16)中副词性关联词语"本来"后面的 he 是指"连云山"，而在例(17)中 previously 后面的第三人称复数形式 they 指的是 Asian Indians。这里的人称代词都是回指前文的对象。

2. 指示指称

韩礼德与哈桑（1976）将指示指称定义为通过方位实现的指称，他们区分了三种指示指称：名词性指示词（this, that, these, those），定冠词 the 及指示性副词（here, there, now, then）。名词性指示词是指参与过程中的某个事情，指示指称是一个过程发

生的时间和空间。与人称指称相比,指示指称常用在口语文本中,如:

(18) 原来<u>那里</u>是一个黑人居住区,墓地临一水塘,修缮得很整洁,看来一直受到黑人群众的崇敬和保护。(1994年报刊精选,08)

(19) *Originally* <u>there</u> had been two half — tamed camels that grazed on a wide cattle property. A hunter came and shot one. (New Statesman,2012)

(20) If you are a patient who had problems, and they occurred in only after <u>nine months</u>, well, according to "The New England Journal of Medicine", *previously* <u>that</u> wasn't long enough for you to have ill — effects. Now it is long enough. (CNN_AM,2006)

在韩礼德与哈桑看来,this 和 that 都用来表明说话者关系的远近疏浅。that 和 those 被用于表明时空关系。在这些句子中,this 和 that 既充当限定词又充当中心语。例(18)副词性关联词语"原来"后接"那里"指的是"居住区"。例(19)中,副词性关联词语 originally 后接 there 用在 there be 句型中,表存在关系。例(20)中的副词性关联词语 previously 后跟的 that 指的是上文提到的 nine months。

5.5.1.2 替代与省略

替代是一种语法关系,这种关系体现在用词之间而非意义中,并且各种替代手段根据语法分类定义,而非语义。在英语中,替代一般通过名词、动词或者是从句来实现。相对应的从句则是名词性从句、谓词性从句以及小句。韩礼德和哈桑(1976)认为,当我们要通过省略的含义来预设时,就产生了省略,词汇语法关系就形成了,这种关系在于用词而并非在于含义。省略又分为小句省略、谓词性省略和名词性省略。

1. 小句替代或省略

在小句替代中，要对整个句子而非句子某个成分进行预设。so 或 not 通常被用作替代词或者小句。小句省略是指整个句子或句子某个成分的省略。在诸如对话这样的特殊语境中，省略是经常出现的。

(21) I can't recommend those students, in good conscience, to pursue teaching. *Previously*, I <u>did so</u>. (Atlanta Journal Constitution, 2011)

(22) "Ooh, Mr. Mysterious. Where did you say you were from?" "*Originally*? Just on the other side of the bridge. "(Van Eekhout, Greg. 2009)

(23) 修时不要急。不是修到无生，而是本来无生，本来如此，放下就是了。(《佛法修正心要》)

例句(21)和(23)中出现了替代情况，例句(22)则是省略。在句子替代的情况下，整个小句作为预设成分，对应的成分是出现在从句以外的。以例句(21)为例，so 预设了 I can't recommend students who are in good conscience to pursue teaching 整个句子。而对比语境是通过从句以外的 did 一词来体现的。did 也代替了 recommend 这个词。相同的情况也出现在例句(23)中，"如此"替代了之前的句子。例句(22)中的 originally 是对问句 Where did you say you were originally from? 的省略和强调。

2. 谓词性与名词性词组替代或省略

谓词性替代是通过动词 do 来实现的，do 可以代替任何动词，无论是主动还是被动。谓词性省略是指动词词组中动词或整个动词词组的省略，经常出现在各种类型的文章或日常对话中。

(24) This equipment didn't come in a box. Or maybe it *originally* <u>did</u> many years ago, but that doesn't matter. (Analog Science Fiction & Fact, 2009)

在例(24)中,did 代替 come in box,通过回指将两个句子联系起来,

基于我们收集的语料,我们发现在含有"先时"类副词性关联词的句子中,多存在名词性词组的省略,很少出现名词性词组的替代情况,如:

(25) 尤其中国社会的婆媳关系,几乎一半以上都是有矛盾的。本来是因情爱结成一家的人,为什么造成矛盾呢?就是由于没有共识,没有沟通。(《传媒大亨与佛教宗师的对话:包容的智慧》)

例(25)中出现了直接省略。第一个从句描述了婆婆与媳妇之间的关系,而在副词性关联词语"本来"的第二个从句里,名词性短语"婆媳关系"被省略了。

5.5.1.3 连接

连接在建构语篇方面起着与其他语法衔接手段同等重要的作用。一个结构清晰的篇章需要连接成分来连接所有话题和小句。韩礼德与哈桑(1976)把连接分为增补关系、转折关系、因果关系与时空关系。汉英"先时"类副词性关联词语可表示的关系诸如:

1. 增补关系

强调被理解成是一种增补关系,也同时强调了前文的内容。

(26) 正如吕叔湘先生所说:"副词内部需要分类,可是不容易分得干净利索,因为副词本来就是个大杂烩。"(《语言学论文》)

(27) STEF-GRAY:I came to New York because, after my parents had passed away, I knew that they were both from New York City *originally*. And I wanted to sort of get back to my roots, so to speak. (PBS, News Hour, 2012)

增补型的连词与"先时"类副词性关联词都是用来强调重要的内容。例句(26)明确表明了"本来"在篇章中的强调功能。而在例(27)中,originally 被用来突出说话人父母的家乡在哪里。

2. 转折关系/因果关系

对比属于转折/因果的范畴,转折/因果关系是指与篇章中所体现内容相反或具有"原因—结果"的关系。

(28) 人们原本是七嘴八舌地高谈阔论,一时间为了这个不速之客的加入而静止下来。(梁凤仪《九重恩怨》)

(29) *Originally*, children were selected on a first－come, first－served basis, <u>but</u> after parents started lining up in the street hours ahead of time, a lottery system was developed. (New York Times, 2012)

例(28)是通过副词性关联词语"原本"来实现对比/因果关系,"原本是七嘴八舌地高谈阔论,到一时间静止下来"的对比与转折。之所以"静止下来"正是因为"一时间这个不速之客的加入"。而例(29)中,则是通过 originally 和 but 来实现转折关系的。

3. 时间关系

时间关系是一个句子继另一个句子之后,表达事件发生的先后顺序关系。

(30) 朝鲜人原来是每天早晨北渡鸭绿江过河耕作,日落渡江回家。<u>然后</u>变成春天过河耕种,深秋渡江回家。<u>最后</u>索性连家都搬到江北来了。(《策马入林——林思云、马悲鸣对话中国近代史》)

(31) HANNITY: All right, let's talk about, first of all, you *originally* were suspended for five days. <u>And then</u> they tacked on another 15 days. (Fox, Hannity, 2009)

（32） TRY：His short stories. Jay says："Many were *originally* written for magazines，so they're more accessible than his experimental works."（Southern Living，2011）

例（30）先后使用副词性关联词语"原来"和连词"然后"、"最后"，形成三个动作连贯、时间层次清晰的时顺关系。例（31）和（32）都使用 originally，他们的不同之处在于对连接词的不同选择，例（31）使用并列连词 and 和副词性关联词语 then 来体现时顺关系，而例（32）则使用表因果关系的连词 so，不仅表明了时间关系，也阐述了因果关系。因果关系是"起因－结果"或"原因－后果"的关系。

可见，汉英"先时"类副词性关联词语不但可表示增补（强调）、转折（对比）关系，还可以表示时间和因果关系。

5.5.2 词汇衔接

词汇衔接是篇章文本中创造语义链的一种手段，它是通过选择一定的词项实现语篇衔接的效果。根据韩礼德和哈桑（1976），词汇衔接有两种方式：复现和搭配。

5.5.2.1 复现

复现是词汇衔接的一种方式，一个词项可以回指另一个，这种词项与它们相同的指示对象有关。一般来说，复现可以通过四种方式来实现：同一个词的使用或者重复同一个词项；广义词的使用；同义词的使用；上义词的使用。

1. 重复

重复是词汇衔接的最直接和简单的方式，它可以通过对前文出现过的词的再现来实现。

（33）我成功了，成功原来竟会这么快，这么容易！成功就像做梦，只要你敢于去做，可以在梦中得到任何你想拥有的东西！（《中国北漂艺人生存实录》）

（34）The young man said. "Or that there was a <u>house</u> wedged into it. And *originally* <u>this</u> wasn't a <u>house</u>. It used to be a bakery, before all the housing developments went up. "(Fantasy & Science Fiction, 2010)

例（33）中,"成功"出现了三次,表明了本句的话题或信息焦点与"成功"紧密相连。在例（34）中,我们也可以看到"重复"这种手段,第二次出现的 this 回指在前面一个小句第一次出现的 house。该例句存在两个衔接纽带,一个是指称,指代的物体由 this 展现,另一个是复现。以上的例子都有一个共同点,一个词项可以回指另一个,这个词项与它们相同的指示对象有关。

值得注意的是,如果经常使用重复的方法会让话语变得冗长啰嗦,因此说话者或作者通常采用语法衔接的方式,特别是使用指称来避免过度重复,如例句（34）所示,指示词 this 指 house。

2. 同义词

同义词是一种有效取得衔接的方法,这种方法可以避免重复使用相同的词。词汇衔接借助词项的选择来实现,可以选择与前文出现的词意思相近的词语。比如说,boy 和 lad(男孩)就是典型的同义词。再如：

（35）此外,哥斯达黎加调查人员 21 日在圣何塞营救了 9 名<u>婴儿</u>,这些<u>儿童</u>原本将要被卖给外国人。(新华社 2003 年 9 月份新闻报道)

（36）"We're not seeing coordinated <u>attacks</u> like we did *originally*. We're still getting small—arms <u>fire</u>, but it's sporadic, and hit—and—run tactics. " said Marine spokesman Capt. Abraham Sipe. (Associated Press, 2010)

在例（35）中,两个看似不同的词"婴儿"和"儿童"。实际上依据 originally 连接的句子，可以理解文中都有同一个语义指示对象"婴儿"，因此它们是同义词。在例(36)中，fire 与前文的 attack 属于同义关系，都指"攻击"。

3. 上义词

上义词指的是一个能代表通用类别的术语，在这一通用类别之下，有一系列的次分类。比如，child 就是 girl 和 boy 的上义词，也就是说，girl 和 boy 是 child 的下义词。上义词和下义词是一对相对概念的术语，与意思的归纳有关。

(37) 根据举报，缉毒人员利用嗅探犬在伊斯坦布尔海关一辆等候出关的大货车里发现了这批伪装成洗衣粉的<u>海洛因</u>。据称，这批<u>毒品</u>原本要经意大利偷运到荷兰。(新华社 2004 年 7 月份新闻报道)

(38) It was time to decide my <u>color</u>, *originally* I chose <u>pink</u>, but after having thoughts of being covered in Pepto Bismol, I settled on <u>purple</u>. (Hinton, J. Lynne, 2009)

例(37)中，在前一小句出现的词语"海洛因"是下一个小句出现的"毒品"的子范畴，因此它们的关系是下义词与上义词。说话者采用上义词来避免之前出现的同一个词的不必要的重复，以此创建更连贯的话语。在例句(38)中，color 比 pink 和 purple 的概括性强，因此它是一个上义词的概念，也就是说，pink 和 purple 是 color 的下义词。

5.5.2.2 搭配

词汇衔接的另一种方式就是搭配。搭配也叫"共现趋势"，可以通过词项之间的相互关系实现。通过观察，我们发现，汉语与英语的"先时"类副词性关联词语可以与连词、情态动词和副词搭配。

1. 与连词搭配

(39) 安妮对安琪说："<u>不过</u>，妈妈也曾告诉我，她<u>虽然</u>恨安娜，但是,本来也不至于把她赶走,可是,她一向大公无私,家里任何人犯了错,都要依照家规执行,因此她不得不硬起心肠把安娜赶走。"(岑凯伦《合家欢》)

(40) And so *originally* she was home schooled, and then I think it actually came from a studio note that I think was for her to be home schooled abroad as well. (NPR, Fresh Air, 2004)

我们观察到连词与"先时"类副词性关联词语搭配使用,起加强衔接的作用。在汉语例句中,连词和副词性关联词语像一个整体一样紧密相连,如例(39)的副词性关联词语"本来"和连词"不过"、"虽然"、"但是"、"可是"、"因此"相搭配;例(40)的 originally 和 and so、and then 相搭配,使汉英复句/语篇表达的起承转合、流畅通顺。

基于 CCL 和 COCA 的语料调查,汉英"先时"类副词性关联词语与连词的搭配共现频率如下表9、表 10 所示。

表9 "原本、原来、本来"与连词搭配共现的频率

	因为	所以	虽然	如果	不管	即使
原本	3	0	1	1	0	1
原来	24	6	1	5	2	7
本来	30	7	4	4	1	3

表10 *originally*, *formerly*, *previously* 与连词(副词)搭配共现的频率

	and(,)	then(,)	well(,)	so(,)	because(,)
originally	6	1	11	2	11
formerly	21	0	1	0	1
previously	32	1	1	3	6

从表9和表10可以看出,可以与英语副词性关联词语搭配的连词种类和数量都不多。而且,在英语话语中,说话者并不常用诸如 even though(即使/尽管)的让步连词来假设可能发生在过去的事情。

2. 与副词搭配

(41) 杰克逊身高2米6,体重122公斤,原本更适合任大前锋;但由于队友受伤,他被迫担当起始发中锋。(新华社2001年1月份新闻报道)

(42) Ben－Yehuda (1994, p. 213) point out, "the drama of a new, *previously* almost unknown, and potentially destructive drug type on the drug abuse stage... helped generate the drug panic." (Journal of Drug Issues, 2009)

"先时"类副词性关联词语可以与副词连用,并且不改变句子的含义,只是加强小句的语气或强调作者的态度,如例(41)的"更"和(42)的 almost 和 potentially 所示。

5.5.3 主位结构

韩礼德(2004)在其《功能语法导论》中指出主位是信息的出发点,位于句首,是小句赖以展开的基础;小句的剩余部分或紧跟主位的部分是"述位",主位和述位构成主位结构。主位分为三种:简单主位、多重主位和句项/小句主位。

简单主位指的是只能满足一种元功能的主位,它通常由一个词或多个的词组成。也可以说,是指那些只包含 Halliday 所说的概念成分如"参与者",而不包括人际成分和语篇成分的主位(胡壮麟,2008:162)例如:乐毅 (T) 本来是赵国人(R)。(《中华上下五千年》)[主位(Theme)用 T 表示,述位(Rheme)用 R 表示]。多重主位包含了不止一个结构成分。在功能语法理论中,小句有三个元功能:语篇功能、概念功能和人际功能。多重主位也是如此,它包含了语篇主位、人际主位和经验主位。当这三种主位一起出现时,典型的排列顺序是:语篇主位︿人际主位︿经验主位("︿"意思是"后跟")。并且我们把这种排列顺序看作无标记排序。例如:Well but then Ann surely wouldn't the best idea be to join the group?(Halliday,1994:55)(详见表 11)

表 11　多重主位

Well	but	then	Ann	surely	wouldn't	the best idea	be to join the group？
接续	结构	连接	呼语	情态	限定	主题	
语篇主位			人际主位			经验主位	述位
多重主位							

至于小句主位,是根据小句的排序而定,也就是说,当两个或多个小句结合在一起组成一个小句复合体时,我们称句首的、句中的小句为小句主位。因为主位是一个小句而不是一个结构成分。此外,小句主位本身就是小句,所以它也有主位和述位。例如:If winter comes(T) can spring be far behind?(R)

下面我们以包含"先时"类副词性关联词语的例子,加以解释说明。

1. 简单主位

(43) 山内和山外(T)原本属于同一个蓝天 (R)。(1994 年报刊精选,04)

(44) Awlaki,a radical Muslim cleric(T), *originally* was in frequent e-mail contact with Maj(R)．(Washington Post ,2010)

简单主位可以由一个名词词组、副词词组或介词词组组成,也可以由两个名词词组构成。例句(43)的主位由两个名词词语组成,属于简单主位的范畴。任何词组复合体或短语复合体在小句中都只是单一成分。在例(44)中,句子的主位是名词词组复合体 Awlaki, a radical Muslim cleric,由名词及其同位语名词词组组成。

2. 多重主位

(45) 虽然原来在师范学了很多东西,但我认为学的那些东西都比较浅。(鲁豫有约:红伶)

(46) BERNAL:Well, *originally*, I mean,it happened that Amnesty International approached me and asked me if — that they were interested in doing something, a film about these issues.(NPR, Tell More)

在例句(45)中,主位不仅是一个简单的语义单位,它由一个转折连词"虽然"、一个副词性关联词语"原来"和环境短语"在师范"组成,因此是一个多重主位。这三个词语可以归于两大类:语篇主位和经验主位。具体分析如表 12 所示。排列顺序为"语篇⌒经验"

表 12　例(45)中的多重主位

虽然	原来	在师范	学了很多东西
结构	连接	主题	
语篇主位		经验主位	述位
多重主位			

表 13　例(46)中的多重主位

Well,	*originally*,	I mean,	it	happened that...
接续	连接	情态	主题	
语篇主位		人际主位	经验主位	述位
多重主位				

例(46)的多重主位的成分排序非常典型(见表13),语篇主位在前,人际主位居中,经验主位在后,因此这种排序是无标记的。I mean 作为话语标记,充当衔接纽带以加强陈述的主观性。可以看出,完整且无标记的多重主位排序一般出现在口语中,因为说话者会运用情态附加语来表达个人情感或态度。

申小龙教授曾经说过西方语言重心在于形式逻辑并强调主谓区分,所以他们的语言是主从结构的模式。作为一门精简且有逻辑的语言,英语的基本句子结构是"主谓宾",主语必不可少,鲜少省略。相反,汉语经常将主语和谓语合为一体,语言是并列结构的模式。因此,汉语中省略是一个常见的现象。如果一个句子或小句的主语(或非标记的主位)在上个小句已经出现,就有可能被省略。在例句(45)中,主语"你"被省略,但是它并不会使读者产生疑惑,因为省略的主语已经在上下文中出现,因此读者可以很容易地理解隐含之意。

3. 小句主位

(47) 他看着美艳的露易丝,有种上当受骗的感觉,他原本以为露易丝是个天真浪漫、涉世不深的富家姑娘。(张小蛇《李小龙的功夫人生》)

(48) It is her inner beauty which won her good repute *originally*.

表 14　例(47)中的小句主位

	他	原本以为	露易丝	是个天真浪漫、涉世不深的富家姑娘
(a)	主位	述位	主位	述位
(b)	人际（情态的）	主题		
	小句主位		述位	

当一个小句充当主位时,句子通常是一个小句复合体,由一个中心(支配)小句和一个修饰(依附)小句组成。在例句(47)中,

中心小句是"他原本以为"来表达"在我看来"的情态,以及用修饰性关系句的形式来表达"露易丝是个天真浪漫、涉世不深的富家姑娘"这一观点。表达式"他原本以为"的功能是人际功能(作为情态主位)。分析见表14,字面的或一致式层面的解释如(a)所示;隐喻层面的解释,即语法隐喻促成的小句做主位,如(b)所示。

表 15   例(48)中的小句主位

It is her inner beauty	which won her good repute *originally*.
谓化主位/小句主位	述位

例(48)中 it is her inner beauty 既是"谓化主位结构",也是小句主位(见表15)。副词性关联词语 originally 强调她原本就具有的内在美。

5.5.4 主位推进模式

语言学家 Danes(1974)在《论语篇分析与语言结构》一文中第一次提出主位推进概念和主位推进模式理论。Danes 认为,相当部分语篇由两个或两个以上的句子构成,此时相邻句子的主位和述位之间会产生某种联系和变化,并推动语篇有序发展,使语篇最终发展成为能表达某一完整意义的连贯语篇,语篇的结构框架在此过程中体现出来,这种联系和变化称为主位推进。Danes 在主位推进的概念基础上,提出了五种常见的主位推进模式(Thematic Progression):简单线性主位推进模式、连贯主位模式、派生主位推进模式、分裂述位模式、跳跃主位推进模式。但事实上,为了合理安排信息,避免形式单一,绝大多数语篇都不会完全使用一种主位推进模式。国内一些学者在 Danes 的基础上提出了不同的主位推进模式分类,如徐盛桓(1982)提出平行性发展型、延续性发展型、集中性发展型、交叉性发展型;黄衍(1985)在徐盛桓的分类基础上将主位推进模式归纳为 7 种。朱永生、严世清(2001)总结的 4 种主位推进模式是：主位同一型（平行型）、述位同一型（集中型）、直线延续型、交叉接应型。胡壮麟（2008）提出了四种最常见的主位推进模式：放射型、聚合型、阶梯型和交叉型。可见，学界对主位推进模式的分类是仁者见仁，智者见智。

　　为了更简洁明了地分析汉英副词性关联词语在主位推进模式中的应用，基于前人研究，我们采用三个常用模式来阐释：1. 延续型（阶梯型）；2. 同一型（放射型）；3. 导出主位型。

　　下面我们以包含"先时"类副词性关联词语"原本"、"原来"、"本来"、*originally*、*formerly*、*previously* 的语例为个案，分析语篇中的主位推进模式。

　　1. 延续型（阶梯型）模式，即前一个小句的述位（或述位的内容）是后一个小句的主位（或主位的内容）（参见图 1）。

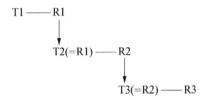

图 1　延续型（阶梯型）模式

(49) 金卡斯（T1）原本生活在一个满不错的家庭（R1），成员（T2）极为简单：妻子、一个已经嫁人的女儿和他自己（R2）。他本人（T3)是州财政厅的一位模范的政府公职人员，走起路来斯斯文文，胡子刮得干干净净（R3）。（《当代世界文学名著鉴赏词典》）

(50) Who（T1 ）is this American（R1)? This American（T2）is Jeff Bezos(R2)，*originally* the founder and chief executive of Amazon，Jeff Bezos' success（T3）made me think deeply about my own life（R3）.

（American，2000）

例（49）中，前一句的述位"家庭"是下一个小句的主位"（家庭）成员"，第二个小句的述位"他自己"是最后一个小句的主位"他本人"，它们之间的关系如上图1所示。这种主位推进模式是种建立流畅的信息流的有效方式。通过拓展在上文已经出现的信息，并在下一句小句把它作为已知信息，信息存储得以顺利推进。

例（50）中，前一个小句的 this American 是述位，是下一个小句的主位 this American，重复使用其变为已知信息；第二个小句的述位 Jeff Bezos 又是第三个小句主位，在下文出现的 Jeff Bezos' success 又使 Jeff Bezos 变为已知信息。这种模式促进了流畅的信息流，因此读者可以很容易理解说话者的意思。

2. 同一型（放射型）模式，即主位相同，述位不同（参见图2）。

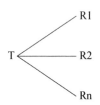

图2　同一型（放射型）模式

（51）我（T1）宣传自由民主、合法斗争（R1），我（T2）本来就没有秘密嘛（R2）！我们（T3）既然没有秘密、没有阴谋（R3），我们（T4）为什么关着门呢（R4）？（《李敖对话录》）

（52）Dotcom（T1）had his name legally changed（R1）. He（T2）was *previously* known as Kim Schmitz and Kim Tim Jim Vestor（R2）. He（T3）is founder, former CEO and current chief innovation officer of Megaupload（R3）.（Associated Press，2012）

在例(51)中,四个小句的主位典型且相似,都与"我(们)"有关,因此属于同一型(放射型)主位推进模式。在这种模式的帮助下,读者不仅可以明白清晰的逻辑顺序,而且可以得到更多他们关注的信息。随着信息流动,读者可以对作者要传达的信息有较宏观的认识。

例(52)的主位 Dotcom 与后面小句的人称代词 he 都指同一个人,全文主位相同,述位不同,而且重复的主位还具有强调的功能,整个意义表达清楚流畅。

3. 导出主位型模式,即所有小句的主位在语义上都归属于一个大主位(上位主位),剩余小句的主位是从大主位延伸出来的,它们是对大主位的重复、扩展,表示下义、同义或反义关系(参见图3)。

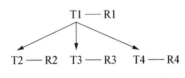

图3　导出主位型模式

(53) 他们（T1）原本是一对恩爱夫妻（R1）,丈夫胡志敏（T2）在广西边防某部二营当管理员（R2）,妻子彭燕（T3）是湖南益阳市资阳区农业银行的干部（R3）。(1995 年人民日报,4 月份)

(54) *Originally*, resources in our society (T1) meant to empower the people (R1). Education (T2) opens our minds (R2), career (T3) offers us opportunities (R3), and housing (T4) provides shelter and security (R4). (Science, 2009)

例(53)中,第一个小句的"他们"是一个大主位(上位主位),第二个小句的主位"丈夫胡志敏"和最后小句的主位"妻子彭燕"是对第一个小句的主位"他们"的解释,因此属于导出主位,属扩展、下义关系。

同理,例(54)中的首句的 resources 是大主位,后面小句属下义关系,主位依次是 education、career 和 housing,他们都是 resources 的所有能授权于人类资源的组成部分,作者用具体例子清楚地解释资源是什么。

以上各例中的"先时"类副词性关联词语"原本"、"本来"和 originally、previously,在不同的例句中,有的表示以前固有的,有的表示本应如此的情况,也有的使读者发现从前不知道真实情况。包含副词性关联词语的这种模式使小句在结构上联系更紧密,帮助读者形成对全文内容表达的清晰框架,促进对语篇整体意义的深刻理解。

通过比较研究,我们发现汉语副词的省略的频率比英文的高,因为汉语的关注点更多在意义上,而英语更多关注语言的语法结构。汉语的语法成分有时候会被省略,而英文因为语法规则的限制,省略现象比中文少。在语义搭配方面,英文却比汉语更加多样化。因为英文的搭配模式更加灵活,英语该类词语更加频繁地运用在搭配之中。但是英语连接词的使用会因为它的语法规则和独立使用规则而受到限制。中文的关联词语经常成双出现。我们还发现在我们使用的主位推进模式中,汉语语篇中存在更多的同一型(放射型)推进模式,而英语语篇更多的是延续型(阶梯型)推进模式。究其原因,我们认为中文更倾向以排比的方式表达,而英文将重心更多放在衔接上。

简言之,以上讨论只是部分情况,旨在起抛砖引玉的作用,详细讨论有待我们今后一起进一步调查和研究。

5.6　小结

本章首先介绍了汉英语言学界研究的热点之一:功能语言学

及其相关研究,包括功能语言学理论、国内外学者的功能语言学相关研究。简介涉及:1.功能语言学视角下的不同领域的研究;2.功能语言学的应用研究,比如:1)功能语言学与外语教学研究;2)功能语言学与翻译研究和实践。其次,对本章的主题:功能语言学视角下汉英"侥幸"类副词性的研究现状和研究意义进行了概述。然后,集中在功能语言学视阈下,基于权威语料库,在定量分析、定性研究基础上,对汉英"侥幸"类副词性关联词语进行了句法分析和功能解释、语义分析和功能解释。接着,以汉英"先时"类副词性关联词语为例,探究了汉英副词性关联词语的语篇功能(包括语法衔接、词汇衔接、主位结构和主位推进模式)。最后,概括总结了汉英该类词语的共性和差异,探究了其中的原因。本研究证实了韩礼德功能语言学理论应用于探析该类词语的可行性和有效性,为在功能语言学视阈下全方位研究汉英副词性关联词语提供规则和理论上的服务和支持。

第六章　语篇语言学视阈下的比较

6.1　语篇语言学及其相关研究

1981 年 Robert de Beaugrande 和 Wolfgang Dressler 合著的《语篇语言学导论》(*Introduction to Text Linguistics*)是语篇语言学的奠基之作。作为一门语言学科,其先驱是西方古典修辞学、文体学,之后文学研究的语言学路径为这一门学科开拓了研究范围。

语篇语言学是以语篇为研究对象的语言学理论和方法,关注的是语篇生产者和语篇接受者生成和理解语篇所经历的过程。语篇语言学的中心任务是从结构和功能方面来研究语篇(胡曙中,2012)。研究内容包括语篇的结构、句子的排列、句际关系、会话结构、语篇的指向性、信息度、句子间的语句衔接和语义连贯等。

语篇语言学(Text Linguistics)的产生和发展,最早可以追溯到荷马语文学时代,亚历山大学派就已经注意到了语篇的问题。当时,语篇研究主要围绕语篇的陈述意义与陈述形式、词语的正确性和贴切性、历史语篇和错误语篇的补充与纠正等方面。在

15-16 世纪之间,语文学意义上的语篇研究再度被运用于把诗歌
语篇转译为历史语篇或其他的语篇形式。到了 19 世纪,兴起的
科学语篇研究也是基于传统语文学语篇研究的基础之上发展起
来的,旨在解决语篇内容及其意义结构关系问题的古典语文学语
篇研究的变异形式。由此可见语篇语言学脱胎于传统的语文学
(晁保通,1995)。

　　20 世纪初,法裔瑞士语言学家索绪尔的学生将其生前所教授
的普通语言学课程中的讲义进行了整理,在日内瓦出版了《普通
语言学》(1916 年)一书,这使得结构主义成为语言学领域的主流。
结构主义语言学所倡导的语言观强调语言共时、静态、抽象的内
部体系。这导致了对语言的研究局限于句子结构的分析,而忽略
了语言交际中语篇的整体特点。在这一背景下,语篇语言学的创
建者和代表人物之一罗伯特·博格朗(Robert de Beaugrande)于
1979 年出版了《语篇、话语与过程——迈向多学科的语篇学》
(*Text* , *Discourse* and *Process* —— *Toward* a
Multidisciplinary Science of Texts),试图将人工智能、认知科
学、教育学、语言学和心理学领域的最新研究趋势,整合到一个统
一的程序性的语篇应用的模式中。随后,他与沃尔夫岗·德雷斯
勒(Wolfgang Ulrich Dressler)于 1981 年合作出版了《语篇语言
学导论》,进一步丰富了他的研究思想与内容,标志着语篇语言学
成为了一门独立的学科。在随后的十几年间,又有大量关于语
篇、话语研究的著作问世。其中,博格朗又在 1979 年出版了《语
篇话语学的新基础: 认知、交际、与通向知识和社会的自由途径》
(*New Foundations for a Science of Text and Discourse* :
Cognition , *Communication* , and *Freedom of Access to
Knowledge and Society*),标志着语篇话语研究走向融合与成熟,
并形成了作为一门单独学科的研究框架。进入 21 世纪之后,语
篇话语研究又有了新的进展,其中一个明显的标志就是: 在论证

主义(discursivism)基础上发展而来的生态主义(ecologism)的研究方法基本定型,这一点集中体现在博格朗在 2004 年出版的《语篇与话语研究新介：论证主义与生态主义》一书中(王云桥、张维峰、辛修国,2009)。

　　近年来,我国许多学者对语篇语言学也有不少研究,最早始于 20 世纪 80 年代前后。受国外语篇语言学理论和方法的影响,国内的一些学者开始介绍、引进国外的现代语篇语言学的理论、方法,并对汉语的语篇问题进行了研究,其中以胡壮麟的《汉语的衔接》(1981)和廖秋忠的《汉语篇章中的连接成分》(1986)为国内语篇语言学的开山之作(郑贵友,2014)。根据罗黎 & 王晓东(2014)的调查表明,语篇语言学的发展及走向大致经过三个阶段：第一阶段(1983－1992)为成型期,以理论介绍及阐释为主,伴有少数的实证研究及教学研究;第二阶段(1993－2002)为成长期,理论介绍及阐释、实证研究、教学和翻译研究及基于汉语语料的研究大量涌现;第三阶段(2003－2013)为深化期,以实证研究为主,辅以理论介绍及阐释,尤其是在教学和翻译中的应用研究。

　　简言之,语篇语言学的研究对象是比句子更大的语言单位,包括书面语言和口头语言。迄今,具有较大影响的语篇语言学家有 Bob Longacre, M. A. K. Halliday, Robert de Beaugrande 和 Wolfgang D1ressler,胡壮麟、廖秋忠、罗黎和胡曙中等。

　　国内外学界对语篇语言学的相关研究主要包括以下几个方面：1. 语篇语言学方法探究与评述。比如 Halliday & Hasan(1976)、Beaugrande(1979,1991)、Beaugrande & Dressler(1981)、Jaworski & Coupland(1999,2004)、Schiffrin & Hamilton(2001)、Martin & David(2003)、Halliday(2006);晁保通(1995)系统地介绍了语篇语言学的源起、本质、研究领域和研究价值等;王云桥 & 张维峰等(2009)详述了语篇语言学的演变过程、主要观点、研究内容和方法、发展趋势与前景等;罗黎 & 王

晓东(2014)讨论了国内语篇语言学研究的总体发展特征;陈洁 &
张婷婷(2008)年总结了俄罗斯语篇语言学 60 年来的研究成果。
2.语篇语言学视角下的语篇衔接与连贯研究。如 Enkvist
(1978)、Charolles(1983)、Halliday & Hasan(1985)、Papegaaij &
Klaus(1988)、McCarthy(1991)、Neubert & Gregory(1992)、
Garrod & Sanford(1994)、Hatim(2001)、Hatim & Mason
(2001)、Xu(2004);廖秋忠(1986)专论汉语篇章中的连接成分;杨
若东(1997)讨论了语篇衔接关系的建立与跨文化语篇理解之间
的关系;何乔(2004)结合语篇语言学和翻译研究中的篇章连贯,
分析了篇章连贯在翻译中起重要作用的原因;朱坤玲(2005)基于
语篇语言学理论,探讨了翻译过程中处理文化因素的两种常用手
段:文内解释和文外加注;姚绪宁(2005)对翻译中的衔接进行了
研究;刘念(2005)分析了语境在翻译中实现连贯对等的作用,且
着重讨论了情景语境;王石(2006)基于语篇语言学,论述了汉英
语在人称照应、指示照应和比较照应方面的差异。3.语篇语言学
下汉英文学典籍研究。如 Nida(1964,2002)、Van(1977)、Hoey
(1991)、Bell(1991)、Baker(1992)、Wilss(2004);宁玲(2002)基
于《红楼梦》的汉英译本,讨论了汉英语篇结构的差异;彭明强
(2008)对《孙子兵法》三译本中的衔接、连贯方式进行了比较分
析;张艺宁(2009)以《阿丽丝镜中奇遇记》的两个译本,探究了语
篇语言学在文学翻译中的创造性应用;陈旸(2010)探讨《论语》英
译本研究的语篇语言学方法;张妍(2013)以日译本《阿 Q 正传》为
语料,阐述了如何通过语篇的相关理论创造出忠实的、等价的日
译本;刘然(2017)以语篇语言学为研究视角,探究了《孟子》英译
版中的古文英译主语转换问题。4.语篇语言学在教学中的应用。
比如 Thorndike(1917)、Goffman(1976,1979)、Hoey(1983,
1991,1994,2001)、Halliday(1987)、Bazerman(1988)、Cook
(1989)、McCarthy(1991)、McCarthy & Carter(1991,1994)、

Hatch(1992)、Nunan(1993,1999)、Nuttall(2002)、McDonough(2003)、Ellis(2003);李发根(1995)就语篇语言学对英语教学写作的指导意义进行了研究;原苏荣(1998)探讨了语篇分析在大学英语教学中的应用;康光明(2002)总结归纳了语篇分析的应用模式;程晓堂(2005)讨论了语篇的语言教学途径的发展过程和核心思想;陈力(2006)详述了语篇理论在 EFL 教学中的应用;窦汝芬 & 史青玲(2007)总结了语篇语言学衔接理论对英语写作教学模式所起的推动作用;马白菊(2008)对语篇语言学理论在非英语专业阅读教学中的应用进行了归纳和讨论;张晓楠(2012)探讨了语篇语言学对大学英语阅读教学的启示意义;杨学前(2014)基于语篇理论对语言教学的指导思想进行了剖析;赵文静(2015)探讨了高考语文作文材料存在的语篇功能。5.基于语篇语言学理论的翻译研究。比如张美芳 & 黄国文(2002)概述了语篇语言学的概念,将其和传统语言学的异同进行了比较,并讨论了该研究模式的研究范围、研究重点及研究方法;杨黎霞(2003)详述了语篇语言学与翻译的密切关系;许善玉(2007)讨论了语篇语言学在中韩实践中的运用;肖姗(2008)从语篇的衔接和连贯角度,举例说明翻译语篇时应注意的原则和技巧;袁玺(2013)基于翻译语篇理论对《职场神功》中词语和句子翻译所使用的翻译方法和技巧进行了总结;顾鸿飞(2015)将语篇语言学作为俄语口译研究的理论基础,对俄语口译进行了深入研究。

可见,学界主要是从语篇语言学视角下的语篇衔接与连贯研究、汉英文学典籍研究扩展到在教学中和翻译中的应用研究。然而,学界在语篇语言学视阈下对汉英副词性关联词语比较研究还很不够。

本章基于双向平行同质语料库,在"语篇语言学是以语篇为研究对象"的原则指导下,以国内、外著名文学语篇的原文及其译本中的副词性关联词语为研究对象,聚焦于国内著名作家作品及其英译本中的副词性关联词语的比较和国外著名作家作品及其汉译文中的副词性关联词语的比较。探究汉英副词性关联词语在句法、语义、语用和语篇衔接功能方面的异同特点及其原因。

6.2　本研究现状和研究意义

中国文化走出去,国外优秀文化引进来,符合我们国家文化繁荣和优秀语言文化域外传播的理念,故本章基于自建双向平行同质语料库,选取国内文学大师的散文语篇和加拿大"当代短篇小说巨匠"和"文学女皇"的小说语篇作为研究语料,从中检索副词性关联词语进行对比分析,比较研究文学语篇中的副词性关联词语共性和差异及其原因。

6.2.1　学界对巴金散文及其译本中该类词语的研究

现代文学家、出版家、翻译家巴金被誉为是"五四"新文化运动以来最有影响的作家之一,是 20 世纪中国杰出的文学大师、中国当代文坛的巨匠。其《爱情三部曲》(《雾》、《雨》、《电》)探索了革命的战略、方式、道路,思考了革命者的人生观、政治观以及他们对友谊、婚姻、爱情、家庭等多方面的态度,涉及面广泛,是一部巴金心目中所认为的革命者的"生活教科书"。《激流三部曲》(《家》、《春》、《秋》),充分表达了"五四"的时代精神,反映了那一代年轻人的奋起与追求,表现了一种崭新的价值观念在中国大地上的诞生。

除《激流三部曲》和《爱情三部曲》等外,巴金的《龙虎狗》,分 6 辑,共收《爱尔克的灯光》、《风》、《云》、《忆范兄》、《月》、《日》、《狗》、《死去》、《醉》等 21 篇散文。作品表现了为中华民族的独立和生存,千千万万不甘做亡国奴的人们纷纷拿起武器,走上战场,不惜牺牲,全国人民都在期盼胜利的到来,追求光明的愿望。

巴金一生著书颇丰,其作品从祖国、民族的利益出发,表达了面对新生活的信心，"说真话"的美学原则。鲁迅曾称赞说："巴金是一个有热情的有进步思想的作家，在屈指可数的好作家之列的作家"。

　　学界对巴金散文的研究有很多，诸如，冯志伟等（1978）论巴金前期散文；唐金海等（1992）谈巴金前期散文的思想艺术特色；刘丽（2014）探究巴金散文的教学设计；周翔华（2017）对巴金小说的叙事解读等。但是我们很少见到学界在语篇语言学视角下对巴金散文及其译本中的副词性关联词语的比较研究。

　　本研究专门选取相比较而言，人们研究还不太多的《龙虎狗》及其英译本作为语料，对比分析该文学语篇中还很少涉猎的副词性关联词语的语篇功能，旨在为读者研读和欣赏散文作品以新的借鉴和启示。

6.2.2　学界对加拿大现代作家文学作品中该类词语的研究

　　爱丽丝·门罗是加拿大著名小说家，以其短篇小说闻名于世。她于 2013 年获得诺贝尔文学奖，被称为"当代短篇小说巨匠"和"当代契诃夫"。她的短篇小说大都描写普通百姓尤其是妇女们的平凡生活。其写作主题是关于这座城市中小镇里的人们的爱情及家庭生活，包括生老病死。门罗的创作生涯已有 60 多年，其首部作品创作于 1968 年。其作品包括：《快乐影子之舞》、《亲爱的生活》、《爱的进程》等。在她写作生涯中，她曾获得多种奖项。

　　玛格丽特·阿特伍德被称为"加拿大文学女皇"，她也是当代著名的加拿大小说家，为加拿大文学做出了巨大贡献。1969 年，阿特伍德出版了第一部小说《可以吃的女人》（*The Edible Woman*）。这部作品借食欲为契，讲述了在由男性完全主导的社会里，一名年轻女性的异化过程。1972 年，阿特伍德接着出版了第二本小说《浮现》（*Surfacing*）。这部书里充满了阿特伍德的童年记忆和对大自然的留恋。1972 年《生存：加拿大文学主题指南》(*Survival：A Thematic Guide to Canadian Literature*)继《浮现》之后问世。这本书促使已经成了欧美文学史"笑点"的加拿大建立了属于自己文学体系。在阿特伍德的助推下加拿大定义了属于自己的不同于英美的本土文学。之后,她陆续出版了不少文学作品,多部作品获布克奖。

迄今,对这2位文学大师的作品研究多在作家与作品的背景介绍、作家与作品的关系和作品欣赏、小说中的女性意识等,如王文(2010)、刘奕和李小洁(2011)、秦龙生(2014)等的研究。但在语篇语言学视角下对这2位著名作家作品及其译本中的该类词语的比较研究不多,只有邹清妹等(2015a,2015b)的"'侥幸'类副词性关联词语的语篇功能比较——以爱丽丝·门罗的短篇小说及其汉译文为例"和"论小说语篇中的语法衔接与词汇衔接——以艾丽斯·门罗的《公开的秘密》中译本为例",胡芳芳等(2015)的"中外名著中'侥幸'类副词性关联词语比较"。

本研究聚焦于在语篇语言学视阈下对国内外著名作家文学作品及其英译文中副词性关联词语的比较,旨在对中外文学作品汉译英和英译汉研究以启示,为读者阅读欣赏文学作品提供新的角度。

6.3　散文语篇中的副词性关联词语比较

6.3.1　副词性关联词语的语篇衔接功能

衔接是决定语篇是否连贯的一个重要手段。自从韩礼德明确提出这一概念,衔接就逐渐成为学者研究的一个新的领域。对于语篇衔接,韩礼德(1976：1)指出,语篇指任何长度的,在语义上完整的口语和书面语的段落。它与句子或小句的关系不在于篇幅的长短,而在于衔接。由此可见,衔接对于意义连贯的完整语篇的重要性。

句与句在语义上具有内在的联系,句与段的排列符合逻辑,而且有一定数量的衔接成分，是一个连贯的篇章所必需的。副词性关联词语的篇章衔接功能是实现语篇成为意义连贯的整体的重要手段之一（原苏荣、陆建非，2011：118；原苏荣，2015：12）。

本书主要以《龙》、《虎》、《狗》三篇散文的中英文本为研究对象，从三大方面分析和比较副词性关联词语在原文和译文中的语篇衔接功能。

6.3.2　巴金散文汉英文本中副词性关联词语的语篇衔接功能比较

本研究在语篇语言学视阈下，比较分析巴金散文汉英文本中的"副词性关联词语"（以下统称"该类词语"）在句法、语义和语用方面的语篇衔接功能。

6.3.2.1　句法功能

我们通过对语料进行仔细考察，归纳总结出该类词语在所选语料中的句法特征，并对其进行描述。为表达和分类的方便，我们用"△"代表该类词语，"～"代表位于该类词语前的成分，"＋"代表不同成分间的界限（原苏荣，2013：200）。

1. 句首

1）△＋主语＋谓语

（1）其实说"驯兽"，也不恰当。甚至在虎圈中，午睡醒来，昂首一呼，还能使猿猴颤栗。（《虎》）

（1'）*Nevertheless*, it is improper to call such a tiger "tame animal" because caged as it is, the roar it raises on waking up from a nap is still such as to make monkeys tremble with terror. (*The Tiger*)

上述例句是副词性关联词语在句首的情况，且前面没有其它成分。我们发现该类词语在此种情况下，能更直接、更强烈地表达作者对上下文的主观态度和情感。通过比较对应的译文，我们可以看出例（1）前一句中该类词语的英译在语义和句法位置上与原文基本保持一致;后一句中的"甚至"没有明确译出,其意被蕴含在 caged as it is 这一结构中。

2)～＋△＋主语＋谓语

(2) 它后退两步,这次倒是它露出了害怕的表情。(《狗》)

(2') He backed up a few steps, it being his turn to show signs of inner fear. (*The Dog*)

此结构可以看作是"△＋主语＋谓语"加上某些成分的变体,在本文的语料中出现的频率较低。其译文也是通过英语结构的灵活运用来起到达意的效果,并没有拘泥于原文的句法位置。

3)△＋谓语

(3) 我活着不能够做一件有益的事情。我成天空谈理想,却束手看着别人受苦。(《龙》)

(3') I'm living a worthless life. I engage in empty talk all day long, not knowing what to do to help the wretched of the earth. (*The Dragon*)

在该类结构中,副词性关联词语常出现在两个分句之间,起到连接两分句的作用。例(3)中的"却"表示后一小句的内容与前一小句相反,含有转折的意味,在语义上连接了两个小句。分析例(3'),我们发现译文中并没有与"却"完全对等的翻译,译者在此处用了意译的手法,同时我们发现译文的转折意味没有原文的强烈。

4)～＋△＋谓语

(4) 他不敢冒犯虎威,怕虎对他报仇,但是他又不能使枉死的虎复活,因此才把死虎带来献给"父母官",以为可以减轻他的罪过。(《虎》)

(4') ... that he was afraid that the mighty tiger would retaliate against him for his serious offence and that since the dead animal could not be revived, he had brought it as a gift to my father the magistrate in order to have his own crime mitigated. (*The Tiger*)

该结构是"△＋谓语"的变体形式,例(4)中该类词语前的成分是连词"因此"。在翻译中,"才"和"因此"被合到一起译成了因果关系。例(4')中是由 since 引导因果关系句,主句 he had brought it as a gift ... 中隐含表结果的 then。

5) △＋体词

(5) 后来父亲房内多了一张虎皮椅垫,而且常常有人到我们家里要虎骨粉去泡酒当药吃。(《虎》)

(5') From then on, my father had a new acquisition in his room—*namely*, the tiger-skin chair cushion, and people often came to our home to ask for some tiger-bone powder, with which they were to make a medicinal drink by steeping it in liquor. (*The Tiger*)

体词通常包括名词、代词和数词等。由于语料较少的缘故,我们在所选的三篇散文原文中没有找到此类结构,但是在译文中我们发现了几例。例(5)中"多了一张虎皮椅垫"译者并未直译,而是用了增译的手法。译文中 namely 在名词前,对上文中的 a new acquisition 做了解释。

2. 句中

1) 主语＋△＋谓语

(6) 我不怕死。得不到丰富的生命,我宁愿死去⋯⋯(《龙》)

(6') I'm not afraid of death. Without a full and substantial life, I *would rather* die... (*The Dragon*)

(7) 我愈怕,狗愈凶。(《狗》)

(7') And *the more* scared I was, *the fiercer* he became. (*The Dog*)

副词性关联词语位于主谓语之间的情况,在本文所选的语料中出现的次数最多。其对应的英语译文在语义及句法位置上也与原文大体一致,其部分原因是在这一句法分类中,有时副词性关联词语会成为谓语的一部分。而且对于这种情况,英语副词性关联词语相对于汉语副词性关联词语表现出较高的频率(原苏荣,2013b:212)。因此,在英译时该类词语有时会很自然地和谓语译为一体,所以在译文中的大体句法位置没有改变。如(6)、(7)中的"宁愿"、"愈……愈……"。

2) ~+主语+△+谓语

(8) 结果我却落在污泥里,不能自拔。(《龙》)

(8') But I've ended up being bogged down in a quagmire and unable to extricate myself.(*The Dragon*)

此句法结构可看作是"主语+△+谓语"加上某种成分的变体,"~"一般为连词性成分,如例(8)中的"结果"。比较其译文,我们能够发现该类词语在英译时,语义多被融入到连词和整体句意当中,不会被单独译出。因此这种情况下,英语译文的情感表达相对来说不如原文的强烈。

3. 句末

主语+谓语+△

(9) 倘使放它出柙,它仍会奔回深山,重做山林的霸主。(《虎》)

(9') Set it free, and it will go right back to the remote mountains to lord it over the forest *again*.(*The Tiger*)

我们在所选的散文原文中没有发现此类句法结构,但在译文中发现了两例。这是因为出现在句末的该类词语一般仅限于英语该类词语。这也说明了英语副词性关联词语的句法位置相对于汉语来说更加灵活。

以上我们对副词性关联词语的句法位置进行了分类和描述。

为了进一步分析,我们对其句法分布做了数据统计,结果如下表(表1):

表1   副词性关联词语的句法分布数据统计

	类别	汉语		英语	
句首	△+主语+谓语	6.3%[①]	6[②]	41.7%	20
	~+△+主语+谓语	1.0%	1	8.3%	4
	△+谓语	20.8%	20	2.1%	1
	~+△+谓语	3.1%	3	6.3%	3
	△+体词	/	/	6.3%	3
句中	主语+△+谓语	57.3%	55	20.8%	10
	~+主语+△+谓语	11.5%	11	10.4%	5
句末	主语+谓语+△	/	/	4.2%	2

表1反映了该类词语在原文与译文中句法分布的异同特征。通过以上数据我们可以看出汉英副词性关联词语在衔接语篇时,既可以位于句首,也可以位于句中。英语副词性关联词语还可以置于句末,但汉语中该类词语一般不放在句末。

同时,我们发现在原文中副词性关联词语出现在主语之后,谓语之前的情况最多,占68.8%(57.3%+11.5%)。但在译文中出现频率最高的是该类词语位于主、谓语之前的情况。这是因为所选语料中,该类词语多为汉语的单音节副词,如"也"、"便"、"才"、"只"、"又"等,这些词语一般不能位于句首。在英译时,这些词语大多并未被直译,而是被处理成表示时间顺序或逻辑关系

---

①　该百分比等于例子的数量除以汉语例子的总数,百分比中的小数保留至小数点后一位。

②　此数字代表该类别中例子的数量。

的词语,放在了句首,亦或是被省译。此外,译者还根据原文的语境,增译了不少位于句首的表时间关系的词语。因此,在译文中该句法位置最常出现。另外,我们在语料中没有发现汉语副词性关联词语出现在体词之前的情况,也没有发现位于主、谓语之后的情况。

该类词语位于句首时,能够起到承接上文、引出下文的衔接作用,使段、句间的衔接更加紧密。而且,位于句首的该类词语一般主观性较强,它们能够清晰地反映作者对上文情况的主观判断以及对下文所述的情感态度,成为了语篇连接的一个桥梁。位于句中时,从主述位理论来看,该类词语如"也"、"才"、"只"等属于述位的一部分,隐蔽地表达作者的思想情感,使得语篇的叙述更加平和自然。位于句末的该类词语与句首的情况相似,也起到一定的语篇衔接作用。此外,副词性关联词语还可与连词搭配使用,这不仅使文章的连贯性更强,而且副词性关联词语能够使连词的指向更加明确。

通过以上统计的句法分布,我们还可以看出散文语篇的句法灵活多变与副词性关联词语所起的句法功能是分不开的,也反映了散文的某些特点,如散文是表现形式最为灵活、自由的文学体裁之一。散文作者可以围绕某一主题,灵活使用副词性关联词语,能尽兴地表达自己的思想、情绪和意念,而不拘泥于某一写作形式。这也是散文一个突出的艺术特点。

6.3.2.2　语义功能

副词性关联词语是小句之间、句段之间语义衔接的显性标志之一。它可以表示所连接的两个部分之间的时顺、解释、转折和结果等语义关系。举例分析如下。

1. 时顺关系

(10) 这样地过了一阵子,我便转身走了。狗立刻追上来。我回过头。狗马上站住了。(《狗》)

(10') After a time, the minute my back was turned, he

immediately followed in pursuit. However, as I looked back he stopped *right away*...(*The Dog*)

例(10)中的"立刻"、"马上"都表示前事结束,后事相承,体现了上下文之间的时间顺序关系,使上下文连接地更加紧密。此外,"立刻"和"马上"属于同类副词性关联词语。同类副词性关联词语的连续使用不仅起到了使语篇衔接紧凑的作用,而且具有使篇章意义连贯的功能(原苏荣,2013b)。译文中 immediately 和 right away 同样如此。

2. 断言关系

(11) 我怕你会永远得不到你所追求的东西。或许世界上根本就没有这样的东西。(《龙》)

(11') I'm afraid you'll never get what you're chasing after. Most *probably* what you're seeking for doesn't exist in this world at all. (*The Dragon*)

例中的"或许"属隐性断言。隐性断言又称为推测性断言,是指可能发生的、可以理解的、合乎情理的推断,含有一些猜测的意味(原苏荣,2013b)。此处的"或许"及译文 probably 都表示事情发生的可能性、不确定性。

3. 解释关系

(12) 死了以后,还能够使人害怕,使人尊敬,像虎这样的猛兽,的确是值得我们热爱的。(《虎》)

(12') A fierce animal like the tiger, which continues to inspire us with reverent awe even after death, *really* deserves our warm love. (*The Tiger*)

表解释是指经过分析与推理,对上面所陈述的事件、情况或观点等作出解释和说明。根据作者对上文的不同态度,解释又可以分为确认性解释和补证性解释。确认性解释是表示对上文所述情况的一种确认。补证性解释是通过某种结果的实现或指出

原因理由,对前述的情况加以佐证和解释。例中的"的确"和
really 都表示对上文情况的确认,属于确认性解释。

4. 转折关系

例句请参照(1)和(1')。

原文中的"其实"对上文所说情况作出否定,后又引出符合实
情的解释,表达了较为清晰的转折关系,因此在译文中被译为
nevertheless 也是可以理解的。此转折关系不仅承接了上文的观
点,而且引出了下文的解释,使得篇章的语义更加连贯。

5. 条件关系

(13) 在他那个花园内,一条大黑狗追赶我,跑过几块花圃。
后来我上了洋楼,才躲过这一场灾难,没有让狗嘴咬坏
我的腿。(《狗》)

(13') ... I happened to be chased after by a big black dog
while I was playing about in the garden of Second Uncle's
home. *Fortunately*, after running past several flower
beds, I gave him the slip by rushing upstairs in a
storeyed building, thus avoiding the mishap of having my
legs bitten by the fierce animal. (*The Dog*)

条件关系是指某一结果的出现是以一定事件的发生为条件
的。例(13)中没有表条件关系的副词性关联词语,但"才"有这一
层逻辑语义存在。在译文中,译者在句首增译了 fortunately,它
表示对说话者有利的条件,从而避免了不希望发生的结果。

6. 加合关系

(14) ……我同你并不相识。我甚至不知道你的名字。告诉
我,你究竟叫什么名字!(《龙》)

(14') ... We're not acquainted with each other. I don't
even know your name. Now, what name, please!
(*The Dragon*)

加合关系是指一种同现或者共存的关系,它一般存在于相关的人物、事件或情况之间。例(14)中"我同你不相识"和"我不知道你的名字"属于相关的事件,二者是一种并列关系。此处的"甚至"就表示了事件之间的这种关系,但在语义上更侧重于后者情况的存在。译文中的 even 也是如此。

7. 结果关系

(15) 但是我终于逃不掉上帝的掌握,被打落在污泥里,受着日晒、雨淋、风吹、雷打。(《龙》)

(15') But I'm still under God's thumb. I've been banished to this swamp to be exposed to the sun, rain, wind and thunder. (*The Dragon*)

这里的"终于"表示上文中的龙在历尽了千辛万难之后,结果仍逃不过被打入泥潭的命运,体现出一种先后的因果关系。译文并未将"终于"明确译为 finally 或 eventually,而是将它的意思融入到整体译句当中。

以上我们对副词性关联词语的语义功能进行了分析;同时,我们对不同的语义功能类别做了数据统计,结果如下表(表2):

表 2　副词性关联词语的语义功能数据统计

类别	汉语		英语	
时顺关系	20	20.8%	16	33.3%
断言关系	1	1.0%	1	2.1%
解释关系	2	2.1%	2	4.2%
转折关系	13	13.5%	9	18.8%
条件关系	/	/	1	2.1%
加合关系	47	49.0%	14	29.1%
结果关系	13	13.5%	5	10.4%

　　从表 2 可见,在汉语原文中表示加合关系的该类词语最多,约占总数的 49%。这是由于原文中"还"、"也"、"又"、"只"等表并列的常用副词较多。此外,表时顺关系的该类词语使用得也较为频繁,约占总数的 20.8%。原因是本文所研究的三篇散文均属于叙事性散文,而时间是用来组织此类文章结构的重要因素之一,所以表示时顺关系的该类词语也比较多。

　　在译文中大体趋势也是如此。但译者根据一定的语义关系增译了不少表时间顺序的副词性关联词语,使得译文脉络更加清晰,所以译文中表时顺关系的该类词语数量多于表加合关系的该类词语。

　　从上文分析来看,该类词语能够解释前文所述、也能够表示句段间的语义转折、亦能够反映上下文之间的原因结果关系等等。这表明该类词语能够体现语篇中前后逻辑关系的衔接,使得文章的语义更加通顺、自然。

　　通顺流畅的语义表达也是巴金散文的特点之一。质朴素雅的语言、自由直白的叙述是巴金叙事散文的日常风格。在此类散文中,巴金利用平实的话语和恰当的副词性关联词语,表达出明确、生动的语义,从而进一步升华到情感的传递。

6.3.2.3　语用功能

　　副词性关联词语在散文语篇中还具有一定的语用功能,如焦点标记功能、主观化功能、强调功能等。

1. 焦点标记功能

(16) 虎不惊扰僧人,却替他们守护庙宇。(《虎》)

(16') Instead of harassing the monks, the tigers voluntarily stood guard at the gate of the temple. (*The Tiger*)

　　例中"却"引出的"猛虎替他们守护庙宇"是说话人想要表达的重点信息,是这句话的焦点。我们认为该类词语有标记话语焦点的功能。在译文中,该部分信息作为重点被译为主句,剩余信息被译为附加成分。

2. 主观化功能

例句请参照(1)和(1')。

主观化功能指的是该类词语能够表达讲话者的情感和态度。这种功能实际上重释了韩礼德的人际功能。韩礼德(1994)把这些词语称为评注性附加语,置于情态附加语之下(原苏荣,2013)。例中的"其实"引出后面小句,表达了说话者的主观情感和看法。同样,译文中的副词性关联词语 nevertheless 引导的句子准确地将原文意思表达了出来。

3. 强调功能

例句请参照(2)和(2')。

相对于上文中"我一直害怕狗",讲话人欲通过"倒是"来强调这次是"狗"感到了害怕,其中还含有些微的转折意味,表达了较为强烈的感情。在交流中,说话者会运用某些手段来强调重要信息,表达强烈的情感或态度来吸引听话者的注意,增加交际的有效性。

上述三种语用功能不仅体现了语篇意义上的衔接,同时突出了作者的主观情感。作者通过灵活自由的写作形式,表达清晰连贯的语义,继而将自己浓烈的情感传递给读者,达到抒情的效果。这也反映了散文"形散而神聚"的特点。

6.4 小说语篇中的副词性关联词语比较

6.4.1 研究方法和目的

比较是掌握副词性关联词语使用最基本的方法,也是语法学习最基本而有效的方法。从句法特征、语义关系和语篇衔接功能的角度对汉英副词性关联词语的比较研究,依据衔接理论、功能语法理论及语篇分析理论,我们能够对汉英副词性关联词语的相似性和不同点有更深入的理解。

　　本文从平行语料库中，选取了爱丽丝·门罗九部作品和玛格丽特·阿特伍德五部作品及其汉译本（共十四部）作为本书研究的语料，采用定量和定性分析法、对比法和描述法来分析汉英副词性关联词语在句法特征、语义关系和语篇衔接功能上的异同点。目的在于：

　　1. 依据语篇衔接理论、语篇分析理论及功能语法理论，分析爱丽丝·门罗及玛格丽特·阿特伍德作品及其汉译本中汉英副词性关联词语的句法、语义和衔接功能，以此了解两者的异同点。

　　2. 分析汉英副词性关联词语类别及其在爱丽丝·门罗及玛格丽特·阿特伍德作品及其汉译本中的功能。

　　3. 通过搜寻国内外汉英副词性关联词语的相关研究，总结其特点和规则。

　　4. 总结汉英副词性关联词语的使用规则，为读者更好的阅读欣赏文学作品提供新的视角。

　　爱丽丝·门罗及玛格丽特·阿特伍德都是当代著名的加拿大女性作家，以十四部小说语篇作为研究语料无疑具有很强的代表性，能够使解释更具有说服力。通过研究，能够发现其作品及其汉译本中具有很多汉英副词性关联词语，对理解文学作品具有较大的作用。在收集数据的过程中，是通过如下方法及步骤在Microsoft Word 2013 中选取出汉英副词性关联词语的：首先，十四部文学作品的文本语料打开，通过 Microsoft Word 2013 的查找功能找出文本中所有的汉英副词性关联词语；其次，我们将它们复制粘贴到空白文档中，并用不同颜色进行标记，以便更快地辨认出它们。最后，通过副词性关联词语的分类标准将它们进行分类。在分析副词性关联词语的一般特征后，我们能够对爱丽丝·门罗及玛格丽特·阿特伍德的作品有更深入的了解。本研究的文本语料如下：

　　爱丽丝·门罗的文学作品：

Runaway	《逃离》
Dear Life	《亲爱的生活》
Open Secrets	《公开的秘密》
The Progress of Love	《爱的进程》
Too Much Happiness	《幸福过了头》
Dance of the Happy Shades	《快乐影子之舞》
The Love of a Good Woman	《好女人的爱情》
Lives of Girls and Women	《女孩和女人们的生活》
Hateship，Friendship，Courtship，Loveship，Marriage	
	《恨，友谊，追求，爱情，婚姻》

玛格丽特·阿特伍德的文学作品：

Surfacing	《浮现》
Alias Grace	《别名格雷斯》
The Edible Woman	《可以吃的女人》
The Robber Bride	《强盗新娘》
The Blind Assassin	《盲刺客》

6.4.2　汉英副词性关联词语的句法特征和功能

6.4.2.1　句法位置特征

副词性关联词语的句法位置在文本中非常的灵活。因此，它们可以出现在小句的不同位置，夸克等(1985：490)将它们的位置分成三大类：句首、句中和句末，可概括如下(表3)：

表3　英语副词性关联词语的句法位置

位置	解释	例句
句首	位于句子其它成分及主语之前	*Fortunately*，nobody in the office got hold of these.
句中	位于主语之后，谓语之前	She *probably* took her plate out, for comfort, at home.

续　表

位置	解释	例句
首中	位于主语和助动词之间	*But it really* doesn't make me feel very gay.
中中	位于三个或三个以上助动词词组之间	The trailer Rosemary rented had *originally* been put in place for Ann's parents.
末中	位于主要动词前	... and had *actually* managed to get a door open.
首末	位于句子之后，介词短语之前	Sheis a great help in that way *especially* with the girls' frocks.
末	位于句子末尾	... but I like the clean smell *afterwards*.

夸克等(1985：643)指出，句首是最常见的位置，很多副词性关联词语都倾向于位于句首，如 again、besides、yet、still、(what is) more、so、else、hence。句中也是很常见的位置，如 however、nevertheless、in other words、on the contrary 等。句末如 however、anyway 和 though 等。基于前人的研究及其在语篇中的句法组合关系，英语和汉语中的副词性关联词语的句法位置可以概括如下：

(a) 句首：□＋S＋P，～＋□＋S＋P，□＋P，～＋□＋P，～＋□＋PP，□＋N；

(b) 句中：S＋□＋P，～＋S＋□＋P；

(c) 句末：S＋P＋□，S＋P＋□＋PP. [①]

(d) 单独使用

为了更好地分析，我们对小句和句子进行了区分，从语法上说，小句是最小的语法单位，可以表达一个完整的命题，而句子包

---

① "S"指"主语"，"P"指"谓语"，"N"指"名词性短语"，"PP"指"介词短语"，"□"指"ACs(副词性关联词语)"，"～"指"ACs 前的成分"。

含主语和谓语,谓语通常是一个动词短语。韩礼德(1994：215)认为,一个句子可以被解释为一个复合小句。他认为,小句和复句之间存在一定的关系：复句是小句的扩展。但他们也有所不同,也就是说,一个句子可以被视为复句的组成成分,而小句是小句复合体的组成成分。小句是句子的意义单位。由于汉英语在表达上有所不同,因此我们应该找到合适的方法来描述这两种语言。例如：

(17) 她抓起一盆灰——还是热的,不过幸好不烫——朝她们的脑袋上一倒。(《爱的进程》)

(18) There was no air-conditioning, naturally, but *luckily* it had a bit of a balcony with a tree hanging over it. (*Runaway*)

例(17)中,“不过幸好不烫”可以视为“不过幸好(灰)不烫”或“不过(灰)幸好不烫”。然而,副词性关联词语“幸好”的不同位置会产生对小句的不同理解。“幸亏”意味着在一些有利的情况下免除困境。如果主语在副词性关联词语之前,小句多强调后者,如果主语在副词性关联词语之后,则更强调主语。因此副词性关联词语的位置不同,理解也不同。例(18)中 luckily 位于第二个小句的句首。我们不能简单地根据句子的类型来决定副词性关联词语的位置,我们应该根据特定的语言结构单位来判断它们的位置。

1. 句首

句首位置指的是副词性关联词语位于句中其他成分及主语之前,多数研究者认为句首是副词性关联词语最常见的位置,在句首时,副词性关联词语通常与后面的成分分开。因此在书面语中常跟逗号。在我们研究的语料中,汉英副词性关联词语句首位置大致可以分为□+S+P, ～+□+S+P, □+P, ～+□+P, ～+□+PP 和□+N。以下我们将分别讨论。

1）□＋S＋P

爱丽丝·门罗和玛格丽特·阿特伍德的作品及其汉译本中副词性关联词语的这一位置非常常见，副词性关联词语具有连接两个小句、短语或段落的功能，表明两个语言单位之间的关系。副词性关联词语的使用可以清楚地表示其结构关系。例如：

（19）"Magnifying glass obtainable sends money."
Fortunately, nobody in the office got hold of these.
（*Dear Life*）

（20）As for Laura, she was not selfless, not at all. *Instead* she was skinless, which is a different thing. （*The Blind Assassin*）

在上面的例子中，两个英语副词性关联词语都位于句首。副词性关联词语引出的两个小句有自身的主语和谓语，不缺少任何成分。例（19）中，fortunately 是一个"侥幸"类副词性关联词语，它出现在主语之前，且用逗号隔开，表明某种侥幸心理。在这句话中，nobody in the office got hold of these 对前一个小句而言是一种有利条件，避免可能发生的一些不好的结果。同样，在例（20）中，instead 是一个"转折"类副词性关联词语，出现在主语和谓语之前，表达一种相反的情况或态度。该句中，she was not selfless 与 she was skinless 在某种程度上意义相反。一个是褒义词，另一个是贬义词。第一个例子中的副词性关联词语后跟逗号来表示语气的停顿，不影响对整个句子的理解。

同样，汉语副词性关联词语也可以出现在这个结构中。例如：

（21）确实，人们珍惜着、向往着爆炸性新闻传来的一刻——卡伦对于谢莉的妹妹感到相当恼火，后者不用上班，什么时候想打电话就可以打。（《爱的进程》）

（22）我从没看到彼得用过这些东西，话说回来，在城市里他

又有多少机会来用呢？显然他以前常跟老朋友一起去打猎。(《可以吃的女人》)

例(21)中,"确实"在主语"人们"和谓语"珍惜着、向往着"之前,且用逗号隔开,表示语气停顿,该副词加强了后一个小句的积极态度。例(22)中,"显然"也位于主语之前,表示某事明显可以看出来。它出现在句首表示可以明显看出"他以前常跟老朋友一起去打猎"。

2)～＋□＋S＋P

这种结构可以看做是"□＋S＋P"在副词性关联词语之前添加了一些成分,如英语中的连词 but, and 或语气词 well 等。汉语中如"但"、"不过"等。例如:

(23)"Well *naturally* they just didn't know what to do about it," Lucy was saying. "You just don't ask someone would they please take a bath. I mean it's not very polite." (*The Edible Woman*)

(24) He wonders what Verringer is thinking of, to include such a woman on his Committee. But *evidently* she is wealthy. (*Alias Grace*)

(25) But, oh, she said, the paper would kill us. And *anyway*, it would be too mean. (*Hateship, Friendship, Courtship, Loveship, Marriage*)

(26) 紫罗兰忙着清理炉子,没搭腔。她抓起一盆灰——还是热的,不过幸好不烫——朝她们的脑袋上一倒。(《爱的进程》)

(27) 珀西确实听到一些传说,但其实不是外人拿到了砍伐许可证,其实他们说的就是罗伊。(《幸福过了头》)

从上面的五个例子中我们可以看到,连接词可以用来在汉英语中构造一些语法和语义结构单位。以上副词性关联词语都位

于主语和谓语之前,且前面添加了某些成分。例(23)中,well 是
语气词,表示动态言语行为中信息的交换。连词可分为并列连词
和从属连词,表达语言的相互依存关系。例(25)、(26)和(27)中,
but,"不过"和"但"是并列连词,表达转折关系。例(25)中,and 是
并列连接词,表达并列关系,后跟逗号。在写作中,逗号表示两个
语言成分之间的界限或话语停顿。这种现象在汉语语料库中相
对较少。

3) □+P

从爱丽丝·门罗和玛格丽特·阿特伍德作品及其汉译本文
本语料库中,我们可以发现,这种结构只在汉译本中出现。原苏
荣(2013b:206)认为,"□+P"仅限于汉语。事实上,它可以看作
是省略了主语,该主语可位于副词性关联词语之前或之后,其目
的是为了避免重复。从语料库中我们可以发现,汉语副词性关联
词语可以放置在没有主语的谓语之前。而英语中不存在此现象。
这一发现进一步证实了他的观点。例如:

(28) 他们走到敞开的大门外,几乎停下脚步。没人注意他
    们。波克斯上校正说:"我还没死呢。"大概是在重复某
    个段子的最后一句。(《好女人的爱情》)

(29) 他接下去说:萨基诺城的财富是靠奴隶们创造的,尤其
    是靠编织上好地毯的儿童奴隶。(《盲刺客》)

例(28)和(29)中,从表面上看,副词性关联词语引导的两个
句子都没有主语,其实两个句子的主语均省略了。事实上,他们
可以分别看作"(波克斯上校)大概是在重复某个段子的最后一
句"和"尤其是(萨基诺城的财富)靠编织上好地毯的儿童奴隶(创
造的)"。主语的省略符合中国人话语经济性原则的语言习惯,并
不会影响对整个小句的理解。这种方式可以使语言更为简洁而
不繁琐。从我们研究的语料库来看,这个结构几乎不出现在英语
副词性关联词语引导的小句中。英语是一种形合语言,主语的省

略在英语中不符合英语的语法规范。因此,英语副词性关联词语"□+P"的结构在我们的语料库中并未发现。

4）～+□+P

该结构也可以被视为结构"S+P～+□+"省略主语后的一种变体,或结构"□+P"通过添加某些成分的变体,在大多数情况下,该成分无论在汉语还是英语中都是连词。例如:

（30）我自己的父亲喝醉的时候也常说要这样对待我母亲,但实际上从来也没这样做过。(《别名格雷斯》)

（31）他躺下后,她把耳朵贴在他胸部,听他的喘息。她想找点芥末做个热敷药,但显然没有芥末。(《恨,友谊,追求,爱情,婚姻》)

（32）Of course it might have been said, and *probably* was, that I got the job because of my mother working there in dry goods, but there was also the coincidence of Kenny Krebs, the young manager, going off to join the Air Force and being killed on a training flight. (*Dear Life*)

例(30)中,"但"是一个转折连词,其主语"我自己的父亲"被省略了,因为它在前一个小句中已出现。如果该小句重复主语,句子则显得重复啰嗦。同样,例(31)中,省略的主语不是"她"而是上下文中"她呆的地方"。例(32)中,and是一个并列连词,主语的代词也省略了。一般来说,它并不符合英语的表达习惯。由此可见,汉英语中都使用连词来连接两个语言单位,而英语中很少省略主语。通过定量分析发现英语中副词性关联词语引导的该结构远低于汉语。

5）～+□+PP

在该结构中,副词性关联词语后跟介词短语,且前面添加了某些成分。一般来说,该成分在汉英语中通常是连词。在某些情况下,主语和谓语在前一个小句中出现过的情况下,在副词性关联词语之前常被省略,整个结构是对前一个小句的进一步补充说明。例如:

(33) They were beautiful for their delicate legs and heavy, aristocratic tails and the bright fur sprinkled on dark down their backs – which gave them their name – but *especially* for their faces, drawn exquisitely sharp in pure hostility, and their golden eyes. (*Dance of the Happy Shades*)

(34) It pleased Charis to do these things; she experienced herself as competent and virtuous, overflowing with good will and good energy. It pleased her to give this energy to someone so *obviously* in need of it as Zenia. (*The Robber Bride*)

(35) 滑门总是拉开一点,坐在桌子一头的格里夫人可以时刻看到格里先生,后者待在窗前的躺椅上。她总称他"我坐轮椅的老公",不过其实只有在她带他出门散步时,他才坐轮椅。(《好女人的爱情》)

以上例句中的副词性关联词语都位于介词短语之前,其他成分之后。例(33)中,句子应该为 but (they were beautiful) especially for their faces, but 是转折连词,for their faces 是一个介词短语。小句 they were beautiful 被省略了,因为它已经出现在前面的小句中,从而避免了重复。例(34)中,so 是一个程度副词,用来修饰位于介词短语 in need of 之后的副词性关联词语 obviously,同样,该小句应该是 It pleased her to give this energy to someone (who was) so obviously in need of it as Zenia。因此我们可以看到该句省略了主语和谓语。例(35)中,"不过"是一个转折连词,表示对前一个小句的转折,"在她带他出门散步时"也是一个介词短语充当状语。因此,从上面的例子可以看出,but 和"不过"是转折连词,限制或连接前一个小句。

6)□＋N

在我们研究的语料库中,副词性关联词语在汉英语篇中主要位于名词和代词之前。例如:

(36) Greta saw him greeted by a couple who must have been his parents. Also by a woman in a wheelchair, *probably* a grandmother, and then by several younger people who were hanging about, cheerful and embarrassed. (*Dear Life*)

(37) 他在渥太华附近开了一家小工厂,生产塑料,特别是仿彩绘玻璃的窗玻璃和灯罩。(《爱的进程》)

例(36)中,英语副词性关联词语 probably 出现在名词 a grandmother 之前,这是对前一个小句中的 a woman in a wheelchair 的进一步解释说明。整个句子应该是 Greta saw him greeted probably by a grandmother。同样,在例(37)中,"特别是"位于名词短语"仿彩绘玻璃的窗玻璃和灯罩"之前,是前一个小句中的出现的塑料的一种。

(38) 不过感激之情并非发自所有人。"别假装这不是你听过的最疯狂的事,"贝瑞尔冲前排吼道,"别假装你没这样想! 因为确实如此,而且你确实是这么想的。你和我想得一模一样!"(《爱的进程》)

(39) 不过,当我们开始外出约会的时候,我对他说,我能给的,只有友情。他说,他会珍惜我的友情,耐心等待。他的确这么做了。(《快乐影子之舞》)

(40) Two women, *actually*, a young one and an older <u>one</u> (that is, one of about his own age) who knew about each other and were ready to tear each other's hair

out. (*Hateship*, *Friendship*, *Courtship*, *Loveship*, *Marriage*)

以上三例中,"如此"、"这么"和 one 都是副词性关联词语后的代词。例(38)中,"这"、"这样"、"这么"和"如此"都指前面的小句"感激之情并非发自所有人"。说话人使用四个代词来加强说话语气。例(39)中,"这么"指的是谓语"会珍惜我的友情,耐心等待"。例(40)中,one 指的是 a woman。代词的应用可以避免语言的重复。

此外,汉英两种语言有所不同:英语包括各种时态,时态中含有助动词,英语副词性关联词语可以位于助动词之后,汉语中则不存在此现象。例如:

(41) She would tie her hair up like this in the morning, saying she did not have time to do it properly, and it would stay tied up all day. It was true, too; she *really* did not have time. (*Dance of the Happy Shades*)

在小句 she really did not have time 中,副词性关联词语 really 后跟助动词 did,表示动作发生在过去。然而,汉语中没有形式的变化,因此该情况只能在英语中存在。

2. 句中

副词性关联词语也可以在主语之后,谓语之前。在这种情况下他们位于句中位置。一般来说,副词性关联词语在句中位置可以进一步分为两种类型,如下所示:

1) S+□+P

该结构表明,副词性关联词语位于主语和谓语之间,在汉语和英语文本中都存在此结构。例如:

(42) 她本来是很喜欢吃蔬菜色拉的,但现在吃得太多,有点厌了。《可以吃的女人》

(43) 我觉得这种生活比独处更适合爸爸,所以并不反对,当然也无权反对。很自然,安德鲁不喜欢来这里,他显然不是那种会和火鸡工人们围坐在厨房桌边讲笑话的人。(《爱的进程》)

(44) I had that strange and confident sensation of being in a dream from which I would *presently* wake up. (*Lives of Girls and Women*)

(45) She picked up a pan of ashes-warm but, *fortunately* not hot-and dumped it on their heads. (*The Progress of Love*)

在以上四个例子中,副词性关联词语都出现在一个句子的中间位置。例(42)中,"本来"用来对比之前的情况和当前的情况,表明时间顺序的变化。例(43)中,"显然"也位于句中,表明某事可以轻易地被看到或感觉到。同样英语副词性关联词语在我们的语料库位于句中的现象也很常见。例(44)中,presently 是一个"时顺"类副词性关联词语,位于主语和谓语之间,但前面有一个情态动词来表示事件发生的时间。例(45)中,该小句可以看做 ashes are warm but fortunately not hot, fortunately 作为插入语位于连接动词之后,作为状语成为谓语的一部分。而在汉语中,副词性关联词语并不作为插入语出现。

2) ～+S+□+P

这种结构可以看作是结构"S+□+P"之前添加了一些其他成分之后的变体,该成分可能是连词、情态动词等。

(46) Kay laughed,"Well it *certainly* gets to you, I'll say that. What time do you expect they'll be back?" she said. (*Dance of the Happy Shades*)

(47) 那天晚上,实际上所长(她父亲)手中还没有正式文件,只有一封信谈到这事,他们就一定要让我搬出牢房,住

进狱长家里的空房子。(《别名格雷斯》)

(48) 但这次我要去,因为我断定听乔丹医生谈精神病院一定很让人激动,<u>不过</u>我倒是情愿他能请我到他的住处喝茶。(《别名格雷斯》)

例(46)中,well 是一个情态语气词,用来转到一个新的话题,副词性关联词语 certainly 位于主语之后和谓语之前,表明说话者完全积极的态度。在例(47)和(48)中,"尽管"和"不过"分别是让步连词和转折连词。汉语副词性关联词语"实际上"和"倒是"位于句中。

3. 句末

副词性关联词语也可以出现在句末位置。一般来说,这种情况在汉语中并不常见。从语料库中可以发现,句末位置大致可以分为以下两种类型:

1) S+P+□

副词性关联词语在这个结构位于句末。这种结构形式在汉语中并不常见。一般来说,只有当说话人想要确认他所说的话时,副词性关联词语位于句末。例如:

(49) "你在这里过得不错嘛。"凯瑟琳说。"我过得很好,确实。"(《爱的进程》)

沈家煊(2001)指出,语言中表达主观情感的手段是多种多样的,它所指的对象可以是一个指示物或者命题。各种情态副词都有其特定的管辖范围,也就是说,当他们位于句首位置时,他们表达的是他们对整个句子的主观态度,在句中位置时,它只作用于谓词部分。例(49)中,副词性关联词语"确实"位于句末,表示对整个小句"我过得很好"的积极态度。通过这种方式,说话人想要确认她真的过着幸福的生活。

当英语副词性关联词语出现在一个句子的句末时,有时在它们面前还有一个逗号,表示语气的停顿。在大多数情况下,它们有自己的主语。例如：

(50) He is a leader in the crusade for free schooling, and for the abolition of alcoholic beverages. You have heard of him, *naturally*. (*Alias Grace*)

(51) She claimed to have seen McDermott dragging Nancy by the hair, and tossing her down the stairs. She never went so far as to admit to the strangling, *however*. (*Alias Grace*)

(52) We were not supposed to go there because our mother feared we might slip over and drown, but I would lead the children there *anyway*, because the fishermen would sometimes give us a fish, a nice herring or a mackerel, and any sort of food was badly needed at home. (*Alias Grace*)

汉语副词性关联词语位于句末位置的情况在语料库中也非常少见。位于该结构的英语副词性关联词语数量远远超过汉语。例(50)和(51)中，副词性关联词语 naturally 和 however 位于句末位置，且之前都有逗号。例(52)中，一般来说，该小句应该是 naturally you have heard of him。该例中副词性关联词语位于句末位置用来强调说话者的积极态度。例(51)中，however 表明前后两个小句的转折关系。在大多数情况下，它通常位于句首，且用逗号隔开，而在该例中，它位于句末位置，其语气程度比句首位置弱。例(52)中，anyway 位于句末。与前两个小句不同的是，之前没有逗号，但这并不影响对整个小句的理解。从语料库中收集到的数据来看，我们可以发现，大多数英语副词性关联词语之前都有逗号。事实上，是否有逗号并不影响整个句子的语义。它只是反映了说话人语气的停顿。由此可见，汉语副词性关联词语的位置在句法组合上比英语限制性更高。

2) S＋P＋□＋PP

在这个结构中,副词性关联词语位于前一个小句的句末,后跟一个介词短语,该介词短语包含介词和名词词组。介词短语可以作为一个次谓语,其中名词词组作为补语(韩礼德,1994:1994)。从语料库中我们发现,这种结构形式的副词性关联词语只出现在英语中,尽管这种现象也不是很普遍。从语义的角度看,介词短语可以为之前的成分补充一些内容。例如:

(53) Sometimes they would provoke us, *especially* right before the visitors coming. (*Alias Grace*)

(54) Nobody had got hold of her, *apparently*, making her take them off at the kitchen door. (*Dear Life*)

(55) This lasted until Daniel knocked the high chair over — *fortunately* not on himself, but he howled with fright — and Brendan came from the living room. (*Hateship*, *Friendship*, *Courtship*, *Loveship*, *Marriage*)

在上面的三个例子中,介词短语属于不同的类型。例(53)中,副词性关联词语 especially 后跟充当时间状语的小句 before the visitors coming,其内部结构可以看作是 preceding the visitors coming,其中 proceeding 作为中心语,the visitors coming 作为补语。同样,在例(54)中,apparently 后面接目的状语 making her take them off。例(55)中,fortunately 后面是 on himself 是一个地点状语。其内部结构可以分别看作是 aiming to make her take them off 和 falling on himself。英语中的这种形态标记词并不会出现在汉语中,英语中的介词短语通常可以翻译成汉语中的动词来充当谓语,而不再是介词短语。从这个角度看,介词短语可以被看做是一个次谓语。

4. 单独使用

从我们的语料库中可以发现,一些汉英副词性关联词语可以

单独使用。然而,这种结构在两种语言中并不常见。实际上,单独使用的副词性关联词语可以视为省略了主语和谓语。例如:

(56) "I have a husband who is — he would be in a place like this, I guess, but I am looking after him at home."
"Oh. *Really*," the Matron said, with a sigh that was not disbelieving, but not sympathetic either. (*Runaway*)

(57) My heart lurched: yearning ran through me like a cramp. Perhaps my granddaughter, perhaps Sabrina looks like that now, I thought. *Perhaps*, *perhaps* not, how would I know? I might not even recognize her. (*The Blind Assassin*)

在上面的两个例子中,副词性关联词语可以省略一些句法成分,单独使用。通过分析整个语料库,我们发现大多数这种情况都是在口语语境中出现。例(56)中,really 独立使用,它可以看作是 You are really looking after him at home 的省略形式。副词性关联词语单独使用的原因在于人们常常为了减少冗余而在讲话中有意识或者无意识地省略某些成分来完成语言交际。同样,例(57)中的 perhaps 省略了前面的成分,单独使用。整个小句应为 perhaps Sabrina looks like that now, perhaps Sabrina doesn't look like that now,这样显得非常冗长。语法成分的省略并不会影响对整个句子的理解。

与英语副词性关联词语一样,汉语副词性关联词语也可以通过省略一些语法成分而独立使用,从而避免重复。例如:

(58) "要是由着伊莎贝尔,她会趁我一转身就溜进阴凉地。"劳伦斯对客人们这么说过,戴妮斯听到伊莎贝尔笑着。"确实。我得谢谢劳伦斯呢。要是由着我自己,我根本没法待多久,一点肤色都晒不出来。我怕中暑啊。"(《爱

的进程》)

例(58)中,"确实"单独使用,用以表达对上一个小句中描述的事件的确认、肯定,整个小句应该是"(确实)要是由着伊莎贝尔,她会趁我一转身就溜进阴凉地",这看起来句子显得冗长,因为之前的小句已经有所提及。

6.4.2.2　副词性关联词语作为修饰语的句法功能

副词性关联词语在词汇、短语、小句或段落之间起到连接作用,使整个语篇上下文语义连贯。夸克等人(1985:644)认为,"有些副词性关联词语连接前一个小句的从句来加强句子各部分之间的逻辑关系。"副词的基本特征是充当状语,修饰副词、形容词等谓语结构。副词性关联词语也可以修饰不同的语言单位。例如:

(59) Lydia gives a little shriek and clutches at Simon's hand; it would be churlish of him to pull away, so he does not, *especially* as she's shivering like a leaf. (*Alias Grace*)

(60) They would be the final rich layer, and would add a touch of softness, *however* synthetic, to this corridor of hard light and brittle surfaces. (*The Edible Woman*)

例(59)中,副词性关联词语 especially 被用来修饰后句中的动作,位于连词 as 引导的时间状语之前,作为整个句子不可缺少的一部分。该例中 he does not pull away, especially as she's shivering like a leaf 是为了强调后句解释所述情况。例(60)中,however 表达了某种转折关系,具有修饰形容词 synthetic 的功能,该部分可以被视为一个插入语。

(61) 随后,鲍玲把剧本摊在厨房桌上,啜着咖啡,把一段戏过了一遍:俄耳甫斯说,他终于无法忍受了,像这样生活

在两张皮肤、两个封套里,让他们的血液和呼吸都封锁在各自的孤独之中,欧律狄刻吩咐他住嘴。(《好女人的爱情》)

(62) 那个老派的词"娼妓",他用来描述她的,其实并不贴切——和她其实没多大关系,就像"嬉皮士"与凯瑟琳没多大关系一样——这会儿凯瑟琳他连想都不愿想。(《爱的进程》)

例(61)中,"终于"用来连接句子"他无法忍受了"和前面的小句,反映了某些事件发展的必然结果,从语义上表明两个小句之间的因果关系。由此可见,副词性关联词语在句法和语义上具有修饰功能。例(62)中,"其实"修饰形容词"不贴切",是对前一个小句的评价,在语义上表明消极的转变。

由此可见,汉语和英语副词性关联词语在语篇层面可以作为句子的修饰语,从语义上显示出两个相关小句之间的关系。

6.4.3　汉英副词性关联词语的语义关系功能

6.4.3.1　语义关系功能分析

副词性关联词语在夸克等人的《英语语法大全》中称为联加状语。根据其在语篇中的作用,他们将联加状语分为以下七大类(详见表4):

表4　副词性关联词语的语义关系(参见 Quirk et al., 1985)

功能	分类	举例
列出	列举	first, second, on the other hand, to begin with, etc.
	补充	moreover, similarly, likewise, furthermore, etc.
总结	—	thus, to sum up, in conclusion, etc.
同位	—	namely, specifically, etc.
结果	—	accordingly, consequently, etc.

续　表

功能	分类	举例
推断	—	otherwise，then，in that case，etc.
对比		alternatively，rater，more precisely，etc.
	重叙	again，alternatively，etc.
	对偶	conversely，instead，then，etc.
	让步	anyway，anyhow，besides，in any case，etc.
转题	话语	incidentally，by the way，etc.
	时间	meantime，meanwhile，originally，etc.

　　句子之间在语义上具有某些内部关系,句段之间应该具有逻辑性。从语篇成分上说,连贯的语篇必须有一定数量的衔接成分,句段的安排应该具有逻辑性,句与句之间在语义上应该具有某些内在联系(张谊生,1996:128)。在汉语和英语语篇中,副词性关联词语是实现语篇衔接的重要方式,在语篇衔接中发挥着重要作用,使措辞在逻辑表达方式上更加流畅。副词性关联词语的主要功能是连接小句,使上下文语义连贯,形成一个相当完整的话语来表达各种各样的关系。

　　此外,拜伯等人也对副词性关联词语进行了分类,在他们《朗文英语口笔语法》书中称为"连接副词"。他们指出,"连接副词用来使话语之间的语义连接跨越不同长度,从而形成语篇衔接"(拜伯等,2000:558)。他们将连接副词分为六大类:列举和加合、总结、同位、结果/推论、对比/让步和过渡。

　　同样,韩礼德和哈桑(1976)也认为副词性关联词语包括四种逻辑关系,即加合、转折、因果和时间关系。

　　由此可见,语言学家夸克、拜伯以及韩礼德和哈桑等人对副词性关联词语的分类除部分差异外,在很大程度上还是相似的。

在大量前人研究的基础上,根据它们的语义关系,原苏荣(2013b)将副词性关联词语的语义关系分为八大类:时顺、解释、断言、加合、转折、结果、推论和条件关系。

副词性关联词语的分类随着分类标准的不同而有所差别。对语料中汉英副词性关联词语进行定量分析后,根据它们的语义关系,我们将其分为七大类:时顺、解释、加合、转折、结果、条件和断言,其中一些可以进一步细分,这些语义角色是相互独立的。我们将用一些实例来分析每种语义关系。

1. 时顺关系

"时顺"类副词性关联词语是指前后文本中事件在时间上发生的序列关系。一般来说,事件描述的时间顺序大致与事件本身发生的顺序一致。时间上相关的事件能够通过副词性关联词语彼此连接。也就是说,副词性关联词语在前后句之间起到连接作用,表示两个相关事件的时间顺序。

夸克等人(1973:657)认为,句子之间的连接关系可以通过"时顺"类副词性关联词语来建立。一旦某种参考时间点被确立,某些时间副词可能连接前后信息。因此,时间关系可分为三类:先时、同时和后时关系,以下部分将分别讨论这三种时间关系。

1) 先时

"先时"类副词性关联词语,如"本来"、"原本"、"原来"、originally、formerly、previously 等,表明事件发生在参照时间点之前。例如:

(63) "我原本可以及时赶到的,"多丽说,"但我得射杀一只野猫。它在我房子周围转悠,没完没了。我确信它得了狂犬病。"(《公开的秘密》)

(64) 十二月份中旬,父亲叫我可怜的妹妹凯蒂来要我的工钱,他自己不愿来了。我很可怜凯蒂,因为原来压在我身上的负担现在压到了她的身上。(《别名格雷斯》)

（65）The houses on the street were *originally* of only three designs. But by now most of them had been so altered，with new windows，porches，wings，and decks，chat it was hard to find true mates anymore. (*The Progress of Love*)

以上副词性关联词语表明事件发生在参照时间点前，并与实际发生的时间顺序相反。在例（63）中，"原本"意为"在之前"，即"我本可以及时到达，但因为某事发生我没有及时到达"。它可用于复合句中的前句来确认某种原始情况。后一个句子通常用"但（是），然而，可是"来表明转折关系。在例（64）中，"原来"也是"时顺"类副词性关联词语，意为"之前，在过去"，表明某种不同情况，后常跟"现在"其他时间词，从而形成对比关系。该句中，压力之前在我身上，现在却在她身上，表明某种时间上的转折关系。通过这种方式使转折意义更为明显。例（65）中，originally 意为"在过去"，同样后跟 by now，从而表明不同情况，连词 but 使这种转折关系在语义上更为明显。

2）同时

"同时"类副词性关联词语是指事件发生的时间顺序与给定的时间基准一致，如"同时"、"还"、meanwhile、presently、instantly 等。例如：

（66）她在临离开这儿时行为尚属正常。同时，由于她的勤快和对其他病人一概友善的态度，她成了这里一个有益时又有用的病人。（《别名格雷斯》）

（67）"首先，你得用卡车把家具从你的地方运来。然后我们还要弄清楚你发货的目的地是不是在萨斯喀彻温省通火车的地方。不然你要安排接车，比如在勒吉那。"（《恨，友谊，追求，爱情，婚姻》）

（68）She hasn't given up hope, just folded it away; it's not

for daily wear. *Meanwhile* the body must be tended.
（*The Blind Assassin*）

以上副词性关联词语"同时"、"还"和 meanwhile 在句中都表明事件在前后句中同时发生。例（66）中，她离开时是正常的与她成为一个有用的病人几乎同时发生。同样，例（67）中"还"表明把家具运来和弄清楚发货的目的地应该是同时完成的，例（68）中的meanwhile 用法也是如此。

3）后时

后时是指事件发生的时间顺序发生在参考时间之后。换句话说，通过副词性关联词语的连接作用，与时间相关的序列在语义上是相似的，后一事件紧接着前一事件发生。"后时"类副词性关联词语如"随即"、"接着"、"马上"、afterward(s)、subsequently、promptly、immediately、finally 等。例如：

（69）突然，大卫兴奋地大叫一声："噢，快看呀。"随即他们一个个跳下车，好像要是跑得不快那东西就会消失似的。（《浮现》）

（70）我爸爸举起了枪，马克抬头看，仿佛注意到了什么，接着，我爸爸开了枪。（《快乐影子之舞》）

（71）I was determined to find it out, and I was *afterwards* convinced that they did so, for her bed was never slept in except when Mr. Kinnear was absent, and then I slept with her. （*Alias Grace*）

例（69）和例（70）中，"随即"和"接着"表示"某一事件紧随前一事件发生"，副词性关联词语引出的事件是一个附加成分。例（70）中，"我爸爸开了枪"发生在"我爸爸举起了枪"之后。在《朗文高阶英语词典》（2003：26）中，afterwards 意味着"某事件在一个事件或时间之后已经提到"，两个事件在时间关系上密切相关。例（71）中，谓语动词 was convinced 紧随 was determined 这一动作发生,该关系是通过副词性关联词语 afterwards 来实现的。

2. 解释关系

解释性关系指的是意义上的解释和描述,上下文中的信息分析和推理后的因果关系。根据对前句不同的态度,解释性关系可以分为确认性解释和补证性解释。

1) 确认性解释

确认性解释是指对前文所述情况和事实的确认和再确认关系。副词性关联词语引出的前后句之间具有某种肯定的关系。但有时后一句会对前一句作出进一步的解释。这类副词性关联词语如"确实"、"真的"、"当然"、indeed、really、certainly 等。例如:

(72) 这里准是安排病人干活的地方,如果他们还干得了活的话。必定是认为这样做对他们有好处,事实上恐怕也确实如此。(《逃离》)

(73) "我没事,"我说,"当然没事。我也不知道自己是怎么回事。"(《可以吃的女人》)

(74) In my novel I had got rid of the older brother, the alcoholic; three tragic destinies were too much even for a book, and *certainly* more than I could handle. (*Lives of Girls and Women*)

(75) But English was her usual language now and *indeed* the only language Peter knew. (*Dear Life*)

在以上四个例子中,副词性关联词语"确实"、"当然"、certainly 和 indeed 都表明对前一句的确认关系。例(72)中,"确实"表示对前句的进一步确认关系。通过这类副词性关联词语,我们可以知道是否这样做对他们有好处。例(73)中,"当然"也是对前句的再次确认。即我确实没事。例(74)和(75)中,由副词性关联词语 certainly 和 indeed 引出的句子是对前句的进一步解释说明。说话者不仅证实了前文提到的内容,也通过该方式让确认关系更为有力而清晰。

2)补证性解释

补证性解释是指某些事实或结果的出现证实和解释了前一句所说或所预测的话;或者指出理由或原因,对前面的情况加以证实并作出解释。该类副词性关联词语有"果不其然"、"果然"、"果真"、surely、really 等,例如:

(76)事实上她知道他很可能会打个包,果然,他一丝不苟地不仅仅把她的冬季大衣和靴子,还把诸如她只在婚礼上用过一次的束腰之类全都寄来,最上面压着祈祷毯,作为他的慷慨之举的最后一份声明,不管这种慷慨是本性使然,还是刻意为之。(《好女人的爱情》)

(77)有那么一个人,大家都认为他是沿着铁路轨道走开去的,后来遇上了暴风雪,必定是冻死了。大家都找不到他,可是她却告诉他们,到悬崖底下的湖里去找找看。果不其然,根本与铁轨不沾边。(《逃离》)

(78) She was taller by quite a bit than Mr. Vorguilla and people thought that was why they did not go out together. But it was *really* because she got out of breath. (*Hateship*, *Friendship*, *Courtship*, *Loveship*, *Marriage*)

例(76)中,"果然"表示某种事实或结果与之前所预测的一致,"果然"引出的小句是对前一个小句"他很可能会打个包"的补充说明。例(77)中,"果不其然"用于小句之前,表示事件按照前文预测的情况发展,是对前者的预测和肯定。可以单独使用,但有时后面会加逗号。在(78)中,really 用于小句之后,表示对前者的解释说明。

3. 加合关系

Greenbaum(1970)认为,加合关系表示所说的话是前一个句子的叠加,前后句之间的关系在语义上是不确定的,是对前述句的进一步扩展。也就是说,有进一步扩展的空间,在之前的基础上可以加上一些额外信息。反映了相关人、物和事件之间的共存和共现关系。加合关系一般可分为三种:并列加合、后重加合和特提加合。以下分别讨论。

1) 并列加合

并列加合是指副词性关联词语引出的句子与前一句具有相同的语义,表示事物或事件之间的相似或共现关系,如"也"、"又"、equally、likewise、similarly 等,例如:

(79) 她觉得那是她的愉快:能在同一时间内既惦念着一件事,又做她的日常工作,或者和乔安妮一起吃她的晚饭。(《逃离》)

(80) 除了拆掉木屋古老、阴森、不透光的走廊,玛歌达——她戴妮斯的爸爸劳伦斯现在的老婆——还装了天窗,把几堵墙刷成白色,另一些刷成黄色。(《爱的进程》)

(81) The rusting cars show rainbow patches, in which I strain to pick out purple or green; *likewise* I peer at doors for shreds of old peeling paint, maroon or yellow. (*Dance of the Happy Shades*)

(82) Reenie believed that people decided when it was their time to die; *similarly*, they had a voice in whether or not they would be born. (*The Blind Assassin*)

以上四个例句中,"又"、"还"、likewise 和 similarly 引出的小句与前一个小句是一种并列关系,它们并不相关但可以同时出现。例(79)中,"做她的日常工作"和"惦念着一件事"是两种不同的行为,前者是对后者的进一步扩展。同样,例(80)中的

"还"表示两个事件同时发生。前一句中,玛歌达拆掉木屋古老、阴森、不透光的走廊。通过副词性关联词语,她装了天窗并粉刷了几堵墙,是前一句的进一步叠加。同样,例(81)和(82)中,likewise 和 meanwhile 也表明某事同时发生,表现了事件的共现关系。

2) 后重加合

后重加合指在表达某种增强效果,表明对前述句的语气加强,后面所说的人和事在表达上更需要突出。副词性关联词语,如"甚至"、"更有甚者"、further、furthermore、moreover 等都可以用来表达该关系,例如:

(83) 事实上,他们干得不赖。修理了房子和谷仓,辟出一个大园子。甚至给土豆田撒药粉,防止枯死病——尽管我听说这个做法在他们中引起一些争执,导致一些比较刻板的成员退出。(《爱的进程》)

(84) 据说,他是个纵火犯和杀人犯,更有甚者说他是个冷血杀人狂。(《盲刺客》)

(85) Her father thought — he had decided — that such familiarity would change a girl, and *furthermore* that it would change the way men thought about that girl. (*The Love of a Good Woman*)

(86) On occasion, his very life had been threatened. *Moreover* his wife was a difficulty, her health being poor and her temperament unstable. (*Dance of the Happy Shades*)

张谊生(1996)把"甚至"和"更有甚者"称为第一和第二加合。他认为,由副词性关联词语引出的附加事物或事件比前者更重要或更为突出。例(83)中,说话人认为给土豆田撒药粉,防止枯死病比修理了房子和谷仓,辟出一个大园子更为重要。例(85)和

(86)中,用 furthermore 和 moreover 来表达在前者的基础上添加了某些新信息。由此可见,说话人更强调添加的信息。

　　3) 特提加合

　　在特提加合中,我们要指出某类副词性关联词语,它们更强调接下来的小句中所出现的事物或事件,如"尤其是"、"特别是"、especially、particularly,等,例如:

(87) 火车站的办事员经常和女人开点儿小玩笑,尤其是那些相貌平常的女人,她们似乎很喜欢这样。(《恨,友谊,追求,爱情,婚姻》)

(88) "请不要取笑我,先生,"格雷斯很有尊严地说。"这是很让人痛苦的,特别是要我回忆这些事更是加倍地让我痛苦。"(《别名格雷斯》)

(89) I think of all at home every day, and *especially* you, my dearest Liliana. (*The Blind Assassin*)

(90) My happiness was leaking away and, though I drank more and hoped it would come back, I only felt bloated, thick in the body, *particularly* in the fingers and toes. (*Lives of Girls and Women*)

　　例(87)和(88)中,"尤其"和"特别"用来强调后面的语言成分。它们通常与"是"搭配使用,原苏荣(2013)认为"尤其是"和"特别是"是副词短语,也将其称为副词性关联词语。例(87)中,"尤其是"后跟着名词性短语"那些相貌平常的女人",通过副词性关联词语的使用,说话者更强调这些人。例(88)中,说话人更加强调"特别是"引出的小句"要我回忆这些事更是加倍地让我痛苦"。这句话表明取笑我很让人痛苦的,但要我回忆这些事更是加倍地让我痛苦。例(89)中,especially 后跟代词 you,是前一句中 all 的一个个体,副词性关联词语的使用表明说话人相对其他人来说更为想念句中的"你",例(90)中,particularly 强调后跟介词短语 in the fingers and toes，fingers 和 toes 是前一句中 body 的下位词。

4. 转折关系

转折关系是指与前面所述情况相反或不同的关系，换句话说，副词性关联词语引出的句子的含义与前句意义相反。从语义上来说，所述情况与之前所说的意义相反。根据说话人说话态度和相反程度的不同，该类副词性关联词语可分为三种：否定性转折、对立性转折和意外性转折。

1）否定性转折

否定性转折是指对语篇中前一句所属情况的否定，并在下文中给出合理的解释，包括对前文所述再评估的解释。从某种程度上说，两者之间存在一定的转折。该类副词性关联词语包括"其实"、"实际上"、actually、really 等，例如：

（91）没跑去求救的男孩们看到他动弹起来，觉得他一定没死，只是受伤了。其实他根本没受伤。子弹挨都没挨到他。（《爱的进程》）

（92）她爱上他，是为着他那种悲伤的处境，那种勇敢和孤独的气质，那薄薄嘴唇上羞涩的笑容，但实际上，他却是一个社交成瘾的人，就是那种看到别人一家子在前院里玩排球也跃跃欲试想从车里跳下来加入其中的人。（《公开的秘密》）

（93）Before, she had thought of him as being short, perhaps because of the shrunken child's face, or because she had mostly seen him sitting down; but now she thought, *actually* he would be quite tall if he didn't slouch like that. (*The Edible Woman*)

以上例子中，"其实"、"实际上"和 actually 引出的小句是对前面小句的否定，且下文中给出了合理的解释，同时也是对前者的否定。例(91)中,"没受伤"在语义上与前文中的小句"受伤了"意义相反,且小句"子弹挨都没挨到他"是对前文他没有受伤的进一步解释说明,这种转折关系是通过副词性关联词语"其实"来体现的。同样,例(92)中的"实际上"也是如此。从前文中的词语"悲伤"、"孤独"、"羞涩"我们可以推测这个男人是一个不善交流的人。实际上,他却是一个社交成瘾的人,这从后文中副词性关联词语"实际上"引导的小句可以看出来。例(93)中,actually 在语义上相当于 in fact。he would be quite tall 与 she had thought of him as being short 意义相反,前者明显是对后者的否定。

2) 对立性转折

对立性转折是指某些对比关系的词语或事件与语篇中前文已经提到过的事件之间的相反或对立关系。该类副词性关联词语包括"却"、"反而"、"反倒"、instead、however、conversely,例如:

(94) 她说,心想是不是将这姑娘揽入怀里会更好些。可是她一点都不希望这样做,这一来反而会把事情弄得更糟的。(《逃离》)

(95) 女人用各种奇怪的方法去伤害别人。结果,她们反倒伤害了自己;而被伤害的男人通常得过了很久才明白自己受到了伤害。(《盲刺客》)

(96) She could open the gate if she wanted to and go in that direction. She knew that she should go back, *instead*, and check on Mrs. Quinn. (*The Love of a Good Woman*)

(97) I know this because it's a fact. I don't know, *however*, what my plan was or what I was thinking. (*Dear Life*)

"反倒"与"反而"同义,表示"相反",通常用于口语中,吕叔湘(1980)将它们解释为"与前文意义相反,或出乎意料,表转折关系"。例(94)中,她认为"将这姑娘揽入怀里会更好些";相反,可能会把事情弄得更糟。这种转折关系是通过副词性关联词语"反而"体现出来的。同样,"反倒"也有这种功能。例(95)中,"伤害了自己"与前句中的"伤害别人"在作用对象上相反,并且结果令人出乎意料。在英语中,instead 和 however 与汉语中的"反倒"和"反而"具有类似的功能。例(96)中,go back 和 go in that direction 在方向上相反;同样,例(97)中,I don't know 和 I know 也具有相反的语义关系,都是对前者的转折,这种转折关系分别是通过副词性关联词语 instead 和 however 体现出来的。

3)意外性转折

意外性转折是指某些对应的情况并没有沿着后文所预测的方向发展,而是突然或偶然出现了其他情况,该情况通常使人出乎意料。"忽然"、"猛然"、suddenly、unexpectedly、abruptly 等都属于"意外性转折"类副词性关联词语。例如:

(98) 我朝他皱起了眉头,边盘算到底采取哪一种做法,正在这时,忽然传来了开门的声音,同时还有人说话。(《可以吃的女人》)

(99) 一个女人站在那儿,瘦瘦的,一脸伤心样,并不老,但正在变老,身穿暗色的印花裙子和围裙。西蒙猛然感到如果南希·蒙哥马利还活着的话,就会是这个样子。(《别名格雷斯》)

(100) He seemed young and obedient again. *Suddenly* I remembered how, when he was little, I had brought him into the bam and told him to climb the ladder to the top beam. (*Dance of the Happy Shades*)

(101) They seemed to have forgotten that she was supposed to be wearing it. Then, *unexpectedly*, he came over to the bed, crawled onto it beside her, and stretched

himself out on his back with his eyes closed and his arms behind his head. (*The Edible Woman*)

以上例句中，"忽然"、"猛然"、suddenly 和 unexpectedly 都属于"意外性转折"类副词性关联词语。该类词语引出的小句中的事件发生的太突然，使人出乎意料。例(98)中，说话者正在盘算到底采取哪一种做法，开门的声音突然传来了，通过副词性关联词语"忽然"体现出来。例(99)中的"猛然"也是如此。英语中的副词性关联词语 suddenly 和 unexpectedly 与汉语中的"忽然"、"猛然"有着相同的意义和功能，例(100)、(101)中，后一个小句发生的时间事件使人出乎意料。

5. 结果关系

在《剑桥英语语法》中，结果关系表示副词性关联词语后的语篇成分表达了前一个小句中事件或所述情况的结果，也就是说，副词性关联词语引出了表达前文所述情况某种结果的句子。该类副词性关联词语包括"终于"、"终归"、"总算"、accordingly、therefore、ultimately、eventually 等，例如：

(102) 沃伦回到窗户那里，用力踢下部的玻璃，然后从棚子里面的柴火堆里抽了一根木头，终于打烂了那块玻璃。（《公开的秘密》）

(103) 不过，就算拒绝同情，眼泪还是一样会再来，我们终归要被打败，我们被迫用天堂般的爱意来阻止她的噪音。（《幸福过了头》）

(104) Into her home, into her kitchen, where she made him a hot drink, and *ultimately* into her bed, where he clutched her, shivering. (*The Robber Bride*)

(105) He was that rare person who wasn't all out for himself or looking to break his word the moment it was convenient to do so. *Consequently* and finally he

was not a success.（*Dear Life*）

以上四个例子中,"终于"、"终归"、ultimately 和 consequently 都可以解释为"最后",这些副词性关联词语引出的小句是前一句的结果。例(102)中,那块玻璃被打烂了是他用力踢下部的玻璃,然后从棚子里面的柴火堆里抽出木头击打的结果。而在例(103)中,"终归"与"就算"搭配使用,表明了在某种情况下拒绝同情的必然结果。同样,ultimately 和 consequently 与汉语中的"终于"、"终归"、"总算"有着相同的功能,ultimately 和 consequently 引出的小句是前一句的结果。例(104)中,从介词短语 into her home、into her kitchen 和 into her bed 可以看出,位置的变化通过可以通过 ultimately 在时间关系上表现出来。例（105）中,consequently 通常表达某种不好的结果,小句 he was not a success 是前一个小句的结果。

6. 条件关系

条件关系必须建立在一定的逻辑关系基础上,语篇中前文产生条件,后文出现结果。根据条件的特性,条件关系可分为有利条件和让步条件。

1) 有利条件

有利条件是指存在某种有利因素,即,由于某种情况发生侥幸地避免了窘境的存在,如"幸亏"、"幸好"、"好在"、luckily、fortunately 等,例如:

(106) 他们与催眠术家、蟒蛇美人、耍嘴皮子的独白演员和用羽毛盖住私处的脱衣舞娘一起演出。那样的演出也渐呈衰颓之势,幸亏战争临近才使它们有点儿起色。（《逃离》）

(107) 在周围晃来晃去,听她们讲话,这种局面一直持续到丹尼尔把宝宝椅碰翻了——幸好没有压到自己,但是他吓得号叫起来——布伦登从客厅走了过来。（《恨,友

谊,追求,爱情,婚姻》)

(108) "Some repairs going on," she said. "Or else they have taken a whim. I really think they take whims. But *fortunately* we have our gas stove. As long as we have a gas stove we can laugh at their whims. (*Open Secrets*)

(109) He and Tessa moved from the hotel to a furnished apartment. There was no air-conditioning, naturally, but *luckily* it had a bit of a balcony with a tree hanging over it. (*Runaway*)

例(106)中,副词性关联词语"幸亏"引出的小句中"战争临近"是前一个小句的有利条件,正是因为该条件的存在才使得它们有点儿起色,因此避免了可能出现的不好的结果。例(107)中,句中的"幸好"引出"没有压到自己"同样是一种有利条件,也就是说,如果宝宝椅压倒在婴儿身上的话,可能会造成很严重的后果。例(108)和(109)中,fortunately 和 luckily 紧跟连词 but 之后,后面的 we have our gas stove 和 it had a bit of a balcony with a tree hanging over it 分别是避免某种不好的结果的有利条件。

2) 让步条件

让步条件是指某些结果能被接受,不管之前发生了什么或之后将会发生什么,前一种情况一般来说是不可改变的,即使前者条件可以改变,其最基本的条件必须保持不变。该类副词性关联词语包括"至少"、"至多"、"无论如何"、anyway、anyhow、in any case 等,例如:

(110) 此后几年,她都相信布尔什维克主义是一种邪恶而下流的舞蹈,至少长大之前她是被这么告知的。(《公开的秘密》)

(111) 当然,她失去了什么,但失去的并非她确实掌握了的东

西,至多只是某种假想的未来规划罢了。(《好女人的
爱情》)

(112) I followed her. I didn't look at anybody. I didn't look
for Lonnie. Lonnie was probably not going to be my
friend any more, not as much as before *anyway*.
(*Dance of the Happy Shades*)

(113) The ones in which she imagined chance meetings or
even desperately arranged reunions, had never had a
foothold on reality, *in any case*, and were not
revised because he was dead. (*Hateship*,
Friendship, *Courtship*, *Loveship*, *Marriage*)

"至少"和"至多"分别是某些情况的最小或最大限定,例
(110)和(111)中,副词性关联词语之前的情况按理来说是不可改
变的,其之后的小句是最基本的条件,必须保持不变。《朗文高阶
美语词典》中指出,anyway 和 in any case 用来表达某种事实或情
况保持不变,即使其他部分有所变化。例(112)中,Lonnie was
probably not going to be my friend as much as before 是 any
more 的最小条件,例(113)中的 in any case 也是如此。

7. 断言关系

断言关系指的是指基于某种逻辑判断对某一事件的积极态
度。根据断言程度的不同,可将其分为显性断言、隐性断言和解
释性断言。

1) 显性断言

显性断言是指有充分或明显的理由对某一事件的断言,从该
类副词性关联词语中我们可以明显看出说话人对某一事件的肯
定态度,如"显然"、"当然"、apparently、obviously 等,例如:

(114) Marian watched him silently; she *obviously* didn't
want to be interrupted. (*The Edible Woman*)

(115) Mr. Griffen was found in his sailboat, the Water Nixie, which was tied up at his private jetty on the Jogues River. He had *apparently* suffered a cerebral hemorrhage. (*The Blind Assassin*)

(116) 小叔子搬走后,她的生活更是混乱无序。当我去看望她时,大门敞开着,显然动物们早已在这里进进出出。(《公开的秘密》)

(117) 基妮似乎可以感觉得到海伦脸颊的炽热,它们和她挨得很近。当然也可以听到女孩的呼吸,由于兴奋而粗重的呼吸,有点哮喘的迹象。(《恨,友谊,追求,爱情,婚姻》)

以上例句中,副词性关联词语 apparently、obviously、"显然"和"当然"都表明对后一个小句的断言有一些明显的基础或理由。例(114)中,she didn't want to be interrupted 是从前一个小句 Marian watched him silently 推断出来的,例(115)中的 apparently 也是如此。小句 He had suffered a cerebral hemorrhage 是通过 apparently 之前的小句推断出来的。"显然"和"当然"也有该用法,根据前一个小句的情况和事实表明某种断言关系。例(116)中,"动物们早已在这里进进出出"是从"大门敞开着"这一事实推断出来的。同样,例(117)中,"可以听到女孩的呼吸"从小句"它们和她挨得很近"推断而来。由此可见该类副词性关联词语是显性断言的标志。

2) 隐性断言

与显性断言相反,隐性断言是一种猜测性的断言,表示偶然的,可理解性的或者是合理的断言。以某种隐性的方式对某一事件进行猜测,如"兴许"、"也许"、perhaps、possibly 等,例如:

(118) 可是他说,也许你会说谎。也许你会故意说谎,或许你会有意说谎。或许你就是个骗子。(《别名格雷斯》)

(119) 她闻到一股臭鼬的味道,隐隐约约,就像在公路上跑的时候闻到的那种;但是臭鼬怎么会在这儿呢? 这是个岛啊,不过,兴许它们会游泳。(《强盗新娘》)

(120) Acid rain is taking its toll of them: their once-keen eyes are blurred now, softened and porous, as if they have cataracts. But *perhaps* that's my own vision going. (*The Blind Assassin*)

在上述例句中,副词性关联词语"也许"、"兴许"和 perhaps 后的小句是以隐性的方式对前述事实的推测,例(118)和(119)中,"你会故意说谎"和"它们会游泳"只是说话者的推测,前面小句并没有给出一定的事实依据,也就是说,以一种隐性的方式进行断言。例(120)中,由于说话者并不确定前文描述的场景是否是他们所能见到的所有场景,因此用副词性关联词语 perhaps 来引导。

3) 解释性断言

解释性断言指的是根据前文真实的情况和理由对后文所述事件或情况的理解或肯定,即根据语篇内容以更强烈的语气猜测的结果是可理解性的。如"难怪"、"怪不得"、no wonder、understandably 等,例如:

(121) 我们的所作所为从来不像她的亲生父母,因为事实上我们不是她的亲生父母。难怪劳拉阿姨从桥上跳下去——那是因为我们伤透了她的心。(《盲刺客》)

(122) 这个湖湾距离排出腐臭废水的主下水道很近。怪不得病人常常抱怨饮用水里有种很难闻的味道!(《别名格雷斯》)

(123) We'd never behaved like her real parents, because in fact we weren't her real parents. And *no wonder* Aunt Laura had thrown herself off a bridge, it was because we'd broken her heart. (*The Blind*

Assassin）

"难怪"与"怪不得"同义,都表示突然意识到某种事实并不感到奇怪,通常原因会在该类副词性关联词语前后小句中给出。例(121)中,原因在"难怪"引导的后一个小句中给出,而在例(122)中,原因在"怪不得"引导的前一个小句中给出,但这并不影响对整个句子语义的理解,"怪不得"引出的小句"病人常常抱怨饮用水里有种很难闻的味道"是一种结果,其原因"这个湖湾距离排出腐臭废水的主下水道很近"在下文中给出。例(123)中,no wonder 与(121)中"难怪"的意义相同。Aunt Laura had thrown herself off a bridge 是 no wonder 引出的结果,其原因 because we'd broken her heart 在后一个小句中给出,并不影响对小句及其关系的影响。解释性断言类副词性关联词语的使用可以使这种关系更为明显。

基于第二部分副词性关联词语的定义和判断标准以及它们的语义关系的分析,通过 Microsoft Word 2013 的查找和替换功能,爱丽丝·门罗及玛格丽特·阿特伍德作品及其汉译本中的汉英副词性关联词语如下(详见表5):

表5　门罗和阿特伍德作品及其汉译本中汉英副词性关联词语

语义关系		英语副词性关联词语	汉语副词性关联词语
表时顺	先时	formerly, originally, previously	本来、原来、原本、先、原先
	同时	meantime, meanwhile, instantly, simultaneously, presently	同时、还
	后时	subsequently, promptly, immediately, finally, afterward(s), soon, later, then, instantly, presently	随即、旋即、立即、立刻、顿时、当即、接着、马上、随后、既而、才

续　表

语义关系		英语副词性关联词语	汉语副词性关联词语
表解释	确认	indeed，certainly，really，truly，surely，definitely，positively，undoubtedly	确实、的确、真的、当然、肯定
	补证	truly，actually，surely，naturally	原来、本来、自然、果然、果真、果不其然
表加合	并列	likewise，similarly，again additionally，too，meanwhile，simultaneously	也、又、还、再、同时
	后重	further，furthermore，even，moreover，besides，especially，extremely，excessively，extraordinarily	更、甚至、更有甚者、极其
	特提	particularly，specially，peculiarly，	尤其、尤其是、特别、特别是
表转折	否定	actually，really，effectively	其实、实际上
	对立	instead，however，conversely，only	却、倒、反而、反倒、倒是
	意外	suddenly，unexpectedly，abruptly，precipitately	忽然、猛然、骤然、忽地
表结果	—	finally，accordingly，therefore，ultimately，eventually，consequently	终、终于、终归、终究、总算、总归
表条件	有利条件	luckily，fortunately，happily	幸亏、幸好、好在、幸而、多亏
	让步条件	anyway，anyhow，in any case，at least，at most	至少、至多、无论如何、起码

续　表

语义关系		英语副词性关联词语	汉语副词性关联词语
表断言	显性	clearly, obviously, evidently, apparently distinctly, conspicuously	显然、当然、自然、显而易见
	隐性	perhaps, possibly, probably, maybe, likely, presumably	可能、也许、兴许、或许
	解释	no wonder, understandably	难怪、无怪、怪不得、恕不得

表 5 是基于原苏荣(2013b)在大量前人研究的基础上对汉英副词性关联词语的语篇衔接功能的分类总结出来的。从表 5 中我们可以看出汉英副词性关联词语并不是一一对应的,但是它们的总量相差不大。在英语中,某些固定搭配也可以认为是副词性关联词语,例如 at least、no wonder 等。此外,汉语中某些三个或四个音节的词因为其句法和语义的功能同样也可以称之为副词性关联词语,例如"怪不得"、"显而易见"等。汉英副词性关联词语的语义分布将在以下部分进行分析。

6.4.3.2　语义分布

文学作品中的副词性关联词语在语篇中有着双重功能,可以向读者解释语篇,如对某一观点的赞同,或者补充两部分之间相应的联系,以便读者理解。此外,它们不仅能引导读者理解说话人的某种态度,还能展示语篇中两部分之间的联系。该部分中,爱丽丝・门罗及玛格丽特・阿特伍德作品及其汉译本中的汉英副词性关联词语的语义分布将通过定量的分析方法进行分析。该方法通常用于频率和概率的统计。通过 Microsoft Word 2013 的查找和替换功能,各类英语副词性关联词语的出现频率统计(详见附录 6),语义类型频率分布如下

（详见表6）：

表6　英语作品中副词性关联词语的语义类型频率分布

英语作品	表加合	表解释	表时顺	表转折	表结果	表条件	表断言
Dance of the Happy Shades	226	132	283	87	9	45	115
Dear Life	155	178	229	69	25	82	248
Hateship，Friendship　Courtship，Loveship，Marriage	326	113	281	154	21	79	239
Lives of Girls and Women	308	124	258	96	16	45	78
Open Secrets	238	104	263	86	26	44	173
Runaway	359	186	305	160	26	90	255
The Love of a Good Woman	405	123	351	108	17	74	220
The Progress of Love	357	127	279	124	25	48	157
Too Much Happiness	327	97	248	129	10	75	213
Alias Grace	450	227	367	137	25	99	166
Surfacing	228	103	218	53	20	33	119
The Blind Assassin	457	241	422	230	41	203	254
The Edible Woman	413	267	392	254	55	98	238
The Robber Bride	624	274	364	293	64	164	319
总数	4873	2296	4260	1980	380	1179	2794
百分比（％）	27.43	12.93	23.98	11.15	2.14	6.64	15.73

从表6中可以看出，英语副词性关联词语在语义上的频率分布关系如下：加合＞时间＞断言＞解释＞转折＞条件＞结果。英

语中的"加合"类副词性关联词语占绝大部分,占 27.43%。原因在于"加合"类副词性关联词语如 too、again 等出现的频率很高,"时顺"类副词性关联词语位居第二,占 23.98%,该类副词性关联词语如 then、later 等出现的频率也较高,但低于前者,此外,"断言"类、"解释"类和"转折"类副词性关联词语出现的频率相差不大,分别占 15.73%、12.93%和 11.15%。"条件"类和"结果"类副词性关联词语所占比率最小,分别为 6.64%和 2.14%。由此可见外国文学作品中,作者倾向于用"加合"类副词性关联词语来添加额外信息,用"时顺"类副词性关联词语来使读者了解事件的发展顺序,然而"条件"类和"结果"类副词性关联词语很少使用。

因此,爱丽丝·门罗及玛格丽特·阿特伍德作品汉译本中的汉语副词性关联词语也通过 Microsoft Word 2013 的查找与替换功能,各类汉语副词性关联词语的出现频率统计(详见附录 7),语义类型频率分布如下(详见表 7):

表 7　汉译本中副词性关联词语的语义类型频率分布

汉译本作品	表时顺	表解释	表加合	表转折	表结果	表条件	表断言
《爱的进程》	221	245	313	195	125	28	281
《公开的秘密》	262	186	302	193	119	77	317
《好女人的爱情》	243	194	331	195	132	38	387
《恨、友谊、追求、爱情、婚姻》	223	217	327	102	109	39	460
《快乐影子之舞》	116	133	260	132	118	24	216
《女孩和女人们的生活》	139	141	213	83	104	45	239
《亲爱的生活》	253	264	326	218	102	86	335
《逃离》	271	363	228	339	98	46	394

续　表

汉译本作品	表时顺	表解释	表加合	表转折	表结果	表条件	表断言
《幸福过了头》	245	389	267	174	136	57	422
《别名格雷斯》	247	285	319	193	125	37	304
《浮现》	230	240	376	126	107	49	239
《可以吃的女人》	292	168	203	206	133	38	302
《盲刺客》	317	294	377	218	145	111	486
《强盗新娘》	201	235	321	282	121	106	482
总数	3260	3354	4163	2656	1674	781	4864
百分比（％）	15.71	16.16	20.06	12.80	8.07	3.76	23.44

　　从表7中可以看出,汉语副词性关联词语的语义分布频率如下：断言＞加合＞解释＞时间＞转折＞结果＞条件。汉语中"断言"类副词性关联词语数量最多,占23.44％。从十四本汉译本的语料分析来看,"隐性断言"类副词性关联词语如"可能"、"也许"和"显性断言"类副词性关联词语如"当然"等出现最为频繁,反映了汉语翻译者及作家倾向于表达对某一事件的态度和推断。"加合"类副词性关联词语位居第二,占20.16％,主要是因为"并列"类副词性关联词语如"也"、"还"、"又"出现较多。"解释"类、"时顺"类、"转折"类副词性关联词语出现频率相似,分别占16.16％、15.71％和12.80％。此外,"结果"和"条件"类副词性关联词语出现最少,仅占8.07％和3.76％。"结果"类副词性关联词语如"终于"、"终究"以及"条件"类副词性关联词语如"幸亏"、"至少"出现较少。由此可见,汉语翻译者倾向于使用汉语副词性关联词语来表达主观性意义,而不是客观性意义。

6.4.4　汉英副词性关联词语的语篇衔接功能①

6.4.4.1　衔接的定义

衔接是语篇语言学的基本概念。在过去的十年,国内外学术界对衔接理论给予了高度重视,并进行了大量的相关研究,从而发展和完善了该理论。在语篇中,衔接存在于各种语篇中,表达了语篇各部分之间的语义连贯性,使语篇更易于理解。所以,衔接在语篇结构中发挥着非常重要的作用。

韩礼德和哈桑(1976)把"衔接"定义为存在于语篇中的意义关系。朱永生(2001)认为衔接是语篇中各成分之间的关系,尤其是连接语篇不同成分的表面结构特征。《剑桥英语语法》对衔接的定义为,衔接是指语法和词汇意义,通过衔接,书面语或说话者的话语结合在一起构成语篇。如果一个句子和话语语义相关且连续的话,即语篇是衔接的。《朗文高阶美语词典》对衔接的解释为,基于句子或更大书面语成分的语法和意义之间的密切联系。从上述不同的定义来看,衔接在构成完整语篇中发挥着极其重要的作用。

6.4.4.2　语法衔接

在《英语的衔接》一书中,韩礼德和哈桑(1976)将衔接分为语法衔接和词汇衔接,确切地说,语法衔接可进一步分为指代、替代、省略和连接。词汇衔接可分为重复和搭配。此研究中,通过分析语篇我们发现指称、替代、省略三种情况最为常见,以下将分别讨论。

6.4.4.2.1　指称

指称存在于汉英语篇中,爱丽丝·门罗和玛格丽特·阿特伍

---

① 语篇衔接(包括语法衔接和词汇衔接)既是功能语言学,也是语篇语言学的重要组成部分。不过,实现"语篇功能"的三个方式,除了"衔接"外,还有"主位结构"和"信息结构"。

德英文原著及其汉译本中都存在指代现象。韩礼德（1994）认为，某些词不能以自身的方式从语义上来解释，它们需要借助其他词或在某种场合下来进行理解，从语篇的上下文推断其指代的事物。换句话说，是语篇中一个成分与另一个成分之间的解释关系。根据语义指向，两者在语义上直接相关联，或者指称者能够从语篇内或语篇外提取出来。韩礼德和哈桑（1976）将指称分为三种类型，人称指称、指示指称和比较指称，它们在语料中都有所体现。指称（reference）是一个成分与另一成分之间的连接点。汉语重意合，英语重形合，在英语中，语法关系和语义可以通过显性衔接的方式获得，而汉语则可以通过隐性衔接的方式获得，两者都能在语篇中找到相应的指称关系。这种衔接关系包括内指（endophora）和外指（exdophora），而内指又可分为前指（回指）（anaphora）和后指（下指）（cataphora），其关系如下（图1）。

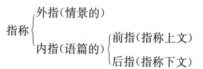

图1　指称的分类（韩礼德，2001：33）

　　外指是指某些成分的指称部分不存在于语篇（textual）中而是通过语境（situational）推断而来，换句话说，外指构建了语篇与语境之间的关系。因此外指并不构成语篇衔接。相反，内指则表示语言成分的指称部分存在于语篇中，即内指是语篇中的，并且构成了语篇衔接，它可分为前指和后指。

　　韩礼德（2001）认为，外指对语篇的构成也起到了一定的作用，因为它可以将语篇与语境联系起来，但对语篇中某一部分与另一部分的构成作用不大，因此外指并不构成语篇的衔接。因此此研究中我们只讨论内指，进一步讨论前指和后指。

　　前指是指指称体的理解可以从前文中找到相对应的被指称

体,前文中已经提及相对应的词、词组或者句子,因此两个部分可以通过前指性副词性关联词语连接,最常见的前指是通过人称代词、形容词性物主代词、名词性物主代词及自反代词构成指称。例如:

(124) 蔡斯上尉向《先驱旗报》表示,在国家的经济危机时期,所有的人都必须像战争时期那样通力合作,尤其是安大略省的人民,因为他们比别人要幸运一些。(《盲刺客》)

(125) 我以前住在多伦多,现在仍然住在那里。我感觉似乎每个人最终都会到多伦多住至少一段时间。当然这并不意味着假如你真的想看见某个人,就一定会看见他。(《亲爱的生活》)

例(124)中的"尤其是"具有强调功能,表明在前文"所有的人"中"安大略省的人民"更为突出,前文提供了一定的语义背景,即通过副词性关联词语"尤其是"引出的前指。同样,"当然"是一个"断言"类的副词性关联词语,表明对前文持有的肯定态度,例(125)中,前一个小句"似乎每个人最终都会到多伦多住至少一段时间"为"这"提供了语义前指来表明断言关系,副词性关联词语"当然"在某种程度上具有转折功能。

(126) This lasted until Daniel knocked the high chair over — *fortunately* not on himself, but he howled with fright — and Brendan came from the living room. (*Hateship*, *Friendship*, *Courtship*, *Loveship*, *Marriage*)

(127) And he said, no straw for the gentry, nothing but goose feathers for them, *no wonder* Nancy liked to spend so much time in this bed; and for a moment he seemed overawed, not by what he'd done, but by the

grandeur of the bed he was in. (*Alias Grace*)

例(126)中,fortunately 是"侥幸"类副词性关联词语,表明某种情况的出现使事情朝更好的方向发展,使人出乎意料,fortunately(the high chair was)not on himself 相对于 on himself 这种情况来说结果更好。如果省略的话,无法实现该语义关系,且整个句子变得无意义,换句话说,前指的存在是副词性关联词语 fortunately 引导的结果。例(127)中,no wonder 表现了某种突然地意识到,在之前肯定出现过某种原因,该例中,no straw for the gentry, nothing but goose feathers for them 不仅对于 no wonder 来说是一种限定条件,也解释了该副词性关联词语引导的 Nancy liked to spend so much time in this bed 的原因。

与前指相反,后指表示某些成分需要从后文中推断出来,在后文中肯定提到过相应的词、小句和句子。有时候可能并没有直接提出,可能隐藏在深层结构中,如果没有的话,就不能称之为后指。这两部分通过副词性关联词语表明后指。例如:

(128) The safest thing would be to write nothing at all, but Verringer will hardly let him off the hook so easily. *However*, the fact is that he can't state anything with certainty and still tell the truth, because the truth eludes him. (*Alias Grace*)

(129) The church had two doors. One door was used by country people — the reason for this *originally* being that it was nearer to the drive shed — and the other by town people. (*The Progress of Love*)

(130) What drew her in— enchanted her, *actually*—was the very indifference, the repetition, the carelessness and contempt for harmony, to be found on the scrambled surface of the Precambrian shield.

（*Runaway*）

以上例句都是后指，例（128）中，however 是一个"转折"类副词性关联词语，表明了与前述句的不同情况。该句中，however 引导的小句是对前一个小句的解释说明，即 however 用于给出进一步说明。同样，例（130）中的 actually 是"解释"类副词性关联词语，副词性关联词语 actually 引出的 the very indifference, the repetition, the carelessness and contempt for harmony 是用来解释前一句中的 What drew her in — enchanted her，因此都是后指。

(131) 斯泰拉当时这么说过，试图开个玩笑。她不明白，或许到现在也没搞清楚，其实那正是原因之一，让事情变得不可能。（《爱的进程》）

(132) 和他们分享过的快乐时刻仍令他记忆犹新，但始终不知该如何理解。这样的时刻是否果真如它们所呈现的，意味着我们可以拥有快乐的生活，但对它的触及只能是偶然的，会意的？（《爱的进程》）

在《现代汉语八百词》中，吕叔湘将"其实"解释为 a) 引出与语篇中相反的含义并将两者联系起来；b) 对语篇中前一句的更正或补充。例（131）中，"其实"引出的小句是对前一句原因的补充，"其实"引出的"那正是原因之一"与"让事情变得不可能"的意义相反。

在英语中，主语代词和限定性代词通常不能省略，而在汉语中，它们则可以省略并在语义连贯的基础上隐含于句中，也就是说，它们能从语篇中推断出来。由此可见汉语和英语中都存在前指，且英语中前指的使用频率高于汉语，由此进一步反映了英语重形合，即衔接机制存在于表层结构中。

1. 人称指称

无论在汉语还是英语语篇中，人称指称都是一种常见的衔接方式。语篇能够通过人称指称来衔接，在人称指称系统中，只有第三人称代词才具有语篇衔接功能,因为第三人称代词是前指性的。人称指称可以通过 a)人称代词(he、she、him、them、他、她、他们等);b)名词性物主代词(its、his、theirs、它的、他的、他们的等;c)形容词性物主代词(his、her、their、他的、她的)等方式来表达。无论在汉语还是英语语篇中,它们通常位于副词性关联词语之后。英语中人称指称的使用频率高于汉语。例如:

（133）He had behaved like a white grub *suddenly* unearthed from its burrow and exposed to the light of day. (*The Edible Woman*)

（134）And Mrs. B. *actually* believes the laundry is cheating her and taking the time to rip off the name tapes and sew them onto inferior articles. (*The Love of Girls and Women*)

（135）Reverend Verringer has *indeed* just come into the room, and is smiling at Simon with annoying benevolence, as if Simon is his protege. Or *perhaps* he is smiling at Lydia. (*Alias Grace*)

（136）Cece Ferns was an only child. His parents were older than most boys' parents, or *perhaps* they only seemed older, because of the disabling life they lived together. (*The Love of Girls and Women*)

例(133)中,its 是形容词性物主代词,指代副词性关联词语 suddenly 引导的 the white grub's。同样,例(134)中,her 指代副词性关联词语 actually 之前的 Mrs. B. 例(135)和(136)中,he 和 they 都是第三人称,例(135)中的 he 指代 Reverend Verringer,例(136)中的 they 指代前句中的 Cece Ferns'parents。因此都是前指。从语料中我们发现副词性关联词语后的代词在英语中不能省略,这是由英语的形合决定的。

(137) 她不参加什么俱乐部,也不参加什么运动项目,她没有
任何正常的社交生活。她倒是有一种会对别的人有所
影响的生活,它本身是没有什么不好的,可是我不知道
该怎样提这件事,也许她也是同样不知道吧。(《逃
离》)

(138) 戈迪汗和我太引人注意,尤其是戈迪汗——他那张脸
很有戏。(《公开的秘密》)

(139) 像你这种情况,我们有时会推荐其中一个女孩子,安排
一次会面,当然,双方是否合适就取决于他们自己了。
(《公开的秘密》)

(140) 安娜用叉子敲着大卫的膝关节,说道:"嗨,瞧你能的。"
随即她意识到这气氛有些不合适宜,她立即调整好上演
悲剧的面具:"有多远,我是说村子有多远?"(《浮现》)

从上述例句中可以看出,人称指称也存在于汉语中。例
(137)中,"倒是"是"转折"类副词性关联词语,在小句中反映了某
种合理的结果。该句中,"它"指代前面的整个小句"她不参加什
么俱乐部,也不参加什么运动项目,她没有任何正常的社交生
活"。例(138)中,"尤其是"是表强调的"加合"类副词性关联词
语。小句中的"他"其实是"他的",用来修饰"那张脸",指的是前
句中的"戈迪汗"。例(139)中,"当然"是"补充转折"类副词性关联
词语,"他们自己"指的是"双方",是一个统称词。例(140)中,"随
即"是"时顺"类副词性关联词语,"她"是第三人称代词,指的是前文
中的"安娜"。

由此可见,汉英语语篇中都存在人称指称现象,与英语不同
的是,汉语中人称代词可以省略,这是由汉语的意合决定的。
例如:

(141) 刻花玻璃碗像以前一样,(它)摆在桌子的中央,(它)装
满了紫色的潘趣酒,(它)显然没有放冰,(它)一点泡也

没有。(《快乐影子之舞》)

(142) 父母之间坐着两个小女孩,(她们)都穿红衣服,(她们)戴金手镯、金耳环,(她们)脚蹬漆皮鞋,还有一个小弟弟,(她们)或许跟前排的希腊小女孩一个年纪,一身西服,完全就是爸爸那身的微缩版——马甲、暗门襟、口袋,一应俱全。(《爱的进程》)

以上由副词性关联词语"显然"和"或许"引导的两例中,代词都被省略了,但这并不影响对整个句子的理解,代词所指的词可以从语篇中找到。例(141)中,"显然"是"显性断言"类副词性关联词语。该句中省略了主语"它",但我们能够推断出其指代的是前文中的"刻花玻璃碗"。例(142)中,"或许"是"隐性断言"类副词性关联词语,表示某种推测。省略了主语"她们",但能推断出其指代的是"两个小女孩"。

2. 指示指称

指示指称也是一种非常重要的衔接方式,通过指示指称,说话者从距离远近程度或时间上说明指称体。一般来说,英语中的 this 和 these 与汉语中的"这个"和"这些"意义相近,且所指物相对说话者来说更近(参见表8)。

表8　指示指称系统

指示指称	单数	复数	地点	时间
近	这个(this)	这些(these)	这里(here)	现在(now)
远	那个(that)	那些(those)	那里(there)	那时(then)

1) 单复数指示指称

与英语中的 this, that, these, those 相对应的是"这"、"这个"、"这些"(近)和"那"、"那个"、"那些"(远)(王力,1943)。例如:

(143) That would not be necessary, Jackson said. His affairs were together and his possessions were on his back. *Naturally* <u>this</u> roused a little suspicion. (*Dear Life*)

(144) He didn't run into anybody familiar, and nobody showed a curiosity about him, though they might look twice at the horse. In the winter months, not *even* <u>that</u>, because the back roads were not plowed . . . (*Dear Life*)

(145) 架子上没垫蜡纸,连报纸也没垫一张。罐子里的红糖硬得像石头。鉴于最近几个月里情况急转直下,<u>这</u>倒是可以原谅的,可这里似乎从来就没收拾过。(《好女人的爱情》)

(146) 她穿件墨绿色绉绸裙子,脚踏相配的小山羊皮鞋子。穿戴这些时,她想过,这或许是她最后一次穿衣打扮,<u>这些</u>也将成为她穿的最后一套正装。(《好女人的爱情》)

(147) 你会以为,一个年迈的母亲,谈到儿子会逃走、把自己抛下,会悲痛万分吧? 才没有。或许老人们其实不像<u>那样</u>。真正老的人们,他们不会再怎么悲痛了。(《好女人的爱情》)

(148) 我看到他的脸一如既往,只是多了些烂泥——斯蒂夫·高雷熟悉的、瘦精精的、鬼头鬼脑的脸——其实<u>那</u>是不可能的。在水里泡了那么多小时,它应该已经发胀、变形,或许还被泥浆完全覆盖了。(《爱的进程》)

例(143)中,naturally 是"补证解释"类副词性关联词语,后面的小句 this roused a little suspicion 是对前一句的补充说明,该句中主语 this 指的是小句 His affairs were together and his possessions were on his back 来避免重复。同样,例(144)中,

even 是"加合"类副词性关联词语，that 同样用来指代前面的小句。

从以上例句我们可以发现，汉语指示代词相对英语来说更多，且前者的使用更为复杂。汉语指示代词可以充当主语、宾语、定语等。例(145)中，"倒是"是"转折"类副词性关联词语，暗示某种好的结果。前面的"这"指代前面的场景"架子上没垫蜡纸，连报纸也没垫一张。罐子里的红糖硬得像石头"，从而避免了重复。例(146)中，"或许"用来表示对某一事件的推测，该句中的"这些"作为定语修饰前面的"墨绿色绸缎裙子"和"小山羊皮鞋子"。例(147)中，"其实"是"否定转折"类副词性关联词语，引出与前文语义相反的小句，具有连接语篇前一句的功能。该句中，"那样"作为宾语指代前面的句子"一个年迈的母亲，谈到儿子会逃走、把自己抛下，会悲痛万分"。相比之下，例(148)中的"那"作为主语指代句子"他的脸一如既往，只是多了些烂泥——斯蒂夫·高雷熟悉的、瘦精精的、鬼头鬼脑的脸"。

由此可见汉英语篇中都存在单复数指示指称，两种语言中的指示代词多为前指，但功能不同。汉语中的指示指称相对英语来说更为多见。

2) 时间指示指称

(149) She had wanted, perhaps, to establish him as an educated man, not just a fisherman. But why should that matter, *especially* <u>now</u> that Sam was a vegetable man? (*Runaway*)

(150) His spine jerks him like a hooked fish, then releases him. He gasps for air. *Only* <u>then</u> does he realize he's not dreaming; or not dreaming the woman. (*Alias Grace*)

(151) 他一直在家屋旁边的一片空地上种着一片不算小的菜园，也侍弄蓝莓树，把自己吃不了的产品卖给镇子内外

的一些人家。可是现在，显然，这样的业余活动要变成一种谋生之道了……（《逃离》）

（152）奎因夫人早上洗漱完毕，穿件干净睡衣，纤细稀疏的金发梳得整整齐齐，用一条蓝色缎带系在脑后。她这时确实挺好看——或者你至少可以看出，她曾经美丽过……（《好女人的爱情》）

（153）如果必要，以后可以一直拴着，直到死，或者至少等到它摆脱这段老年的智力衰退期，那时它会衰弱得什么也追不了；要不了多久的。（《女孩和女人们的生活》）

例（149）中，especially 是"特提加合"类副词性关联词语，强调前面的小句。She had wanted 表示过去的时间，而 now 表现在，相对说话人更近，相对而言，then 表示相对说话的时间更远。例（150）中，only 是"加合"类副词性关联词语，后一个 then 表示的是 his spine jerks him like a hooked fish, then releases him 的时间。

同样，汉语中的指示指称与英语中的指示指称用法相同。例（151）中，"显然"是"显性断言"类副词性关联词语，"现在"表示与说话时候的距离更近。该句中，是之前情况与现在情况的对比。例（152）中，"确实"是确认解释性副词性关联词语，表明对某一事件的确认态度。该句中的"这时"指代前文某行为发生时的时间。例（153）中，"至少"是"让步条件"类副词性关联词语，"那时"是与说话时较远的时间，其实指的是"等到它摆脱这段老年的智力衰退期"。

3）地点指示指称

（154）She's *really* here, in the flesh, lying motionless beside him in the *suddenly* too-quiet bed, arms at her sides like an effigy; but she is not Grace Marks. (*Alias Grace*)

（155）But now it was *suddenly* there in front of her with no intervening paper, it was flesh and blood, rare, and she had been devouring it. Gorging herself on it. (*The Edible Woman*)

(156) 农场的晚餐都是中午时分在狭小的厨房里烹制的。我简直没法表达自己对它的喜爱。当然,这里不是一个新起步的商人应该寻找的地方——那种拥有可能促进商业成功的喧闹和活力的地方。(《公开的秘密》)

(157) 那个地方已经破烂不堪,几乎像是贫民窟,几年之内就要全部拆除,重建高楼。其实那里已经建好几幢楼了,不过彼得住的那幢还未完工。(《可以吃的女人》)

上例中的 here、there、"这里"、"那里"都是地点指示代词,here 和"这里"相对说话人来说更近,相比之下,there 和"那里"相对说话人来说更远。例(154)中,really 是"确认解释"类副词性关联词语,here 指的是下文中的 beside him,因此是后指。例(155)中,suddenly 是"意外转折"类副词性关联词语,表示事情发生的很突然,其后的 there 其实指的是 in front of her,因此也是后指。

例(156)中,"当然"是"补充转折"类副词性关联词语,表明对前述情况的更正或补充,"这里"指的是前一个小句中的"农场",因此是前指。例(157)中,"其实"与"当然"一样也是"补充转折"类副词性关联词语,表明一种新的情况。该句中的"那里"指的是前句中的"那个地方",属于前指。

由此可见,汉英语中的地点指示指称用法相似。而英语中的地点指示指称通常是后指,汉语则多前指。

3. 比较指称

除了人称指称和指示指称之外,比较指称(comparison)也是一种非常重要的衔接方式,是一种主要通过相似性进行比较的间接指称。韩礼德和哈桑(1976)将英语中的比较指称分为一般比较(general)和特殊比较(particular)如图 2:

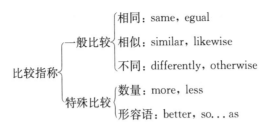

图 2　比较指称

1）一般比较

一般比较是指根据两者的相似性和不同点进行的比较，一般具有某个特征：两者可能相同（identity）、相似（similarity）或不同（difference）。在汉语中，表一般比较的关联词语包括"同样"、"相同"、"类似"、"不同"、"别的"等，例如：

(158) For the moment she has finished it is plain that she is *just* the same as before, a girl from Greenhill School. (*Dance of the Happy Shades*)

(159) But why should that matter, especially now that Sam was a vegetable man? Also, their broad-mindedness was *possibly* not so reliable as she had thought. (*Runaway*)

(160) The scenery in the United States was much the same as that of the countryside we had just come from, but it was *indeed* a different place, as the flags were different. (*Alias Grace*)

(161) 韦伯家的房子原本和凯珀家是一模一样的，不过前窗已经改过，圣诞卡风格的窗格子拆了，屋顶也抬高了，现在对着小路的是楼上一扇很大的窗子。(《爱的进程》)

(162) 然后我想，嗯，波浪是没有尽头的，和雏菊花瓣可不一样。甚至和我的脚步也不同，如果我开始计算走到街

区尽头的步数的话。(《爱的进程》)

例(158)中,just 是表加合的副词性关联词语,the same 是 the moment she has finished 和 before 之间的比较,例(159)中,possibly 是一种可能性的推测,so ... as 是和 the same 类似的同级比较,是就可信度而言 their broad-mindedness she had thought 和 their broad-mindedness present 之间的比较。例(160)中,indeed 是表确认的解释性副词性关联词语,different 表示与前一个小句的不同,是 the United States in the past 和 the United States now 之间的比较,indeed 表示对这种改变的肯定。

例(161)中,"原本"是表时顺的副词性关联词语,通常暗含过去和现在的比较。该句中,"韦伯家的房子"与"凯珀家(的房子)"进行同级比较。此外,"抬高了"也从屋檐的高度上暗含了比较关系。例(162)中,"甚至"是表特提加合的副词性关联词语,用来强调后者。"不同"是"波浪"和"我的脚步"之间的同级比较。

2) 特殊比较

特殊比较(非指示语)包括数量(numerative)和形容语(epithet),是指事物就某种特性之间的比较,可能是质量或数量上的某种特性。在英语中,主要通过形容词或副词的比较级来表示,而在汉语中,通过词汇或语法方式来比较,如"更"、"更加"、"比……还(要)"、"……一些"等,例如:

(163) This thought depresses me (unconsummated relationships depress outsiders *perhaps* <u>more</u> than anybody else) so much that I find myself wishing for them to be honest lovers. (*Alias Grace*)

(164) It wasn't that he thought that town people or any people were *actually* <u>better</u> than he was. But he believed perhaps that was what they were thinking. (*Dear Life*)

(165) 但是,我不得不对他们有耐心,让这阵疯狂自己过去,
等他们自己恢复理智。就像纳撒尼尔·霍桑先生所
说,招魂术是骗人的;要不是骗人的,反倒更糟了。
(《别名格雷斯》)

(166) 凯文在厨房里游荡,挡着道儿,缠着佩格说话。凯文的
身高已经超过克莱顿或佩格,或许比罗伯特还要高。
(《爱的进程》)

(167) 盘子冰凉,餐馆里没有其他客人,也没有收音机播放音
乐,只有我们用刀叉切开咬不动的鸡肉时发出的叮叮
当当的声响。他肯定在想如果我们去了他刚开始提议
的那家餐馆兴许会好一些。(《亲爱的生活》)

以上例句都是特殊比较。例(163)中,perhaps 是"隐性断言"
类副词性关联词语,是数量上的推测。即 unconsummated
relationships depress outsiders 的 程 度 比 (unconsummated
relationships depress) anybody else 更深,这种推测关系是通过
perhaps 表现出来的。例(164)中,actually 是"确认解释"类副词
性关联词语,表明某种肯定态度。

特殊比较也存在于汉语的形容词或副词中,但它们没有比较
形式。例(165)中,比较指称的关系通过副词性关联词语"反倒"
引导的副词"更"来表达。是"招魂术是骗人的"和"(招魂术)不是
骗人的"两种情况的比较。例(166)中,"或许"是"隐性断言"类副
词性关联词语,在句中表示高度的猜测,是通过"比……还要"来
表达"凯文的身高"与"罗伯特(的身高)"的比较。例(167)中,通
过"好"后跟"(一)些"来表达比较关系,表示数量或质量上的增加
或减少,是对"如果我们去了他刚开始提议的那家餐馆"的猜测和
"兴许"引出的小句之间的比较。

6.4.4.2.2　替代

替代是指在语篇中用一个词代替另一个词的现象。它是一

种词与句子之间的关系,指代词与被指代词之间有某种共同的意义,两者之间的关系构成了句子的衔接,以此来表达某种语义关系。它是词或词组之间的词汇语法关系。从语篇层面上讲,小句之间通过该词与被替代词之间的关系来实现语篇的衔接。替代具有语篇衔接功能的原因在于被替代词可以在语篇中找到,从而构成完整的语篇。

总之,替代不仅能避免重复,还能使语篇语言更为准确清晰。韩礼德(1976:90)认为,替代是一种语法关系,且是词汇而不是语义上的关系。替代的种类是通过语法而不是语义来判定的。根据替代词之间的语法功能,替代可分为名词、动词和小句替代。

1. 名词性替代

名词性替代指的是名词或名词短语中心词的替代,在英语中,one、ones 和 the same 都可以用来表示名词替代。相对应的,汉语中常见的名词性替代词包括“的”和“者”。例如:

（168）But it seems that the girl's playing like this is something she always expected，and she finds it natural and satisfying；people who believe in miracles do not make much fuss when they *actually* encounter one. (*Dance of the Happy Shades*)

（169）There were alliances，*just* the same. Each girl had her own pile of balls and was working for particular soldiers (*Hateship，Friendship，Courtship，Loveship，Marriage*)

以上两例都是英语副词性关联词语引导的名词性替代现象,例(168)中的 one 是表单数的不定代词,代替 miracles 的单数形式,即 one miracle,且该句中的 actually 与 really 同义,表示某种真实情况。例(169)中,just 是“加合”类副词性关联词语,表示某种关系,其引导的 the same 代替前一句中的 alliance。如果在副词性关联词语后重复该词的话,这样会使得整个句子累赘,且不符合经济性原则。

　　与英语不同的是,汉语中没有不定代词,但有"的"或"者"这类词来表示名词性替代。例如:

(170) 祖父不准我们打探仆人们的私生活,尤其是待过监狱的,当然我们还是悄悄问了。(《公开的秘密》)

(171) 这房子过去是,现在还是一幢高大的光秃秃的木屋,涂成灰色模仿附近的旧农庄,尽管或许没有后者结实。(《爱的进程》)

　　以上两例是由"的"和"者"引导的名词性省略,例(170)中,"待过监狱的"和"人们"之间具有紧密联系,因为"的"可以代替前一句中的"人们",副词性关联词语"尤其是"用来强调待过监狱的人,例(171)中,"者"和"的"具有相同的功能。该例中,"或许"是对"这房子"和"旧农庄"的推测,"者"代替前一句中的"旧农庄"。由此可见,名词性替代可以出现在语篇中,在汉语和英语中通常为前指。

　　2. 动词性替代

　　动词性替代指的是用某些具有动词意义的词来代替动词词组。一般来说,英语中的 do,汉语中的"做"、"干"可以用来替代某些出现过的动词,例如:

(172) She was thinking, before Stan pulled her away, that she should get the cake wrapped up in a wine-soaked cloth and put it in a cool place. She was either thinking of doing that or she was *actually* doing it. (*Hateship, Friendship, Courtship, Loveship, Marriage*)

(173) Those who believed that it was suicide, and most people, *finally*, did, were not so anxious to talk about it, and why should they be? (*Lives of Girls and Women*)

以上两例都是英语副词性关联词语引导的动词 do 的两种变化形式。例(172)中,doing 是 do 的变化形式,表示某事在说话的时候发生,do 代替前句中的动词 wrap 和 put。该句中,actually 是表确认的副词性关联词语,thinking of doing that and actually doing it 构成了对比关系,表明她的心理特征。例(173)中,did 是 do 的过去形式,代替前文中的 believed。此外,finally 是"后时"类副词性关联词语,表事情发生的结果。

(174) "哼,她还以为自己有多聪明。她其实连两个房间都收拾不干净。她扫地的时候只知道把灰扫到角落。"我买下我的第一把扫帚时,忘了买簸箕,因为有阵子我确实是这么干的。(《好女人的爱情》)

(175) 在某种意义上,就连想到他射死了罗斯,也够蠢的,尽管他明知自己确实这么做了。(《爱的进程》)

(176) 夜晚来溜冰的人中,几乎没有哪个瘦小、敏捷、轻盈、勇敢得足够从顶棚爬进来。孩子们或许会试着这么干,但他们都是在星期六下午溜冰,没有黑夜可以利用。(《爱的进程》)

相比而言,以上两例是汉语中"做"和"干"的动词性替代现象。例(174)和(175)中,"确实"是"确认"类副词性关联词语,表示对某一事件的确认态度。例(174)中,"干"指的是"忘了买簸箕",例(175)中的"做"指的是前句中的"射死"这一动作。副词性关联词语用来表示这一事件真实发生。例(176)中,"干"指代首句中的"爬进来","或许"是对"孩子们会试着这么干"的猜测。

3. 小句替代

英语中的 so 和 not 是常见的替代词,可以用来替代某个小句,表达某种肯定或否定的态度,而汉语中的"这样"、"如此"与 so,"不是"和 not 有着相同的功能。例如:

(177) They had shied away from whatever that was years

ago, and they would *surely* have to do <u>so</u> now that they were old — not terribly old, but old enough to appear unsightly and absurd. (*Runaway*)

(178) Not that she regrets it. There's very little now that she regrets. *Certainly* <u>not</u> her sexual life, which has been sporadic and secret but, on the whole, comforting. (*Runaway*)

以上两例是英语中的小句替代,例(177)中,surely 是"确认解释"类副词性关联词语,表示对某一事件的积极态度,该句中 so 代表前一个小句中的 They shied away from whatever that was years ago,这符合说话的经济性原则。若没有小句替换重复小句,句子会显得很累赘。surely 表示高度肯定。同样,例(178)中的 certainly 和例(177)中的 surely 有相同的功能,该句中的 not 指的是 she didn't regret 小句,certainly 加强肯定性。

(179) 所有人都说,她想必因为伊内德而无比骄傲。她回答说不错,当然如此。(《好女人的爱情》)

(180) 他收到过警告。人家提醒过他镇上的人都自以为是。其实远不止这样。(《爱的进程》)

(181) 我们几乎是一言不发地在那儿走着。会下雨吗?我们说。你感觉到有雨滴吗?我想我感觉到了雨滴。也许不是。(《恨,友谊,追求,爱情,婚姻》)

副词性关联词语引导的小句替代同样也存在于汉语中,例(179)中,"显性断言"类副词性关联词语"当然"引出的"如此"指的是前一个小句"她想必因为伊内德而无比骄傲",是前指。同样,"当然"表示对前一个小句的肯定态度。例(180)中,"其实"是"否定转折"类副词性关联词语,表示与前一个小句的相反含义。句中的"这样"也是前指,指代"镇上的人都自以为是",从而避免了重复。例(181)中,"不是"用于小句替代中,同样表示与前一个小句的否定关系,即代替小句"我感觉的不是雨滴"。因此,"也许不是"其实是"我感觉的也许不是雨滴"的省略形式,副词性关联词语"也许"表示说话者的猜测。

6.4.4.2.3　省略

省略是汉语和英语中重要的衔接方式。当一个成分在语篇中提到过,再次提到的时候可以省去,这种情况就称为省略。相对而言,汉语中的省略比英语中出现更多,通过省略,新信息可以被强调,语言表达更为精确和清晰。

省略是一种常见语言现象,它符合语言的经济性原则,也就是用更少的语言来传递更多的信息。省略不会影响对语篇的理解,相反,它可以提高语言交际的有效性。语篇中包含某些已知信息,当旧信息省略了,新信息被强调,从而产生更好的交流。省略可以被认为是一种零替代。

韩礼德(1973)认为,省略可以分为名词性省略、动词性省略和小句省略,以下将分别讨论。

1. 名词性省略

名词性省略指的是名词或名词词组中心词的省略。一般来说,省略不会造成语言理解上的困难,相反,可以提高语言交际的有效性。因为语言交流是在某种语境下发生的,语言语境和情景语境可以提供一些常见信息,这些信息不需要在语篇中提到,因此可以完全省略,并且省略的信息可以在语篇中找到。通过这种方式来强调新信息,名词性省略通常出现在汉英副词性关联词语引导的小句中。例如:

(182) 她让丹尼尔在地上乱爬,而伊丽莎白对社交场合和新来的人很感兴趣,在周围晃来晃去,听她们讲话,这种局面一直持续到丹尼尔把宝宝椅碰翻了——幸好没有压到自己,但是他吓得号叫起来——布伦登从客厅走了过来。(《恨,友谊,追求,爱情,婚姻》)

(183) 她的推测是泽尼亚——习惯上她是个晚起的人——总
　　　归会起床,总会乘电梯到大厅,会穿过休息室。(《强盗
　　　新娘》)

　　上述例句都是由汉语副词性关联词语引导的名词性省略。
例(182)中,"幸好"是"侥幸"类副词性关联词语,表示由于某种有
利条件的存在避免了某种不好的结果。该句中省略了主语"丹尼
尔",否则小句是"幸好(丹尼尔)没有压到自己",句子重复且不符
合经济性原则。此外,副词性关联词语"幸好"引导的"没有压到
自己"是有利条件。同样,例(183)中,"总归"是表结果的副词性
关联词语,表示最终结果肯定是这样,该句中,"总归(泽尼亚)会
起床"省略了主语。"总归"强调某种结果。

　　副词性关联词语引导的名词性省略可以存在于英语中,
例如:

(184) Some day when I'm feeling better I'll go back there
　　　and *actually* write the thing down. (*The Blind
　　　Assassin*)

(185) That must be Jeremiah the peddler; and *indeed* it
　　　was, as Mr. Walsh and I had occasion to drive into
　　　town for some errands and shopping, and I passed
　　　him on the street. (*Alias Grace*)

　　以上例句是英语副词性关联词语引导的名词性省略,但省略
部分有不同的功能,例(184)中,actually 是表确认解释的副词性
关联词语,表示对某一事件的积极态度。该句中,省略了主语 I,
因为它在之前出现过,这种确认性是通过 actually 来体现的。同
样,例(185)中的 indeed 与 actually 一样是表确认的副词性关联
词语,但省略了谓语成分。原始的形式应该是 indeed it was
Jeremiah the peddler. 省略避免了重复,使小句更为准确,理解起
来更为简单。这种确认性是通过 indeed 来体现的。

2. 动词性省略

韩礼德(2001：167)认为,动词性省略指的是谓词中心语的省略。它是动词或动词词组的省略。汉语和英语中都存在动词性省略。例如:

(186) 关键在于科纳汉小姐讲这事时一字一句的冰冷口气,她不曾明说却显然不怎么友好的意图,她那份突如其来的残忍。(《爱的进程》)

(187) 她是个很好的女裁缝,手很巧,也很会。她帮我做了不少针线活,特别是女孩子们穿的裙子。她还很懂修饰。(《别名格雷斯》)

(188) I was not used to having my opinions asked, even about the weather and *especially* by a man with a notebook. (*Alias Grace*)

(189) Mother was dead. Things would never be the same. I was told to keep a stiff upper lip. Who told me that? Reenie *certainly*, father *perhaps*. (*The Blind Assassin*)

以上例句都是汉英副词性关联词语引导的动词性省略。例(186)中,"显然"相当于 obviously,是"显性断言"类副词性关联词语,表示某一事件的明显特征。该句中"她不曾明说却显然不怎么友好的意图","不怎么友好的意图"是名词短语,不能充当谓语,因此可以推断谓词中心语是"带有"。"显然"用于加强这种确认性。例(187)中,"特别是"是"特提加合"类副词性关联词语,该句省略了谓语"帮我做了"从而避免了重复。宾语"女孩子们穿的裙子"相对于"不少针线活"更为强调。

例(188)中,英语副词性关联词语 especially 与汉语中的"特别是"有相同功能,该句中,动词词组 having my opinions asked 省略了,a man with a notebook 相对其他人更为强调。例(189)中,certainly 是"确认解释"类副词性关联词语,perhaps 是"隐性断言"类副词性关联词语,两个小句中动词短语 told me that is 被省略了。若小句换为 Reenie certainly told me that, father perhaps told me that 将会显得累赘,且不符合经济性原则。

3. 小句省略

小句省略指的是整个小句或小句的一部分被省略的现象。这种现象也出现在汉英副词性关联词语引导的小句中,例如:

(190) "安呢? 她还在?""可能吧,"罗斯玛丽说,"她从不挪窝儿的嘛。"(《好女人的爱情》)

(191) "有人在那边吐过。"她对陪在她身边的人说。"确实。"他说,然后让她坐进一辆车。(《亲爱的生活》)

汉语中,小句的省略非常常见。以上两例是汉语副词性关联词语引导的小句省略。它们都出现在对话中。例(190)中,"可能"是"隐性断言"类副词性关联词语,表示对某一事件的预测。该句中,小句"她还在"被省略了,因为该信息对说话人而言是已知信息,关联副词"可能"是对可能性的评价,同样,"确实"也是"确认"类副词性关联词语,副词性关联词语后的小句"有人在那边吐过"被省略了,但并不会造成歧义。

此外,英语中同样存在由英语副词性关联词语引导的小句省略。例如:

(192) "But you will go so far as to admit that women in general have a more fragile nervous organization, and *consequently* a greater suggestibility?" (*Alias Grace*)

(193) "I'm afraid there will be an inquest, Mrs. Griffen," he said. "*Naturally*," I said. "But it was an accident." (*The Blind Assassin*)

例(192)中,consequently 是一个表示结果的副词性关联词语,表示随着时间的推移产生一个事件的结果,根据连词 and 可见它是一个复合句,但小句 consequently a greater suggestibility

没有主语和谓语。因此小句 women in general have 被省略了,因为它在之前出现过,其省略并不会导致理解上的困难。例(193)中,naturally 是表解释的副词性关联词语,是给前一句的一个合适的理由,整个小句应该是 Naturally there will be an inquest,但这样显得重复而冗长。此外,对前一句的积极的态度和进一步解释说明由副词性关联词语 naturally 反映出来。

上述分析表明,汉英副词性关联词语引导的省略存在三种情况,即名词省略、动词省略和小句省略。他们之间也有一些差别。英语的省略有形式和形态上的标记,而汉语是一种意合性语言,汉语的省略很大程度上与意义的表达相关联。

6.4.4.3　词汇衔接

词汇衔接也是语篇中一种重要的衔接手段,主要处理词汇项之间的语义关系。语篇中句子之间的语义关系主要通过重复、同义词和其他语义关系来实现(韩礼德,2001),可以描述如下表(表9):

表 9　衔接种类

词汇衔接的种类	指代关系
1. 重复(reiteration) a) 同个词(same word (repetition)) b) 同义词(synonym) c) 上义词(superordinate) d) 泛指词(general word)	i) 同指(same referent) ii) 内包(inclusive) iii) 外包(exclusive) iv) 不相关(unrelated)
2. 搭配(collocation)	—

词汇衔接可以出现在汉英副词性关联词语引导的小句中,主要通过重复和搭配来实现。

6.4.4.3.1　重复

韩礼德(2001:278)认为,重复是词汇衔接的一种形式,包括词汇的重复,泛指代词指代前面出现过的词,以及一些同义词、近义词。

重复是指具有相同的语义和形式的词反复出现在相同的语篇中,且可以更好地实现语篇的连贯,但应该避免冗余重复。在文学作品中,词汇重复经常用来表达说话人强烈的感情色彩。例如:

(194)"别假装你没这样想! 因为确实如此,而且你确实是这么想的。你和我想得一模一样!"(《爱的进程》)

(195)她描述了初夏夜晚的寂静、黑暗和孤独对于生活在镇上或者城里的人来说,未免太黑暗、太孤独了——但其实又并非真的那么寂静。(《爱的进程》)

(196)But she said also that she had felt alive. Maybe for the first time in her life, *truly* alive.(*Dear Life*)

上例中副词性关联词语引出的词汇重复是显而易见的。例(194)中,动词"想"重复了三遍,与汉语副词性关联词语"确实"一起用来确认这个行动。例(195)中,"寂静"在副词性关联词语"其实"引出的两个小句中出现两次,这表明对前一个小句的消极的态度,词汇重复极大地增强了语篇的衔接。同样,在例(196)中,形容词 alive 重复,truly 这也是一个表确认的副词性关联词语,确保她觉得活着。通过这种方式来突出重要信息。

1. 同义词

同义关系指的是有相同或相似意义但形式不同的单词之间的关系。文学作品中经常出现同义词的形式来避免单调的重复,更准确地表达意义。通过同义的衔接手段,具有相同语义且不同形式的单词表达同一概念意义。此外,同义可以用来组织和构建话语并加强段落之间的表达效果。同义经常出现在爱丽丝·门罗和玛格丽特·阿特伍德的原创作品和汉译本中。例如:

(197)我可以什么话都对他说,他不会生气或感到震惊,甚至都不觉得吃惊,只是用笔记下。(《别名格雷斯》)

(198) "Can't keep a sheep killer. He'd have you poor, paying for all the sheep he <u>killed</u>. *Anyway* somebody else'd <u>put an end to</u> him, if you didn't. "(*Lives of Girls and Women*)

同义词也出现在上面副词性关联词语引出的例句中。例(197)中,"震惊"和"吃惊"都指的是出现坏事或发生意外时痛苦和难以置信的感觉,尽管他们的程度可能会有所不同。这两个词反映了其态度,和副词性关联词语"甚至"连用表达更强烈的情感倾向并加强说话人的语气。例(198)中,副词性关联词语 anyway 引出的 killed 和 put an end to 都意味着生命的终止,相邻小句的运用避免了单词的重复,使语言更生动,因此它不仅可以使两个不同的语义单位相互协调,还可以用同样的语义表达,来实现两个甚至更多的修辞方式。

2. 反义词

反义现象可以出现在同一个句子或语篇中。反义的基本功能是使两种不同的词语在意义上形成一个明显的对比,并从积极和消极两方面来描述一个或某些事物或现象,使句子或话语更为衔接,增强语言的表现力。反义现象可以出现在汉语副词性关联词语引出的小句中。例如:

(199) 他们一起发出的声音,作为认可和鼓励而交换的眼神,一种本身看起来很冷淡的眼神,其实却包含着深深的敬意,比任何已婚或彼此亏欠的人之间传递的眼神都更加亲密。(《恨,友谊,追求,爱情,婚姻》)

(200) 看来事关重大。对当事人事关重大,对其他人也许只是无聊小事。(《公开的秘密》)

反义在上述例句中非常明显。例(199)中,"冷淡"和"亲密"具有相反的语义情感,表明两种截然不同的情绪,这种关系是通过否定性副词性关联词语"其实"体现出来的。反义的应用使两个小句在某种意义上紧密联系在一起。例(200)中,"事关重大"和"无聊小事"有完全相反的意思,即使两个词的词义在句子中是不同的。这一事件可能对一方非常重要,也可能影响不大,这种推测关系是通过副词性关联词语"也许"体现出来的。

同样,反义现象也可以出现在英文原著中。例如:

(201) Theophano is smiling, but Tony doesn't see it as a <u>sinister</u> smile. *Instead* it's <u>gleeful</u>: the smile of a child about to put its hands over someone's eyes from behind. (*The Robber Bride*)

(202) In the middle cubicle, the writings I remembered from last autumn had been painted <u>over</u>, but *luckily* this season's had already <u>begun</u>. (*The Blind Assassin*)

例(201)中,sinister 和 gleeful 从情感的角度来说具有相反的感情色彩。这两个词的对比反映了托尼的真正情感,帮助读者感受两个相反或相对的现象。此外,这种相反关系是通过"转折"类副词性关联词语 instead 引导出来的。例(202)中,over 是一个形容词,表示已经完成或得出结论,begun 是 begin 的过去分词形式,这意味着开始采取某种行动。因此,两个词在语义上是相反的,连词 but 反映了这种相反的关系,副词性关联词语 luckily 表示某种有利的条件。

3. 上下义词

上下义关系,就是指一个成分表达的意义属于另一个成分表达的意义范围,换句话说,前者是后者的一种。它可分为两种:上义词出现在下义词之前和下义词出现在上义词之前。在整个汉英语料库中,前者占绝大多数,而相应的下义词进一步解释了相应的上义词,使衔接意义更为清晰。例如:

(203) 我<u>胸部的病</u>让我这个冬天过得极为艰难,他们,我的老

板们，认为我应该出来走动走动，即使可能发展成肺炎。(《恨，友谊，追求，爱情，婚姻》)

(204) Her tastes mainly coincided with mine. We were fans of public television and *particularly* of English comedies. (*Dear Life*)

(205) I was not really surprised by what he was saying. A lot of people thought that way. *Especially* men. (*Dear Life*)

例(203)中，肺炎是一种胸部疾病，出现在前一个小句之前。这种疾病非常严重，且表明肺炎可能进一步恶化，这种猜测是通过副词性关联词语"可能"体现出来的。例(204)中，English comedies 也是 public television 的下义词，它是对后者更具体的解释说明，通过副词性关联词语状语 particularly 体现出来。同样，especially 与 particularly 一样，都是"特提加合"类副词性关联词语。在这句话中，men 是 a lot of people 的下义词。因此上下义关系在英语和汉语中都存在，用以实现语篇衔接、意义的连贯。

6.4.4.3.2　搭配

一些词项往往在同一上下文中同时出现。一般来说，任何两个有类似的搭配模式的词项，如果他们出现在相邻的句子中，倾向于出现在类似的语境下，将生成一个衔接力(韩礼德，2001：286)。搭配有其衔接力，可形成和解释语言信息。例如：

(206) 而且，她们摆弄头发、涂指甲油、擦鞋、化妆，甚至穿衣服，都晓得避到卧室或浴室里。(《好女人的爱情》)

(207) Hesaid she was a young lady who had been falsely accused of sinning with a young man, by some old men, because she refused to commit the very same sin with them; and she would have been executed by being stoned to death; but *luckily* she had a clever

lawyer，who was able to prove that the old men had been lying，by inducing them to give contradictory evidence. (*Alias Grace*)

副词性关联词语引出的搭配在上面的两个例子中表现的非常明显。例（206）中，"玩头发"、"画指甲"、"擦鞋"、"化妆"以及"穿衣服"都是打扮自己的行为，和副词性关联词语"甚至"强调的最后行为"穿衣服"。例（207）中，搭配词项包括 accused of，sinning；commit，sin；executed，death；clever，lawyer；prove，evidence。这些都可以出现在法庭上。同样，副词性关联词语 luckily 表明一些有利条件的出现使得结果更好。因此，搭配衔接有一定指导作用，生成和解释语言信息，有助于预测和猜测潜在语义，形成意义连贯且完整的语篇。

6.5　小结

本章以巴金三篇散文及其译文中的副词性关联词语为研究对象，基于真实文本语料，通过考察统计，对比分析了副词性关联词语在巴金散文汉英语篇中的句法功能、语义功能和语用功能。研究发现汉英副词性关联词语在巴金散文汉英语篇中具有三种句法位置特点、七大语义关系功能和三种语用功能。文章还对其篇章特点、功能及原因作了一定的分析和解释。

以加拿大著名现代女性作家的十四部作品及其英译文为语料，以语篇分析理论为理论依据，采用定量分析和定性分析方法，探究汉英副词性关联词语在句法特征、语义关系及语篇衔接功能异同特点。发现：1.句法特征方面，汉英副词性关联词语都可位于句首、句中、句末和独用；2.语义关系看，都可以表时顺、条件和结果等七种关系，但汉语中副词性关联词语的出现频率优选顺序和英语不同；3.汉英副词性关联词语主要通过指称、替代、省略等语法衔接与重复、搭配等词汇衔接方式实现语篇的连贯。

　　本研究旨在为副词性关联词语的语篇衔接功能深入研究提供帮助，为读者欣赏汉语散文及其英译文和国外文学作品及其汉译文提供新的视角。

第七章 类型学视阈下的比较

7.1 类型学及其相关研究

语言类型学研究源远流长,大体可分为"传统语言类型学"(又称"古典语言类型学")及"当代语言类型学"。

国外研究,最早有关语言类型学的研究可以追溯到18-19世纪的德国学者施莱格尔(Schlegel)兄弟。最早是他们发现世界上各种不同的语言有很多共同点,某些语言内部存在某些共同的特点,它们和另一些语言之间有着某种一致性。他们最早注意到语言中比词更小的单位——语素,其形态各有不同。由此,他们根据不同语言中词形的变化特征将语言分为三种类型:屈折语(inflected language)、黏着语(agglutinative language)以及孤立语(isolated language)。其中屈折语是弟弟弗里德里希·冯·施莱格尔在19世纪提出。不过,当时他把黏着语称为附加语(affixal language)。后来他的哥哥奥古斯特·冯·施莱格尔在此基础上加上了孤立语,将其命名为无结构语(no structure language)。再后来德国历史语言学家奥古斯特·施莱西尔(August Schleicher,1821-1868)将施莱格尔兄弟提出的无结构语、附加语和屈折语改称为:孤立语、黏着语和屈折语,而且这三个术语一直沿用至今。

　　传统类型学中除了上述三种基本类型之外,还有一种类型。德国语言学家洪堡特(Wilhelm von Humboldt)提出过有一种语言是混合形式的,他命名为插编语(incorporating language)(如爱斯基摩语)。插编语后来又被译为多式综合语,也有汉语学者将其称为多式插编。至此,这四种语言类型是从语言最基本的单位"词"的外形角度做出划分,也可称为"形态类型学"。除了从形态学的角度划分外,还有一种较古典的语言类型划分,即从语言的句法关系角度作出:分析语(analytic language)和综合语(synthetic language)。其中分析语的语法主要是通过功能词还有词序来表示语法关系,如汉语、越南语、萨摩亚语;综合语则是通过词形曲折变化和词缀与词根的紧密结合来表示句法关系,如:德语、俄语、拉丁语、芬兰语等。

　　传统语言类型学(或古典语言类型学)主要是分类学意义上的,与当代语言类型学相差甚远。当代语言类型学的建立当以美国学者格林柏林(Joseph Harold Greenberg)的研究为起点(陆丙甫 & 金立鑫,2015:3-5)。他于 1966 年发表一篇题为 *Some Universals of Grammar with Particular Reference to the Order of Meaningful Elements* 的论文。他指出与其他经验科学一样,语言学最基本的目标是形成类似于规则的一般化规律。他将"形式—功能"匹配关系的考察从词法结构扩展到句法结构。这之后人们渐渐意识到了形态的不足,发现语序在分析语言共性及个性方面的重要性,由此类型学研究从通过形态划分语言转变为通过语序等来划分语言,标志着以研究人类语言共性和差异为己任的现代语言类型学的诞生。继格林柏林之后,科姆里(Comrie,1981)出版了一篇名为 *Language Universals and Linguistic Typology* 一书,这本书是当代语言类型学中的第一本综合性导论著作,以寻找句法—语义共性为着眼点,利用广泛的语言取样,结合语言在形式上和语义、语用上的特征,提出不少建设性意见。此后，克罗夫特（Croft，1990）出版了 *Typology and Universals* 一书，书中他介绍的当代语言类型学的定义和基本原理，明确类型学中蕴含共性与非受限共性、优势与和谐等定义。韦里（Whaley，1997）出版了名为 *Introduction to Typology：The Unity and Diversity of Language*。宋在晶（Song Jaejung，2002）出版了 *Linguistic Typology：Morphology and Syntax*，该书介绍了当代语言类型学的研究对象及方法，主要从"基本语序、格标记、关系从句、致使结构"等几个层面进行了分析。

　　国内研究，近年来许多国内学者对语言类型学也有不少研究，但比较有建树和贡献的学者当属陆丙甫、刘丹青和金立鑫三位。陆丙甫和陆致极（1984）是首位将 Greenberg 的论文 *Some Universals of Grammar with Particular Reference to the Order of Meaningful Elements* 翻译并引入国内的学者。随后，他在国内许多重要刊物上陆续发表与语言类型学相关的文章。1993 年出版的《核心推导语法》就是利用轨层结构分析了处于不同语序类型的语言之间的相关性。此外，他还相继提出语言内部的一系列共性规则，如"可别度领先动因"（1998）、"跨范畴可别度等级"（2005）、"距离—标记对应律"（2004）、"整体—部分"顺序（2010）等。2015 年出版的《语言类型学教程》（陆丙甫 & 金立鑫主编）是一本较为系统地介绍语言类型学研究方法的教材。

　　刘丹青先后出版了《语序类型学与介词理论》（2003）和《语法研究调查手册》（2008/2017）。前者作为国内第一本语言类型学方面的专题性著作，详细介绍了当代语言类型学的成果和方法，针对汉语普通话和吴方言的介词类型进行了全面的梳理分析，有承上启下的作用，为"从类型学角度对汉语和某一外语进行对比观察"打下坚实的基础，如：白莲花（2014）、李波（2014）、唐雯（2014）、曲辰（2014）、王翠（2014）。后者以 Comrie 和 Smith 编制的问卷调查为纲,添加丰富的语言素材,进行了详细的补充和分析。此外刘丹青还提出"库藏类型学"的概念,强调关注哪些范畴在人类语言中普遍进入库藏,哪些范畴只在少数或者个别语言中进入库藏,哪些范畴从不进入库藏等。

金立鑫(2006)发表的《语言类型学——当代语言学中的一门显学》一文中介绍了当代语言类型学的研究内容和方法、类型学与其他语言学派之间的区别及国内学者在语言类型方面所做的贡献。在《什么是语言类型学?》(2011)一书中,他深入浅出地以问答的形式从语言类型学背景、语言类型学方法、语言实体类型、语言范畴类型四大层面,详细介绍了语言类型学的相关知识。2017年出版的《语言类型学探索》对之前发表在期刊上的一系列文章进行了详尽的补充(白莲花,2014:32-34)。

语言类型学的研究方法要求研究者对人类语言作尽可能广泛的调查,在调查的基础上对各种语言现象进行分析和抽象,在此基础上才可能对各种现象进行一致性分类,并从这些分类中寻求规律,找出共性及差异的动因(金立鑫,2011:28)。

简而言之,国内外对类型学的相关研究包括以下几个方面:1.类型学研究。比如 Francois(2008)、Schmidtke-Bode(2009)、Brown(2011);李如龙(1996)、程乃胜(2006)、尹洪波(2011)、王翠(2011)、周莉(2011)、王国凤 & 喻旭燕(2011)、李炯英(2012)、张莉(2013)、戴庆厦(2015)、樊中元(2016)、陈前瑞(2016)、王汶成(2016)。2.语言类型学研究。如 Greenberg(1963)、Comrie(1981)、Hawkins(1983)、Croft(1990)、Whaley(1997)、Song(2002);刘丹青(2003a,2003b,2003c)、江轶(2006)、李韧之(2008)、沈家煊(2009)、徐蔚(2010)、陆丙甫(2010,2015)、金立鑫(1999,2006,2011)、吴福祥 & 张定(2011)、戴庆厦 & 朱艳华(2011)、王勇 & 徐杰(2011)、丁志斌 & 李茂莉(2011)、尚新(2013)、王勇 & 周迎芳(2014)、李锡江 & 刘永兵(2014)、许文胜

（2015）、赵晓贝（2016）。3.类型学中的标记模式研究。如 Greenberg(1966)、Thompson & Sawyer(1977)、Steele(1978)、Mallinson & Blake（1981）、Beck（2002）、Dixon（2004）、Post（2009）；沈家煊(1997)、王仁强 & 龙日金(2000)、王立非(2003)、刘丹青（2005，2010）、习晓明（2005）、彭晓辉（2008）、丁志丛（2008）、李思旭（2010，2014，2015）、张勤（2011）、陈刚 & 沈家煊（2012）、张建（2012）、吴黄青娥（2012）、王初艳（2012）、郭中（2013）、余成林（2013）、皮德敏 & 邓云华(2013)、吕公礼 & 张勇（2014）、朱斌(2015)、曹冬雪(2015)、王聪(2016)、王遥 & 李景娜（2016）、杨佳（2017）。4.类型学与二语习得。比如 Comrie（1984）、Comrie & Keenan（1979）、Bates（1981）、Hawkins（1987）、Bowerman(1993)、Steele(1999)、Giacalone(2003)；尹洪山(2005)、李金满 & 王同顺(2007)、李金满(2008)、张铭涧（2012)、桑婷婷(2012)、孙文访(2012)、韩晓雪(2013)、李金满 & 吴芙芸(2013)、王勇 & 周迎芳(2014)、裴沛(2016)、张桢(2016)、郑国锋 & 欧阳秋芳(2016)。5.类型学与方言研究。如 Dahl（1979）、Beninca（1989）、Black & Motapanyane（1996）、Rijkhoff & Bakker(1998)、Kortmann(2002)；李如龙(1996)、李蓝(2003，2008)、邵敬敏 & 王鹏翔(2003)、刘海燕(2004)、唐正大（2005)、林素娥（2007)、叶晓锋（2011)、赵金铭（2012)、李子鹤（2013)、蔡瑱(2013)、王健(2013)、王慧娟(2013)、石定栩 & 韩巍峰(2013)、郝红艳(2015)。6.类型学与语言对比研究。比如 Keenan & Comrie(1977)、Hawkins(1983)、Dryer(1992)、Lu & Wu(2009)、Lu(2009)；沈家煊(1984)、陆丙甫(1986，2003，2004，2008，2010，2012)、金立鑫(1995)、刘丹青(2003a，2003b，2011)、石毓智(2004)、王瑞昀(2005)、陆丙甫 & 蔡振光(2009)、李金满（2010)、王远国(2012)、朱玲(2012)、王晓华(2014)、陆丙甫 & 刘小川(2015)、金立鑫 & 于秀金(2012a，2012b，2015)、于秀金 &

金立鑫(2011,2015)、席建国(2013)、钱叶萍 & 李维(2013)、白莲花(2014)、李波(2014)、唐雯(2014)、曲辰(2014)、王翠(2014)、于秀金(2017)、潘杰 & 原苏荣(2017)等。可见,学界对类型学的研究成果丰硕。

7.2　本研究现状和研究意义

本研究的具体词类是副词性关联词语中的"特提"类副词性关联词语,主要研究和比较英语中的 especially、日语中的"特に"、法语中的 particulièrement 和汉语中的"尤其是",它们是在人们需要表示强调意义时,经常会使用的一类词,在语用上具有强调功能。

陈昌来(2000)、范开泰、张亚军(2000)、认为"尤其(是)"和"特别(是)"是前置性标点标记。赵娜(2013)对"特别"和"尤其"进行了多角度考察,重点辨析了其在对外汉语教学课堂中的运用。原苏荣(2013b:158 - 159)认为汉语里的"特别是"和"尤其是"与英语中的 especially 和 particularly 都属于"特提"类副词性关联词语,语法上用来连接小句;语义上前后具有同一范畴的包含关系、同一范畴的并列关系以及表特提举例和进层;语用上为了强调和突出某些关键和重要的信息。胡芳芳(2016)则从系统功能语法的角度对中外文学名著中的"特提"类副词性关联词语进行了比较研究。然而,英语、日语和法语中的程度副词研究相对于汉语在国内很少。总的说来,语言学界关于对这类词语的研究相对不够深入和广泛,从多门语言比较角度切入的研究成果更是少见。

国外对于该类词语的研究有韩礼德和哈桑(Halliday & Hasan,1976:230)、夸克等(Quirk, R. *et al*.,1985:442,632)、拜伯等(Biber, D. *et al*.,1999:558)认为该类词语作状语,建立

不同长度语篇单位间的语义联系,起语篇衔接的作用。21世纪以来,约翰内森(Johannessen,2003)对日耳曼语的关联副词进行了研究。之后,约翰内森(Johannessen,2005)又对英语关联副词等进行了专门讨论。

本研究以语言类型学为理论框架。语言类型学在语序上有一对概念十分重要:象似性(iconicity)和经济性(economy)。分析建立在对这类词语所在句子的语序特点观察的基础上,研究"特提"类副词性关联词语体现出的象似性和经济性,总结其共性和差异。

关于象似性,Croft(2009:121)提出象似性原理指的是:"语言结构在一定程度上反应经验结构。"曲辰(2014:14)指出,"人类的语言结构不应该与物理现实结构做比较,而应该与人类对现实的概念化结构做比较,因此他认为持象似性观点的类型学家有必要关心心理学。"陆丙甫和刘小川(2015)对语言象似性再次进行了详细分类,总共分为七大类,包括声音象似性、复杂度象似性、顺序象似性、语义距离象似性、可别度领先象似性和功能—形式共变律。关于经济性,Croft(2009:120)提出,经济性指的是"表达应尽可能简洁"。换句话说,听话人认可的经济性指的是理解起来最省力,而说话人认可的经济性是表达起来最省力。如果我们可以用一个定律或同一条规则来概括人类语言的某个现象,这就被认为是语言的"经济性"或"一致性"。

本研究从类型学的象似性和经济性出发,分析和研究英语中的especially、法语中的particulièrement、汉语中的"尤其是"和日语中的"特に"这类词的类型学特征,找出它们的共性和差异,具体涉及到句法位置特征、句法成分特征和语义关系特征对语用效果和用法形式的制约和影响。肯定的是,对于"特提"类副词性关联词语的研究具有重要的类型学价值。

7.3 类型学视阈下的"特提"类副词性关联词语比较

7.3.1 EACs[①] 常用句法位置探究

"特提"类副词性关联词语的常用句法位置中,最常见的就是位于短语之间或者小句之间。但是从语料中我们发现,"特提"类副词性关联词语有时还可以位于句首,汉语、英语、法语和日语都有这类语言现象。因此,在这一节,我们从三个句法位置出发,来分析英语的 especially、法语的 particulièrement、汉语的"尤其是"和日语的"特に"在不同句法位置上呈现出的语序差异及其背后的语序象似性。

7.3.1.1 位于句首

从句法分析上来看,四门语言的"特提"类副词性关联词语都可以位于句首。我们来看相关例句。

(1) 日语:特に陛下のご病気以後、父わ凝と考込んでいるように見た。(夏目漱石《心》)

(2) 英语:*Especially* since 1983, a significant number of amendments have been made to Conservative legislation. (Richards, P. *Mackintosh's the government and politics of Britain. Richards, P*)

(3) 法语:*Particulièrement*, elle ne critique pas le principe suivant lequel l'utilisation de la preuve qui rendrait le procès inéquitable est susceptible de déconsidérer l'administration de la justice. (BAF[②])

(4) 汉语:郭鹏和勇复基都紧张地聚精会神地在听。尤其是

---

① EACs:Emphatic Adverbial Conjunctions="特提"类副词性关联词语。
② BAF:Bitextes Anglais — Fran。

勇复基把耳朵冲着梅左贤,生怕漏掉一句半句的。(周而复《上海的早晨》)

当日语中的"特に"位于句首时,因为格助词后置,所以日语语序几乎不会影响"特に"对其后面主要成分的强调效果。这个时候,语序差异产生的干扰影响不是那么明显。但是,当"特提"类副词性关联词语位于句子中间或短语之间时,日语的语序特点产生的干扰影响就逐渐增大了。此外,法语中的 particulièrement 用于句首时,后面更倾向于使用句子,且中间用逗号表示短暂停顿,暗示接下来的内容很重要,抓住了听话者或读者的注意力。

7.3.1.2　位于短语之间

我们选取了"特提"类副词性关联词语在四门语言中位于体词性短语之间的句子。

(5) 日语:日本人、とくに日本の若い女は、そんな場合相手に気兼ねなく自分の思つた通りを遠慮せずに口にするだけの勇気乏しものと私は見込んでいたのです。(夏目漱石《心》)

(6) 汉语:他的性格、为人、尤其是工作态度,给我们的印象很深。(《简明汉日词典》)

(7) 法语:Son caractère, façon de se conduire, *et particulièrement* son attitude envers le travail, donnent une impression profonde à nous. (BAF)

(8) 英语:In many men, *especially* single men, there is such an inclination — such a passion for dining out—(Jane Austin *Emma*)

从句法位置上来看,四门语言的"特提"类副词性关联词语都位于体词性短语之间,分析如下:汉语中,"尤其是"处在"他的性格、为人"和"工作态度"这两个体词性短语之间;英语中,especially 处在 many men 与 single men 这两个体词性短语之间;

法语中,我们把 et particulièrement 看成一个整体,也是处在 Son caractère, façon de se conduire 和 son attitude envers le travail 这两个体词性短语之间;日语中,"とくに"(特に)处于体词性短语"日本人"和体词性短语"日本の若い女"之间。句法位置相同。

可见当四门语言中的"特提"类副词性关联词语都位于体词性短语之间时,其前后的近距离特征几乎一样。唯一不同的是远距离特征,日语是 SOV 语序,所以其动词后置,而英语、法语、汉语都是 SVO 语言,动词先出现。所以在日语中,"とくに"距离整个句子的谓语较远,导致句子的强调密集度不够紧凑。

接下来,我们从语序类型特点上进行规律探寻。上述例句中的英语、汉语和法语的主要成分语序相同部分为(本文"'特提'类副词性关联词语"简称 EACs):

主语 1⌒EACs⌒主语 2⌒谓语⌒宾语 1⌒宾语 2①

上述例句日语的主要成分语序:

主语 1⌒EACs⌒主语 2⌒格助词⌒宾语 1⌒格助词⌒宾语 2⌒格助词⌒谓语

详见表 1,共性差异表。

表 1　EACs 句法位置共性差异表(位于短语之间)

	汉语	英语	法语	日语
EACs 位于短语之间	＋	＋	＋	＋
EACs 与谓语的距离	近	近	近	远

7.3.1.3　位于句子之间

我们选取了"特提"类副词性关联词语在四门语言中位于句

子之间的语料,将它们在四种语言中的常用表达分别列出:

(9) 英语:I love music, *especially* like Mozart's music.

(10) 法语:J'aime la musique, *et particulièrement* aime la musique de Mozart.

(11) 汉语:我喜欢音乐,特别是喜欢莫扎特的音乐。(《新和英中辞典》)

(12) 日语:私は古典音楽が好きだが, 特にモーツァルトの音楽が好きだ。(《新和英中辞典》)

虽然我们选取的句法位置是处于小句或句子之间,但和之前分析的位于体词性短语之间的情况类似。在英语中,especially 处于 I love music 和 like swimming in the sea 两个分句之间,后面分句主语省略;在法语中,et particulièrement 处于 J'aime nager 和 like Mozart's music 之间,后面分句主语省略;在汉语中,"尤其是"处于"我喜欢音乐"和"喜欢莫扎特的音乐"两个分句之间,后面分句主语同样省略;在日语中,由于受到日语 SOV 语序特点和格助词后置的影响,"特に"处于格助词"だが"和小句"モーツァルトの音楽が好きだ"之间,而且"特に"前面紧跟的首先是格助词,其次是谓语"好き",然后再是格助词"が",再是宾语"古典音楽";"特に"后面紧跟的先是宾语的修饰部分"モーツァルトの",接着是格助词,然后才是谓语,最后是格助词,主语同样省略。也就是说,日语的"特に"等"特提"类副词性关联词语在连接两个分句时,其与前后句子的宾语和谓语的距离都比较远,其强调密集度仍然不高,

因此,这种情况下例句的日语语序为:

主语⌒格助词⌒宾语⌒格助词⌒谓语⌒格助词⌒EACs⌒定语⌒宾语⌒格助词⌒谓语⌒格助词

法语、英语的语序为:

　　　　主语⌒谓语⌒宾语⌒EACs⌒谓语⌒宾语⌒状语

汉语语序为：

　　　　主语⌒谓语⌒宾语⌒EACs⌒谓语⌒状语⌒宾语

我们再看例(13)至(16)：

(13) 日语：仕事をしっかりやるには業務水準を高めるば
　　　かりでなく、特にコンピューターの技術を身に付ける
　　　必要がある。(《简明汉日词典》)

(14) 汉语：为了做好工作，我们不但要提高业务水平，尤其
　　　是掌握电脑技术。(《简明汉日词典》)

(15) 法语：Afin de mieux travailler, on doit non seulement
　　　élever le niveau de profession, *et particulièrement*
　　　maîtriser les techniques d'ordinateur.

(16) 英语：In order to do it better, not only should we
　　　improve professional skills, *especially* master computer
　　　skills.

　　从例(13)到(16)在日语、汉语、英语和法语的常用表达形式
中，我们可以看出，汉语中的"尤其是"、法语中的 et
particulièrement、英语中的 especially，前面紧跟的句法成分是小
句宾语，后面紧跟的句法成分是谓语，而这句话在日语中的不同
就在于日语的递进副词性关联词语"ばかりでなく"(不但……而
且……)后置，拉开了"特に"和前面宾语之间的距离。日语是典
型的 SOV 语言，具有后置词的特点。根据 Greenberg 提出的语
序共性第 4 条："采取 SOV 为常规语序的语言，在远远超过随机
频率的多数情况下，使用后置词。"(李波，2014：208)在例(13)
中，"特に"仍然处于两个小句之间，但日语的语序特点使得它不
同于其它三门语言之处就在于其递进副词性关联词语后置的特
点，拉开了"特に"与前面宾语的距离，使得强调密集度下降，给予

了听话者思考踟蹰的时间；而汉语、法语、英语中的"特提"类副词性关联词语都是紧跟前面的宾语和后面的谓语，强调密集度较高，不会使听话者在听话期间有思考踟蹰的时间。

日语的特提小句在上面例句中的主要成分语序为：

定语⌒中心语⌒谓语⌒状语⌒EACs⌒定语⌒中心语⌒谓语

汉语、英语特提小句在上述例句中的主要成分语序为：

状语⌒谓语⌒定语⌒中心语⌒EACs⌒谓语⌒定语⌒中心语

法语特提小句在上述例句中的主要成分语序为：

状语⌒谓语⌒中心语⌒定语⌒EACs⌒谓语⌒中心语⌒定语

这里，"定语⌒中心语"或"中心语⌒定语"可以看作宾语成分。详见表2，句法位置共性差异表。

表2　EACs 句法位置共性差异表（位于小句之间）

	汉语	英语	法语	日语
EACs 后小句主语省略	＋	＋	＋	＋
EACs 前后分别紧跟宾语和谓语	＋	＋	＋	－

这说明了不同语序的语言，句法位置对语用效果具有不同的影响。从另一个角度来看，日语的语序和词类的使用比较灵活，虽然这有助于表达不同的语义关系，如动作发生的地点、动作发生的对象、事件范围、事情发生的原因等等，但这也对其语用效果造成了一定的负面影响，有时甚至阻碍了语用效果的传递，如"特提"类副词性关联词语的句法位置，由于格助词或相关副词后置，拉长了其与谓语或宾语的语言距离，使得强调效果减弱。

值得注意的是，在"特提"类副词性关联词语连接的小句中，虽然日语在语言距离和语序上与其他三门语言有所差异，但是日语在这里仍然遵循类型学里的象似性特征。根据类型学中语义距离象似性的定义："意义上关系密切的成分在结构上也靠近"（陆丙甫，2015：252），如例（1）到例（16），无论语序如何，日语中除了格助词，意义紧凑的仍然靠在一起，如在一些句子中谓语和宾语关系密切从而靠在一起，定语和中心语仍然靠在一起。下面我们着重来分析例句（17）"我喜欢游泳，尤其是在大海里游泳"这句话。需要特别提出的是，由于汉语的语序特点，其状语"在大海里"是放在谓语和宾语之间，那么这里的"在大海里"是和谓语"喜欢"关系更密切？还是和宾语中心语"游泳"更密切？我们可以把这句话改成（17a）到（17c）：

（17）汉语：我喜欢游泳，尤其是在大海里游泳。

英语：I like swimming, *especially* swimming in the sea.

法语：J'aime nager, *et particulièrement* nager dans la mer.

日语：わたしは水泳がすきで、特に広い海で泳ぐ。

（17a）汉语：我喜欢游泳，尤其是在大海里。（产生歧义）

英语：I like swimming, *especially* in the sea.（产生歧义）

法语：J'aime nager, *et particulièrement* dans la mer.（产生歧义）

日语：わたしは水泳がすきで、特に広い海で。（产生歧义和联想）

（17b）汉语：我喜欢游泳，尤其是喜欢在大海里。（产生联想）

英语：I like swimming, *especially* like in the sea.（不符常规）

法语：J'aime nager, *etparticulièrement* aime dans la mer.（不符常规）

日语：わたしは水泳がすきで、特に広い海でが好きだ。（产生联想）

(17c) 汉语：＊我喜欢游泳，尤其是喜欢游泳。（逻辑不符）

英语：＊I like swimming，*especially* swimming.（逻辑不符）

法语：＊J'aime nager，*et particulièrement* nager.（逻辑不符）

日语：＊わたしは水泳がすきで、**特**に水泳が好きだ。（逻辑不符）

例(17)的四句话都是合乎句法的，是常规的表达方式；(17b)则使句子产生了歧义，可能理解成：当在大海里的时候，相比其它事情，"我"尤其喜欢游泳，对比物变成了在大海里可以做的其它事情，如冲浪、划船、钓鱼等等，而原句的对比物是相比在其它地方，如游泳池，"我"更喜欢在大海里游泳。但是(17a)和(17)一样是符合句法的；(17b)其实是省略了宾语"游泳"，但因为有前半句，所以"游泳"这个信息已经被默认，但如果不看前半句，在大海里还可以做许多事情，不仅仅是游泳，会产生其他联想；然而(17)不管有没有前半句，"在大海里游泳"这个组合已成定局。(17c)很明显，出现了逻辑错误。因此我们总结发现，"在大海里游泳"在例(17)中其实是一个整体，作"喜欢"的宾语，不能分割也不能省略，但是谓语"喜欢"可以省略。

所以"在大海里"和"游泳"属于意义关系密切的成分。同样，这也解释了为什么在例(17)的四个句子中，无论状语和宾语的位置怎么变，"在大海里游泳"都是紧靠在一起的。这种象似性正体现了经济性，因为象似性越高，语言结构越容易被人理解。

7.3.2　EACs 在不同语义关系下的"特提"呈现形式

下面探讨 EACs 在不同语义关系下的"特提"呈现形式，由于篇幅关系，我们以法语为例讨论在不同的语义关系条件下，法语中的"特提"类副词性关联词语有不同的呈现形式。法语中，我们为了进一步加强语气，常常使用 et particulièrement/et surtout/et notamment，plusparticulièrement，et plus particulièrement 或者 tout particulièrement，为了起到语用上增强强调效果、引起听话人高度注意的作用。

7.3.2.1　同一范畴的包含关系

1. 全体—个体的语义关系

全体—个体的语义关系属于同一范畴的包含关系（详见原苏荣，2013b：180）。当"特提"类副词性关联词语前面的内容和后面内容是从全体到个体的具体举例关系时，我们通常直接使用 EACs，如例（18）：

> (18) L'action que l'ONU mène dans ce domaine, *particulièrement* au Cambodge, en El Salvador, en Somalie et dans l'ex-Yougoslavie, a dû être étendue bien au-delà de la notion etde la définition consacrées du maintien de la paix.（BAF）

在例（18）中，dans ce domaine（在这个区域）和 au Cambodge, en El Salvador, en Somalie et dans l'ex-Yougoslavie（在柬埔寨、塞尔瓦多、索马里、前南斯拉夫共和国）是全体和个体的关系。①

2. 整体—部分的语义关系

同样，整体—部分的语义关系也属于同一范畴的包含关系（详见原苏荣，2013b：179）。当"特提"类副词性关联词语前面的内容和后面内容的关系是从整体到部分，后者是前者的一部分时，我们通常也直接使用 EACs，如例（19）和（20）：

> (19) Cependant, il y a une chose qui ne s'est pas encore produite au Canada：malgré le taux de chômage élevé, *particulièrement* chez les jeunes, nous n'avons pas encore le chômage chronique qui existe dans ces autres

---

① 周学立老师对本节例句及其解释进行了校准，谨此谢忱！

pays, notamment l'Angleterre et les états-Unis. (BAF)

在例(19)中,le taux de chômage(社会总体失业者)和 les jeunes(年轻失业者)是整体和部分的关系,表示失业人群中的年轻人。

(20) Et c'est vrai, la grande masse en est là, *surtout* la masse des petits et des humbles, le peuple des villes, presque toute la province et toutes les campagnes. (王蓓丽,文慧静 等编译: *Les Lettres des personnages célèbres*: *Lettres à la France*)

在例(20)中,la grande masse(大部分群众)和 la masse des petits et des humbles(弱小及社会底层群众),lepeuple des villes(城市人群)也是整体和部分的关系。

3. 总提—分说的语义关系

在同一范畴的包含关系中,还有一类语义关系表示总提—分说关系,假设 EACs 前面部分是 A 项,后面部分是 B 项,则 A 项先总说,B 项再具体解释说明,也就是说,总提指对事件、情况的概括,而分说是对总提的具体分述(原苏荣,2013b:181)。法语中,当"特提"类副词性关联词语前面的内容和后面内容的关系是总提—分说关系时,通常我们仍然直接使用 EACs,如例(21):

(21) J'accuse les bureaux de la guerre d'avoir menédans la presse, *particulièrement* dans *L'Eclair* et dans *L'Echo de Paris*, une campagne abominable, pour égarer l'opinion etcouvrir leur faute. (王蓓丽,文慧静 等编译: *Les Lettres des personnages célèbres*: *Lettre ouverte d'Emile Zola à M. Félix Faure*, *président de la République*)

在这句话中,dans la presse(出版行业)和 dans L'Eclair et

dans L'Echo de Paris(法国《镜报》和《巴黎回声报》)是从总提到分说的语义关系：先说在整个出版行业，再分别说明是在 *L'Eclair* 和 *L'Echo de Paris* 这两家出版社。

7.3.2.2　同一范畴的并列关系和进层关系

在法语中，我们最常见的"特提"类副词性关联词语有：surtout, notamment 和 particulièrement，当这些"特提"类副词性关联词语后面所跟的内容和前面内容是并列关系或进层关系，也就是非包含关系时，会有不同的"特提"呈现形式，且都具有不一样的意义。如(22)：

> (22) Il ne voulait évidemment réveiller ni sa femme, ni sa fille, *et sortout* ne point exciter l'attention de son neveu, qu'il avait commencé par maudire en apercevant de la lumière dans sa chambre. (Honoré de Balzac: *Eugénie Grandet*)

例(22)的句意是："他显然既不想引起妻子，也不想引起女儿的注意，尤其是不想引起他侄子的注意。"在例(22)中，l'attention de son neveu(侄子的注意)和 sa femme(他妻子的注意), sa fille(他女儿的注意)是并列特提关系，说话人想要更加强调主人公不愿意引起他侄子的注意，因此在 surtout 前面加了 et，加强语气。法语中还有许多类似的用法，比如 et notamment，见例(23)；et particulièrement，见例(24)；et plus particulièrement，见例(25)。

> (23) Dans sa communication du 13 juin 1985, la CISL fait savoir qu'entre le 27 janvier et le 9 février 1985 cette organisation a envoyé une mission en Amérique centrale, *et notamment* au Guatemala. (BAF)

在例(23)中，Guatemala(危地马拉)和 Amérique centrale(中美洲)是同一范畴的进层关系，"危地马拉"是对前文中提到的"中美洲"的进一步说明解释。et 在这里具有延伸意义，而不是顺接意义。

> （24）Les textes français sans accents（marques diacritiques）
> constituent un exemple typique *et particulièrement*
> répandu des problèmes auxquels font face les systèmes
> de TALN.（BAF）

在例（24）中，un exemple typique（一个范例）和 des problèmes（各种困难）表示进层分析。et 在这里除了顺接意义外，还具有递进意义。

> （25）La Conférence a également reconnu le rôle de plus en
> plus important que les organisations non
> gouvernementales peuvent jouer dans le domaine des
> droits de l'homme, *et plus particulièrement* en
> relation avec le développement.（BAF）

在例（25）中，le domaine des droits de l'homme（人权领域）和 en relation avec le développement（与发展相关的领域）表示并列的两个方面。在这里，et plus 既提示了前后内容的并列关系，又起到了双重强调的作用，具有双重意义。

因此，法语中的 et 和 plus，在这里可以看作是为了加重强调语气所用的特提句法标记，且意义多元化；et plus 连用，表示双重强调，不过在汉语和日语中，基本没有这一类词的用法。英语中的 and 有类似用法，但是在"A, and especially B"这一用法中，英语 and 的强调程度和法语 et 相当，但不如法语的 plus 和 et plus 程度强。对于法语中这一类词，我们称它们为"叠加型强调标记"，因为 plus 和 et 本身就有叠加的词汇意义，又起到了加强强调效果的作用。然而，在使用汉语、日语的"特提"类副词性关联词语时，几乎没有在不同的语义条件关系中出现不同的用法形式，但法语和英语会有相应变化，尤其是法语。这说明法语和英语更加讲究语言规则，语言灵活性不如汉语和日语。但是英语副词性关联词语 especially 可以位于句尾,这一点相比其它三门语言,体现了英语的句法位置更加灵活的特点。

7.4　吴语中的副词性关联词语音高重音相对位置比较

本书研究的"特提"类副词性关联词语:"特别是"和"尤其是"是人们在日常生活中常用的两个表示强调的短语词。我们认为,这两个短语词在表达强调意义时,同一类方言中的不同地区的强调作用的强弱与音高重音相对位置的远近有着必然联系。本书研究"特别是"和"尤其是"在北部吴语中的音高重音相对位置排序,主要根据这两个短语词在方言里的声调特点、音域宽度和音节距离来判断音高重音的相对位置。

关于汉语是否有词重音,国内学者的观点尚未达成完全统一。高名凯、石安石(1963:68-69)认为"汉语没有词重音",但许多学者不认同。罗常培、王均(1957:135)认为"既然有所谓轻音变化,不念轻音的音节显然是重音了。"徐世荣(1958:75)也主张汉语有词重音:"汉语的词,也和别的民族语言一样,一个词有一个重音。"历为民(1981)认为汉语存在词重音,其中他指出汉语词重音的两个特点和英语、俄语一样,一是非单音节词存在重/非重读的对立;二是重音不固定。关于汉语(词)重音所处位置,根据钟奇(2010)的综述,目前主要存在两种观点,即"末重论"和"首重论"。赵元任(1968:35)认为在没有轻声和特重强音的情况下,通常最后的音节最重。林茂灿等(1984)的语音实验也支持末重论,但是,林华(Lin 1994,2001)、Duanmu(1999)对"末重论"持质疑态度,其中一个原因就是基于王晶、王理嘉(1993)的实验:承载句中的二、三、四字组的首字多有最长的音长。王蓓等(2002)的重音知觉实验,认为重音是可以被感知到的,这与音域扩展、高音点和低音点的变化都有密不可分的联系。汉语方言的声调之复杂性决定了其音高重音位置的不固定性，因此，我们可以尝试更加具体地研究其偏向位置。即使有学者认为音高重音大都落在句子的某一重要成分上，同一个字或词的音段也是有相对位置区别之分的，如哪一种方言中的重音出现更早，哪一种出现更晚，是出现在这个字的前半音段还是出现在这个字的后半音段。这对最终达到的交际效果都会有一定的影响。

汉语方言语音是中国优秀传统文化传播的重要工具之一。然而，从文献来看，国内外学界对于汉语方言语音的研究和成果不多，大部分还是集中于语法和语序研究。我们聚焦研究方言音高重音相对位置（以吴方言为例），本研究对汉语方言的保存和传播有重要意义。

在吴方言中，当人们想要表示强调意义时，会用到相关的副词性关联词语，比较常用的就是"特别是"和"尤其是"（特别说明：本书不研究方言词）。根据原苏荣（2013b）提出，"特别是"和"尤其是"属于"特提"类副词性关联词语，语法上用来连接小句；语义上前后具有同一范畴的包含关系、同一范畴的并列关系以及表特提举例和进层；语用上为了强调和突出某些关键和重要的信息。他从句法、语义、语用三个角度对它们进行了汉英比较和分析。胡芳芳（2016）从系统功能语法的角度对中外文学名著中的"特提"类副词性关联词语进行了比较研究。我们受此启发，除了从句法、语义、语用的角度来对这类词进行对比研究外，我们还可以从语音视角来进行比较研究，从现代汉语普通话研究转入到我们熟悉的方言中来，从而进行更广泛的探索和思考。我们平常说话时，音高重音具有强调作用，而"特提"类副词性关联词语表示强调意义。在表达强调意义的时候，我们的音高重音相对位置对于最后起到的强调效果的强弱必有影响。因此，我们尝试从语音角度，对这两个词在吴方言中的声调、音域、音节和音高重音相对位置进行比较研究。

7.4.1 研究范围

本研究地域范围为上海、苏州、无锡、常州四个典型的吴方言城市,且调查的是狭义上的地方方言,即上海市区方言(7 个)、苏州主要市辖区方言(4 个)、无锡主要市辖区方言(5 个)、常州主要市辖区方言(4 个),具体见表3。每个区走访当地的 15 位常住居民,总计上海市区走访并录音 120 位,苏州市区走访并录音 60 位,无锡市区走访并录音 75 位,常州市区走访并录音 60 位。所有录音人员的年龄都在 25 - 35 岁之间。

其中,有个别行政区,如苏州的相城区、无锡的惠山区、常州的武进区下面还分有许多镇,每个镇的口音差别较大,所以这些都不在本研究范围内。我们在搜集语料时,选取的是具有代表性的地方,不排除出现其它个别镇的语音变化和特点不完全符合总的变化规律。

采集语料时我们记录声调调值和调类的参考标准分别来自于:钱乃荣(2008)、游汝杰,杨剑桥(2001)、钱乃荣(2003)、钱晶(2007)。对照这些标准,鉴于标准不同,结果可能就不同。如方言中的连续变调规律和调类调值,每一个地方都有各自的声调体系,我们需要根据前人已经研究总结出的方言声调系统来进行深入分析。

表3 "特提"类副词性关联词语研究地域范围表

城市	具体区名
上海	徐汇区　长宁区　静安区　黄浦区　普陀区　杨浦区　虹口区
苏州	吴中区　虎丘区　姑苏区　工业园区
无锡	滨湖区　南长区　崇安区　北塘区　锡山区
常州	戚墅堰区　天宁区　钟楼区　新北区

注:无锡滨湖区不包括马山和胡埭;无锡的南长区、崇安区和北塘区现均已归入梁溪区,但因为划分不久,所以我们仍然分开进行记录.

此外,对于上海市区话的选择区域须进行说明:根据声调(调类、调值)的差异,今上海市地区又分成六大方言区:市区方言区(即新上海话区,现今通用的上海话)、(老)上海方言区、崇明方言区、嘉定方言区、练塘方言区、松江方言区。我们只研究上海市区方言,包括上海徐汇区、长宁区、静安区、黄浦区、普陀区、杨浦区、虹口区。对于上海郊县方言,由于口音差距明显,调类不能统一,所以不在此次研究范围之内。根据顾钦(2004)的研究发现,当时10-35岁的人群的发音调类属于最新派的上海话音系情况,当时的青少年都稳定在五个调,老派上海话还存有6-7个调类。如今过去12年,当初的青少年已然都成为大学生,所以发音调类已经稳定。因此本研究的调查对象是25-35岁的青年,发音声调属于新派上海话。作者统一用上海市区话调类的五个调来作为本研究上海市区方言的判断标准,上海市区话调类标准见表5(7.4.3中)。

7.4.2 声调、音域和重音

7.4.2.1 调值和调类

作为典型的声调语言,汉语方言的音高重音(pitch accents)位置必然与其声调有联系,而声调是指贯穿整个音节的高低升降变化,是具有辩义功能的一种语音现象(齐沪扬,2007:69)。声调的考虑主要是从两个方面出发,即调值和调类。

调值是指各种声调的实际读法,是语音高低、升降、曲直、长短变化的具体形式(齐沪扬,2007:70)。那么,什么来决定调值呢?调值是由音高决定的,而且必须清楚的是决定调值的是相对音高,而非绝对音高。比如不同性别、不同年龄、不同情绪的人说"骂(mà)"时,可能绝对音高的起点和终点都不相同,但音高的变化形式都是从高音降为低音,下降幅度也大致相当。可见相对音高是构成调值的决定性因素。大脑识别声调时,只管相对音高,不管绝对音高,语言的声调总是处在一个相对的"高低域"之内。任何一个人的声调高低域都可以分为5个级别,即:高、半高、中、

半低、低。(齐沪扬,2007:71)

　　调类指的是声调的类别,是通过归纳一种语言或方言的全部调值而得出的类别。在一种语言或方言中,有多少个能够单独读出来的调值,就算有多少个调类。汉语普通话有 4 个能够单独读出来的调值,它就有 4 个调类:阴平(55)、阳平(35)、上声(214)、去声(51)。现代(五四至今)汉语的各个方言共有阴平、阳平、阴上、阳上、阴去、阳去、阴入、阳入 8 个调类。且汉语方言的调类以 4 个、5 个或 6 个的居多,少于 4 个或多到七八个的比较少。(齐沪扬,2007:71)

　　在同一种语言或方言之中,调类相同,调值必然相同。但是,在亲属语言或亲属方言之间,调类相同而调值却未必相同。比如本研究调查的吴方言区,涉及到了四个城市,每个城市,甚至一个城市的市区和郊区,如上海,就会有不同的调类情况。为了此次研究的统一和平行,在地域上,本研究一律采用的都是讲新派音系的地区,以狭义的上海市区话、苏州市区话、无锡市区话和常州市区话的语音资料为研究依据,各个地区的调类参考标准(详见7.4.3 中的表 5 至表 8;在录音对象上,本研究所选择的发音对象都是在当地土生土长,且不具有迁徙经历,年龄都在 20 - 30 岁之间,发音调类全部属于各自城市的新派音系。另外,参与本研究的作者自身是江苏常州市区人,目前 27 岁,从小在常州长大,研究生三年就读于上海,对于苏、锡、常、沪的发音特点比较熟悉。

　　7.4.2.2 汉语的重音和音高重音

　　说话或朗读时读得比较重的音节或词语叫重音。汉语重音分为词重音和句重音两大类。汉语重音的声学特征主要表现为音域加宽(音高上限的增加)、音程加大,其次是气流的加强(齐沪扬,2007:101)。但是到现在为止,对于汉语里面重音位置的确定并没有统一的描述,这也一直是学者们研究的热点。而汉语里的音高重音在一定程度上也对交际效果产生较大影响,特别是在方言里,音高、音域、音节这三个因素具有举足轻重的地位。本研究的目的是找出北部吴方言内部音高重音位置的共性特征。

"特别是"和"尤其是"的韵律很明显,都是"2+1"组合。前人研究汉语三字组词的韵律特点时,基本都是集中在复合词、类词短语、自由短语上,基本组合为"动—名述宾"、"名—名定中"、"形—名定中"等。而副词性短语的结构研究十分鲜见。端木三(1997)提出,韵律中的节律常规是汉语的重音制约使然。节律常规与重音制约的关系则还要牵涉到端木三(1997)的另一个重要观点,即成分的音节数是汉语重音的重要体现。至于汉语重音是否有超音质方面或听觉方面的对应物,端木三没有说明。王洪君(2001)认为,汉语重音的体现不在音节的单双,而在音步音域的展敛。据王洪君(2001)提到,1999年她陪端木三到中科院声学所参观,和初敏等学者讨论并查询新闻录音语料库后发现,端木三所说的"重音"对应于语流中声调音域的放大。"声调音域"是近年来我国实验语音学研究者提出的一个重要概念,它是声调最高点与最低点的差值。在语流中的不同位置上,相同声调的音域展敛很不相同。我们将用两条标准来比较"特别是"和"尤其是"的重音位置:一为音节距离这是首要标准,即音域初次最低点所在音节和音域末次最高点所在音节之间相隔的音节数;二为音域宽度,即声调最高点和最低点之间的差值。"特别是"和"尤其是"都是表强调意义的副词性关联词语,连接的是两个小句,很明显,后面将要出现的小句是说话人想要强调和引起听话人注意的内容。我们发现,音域最高点和音域最低点之间的距离对于音高重音位置会产生一定的影响;音域初次最低点距离音域末次最高点的音节数越多,代表音程加长,此时主重音相对偏右;相反相距音节数越少,此时主重音相对偏左。请看例(26)、(27):

(26)我们的任务完成了。

从现代汉语普通话的语法重音规则来看,这句话的重音在谓语中心词"完成",下面我们分别用常州市区话和上海市区话来分析这句话,我们分别在上海市区和常州市区选取了10个发音人进行例句录音,对象均为土生土长的常州市区人和上海市区人,年龄在26岁左右:

a)常州话:

431	1	24	42	13	23	42
哈尼古	个	任	务	完	成	佬咧

　　在这句话里面,音域初次最低点出现在"古",和音域末次最高点的"佬"相距5个音节,音域宽度为1-4。根据老常州人听感,真正引起听话人注意的音高重音在这句话的后方"佬"上。所以,重音位置和普通话中的语法重音位置有所偏差,虽然都在这句话的末尾段。

　　b)上海话:

3	4	1	13	3	12	34	1
阿	拉	个	任	务	完	成	了

　　在这句话里面,音域初次最低点出现在"个",与音域末次最高点的"成"相距3个音节,音域宽度仍为1-4,但是方言声调体现出来的音高重音,即吸引听话人注意力的点出现在句子前半部分,和这句话的现代汉语普通话的语法重音有所不同。

　　从以上分析可以看出,a句和b句的音节距离分别是5和3,常州话音节距离明显大于上海话音节距离,即a>b,而重音位置是a重音后于b重音,即a重音在b重音的右侧,简单地说就是在这一句话里,常州话的重音要比上海话的重音偏右一点,上海话重音比常州话重音偏左。因此我们假设,在吴语中,存在一些词句,在用不同地区方言表达的时候,音节距离越大,音高重音位置相对偏右,距离句子结束较近;音节距离越小,音高重音位置相对偏左,距离句子结束较远。也就是说在向听话者传递"任务完成"这一信息时,在吸引听话人注意力上,常州话的强调效果要比上海话略强。接下来我们用 Praat 软件的基频音高曲线图对此例句再次进行了验证。我们将常州话和上海话分别录入了 Praat 软件,详见图 1 和图 2:

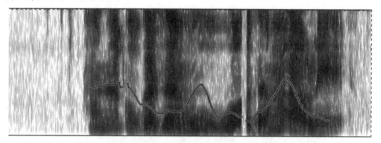

图 1　常州市区话基频音高曲线图

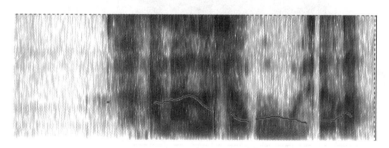

图 2　上海市区话基频音高曲线图

通过对比,图 1 中,常州市区话的音高重音出现在句子尾端部分的"佬"上,导致语义表达侧重强调"任务已完成";图 2 中上海市区话的音高重音出现在句子前半部分,靠近"阿拉",这导致语义表达侧重强调"完成任务的主体是阿拉"。这与我们前面通过音节距离判断音高重音位置的结论相符合:当音节距离 a > b

时,a 的音高重音比 b 的音高重音偏右。

(27)妈妈把事情做完了。

这句话的现代汉语普通话的语法重音落在"做"上。现在我们同样用常州市区话和上海市区话来分析:

c) 常州话:

5	0	45	2	23	52	213	1	23
妈	妈	弄	事	体	做	完	个	咧

常州市区话里面,这句话的音域初次最低点在第二个"妈"上,音域末次最高点在"做"上,两者相距 3 个音节,音节距离为 3;音域宽度为 0 - 5。图 3 为这句话的 Praat 基频音高曲线图。

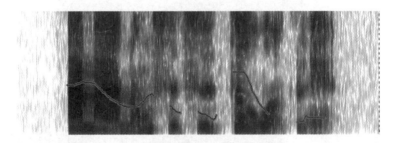

图 3　常州市区话基频音高曲线图

d) 上海话:

5	5	4	12	34	53	4	0
妈	妈	把	事	体	做	光	了

上海市区话里面,这句话的音域初次点在"了"上,音域末次最高点在"做"上,两者相距 1 个音节,音节距离是 1;音域宽度是 0 - 5。图 4 为这句话的 Praat 基频音高曲线图。

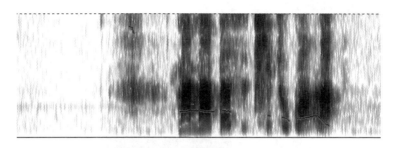

图 4　上海市区话基频音高曲线图

从图 3 和图 4 我们可以判断出，排除噪音干扰后，很明显，常州市区话的音高重音出现在句子后半部分，靠近"做"，导致语义偏向"事情做完了"；而上海市区话的音高重音出现在句子前半部分，在"妈妈"附近，导致语义侧重点在"把事情做完的人是妈妈"。根据前面得出的音节距离大小，常州市区话大于上海市区话，即 c > d。同样，当音节距离 c > d 时，c 的音高重音比 d 的音高重音位置偏右。

根据以上提出的两个例句，我们发现，在比较吴方言内部中的一些词句时，音节距离越大，音高重音相对偏右；音节距离越小，音高重音相对偏左，且这一规律大大影响到了方言的语义表达效果。

如果同一句话或短语，同类方言的不同地区人说话，在他们音节距离相等的情况下，音高重音的相对位置判断主要应该根据音域的宽度大小来考虑。如两字组词，其音节距离必然为 0，此时就看音域宽度。如常州市区话中的"你好"，音域宽度是 2—5，根据所走访的常州市区 60 名发音人的录音和 Praat 的基频曲线图 3，音高重音相对偏左；关于上海市区话中的"侬好"，我们除了采集录音，特意查阅了钱乃荣先生的《上海话大辞典》，音域宽度是 2—4：nong23hao34（钱乃荣，2008：475），根据上海市区 120 名发音人的录音和选取的 Praat 的基频曲线图 5，音高重音相对偏右。

详见图 5 和图 6。

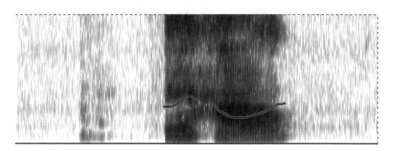

图 5   常州市区话"你好"基频音高曲线图

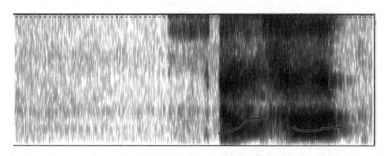

图 6   上海市区话"侬好"基频音高曲线图

从图 5 可以看出,常州市区话的"你好"音高重音出现在"你"的中间后半段,计算得出其平均出现的时间点为 0.082 秒处;从图 6 可以看出,上海市区话的"侬好"音高重音出现在"侬"的尾端,计算得出其平均出现的时间点为 0.097 秒处。所以上海市区话的"侬好"音高重音位置比常州市区话的"你好"的音高重音位置偏右一些。而音域宽度上海市区话"侬好"为 2-4,常州市区话"你好"为"2-5",后者大于前者。因此从音高重音上,我们可以看出,音域宽度越大,音高重音位置相对偏左;音域宽度越小,音高重音位置相对偏右。

根据以上分析我们提出:在一些汉语方言词句中,至少在北部吴语内部,音节距离和音域宽度的大小对音高重音的位置具有影响。音节距离导致了同一句话在不同方言中的语义侧重点不同,因此音节距离对交际效果的影响度要大于音域宽度。音节距离越大,音高重音相对偏右;音节距离越小,音高重音相对偏左;而在音节距离相等的情况下,音域越宽,音高重音相对偏左;音域越窄,音高重音相对偏右。我们发现,在我们选择录音的 90 个句子中,有 65 个句子是符合这一规律的,也就是说大致有 73.3% 的符合概率。我们选取的两个发音人分别为常州市天宁区的长住居民和上海市杨浦区的常住居民,年龄都为 26 岁,请看表 4 中我们对符合此规律的部分语料列举情况。

表 4　符合结论规律的部分语料列举

	例句	音节距离	音域宽度	音节距离大小比较	音域宽度大小比较	平均时间点(秒/s)	结论佐证
普通话参照 a	我们坐着看电视。	—	—	—	—	—	—
常州市天宁区	哈尼古坐好着看看电视。	1	1-5	1>0	相等	0.853s	常州天宁比上海杨浦偏右。
上海市杨浦区	阿拉坐辣海看看电视。	0	1-5			0.653s	
普通话参照 b	你今天下去锻炼了吗?	—	—	—	—	—	—
常州市天宁区	你今朝下去锻炼分?	3	1-5	4>3	相等	0.396s	上海杨浦比常州天宁偏右。
上海市杨浦区	侬今朝下去锻炼过伐?	4	1-5			0.588s	

续　表

	例句	音节距离	音域宽度	音节距离大小比较	音域宽度大小比较	平均时间点（秒/s）	结论佐证
普通话参照 c	我已经好久没有去锻炼了。	—	—	—	—	—	—
常州市天宁区	我已经伐得了曾光不去锻炼了。	0	1－5	相等	1－5>2－5	0.937s	常州天宁比上海杨浦偏左。
上海市杨浦区	我已经长远芜没去锻炼了。	0	2－5			1.188s	
普通话参照 d	我平常醒得特别早	—	—	—	—	—	—
常州市天宁区	我平常醒着特别早	3	2－5	3>1	相等	0.225s	常州天宁比上海杨浦偏右。
上海市杨浦区	我平常醒得特别早	1	1－4			0.127s	
普通话参照 e	我喜欢睡懒觉。	—	—	—	—	—	—
常州市天宁区	我欢喜眪懒觉。	0	1－5	2>0	相等	0.152s	上海杨浦比常州天宁偏右。
上海市杨浦区	我欢喜眪懒觉。	2	1－5			0.226s	

　　在90句话中，不符合这一规律的情况我们也有所发现，比如分别用常州话和上海话说"东风来了"，根据Praat图显示，常州市

区这句话的音高重音平均出现在 0.139s,而上海市区这句话音高
重音平均出现在 0.102s,比常州市区要偏左,但是音节距离却是
上海市区话大于常州市区话。还有"妈妈回来了"、"我每天 6 点
钟起床"等例外。我们相信,这背后还有更为复杂的因素,有待我
们去探究。

下面我们用发现的这一规律来分析和比较北部吴语中的"特
提"类副词性关联词语(EACs)的音高重音位置,同时也对此规律
进行进一步的验证。

7.4.3 EACs 的调值、调类记录与分析

在每个城市甚至一个城市的市区和郊区,方言都具有不同的
调类和调值,我们根据前人研究,分别将上海市区话、苏州市区
话、无锡市区话和常州市区话的方言调类和调参考标准列了出
来,作为每个地方的声调调值和调类的记录与判别标准,详见表 5
到表 8。

表 5　新派上海市区方言声调系统表

调类	阴平	阳去	阴去	阴入	阳入
调值	52	23	34	5	12

钱乃荣(2008)

表 6　新派苏州市区方言声调系统表

调类	阴平	阳平	上声	阴去	阳去	阴入	阳入
调值	44	224	51	422	231	53	23

游汝杰、杨剑桥(2001)

表 7　新派无锡市区方言声调系统表

调类	阴平	阳平	阴上	阳上	阴去	阳去	阴入	阳入
调值	44	(2)14	323	33	34	213	5	23

钱乃荣(2003)

表8　新派常州市区方言声调系统表

调类	阴平	阳平	上声	阴去	阳去	阴入	阳入
调值	44	213	45	52(3)	24	55	23

钱晶（2007）

　　表9为我们记录的上海市区、苏州市区、无锡市区、常州市区方言中的"特别是"和"尤其是"的声调调值和调类。每个区所记录的调值和调类都是选取这个区调查人群中发音的最普遍值。

表9　"特别是"、"尤其是"的调值和调类记录

吴方言	特别是	尤其是
上海徐汇区	1[ʔ]　23[ʔ]　34 变调　阳去　阴去	1　22　23 变调　变调　阳入
上海长宁区	1[ʔ]　23[ʔ]　34 变调　阳去　阴去	1　22　23 变调　变调　阳入
上海静安区	1[ʔ]　23[ʔ]　34 变调　阳去　阴去	1　22　23 变调　变调　阳入
上海黄浦区	1[ʔ]　23[ʔ]　34 变调　阳去　阴去	1　22　23 变调　变调　阳入
上海普陀区	1[ʔ]　23[ʔ]　34 变调　阳去　阴去	1　22　23 变调　变调　阳入
上海杨浦区	1[ʔ]　23[ʔ]　34 变调　阳去　阴去	1　22　23 变调　变调　阳入
上海虹口区	1[ʔ]　23[ʔ]　34 变调　阳去　阴去	1　22　23 变调　变调　阳入
苏州吴中区	23[ʔ]　44[ʔ]　231 上声　阴平　阴入	无

续 表

吴方言	特别是	尤其是
苏州虎丘区	23[?] 44[?] 231 上声 阴平 阴入	无
苏州姑苏区	23[?] 44[?] 22 上声 阴平 变调	无
苏州工业园区	23[?] 44[?] 22 上声 阴平 变调	无
无锡滨湖区 （不包括马山和胡埭）	2[?] 23[?] 323 变调 阳入 阴上	35 55 323 阴去 变调 阴上
无锡原南长区 （现属梁溪区）	2[?] 23[?] 32 变调 阳入 变调	35 55 323 阴去 变调 阴上
无锡原崇安区 （现属梁溪区）	2[?] 23[?] 32 变调 阳入 变调	44 55 32 阴去 变调 阴上
无锡原北塘区 （现属梁溪区）	2[?] 23[?] 32 变调 阳入 变调	44 55 32 阴去 变调 阴上
无锡锡山区	2[?] 23[?] 32 变调 阳入 变调	23 44 32 阳入 阴去 阴上
常州戚墅堰区 （近主城区）	23[?] 44[?] 24 阳入 阴平 阳去	三字组连续变调 112<u>4</u>
常州天宁区 （主城区）	三字组连续变调 2[?]310	三字组连续变调 112<u>4</u>
常州钟楼区 （近主城区）	23[?] 44[?] 24 阳入 阴平 阳去	三字组连续变调 112<u>4</u>
常州新北区 （近主城区）	23[?] 44[?] 24 阳入 阴平 阳去	23 44 24 阳入 阴平 阳去

注：以连续变调形式记录的地区是我们在前人研究成果里（钱乃荣，2003，2008；汪平，1988）能够找到与这两个短语的发音声调相符合的方言声调连续变调；而没有找到与之符合的方言声调的地区，我们则根据采集的录音资料、Praat 软件提取的语音数据和各地方言声调系统表以及反复讨论、斟酌，才记录下相应声调的调值和调类。

7.4.4 声调音域分析

本节的声调音域图分析分别以"特别是"和"尤其是"为研究对象,根据音节距离(首要标准)和音域宽度进行分析和判断。由于汉语属于标准的音节语言,一个字就是一个音节,所以音节距离较易判断。图 7 至图 12 分别为上海市区、苏州南部市辖区、苏州北部市辖区、无锡市区、常州市区主城区的和常州市区近主城区的"特别是"声调音域图;图 13 至图 18 分别为上海市区、无锡市区南部、无锡市区中部、无锡市区北部、常州市区的"尤其是"调音域图。判断标准为音节距离(首要标准)和音域宽度。

图 7　上海市区话"特别是"声调音域图

从图 7 可以看出,上海市区人在发"特别是"这个短语时,音域宽度是 1-4。初次音域最低点在"特",末次音域最高点在"是",两者相距 1 个音节。

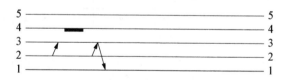

图 8　苏州南部市辖区"特别是"声调音域图

从图 8 可以看出,"特别是"的苏州南部市辖区方言音域宽度为 1-4。初次音域最低点在"是",末次音域最高点在"别",两者相距 0 个音节。

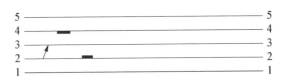

图 9　苏州北部市辖区"特别是"声调音域图

从图 9 可以看出，"特别是"的苏州北部市辖区方言音域宽度
为 2 - 4。初次音域最低点在"特"，末次音域最高点在"别"。两者
相距 0 个音节。

图 10　无锡滨湖区"特别是"声调音域图

从图 10 可以看出，"特别是"在无锡滨湖区的音域宽度为 2 -
3。初次音域最低点在"特"，末次音域最高点在"是"，两者相距 1
个音节。无锡滨湖区以北地区因为出现了尾音脱落现象，所以它
的声调音域图和滨湖区唯一的不同就是最后一个音从 323 变为
32，音域宽度仍为 2 - 3。初次音域最低点与末次音域最高点仍然
相距 1 个音节。

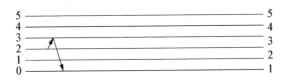

图 11　常州市区（天宁区）"特别是"声调音域图

从图 11 可以看出，"特别是"的常州市区话音域宽度为 0 - 3。
音域初次最低点在"是"，音域末次最高点在"别"，两者相距 0 个音节。

图 12　常州市区（戚墅堰、新北、钟楼）"特别是"声调音域图

从图 12 可以看出，"特别是"的常州市区近主城区音域宽度为 2 - 4。音域初次最低点在"特"，音域末次最高点在"是"，两者相距 1 个音节。

从以上声调音域图分析可以得出这几个地区的音节距离排序和音域宽度排序，详见表 10 和表 11：

表 10　"特别是"音节距离排序

城市	上海市区	苏州市区南部	苏州市区北部	无锡市区	常州市区主城区	常州市区近主城区
音节距离	1	0	0	1	0	1
排序	上海市区＝苏州市区北＝无锡市区＝常州市区近主城区＞常州市区主城区＝苏州市区南					

表 11　"特别是"音域宽度排序

城市	上海市区	苏州市区南	苏州市区北	无锡市区	常州市区主城区	常州市区近主城区
音域宽度	1 - 4	1 - 4	2 - 4	2 - 3	0 - 3	2 - 4
排序	上海市区＝苏州市区南部＝常州市区主城区＞苏州市区北＝常州市区近主城区＞无锡市区					

从音节距离来看，在说"特别是"时，苏州市区南北部的音节距离和常州市区主城区（天宁区）的音节距离都为 0，上海市区话、

无锡市区话和常州市区近主城区（戚墅堰、钟楼区、新北区）的音节距离都为1。所以上海市区话、无锡市区话和常州市区近主城区的"特别是"的音高重音位置相对苏州市区南北部和常州市区主城区的音高重音位置要偏右，苏州市区和常州市区主城区方言的音高重音位置相对偏左。接下来，排除苏州市区和常州市区主城区，在其它几个地方音节距离都为1的情况下，我们再比较上海市区话、无锡市区话和常州市区近主城区（戚墅堰、钟楼区、新北区）的音域宽度，在说"特别是"的时候，上海市区话的音域宽度最大，其次是常州市区近主城区，而无锡市区话的音域宽度最窄。根据王洪君（2001）的音域展敛与节律常规、重音位置的联系和Praat录音软件的基频曲线音高图的时长显示，我们计算出了各个地区音高重音的出现时间距离声音录入起始时间的平均时间点，见表12。

表12 "特别是"音高重音出现平均时间点

地区	苏州北部	苏州南部	常州市区主城区	上海市区	常州市区近主城区	无锡市区
平均时间点（秒/s）	0.175s	0.236s	0.242s	0.257s	0.317s	0.407s

根据之前的规律，在音节距离相等的条件下，北部吴语的音域越宽，音高重音相对偏左；音域越窄，音高重音相对偏右。我们总结出"特别是"在这几个北部吴方言城市中的音高重音相对位置排序为：苏州北部市区、苏州南部市区方言、常州市区主城区、上海市区、常州市区近主城区，最后是无锡市区方言，音高重音相对偏右。这与Praat所显示的音高重音时间点排序相一致。所以从音高重音距离强调内容远近上来看，苏州北部市区方言的"特别是"的音高重音位置距离强调内容较远，强调效果较弱；无锡市区方言的"特别是"的音高重音位置距离强调内容较近，强调效果

较好。

　　我们可以用同样的方法来分析"尤其是"在上海市区话、无锡市区话和常州市区方言中的音高重音相对位置。"尤其是"的声调音域图请见图13至图18：

图 13　上海市区话"尤其是"声调音域图

　　从图13可以看出，上海市区话的"尤其是"音域宽度为1-3，音域初次最低点出现在"尤"，音域末次最高点出现在"是"，音节距离为1个音节。

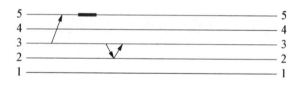

图 14　无锡南部市区话"尤其是"声调音域图

　　从图14可以看出，无锡南部市区话（滨湖区、南长区）的"尤其是"音域宽度是2-5，音域初次最低点出现在"是"，音域末次最高点出现在"其"，两者相距0个音节。

图 15　无锡中部市区话"尤其是"声调音域图

从图15可以看出,无锡中部市区话(原崇安区、原北塘区)的"尤其是"音域宽度是2-5,音域初次最低点出现在"是",音域末次最高点出现在"其",两者相距0个音节。

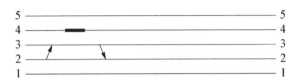

图16　无锡北部市区话"尤其是"声调音域图

从图16可以看出,无锡北部市区话(锡山区)的"尤其是"音域宽度是2-4,音域初次最低点出现在"尤",音域末次最高点出现在"其",两者相距0个音节。

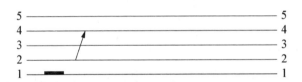

图17　常州市区(戚墅堰、天宁区、钟楼区)"尤其是"声调音域图

从图17可以看出,常州市区主城区"尤其是"音域宽度是1-4,音域初次最低点出现在"尤",音域末次最高点出现在"是",两者相距1个音节。

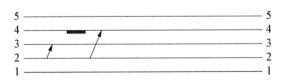

图18　常州市区(新北区)"尤其是"声调音域图

从图18可以看出,常州市区新北区的"尤其是"音域宽度是2-4,音域初次最低点出现在"尤",音域末次最高点出现在"是",

两者相距 1 个音节。

根据以上"尤其是"声调音域图分析可以得出这几个地区的音节距离排序和音域宽度排序,详见表 13 和表 14:

表 13   "尤其是"音节距离排序

城市	上海市区	无锡市区(南中北)	常州市区
音节距离	1	0	1
排序	上海市区＝常州市区＞无锡市区(南中北)		

表 14   "尤其是"音域宽度排序

城市	上海市区	无锡南市区	无锡中市区	无锡北市区	常州市区(戚、天、钟)	常州市区(新北区)
音域宽度	1－3	2－5	2－5	2－4	1－4	2－4
排序	无锡南部市区＝无锡中部市区＝常州市区(戚、天、钟)＞上海市区＝无锡北部市区＝常州市区(新北区)					

"尤其是"在这三个吴方言城市中的音高重音相对位置特点为:从音节距离来看,上海市区话和常州市区话"尤其是"的音节距离都为 1,无锡市区话(南中北)的音节距离为 0,所以上海市区话和常州市区话的"尤其是"音高重音位置比无锡市区话(南中北)要相对偏右,无锡市区话(南中北)的"尤其是"音高重音位置要相对偏左。

从无锡市区话内部来看,在无锡市区(南中北)音节距离相等都为 0 的情况下,无锡南部市区话和无锡中部市区话的"尤其是"的音域宽度都为 2－5,要大于无锡北部市区话的"尤其是"音域宽度,因此无锡北部市区方言的"尤其是"的音高重音位置相对无锡中部和南部市区的音高重音位置要更加偏左。另外,上海市区话和常州市区话的音节距离相等都为 1,而音域宽度上海市区话和常州新北区话都小于常州市区(戚、天、钟)话,所以"尤其是"的音高重音位置,上海市区话和常州新北区话要比常州市区的戚墅堰、天宁区和钟楼区话相对偏右。根据 Praat 的时长显示，我们也计算出了每个地区音高重音的出现时间距离声音录入起始时间的平均时间点，见表15：

表15 "尤其是"音高重音出现平均时间点

地区	无锡北部	无锡中部	无锡南部	常州市区（天、戚、钟）	常州市区（新北区）	上海市区
平均时间点（秒/s）	0.124s	0.133s	0.282s	0.385s	0.495s	0.557s

因此，我们可以得出"尤其是"在这几个地区的音高重音相对位置排序：从左到右依次排列：无锡北部市区话、无锡中部市区话和无锡南部市区话、常州市区（戚、天、钟）、常州市区新北区话、上海市区话。从具体的录音资料上来分析，无锡的"尤其是"的音高重音最明显，在"尤"上，且出现最快最早，而上海市区话的"尤其是"的音高重音偏向在"其"的后半音段和"是"的前半音段。这与我们得出的结论也正相符。

从说话人音高重音位置和其想强调内容的距离上来看，无锡北部市区方言的"尤其是"的重音位置距离强调内容较远，上海市区的"尤其是"距离强调内容较近。所以通过分析出它们的音高重音位置的远近，我们可以了解到"特提"类副词性关联词语"尤其是"的强调效果在北部吴方言中的强弱：无锡北部市区最弱，上海市区最强。从排序可见，同一个城市的不同区域，方言重音的特点不一定是最相近的。

7.5 小结

"特提"类副词性关联词语是近年来汉英对比研究的热点之一。从语言类型学角度出发，以英语的 especially、法语的 particulièrement、汉语的"尤其是"和日语的"特に"为例,研究和比较其在句首、句中等不同句法位置上的象似性特点,可知语序差异最终影响语用效果。通过研究可知,法语和英语的语言规则性更强,而日语和汉语的语言运用更加灵活。具体说:1. 当它们都位于句首时,日语语序对其强调效果的干扰程度最弱;2. 当它们位于句中且前后成分都是短语时,日语语序的特点会影响整个句子的强调密集度,导致句子结构整体不紧凑;3. 当它们位于句中且前后成分都是小句时,日语中的"特に"与其前后连接的小句的谓语和宾语成分相距较远,延长了语言距离,强调效果较弱,但仍符合语言类型学的经济性和象似性特点;4. 法语和英语的"特提"类副词性关联词语在不同语义关系下具有自己的用法形式和句法标记,且意义多元化,起到不同的强调效果,其中法语最为典型,具有"叠加型强调标记"的特征;5. 吴语中的副词性关联词语音高重音相对位置比较,解释了为何不同地区的人,即使说的是同一类方言,但最终语用交际效果的强弱有所差异,这是由于不同的声调和音域影响了音高重音的相对位置。

第八章 应用语言学视阈下的比较

8.1 应用语言学及其相关研究

应用语言学作为一门学科的历史并不很长。1964年第一届国际应用语言学大会在法国南希召开，成立了国际应用语言学协会（Association International de Linguistique Appliquée，简称AILA）；英国的韩礼德（Halliday）等三人合著的《语言科学与语言教学》(1964)和美国的里韦尔斯（Rivers）的《心理学家与外语教师》(1964)也刚好在同年出版，遥相呼应，这标志着应用语言学走向成熟。在我国，从1978年开始也把语言学和应用语言学列入高等学校的学科目录，陆续招收和培养硕士生和博士生。因为它是一门新学科，所以人们对应用语言学的概念和研究领域有不同的理解（桂诗春，1993：19）。

应用语言学有广狭二义。广义的应用语言学包括标准语的建立、文字的创制和改革、辞书的编纂、言语病症的治疗、情报检索、机器翻译等等；狭义的应用语言学指语言教学，尤其是外语教学和第二语言教学（王宗炎，1990：66）。

应用语言学就是把有关学科的理论、描述和技巧应用到外语教学,在两者之间起到一个中介的作用。应用语言学所应用的首先是各语言学科(语音、语法、词汇、语义等),但也应用到一些与语言学相关的边缘学科(心理语言学、社会语言学、计算语言学、神经语言学等)。其实只要和外语教学有关的学问,它都应用,也不限于语言学科,还应用于教育理论、教育测量、计算机科学、统计学、多媒体教学手段等。而且应用的可以是理论和思想(如Austin 的哲学),可以是研究的成果,也可以是具体的研究方法。(桂诗春,2000:4)

AILA 的官方说法是"应用语言学是一个对待语言和交际中实际问题的研究和实践的跨学科领域。这些实际问题可以通过应用语言学现有的理论、方法和成果或发展语言学的新的理论和方法论框架来识别、分析和解决"(AILA,2010)。而 Brumfit(1995:27—28)所提供的简洁说法——"对以语言为中心议题的现实世界问题的理论性和实证性的考察"也常为人所援引。(桂诗春,2010:166)

国内外对应用语言学相关研究可以概括为:

1. 应用语言学理论研究。国外研究,如 Halliday(1964)、Rivers(1964)、Long(1983,1996)、Swain(1985)、Henning(1986)、Schmidt(1990)、Lave(1991)、Brumfit(1995)、Duff & Lazaraton(2000)、Widdowson(2000)、Allwright(2003)、Johnson(2004)、Curry(2004)、Rajagopalan(2004)、Patton(2005)、Davies(2006)、Kirschner *et al.*(2006)、Hammersley & Atkinson(2007)、Ellis(2008)、Gass & Selinker(2008)、Richards(2009)、AILA(2010)、Miyawaki(2012)、Denscombe(2014)、Flick(2014)、Mercer(2014)、Zhang(2014)、Bryman(2015)、Creswell(2015)

国内代表性研究者有:桂诗春(1987,1993,1994,2000,2010)、何自然(1988)、于根元(1988,1998)、王宗炎(1990)、李绍

山(1999)、施春宏(1999)、李如龙(2000)、文秋芳(2004,2008,2013,2016)、于元芳 & 冯晶(2008)、王守仁(2011,2013)、丁言仁(2013)、赵宏(2013)、刘润清(2015)、文秋芳(2014,2015,2017)等。其他研究者有：孟悦(1993)、黄月圆 & 顾曰国(1996)、桂诗春 & 宁春岩(1997)、索振羽(2000)、陈向明(2000)、海德格尔(2001)、于根元(2003,2008)、鲁子问(2005)、李宇明(2006)、陈昌来(2007)、陈云松 & 吴晓刚(2012)、王睿(2012)、李小芹(2014)、齐丽(2014)、仲晨晨(2015)等。

2. 应用语言学研究方法。国外研究者,如：Flanders(1960)、Dulay(1974)、Rosenblatt(1985)、Henning(1986)、Horwitz, *et al.*(1986)、Lennon(1990)、Cumming(1994)、Lazaraton(1995)、Foster & Skehan(1996)、Semino(1995)、Mehnert(1998)、Duff & Lazaraton(2000)、Norris & Ortega(2000)、Belz & Kinginger(2002)、Dornyei(2003)、Johnson & Onwuegbuzie(2004)、Benson(2009)、Richards(2009)、Kweon & Bley-Vorman(2011)等。

国内代表性研究者,比如：袁道之(1984)、桂诗春(1994,1988)、刘作焕 & 陈林汉(1991)、孟悦(1993)、刘润清(1999)、高一虹等(1999)、张培等(2000)、严辰松(2000,2001)、韩宝成(2002)、秦晓晴(2003)、王立非(2003)、王立非 & 鲍贵(2003)、文秋芳(2003)、文秋芳等(2004)、文秋芳 & 王立非(2004)、刘艳春(2005,2010)、朱永生(2007)、戴炜栋(2008)、王立非 & 文艳(2008)、钟虹(2009)、魏大为 & 武和平(2010)、周维杰 & 曹丹(2010)、刘辉(2013)、张培等(2013)、王璐璐 & 戴炜栋(2014)、田永弘(2014)、苗佳(2015)、韩梅(2015)、许恒(2015)、文秋芳 & 林琳(2016)、林琳(2017)等。其他研究者,如：汪榕培 & 卢晓娟(1997)、陆国强(1999)、吴旭东(2002)、李文中(2003)、马秉义(2004)、刘艾娟 & 戴曼纯(2009)、于元芳 & 刘永兵(2009)、周维

杰(2009)、尹丽雯(2011)等。

3. 应用语言学研究。国外研究者,包括:Watson-Gegeo (1988)、Jeffrey & Liu (1991)、Widdowson (1994)、Peirce (1995)、Hu & Bentler(1999)、Crowley(1997)、Morgan(1997)、North & Schneider(1998)、Purpura(1998)、Duff & Lazaraton (2000)、Flowerdew(2000,2001)、MacCallum & Austin(2000)、Hershberger(2003)、Higgins(2003)、Kanno & Norton(2003)、Johnson & Onwuegbuzie(2004)、Csizér & Dörnyei(2005)、Li (2006)、Belcher(2007)、Richards(2009)等。

国内代表性研究者,如:于根元(1998)、陆俭明 & 郭锐 (1998)、桂诗春(2000,2004)、文秋芳 & 王立非(2003)、王立非 & 文秋芳(2004)、文秋芳(2004,2007,2016)、李战子(2005)、杨瑛 (2005)、韩宝成(2006)、李铁范(2007)、刘春霞等(2007)、王立非 (2007)、顾曰国(2007)、赵俊海(2009)、雷蕾(2009)、许宏晨 (2010)、徐爽(2012)、刘润清(2015)、匡小荣 & 宗世海(2016)、吕 宇霞(2017)、文秋芳(2017)等。

其他研究者,如:马广惠 & 文秋芳(1999)、李正风等(2002)、秦晓晴 & 文秋芳(2002)、边永卫(2003)、李文中(2003)、吴红 云 & 刘润清(2004)、杨小虎 & 丁仁仑(2004)、修旭东 & 肖德法 (2006)、雷蕾 & 韦瑶瑜(2007)、崔允漷(2007)、费小东(2008)、贾 旭东(2010)、刘艳春等(2014)、施麟麒(2015)、邓惟佳(2016)等。

4. 应用语言学与翻译。国外研究者,包括:Lott(1975)、Sklar(1983)、Bhatia(1993)、Xin Ran(1994)、Firth & Wagner (1997)、Durban *et al.*(2003)、Li(2000,2001,2002)、Lehmann (2002)等。国内主要学者有,比如:张潮生(1986)、许国璋 (1991)、王克非(1992)、张美芳(2001)、王金铨(2006)、胡壮麟 (2006)、庄智象(2007)、徐珺(2008)、尹洪山(2009)、张培基 (2010)、冯庆华 & 穆雷(2010)、杨晓华 & 龚菊菊(2011)、黄国

文 & 陈旸(2014)、王瑜(2015)、葛晓华(2016)、王东风(2017)等。

其他研究者,如:陈宏薇 & 李亚丹(2004)、谭载喜(1988)、成梅(1991)、黄昆海(2002)、王金铨(2002)、鲍川运(2003)、范瑜 & 李国国(2004)、韩子满(2005)、柯飞(2005)、王克明(2005)、柴晚锁(2008)、王小兵(2008)、樊永前 & 程丹(2009)、李维娜(2010)、徐晶凝(2010)、刘泽权等(2011)、李瑞林(2011)、李华(2011)、赵萱(2013)、马海侠(2013)、葛晓华(2014)、金胜昔 & 林正军(2015)等。

5. 应用语言学与教师教育。国外研究者,如:Tyler(1942)、Schotta(1973)、Dulay & Burt(1974)、Lakoff(1980)、Cohen & Manion(1985)、Shulman(1987)、Worthen & Sanders(1987)、Johnson(1992)、Pajares(1992)、Bardovi-Harlig & Hartford(1993)、Ellis(1994)、Weir & Roberts(1994)、Laufer & Nation(1995)、Lampert(1995)、Fang(1996)、Scriven(1996)、Shleppegrell(1997)、Laufer & Paribakht(1998)、Skehan(1998)、Reagan(1999)、Grundy(1999)、Qian(1999)、Jarvis(2000)、Lazaraton(2000)、Jiang(2000)、Altenberg & Granger(2001)、Wen(2001)、Belz & Kinginger(2002)、Shehadeh(2002)、Zuidema(2003)、Dornyei(2003)、Block(2003)、Zhu(2003)、Deignan(2005)、Cameron & Deignan(2006)、Saferoglu(2006)、Salli-Copur(2008)等。

国内主要研究者,如:张锐(1994)、吴宗杰(1995)、范东生等(1997)、刘润清(1999)、严辰松(2000)、韩宝成(2002)、文秋芳(2003)、秦晓晴(2003)、程晓堂 & 孙晓慧(2010)、陈晋秋(2011)、赵娜(2015)等。其他研究者,比如:李绍山(1999)、李文中(2003)、高强 & 朱玉山(2006)、刘富利(2008)、孙方方(2012)等。

6. 应用语言学与外语教学、二语习得研究。国外研究者,如:Rosenblatt(1919)、Lazaraton(1929,1987a,1987b)、Fries(1927,

1948,1952)、Chomsky(1957)、Lado & Fries(1970)、Hymes (1972)、Corder(1973)、Brown(1973)、Wilkins(1976,1990)、Canale & Swain(1980)、Allen & Corder(1980)、Krashen (1982)、Widdowson(1983)、Howatt(1984)、Bachman(1990)、Showalter(1992)、Asher(1994)、Benson *et al.*(1993)、Davis & Lazaraton(1995)、Piaget(1997)、Larsen(1997)、Borg(1998)、Creswell(1998)、Casanave(1998)、Carroll(1999,2001,2002, 2004)、 Schank(1999)、 Flowerdew(2000,2009,2013)、Richards & Rodgers(2001)、Bell(2002)、Pavlenko(2002)、Van Patten(2003)、Allwright(2003)、Atkinson(2003)、Mitchell & Myles(2004)、Jung(2004)、Halliday(2004)、Curry & Lillis (2004)、Bryman(2004)、Wong(2005)、Passi(2005)、Ortega (2005)、Lee & Swales(2006)、Lillis & Curry(2006)、Belcher (2007)、Hyland(2007)、Cohen(2007)、Wen & Gao(2007)、Drnyei(2007)、Egbert(2007)、Larsen & Cameron(2008)、Price (2008)、Salager-Meyer(2008,2014)、Rast(2008)、Gao & Wen (2009)、 Richards(2009)、Loewen & Gass(2009)、 Benson (2009,2014)、Lillis *et al.*(2010)、Olsson & Sheridan(2012)、Gao *et al.*(2014)、Kwan & Chan(2014)、Plonsky & Gass (2011)、Talmy & Richards(2011)、Zhou & Creswell(2012)、Hashemi(2012)、Hashemi & Babaii(2013)、Feng *et al.*(2013)、Ko(2013)、Polio(2014)、Riazi & Candlin(2014)、Kasper & Wagner(2014)、Wang & Wan(2015)等。

国内代表性研究者,如:许国璋(1978)、桂诗春(1979,1992,2010)、戚雨村 & 王志伟(1980)、李观仪(1982)、金国芬(1987)、李战子(1996)、刘润清(1996,1999)、高一虹等(2000)、陈明瑶(2000)、杨信彰(2000)、戴炜华(2001)、杨自检(2002)、刘承宇(2002)、文秋芳(2003,2004,2010,2016)、戴炜栋 & 刘春燕

(2004)、文秋芳 & 王立非(2004)、Joseph Lo Bianco& 刘国强(2007)、辛志英(2008)、李小辉 & 董宝华(2008)、邬澜(2008)、张绍杰 & 杨忠(2009)、王雪梅(2009)、李泉(2010)、武和平 & 韩百敬(2010)、贾冠杰(2010)、李兰霞(2011)、刘曼(2012)、秦丽莉 & 戴炜栋(2013)、董燕萍等(2013)、张远扬(2015)、白娜(2015)、孟春国 & 陈莉萍(2015)、王初明(2016)、孙瑞云(2016)、刘丛(2017)、贾娜(2017)等。

其他研究者,如:陈嘉(1980)、章兼中(1983)、潘菽(1984)、喻爱菊(1989)、潘绍嶂(1992)、柯飞(1992)、孟悦(1993)、吴宗杰(1995)、吴始年(1997)、陆效用(1999)、王光武(1999)、李正风等(2002)、顾礼芬(2003)、关崇霖(2003)、陈慧 & 张焕镇(2004)、李炯英(2004)、章默英 & 江畅(2004)、宗世海 & 刘晓露(2004)、周家连(2005)、张诚(2006)、贾冠杰(2006)、侯胤(2007)、李兴华(2007)、安桂清(2007)、沈昌洪 & 吕敏(2008)、朱剑(2009)、徐海铭(2009)、李洪儒(2010)、韩大伟(2013)、龚嵘(2013)、王力媛(2013)、鲍晓英 & 钱明丹(2013)、曾利沙(2013)、何周春 & 龚彦知(2013)、张文曦(2014)、徐昉(2014)、汪品先(2015)、张广勇 & 王俊菊(2015)、韩丹(2016)、钟潇等(2016)、邓惟佳(2016)等。

可以看出,国内外学界对应用语言学的研究成果丰硕,外语教学和第二语言教学的研究更是硕果累累。然而,从应用语言学视角研究汉英副词性关联词语还不够。本章聚焦于应用语言学视阈下汉英副词关联词语比较研究,旨在填补这方面的不足。

8.2 本研究现状和研究意义

王宗炎(1990:66)指出"狭义的应用语言学指语言教学,尤其是外语教学和第二语言教学。"本章集中调查和探究副词性关联词语在教材中的使用和在阅读教学中的应用研究。

　　教材是课程实施的重要组成部分。教材有广义和狭义之分，狭义的教材就是教科书，教学大纲的具体表现；程晓堂(2002：1)认为选择和使用合适的教科书是完成教学内容和实现教学目标的重要前提和保障。而大多数情况下教材中的篇章是通过连接词表示逻辑语义关系的。国内的学者对连接词使用特点的研究主要围绕高水平的英语学习者对连接词的使用展开，如尹广琴(1999)以英语专业和非英语专业本科生为研究对象，通过分析收集的文本，发现学生的连接词使用单一，大多为因果、转折、并列和总结性的连接词；罗一(2003)发现：英语学习者比母语作者倾向于更多使用连接副词；赵蔚彬(2003)对比分析出连接词的使用特点，发现中国学生有意识地使用连接词来表达语篇的连贯性；许双如(2004)探讨学习者语篇衔接意识和能力与英语习得程度的关系；潘瑶、冯跃进(2004)对比语料库，分析出连接词使用差别。国外学者对连接副词的语篇衔接功能也有不少研究，如Halliday 和 Hasan(1976,1989)，Martin(1992)，Halliday(1994/2014)等。但很少有学者对副词性关联词进行研究，例如教材中是不是对各种起连接作用的词语有足够的应用和重视教学中教师和学生对此类词语的重视程度如何。据我们考查，目前国内外学者关于教材中题材的分布，板块设计等方面比较多，研究主要体现在教材的编写原则和评价原则上，国内学者如：王蔷(2006)、何安平(2001)、程晓堂(2002)、夏纪梅(2003)等；国外学者如：Cunningsworth(2002：15)，Hutchinson and Waters(2002：97)，Kuo(1993：22)等人。但是对于副词性关联词语在教材中的应用与分析目前少有学者研究。国内比较权威的学者原苏荣(2013b)对副词性关联词的研究是基于汉英副词性关联词的对比研究和副词性关联词的篇章衔接功能，而对于副词性关联词在不同版本高中英语教材中的应用情况较少有人研究。在英语中，连接词种类繁多，数量庞大，对以汉语为母语的英语学习者来说，学习和使用相对比较困难。因此,在高中阶段,对于起连接作用的各类词语的学习是英语教学的难点之一。副词性关联词语对英语组句与篇章衔接发挥重要作用,是众多起连接作用的词类中的一种特殊类别,对英语教学有重要影响。本书以《普通高中英语课程标准》(教育部,2003:18)为主要依据,根据各个版本教材的功能和英语学科自身特点,对上海和江苏不同版本教材进行分析,目的是发现不同版本教材中有关副词性关联词语的应用特点,分析其存在优势与不足,以期对教材研究、使用和编撰提供建议,从而有效促进英语教育的发展。

英语阅读在英语学习中扮演着不可或缺的角色,在中学英语阅读教学中尤为重要。当今,大专院校外语学院毕业生中有很多人从事中学英语教学。根据中学生阅读情况的调查问卷结果显示高中生在阅读理解部分还存在很多的问题,其中显著的问题之一是学生不够重视副词性关联词语;而这一类词语不仅能够表明语言单位之间的逻辑语义关系,而且能够揭示语篇的隐含之意(Halliday,1994:327)。然而,老师在阅读教学的过程中却忽略了这类词语,这直接导致学生缺乏关注副词性关联词语的意识。本研究聚焦于副词性关联词语在英语阅读教学中这一重要且研究不够的方面,专注于副词性关联词语的阅读教学模式在高中英语阅读教学中的应用研究,以期通过深入的研究为解决上述问题以启示。

通过汉英副词性关联词语在阅读材料中的调查比较,通过对上海牛津版和新世纪版高中英语教材中以及苏沪不同版本教材中关于副词性关联词进行较为全面、客观的比较、分析和研究,希望对以后我国高中英语教材及其他版本英语教材的设计和选择有借鉴价值,对一线教师使用教材提供现实的指导意义,对教材研究者起到启示作用,也希望可以借助这一研究丰富和完善我国英语教材的理论与实践研究。同时,本研究给苏沪地区教材编写提供相应参考,对苏沪地区副词性关联词语的比较研究提供了实践启示,这种比较分析和描写对英语语法的本体研究有补充和完善作用,也对相关英语教学提供基础性的理论支持。此外,通过对不同教材的比较研究,希望副词性关联词语的应用研究能够给教材使用者和研究者更多启发,对以后研究不同版本的高中英语教材的设计和编写有借鉴意义。

再者,副词性关联词语的阅读教学模式探究验证了该教学模式的可行性,本研究对提高阅读教学质量和学生阅读能力有一定的实际意义和研究价值。

8.3　汉英副词性关联词语在阅读材料中的调查比较

本调查主要由两个部分组成:汉英副词性关联词语在阅读中出现的频率比较和从阅读中选取的典型性副词性关联词语的案例分析。为什么要将汉语副词性关联词语与英语进行比较?原因如下:首先,比较研究是用来发现异同之处的一种很好的研究方法;其次,学生可以对汉英副词性关联词语的不同用法和功能有一个更深入的理解;更重要的是,也为学生在做英语阅读训练时较好的使用该类词语奠定坚实的基础,通过副词性关联词语的应用、掌握来提高学生的英语阅读理解能力。

8.3.1　汉英副词性关联词语在阅读中出现的频率比较

如上所述,副词性关联词语指的是那些既可以作副词又可以作连词的这类词语。这类词语在二语习得和本土语的学习中都发挥着不可或缺的作用。在阅读文章时,这些词语不仅可以帮助学习者理解不同语言成分间的逻辑关系,也可以促使他们探究作者的真实写作意图。因此,这类词语在学生学习语言方面是极其有效的,尤其是在汉英阅读教学中。本研究缩小了研究范围,只关注出现在牛津版高中课本中的副词性关联词语,主要包含六本英语课本和六本汉语课本。需要说明的是,副词性关联词语的选取是基于原苏荣(2013b)对该类词语的界定。

通过大量的数据统计和界定工作,结果表明在高中教材中的阅读部分出现的汉语副词性关联词语比英语的多,具体的数据详见江浩(2016:134-139),数据显示了每一单元不同的副词性关联词语出现的不同频次。实际上,根据其他学者的研究,英语副词性关联词语要比汉语的多,原因如下:第一,汉英副词性关联词语的比较表明汉语副词性关联词语的分布更加严格;第二,就汉语副词性关联词语而言,语言的人际功能和语篇功能限制了这类词语的用法;第三,大多数的英语副词性关联词语以-ly结尾,这类词语具有连接上下文和语篇衔接的功能,在书面语中使用较多。然而,在我们的调查统计中却出现了与之相反的情况,主要原因在于统计资源的不均衡。具体来说,在汉语教材的阅读部分,一个单元包含三、四篇文章,文章的长度和字数都远远超过英语版本,而在英语教材中,一个单元仅有一篇文章,且篇幅较短。另一个重要的原因在于学生对汉语和英语的认知能力上存在差异。汉语是我们的母语,大多数人在出生后,甚至在娘胎里就已经开始接触并熟悉他们的母语。因此,当处在高中阶段的时候,他们就已经对汉语有了较高层次的理解和认知,而汉语教材的编纂和结构必须要满足学生已有的认知水平。在高中阶段,阅读教学应该更注重培养学生的逻辑思维能力,并训练他们抓住文章中心思想的能力,这就道出了在现代汉语语篇中选取大量副词性关联词语的原因。而在英语阅读材料的选取上,我们也应该考虑到学生的认知水平,高中英语阅读材料中的内容选取就相对易懂,大多都是简单句。最后,根据我们所做的数据统计,在汉语教材中,有一些特殊的文学体裁中并没有副词性关联词语,比如诗歌、古诗、文言文、古文等,而且在现代诗歌中,出现的副词性关联词语屈指可数。

通过对汉英副词性关联词语在阅读中出现频率的比较,我们可以得出结论:副词性关联词语大多出现在复句中,并贯穿于语篇中。详细讨论见下文。

8.3.2　汉英复句中的副词性关联词语比较研究

迄今为止,国内外已经有不少学者研究过汉英副词性关联词语在复句中的应用,尤其是汉语副词性关联词语的应用。然而,众多学者的研究领域还没拓展到高中阅读教学中的副词性关联词语。因此,本研究对高中教材中阅读部分的汉英副词性关联词语进行比较。通过比较,旨在发现汉英副词性关联词语在语篇中使用上的差异,给英语阅读教学以启迪。

关于复句中的副词性关联词语,廖庶谦(1951)提出"也"、"却"两个关联副词,现在学者们研究范围主要涉及 11 个关联副词:"也"、"却"、"又"、"再"、"才"、"都"、"就"、"还"、"便"、"越"、"不"。这些关联副词有时可以单用,如"说来就来";有些则可以叠用,如"越来越好";有的可以是两个不同关联副词的共现,如"再大的困难也要克服";有的则可以与连词搭配使用,通常情况下连接的是分句,如"无论……都……"、"只要……就……"等。

国外学者较多研究复句中成对使用的英语副词性关联词语,如:if... then、even... if... still、neither... nor、either... or 等。有的是关联副词与连词的搭配,有的则是关联副词与关联副词的搭配。这类研究的成果主要有 Larson(1985)、Schwarz(1999)、Johanessen(2003,2005)等。他们主要从语法和跨语言的角度来研究此类词。也有学者注重探讨关联副词的关联功能,如 Cinque(1999)、Ernest(2002)等。

本章主要探讨的是汉英副词性关联词语在分句与分句之间的连接功能,重点研究关联副词与连词的搭配使用所表达的逻辑关系及其异同之处。本章的所有实例分析都为英语语言教学提供一定的理论与实践参考。具体来说,老师和学生都应该具备通过副词性关联词语来理解文章含义的能力,这些词语可以揭示出语言单位间的逻辑关系。除此之外,教师也可以教授学生如何根据不同关联副词的不同含义来完成语言输出练习。因此,为了让学生获得良好的语言输入和输出能力,我们从高中教材中选取实例,并作进一步的解释和分析,以推断复句中所隐含的真实含义和逻辑关系。

8.3.2.1　表逻辑关系

复句中表达的逻辑关系,主要包含条件、假设和因果关系。我们选取上海高中英语教材中的实例,来详细说明副词性关联词语可以表达不同语言单位间的逻辑语义关系。实例分析的目的首先在于对汉英副词性关联词语进行比较,其次在于确保教师和学生能够在做阅读理解时,对其有更好的理解,最后,逐渐培养学生的逻辑思维能力,逐步提高他们的阅读理解能力。

8.3.2.1.1　条件关系

在汉语中,表达条件关系的代表性结构有"只有……才……"、"只要……就……"。英语则用 only、so long as/as long as 表示。具体如下。

1. "只要……就……"、*as long as* …、*so long as* …、*if only* …,这些结构均表示条件与因果的关系,它们表示的是有之则然,无之未必不然的条件关系,我们从逻辑关系的角度将其称为充分条件关系。例如:

(1) 她只要稍微松一下手,回一下头,就会跌回温软的怀抱和赞美的泡沫中。(牛津版:高一上册第二课《跨越百年的美丽》)

(2) *So long as* a wolf gets enough food, it will weigh about 40 - 50 kilograms. (Oxford Edition:Unit One of the Second Volume in Senior Grade Three:Get the Facts on Wolves)

（3）"Tell me *if only* you have finished," said Johnsy, closing her eyes. (Oxford Edition：Unit Five of the Second Volume in Senior Grade Three：The Last Leaf (part 1))

（4）They can survive only *as long as* they wear spacesuits, because 95 percent of the atmosphere is carbon dioxide. (Oxford Edition：Unit Six of the First Volume in Senior Grade Two：Transforming Mars)

2. "只有……才……"、*only* …把某种条件限制为必不可少的、不满足不行的条件,所表示的条件是强制性的,在逻辑语义上则属于必要条件关系。

（5）但是她有大志,有大求,她知道只有发现、创造之花才有永开不败的美丽。(牛津版：高一上册第二课《跨越百年的美丽》)

（6）*Only* one man was brave enough to follow. He was Raoul, a young man who loved Christine. (Oxford Edition：Unit One of the Second Volume in Senior Grade One：The Phantom of the Opera)

如上文所述,"只有……才……"、only … 是表达必要条件逻辑关系时被人们最常使用和最具典型性的格式,此外,在英语中也有表达这种关系的例子,如：

（7）I *must* meant to correct the error *before* leaving, but she would not let me. (Oxford Edition：Unit Five of the Second Volume in Senior Grade One：What Should I do?)

3. 还有一种条件关系是充分必要条件关系,即我们通常所说的,既能表达充分关系,又能表达必要关系。这种关系在汉语语法中经常被称为唯一条件。检验这种关系是否真实存在的唯一条件是"没有这个条件就不行,有了这个条件就足够"(邢福义,2001)。如上文例(1)和(3)中提到的关系就是唯一关系。

4. 汉英表达条件关系的格式比较。

1) 单用或合用

一般来说,汉语以合用为多,英语中则单用较为普遍。汉语典型句式是关联词语的搭配使用,即关联副词与连词的合用。表必要条件的代表性构式是"只有……才……";表充分条件的代表性构式则是"只要……就……"。在英语中,常用的典型句式是单用,表必要条件只需单用关联副词 only,表充分条件单用关联词语 as long as 或 if only,有时也可以采用其他的结构,如 must ... before ... can。这样的副词性关联词语的用法跟汉语中的副词性关联词语的用法恰恰相反,这种状况常常会引起汉英学习者的困惑。因此,对我们而言,找到汉英语言中存在的差异之处是非常具有价值和实际意义的,能让学生对两种语言有更深入的理解和更准确的使用。需要指出的是,英语中常用的关联词语 so long as/as long as 和 if only 还有一个特殊的限制,即它们所连接的分句中,动词不能用将来时,只能用一般现在时,但主句中可以用将来时。如:

(8) He will succeed *if* he *only* does his best. (只要他竭尽全力,就/将会成功)

2) 省略

从另一个角度分析,关联词语的单用,也就是另一个关联词语的省略。在汉语中,关联词语的省略,省得主要是条件分句中的连词,换句话说,在汉语复句中,主要是靠用在结果分句中的副词性关联词语来表达分句间的逻辑语义关系。如:

(9) 两个姑娘考虑到,逢到这样一个大场面,我们应该穿戴得最最漂亮才合适。(牛津版:高一上册第六课《我们是怎样过母亲节的——一个家庭成员的自述》)

（10）我知道霍金是剑桥大学的，想不到在来剑桥的第二周就
见到了他。（牛津版：高一上册第八课《邂逅霍金》）

英语条件分句中的关联词语不能省略，而结果分句中却多以
省略副词性关联词语为常。在上述例子中，结果分句中都没有出
现副词性关联词语，如果把省去的 then 加上去，则起着凸显的强
调作用。如例（2）如果在结果分句前加上 then，句子就可以转化
成：*So long as* a wolf gets enough food, *then* it will weigh about
40-50 kilograms。我们可以很清楚的感受到加上 then 之后的强
调意味。

3）倒装

从位序上看，汉语一般是条件分句在前，结果分句在后。如
果我们调换了顺序，结果分句就有一种补充解释的意味。另一方
面，倒装之后，结果分句中的关联副词就可以省略。如例（1）可以
转换成：她会跌回温软的怀抱和赞美的泡沫，只要她稍微松一下
手，回一下头。从合用的关联词语的顺序来说，因为汉语的条件
分句中用连词，结果分句中用关联副词，因此汉语的复句中关联
副词的合用，常常是连词在前，关联副词在后。

与汉语相反，在英语中，条件复句中结果分句在前较常见，而条
件分句在前，则构成了倒装，倒装后，就会含有强调条件的意味。同
时，在条件分句后面，要加一个逗号来显示强调的意味。例如：

（11）You can protect environment *only* when you choose
ozone-friendly products. （Oxford Edition：Unit Five
of the Second Volume in Senior Grade Two：More
Reading）

例（11）可以被分开，只需在前面句子中加一个逗号，转变为：
Only when you choose ozone-friendly products, can you protect
environment.

需要指出的是，英语中还存在一种情况叫做"部分倒装"。也

就是说,条件分句中的副词性关联词语 only 后面联结状语小句时,结果分句里的助动词要放到主语的前面。然而,在 as long as 和 if only 后面连接小句时,则分句不用倒装,如例(2)。

8.3.2.1.2 假设关系

在汉语中,表达假设关系的代表性构式是"如果……就……",而英语中则常用 if ... then ... 或者 if。如果结果分句中使用祈使、推断、反诘的格式,那么整个复句就具有相应的口气意味。

1. 含祈使口气意味的假设复句。如:

(12) 如果不是为了父母亲而总是谨小慎微,我早就辞职不干了,我早就会跑到老板面前,把肚子里的气出个痛快。(牛津版:高一下册第四单元第十一课《变形计(节选)》)

(13) 格里高尔明白,如果要保住他在公司里的职位,不想砸掉饭碗,那就绝不能让秘书主任抱着这样的心情回去。(牛津版:高一下册第四单元第十一课《变形计(节选)》)

(14) And *if* that's not enough, *then* cosmetic surgery can change people's lives. (Oxford Edition:Unit One of the Second Volume in Senior Grade Two)

(15) *If* you would like to volunteer, please *then* contact the Public Health Bureau for more details. (Oxford Edition:Unit Two of the Second Volume in Senior Grade Two:More Reading)

2. 含推断口气意味的假设复句。如:

(16) 弟弟写的作文如果被选为北海道的代表,就能参加全国的作文比赛。(牛津版:高一上册第三单元第九课《一碗阳春面》)

(17) *If* you came here, *then* you could see for yourself how fun parasailing is. (Oxford Edition: Unit Three of the First Volume in Senior Grade Three: PENANG)

(18) Of course, *if* this were true ecotourism, *then* the tourist resorts would help-not hurt-the environment. (Oxford Edition: Unit Three of the First Volume in Senior Grade Three: More Reading)

3. 含虚拟口气意味的假设复句。

虚拟口气句是一种非真实的条件句,汉语中经常使用反诘句的形式来表示,如:

(19) 如果有任何不洁落在它面上,马上就沉淀,太阳的雾意的刷子常在拂拭它。(牛津版:高二下册第一单元第三课《瓦尔登湖(节选)》)

(20) 如果爱因斯坦对艺术的美无动于衷,人们就有充分理由可以怀疑他心中是否能树立起科学的美学标准。(牛津版:高一上册第三单元第七课《爱因斯坦与艺术》)

然而,在英语中,虚拟语气则具有自身独特的格式,如:

(21) *If* you have no idea what to grow, you could plant a golden ball cactus. (Oxford Edition: Unit Three of the Second Volume in Senior Grade One: More Reading)

(22) *If* I were ever to live overseas, I would choose to live here. (Oxford Edition: Unit Three of the First Volume in Senior Grade Three)

如果条件不是虚拟的,那么该句就是真实条件句。如:

(23) *If* the greenhouse effect can be started, the ice caps will melt, releasing water vapour, and the temperature will rise to —40℃. (Oxford Edition:

Unit Six of the First Volume in Senior Grade Two：
Transforming Mars)

(24) *If* these plants can survive on Mars，carbon dioxide
can be converted into oxygen. (Oxford Edition：Unit
Six of the First Volume in Senior Grade Two：
Transforming Mars)

显而易见,在真实条件句中,假设的条件是很有可能实现的,有时是一种肯定推测。表可能实现的条件,主句中动词常用一般现在时。表示肯定推测时,主句常用"主语＋must＋动词原形"的格式。

4. 汉英表示假设关系的格式比较。

1) 汉英的共同点在于二者在表达假设关系时,都有其代表性的构式标志。如汉语中的"如果……就……"和英语中的 if . . . then . . . 。二者均可以用于含祈使口气意味、推断口气意味和虚拟口气意味的假设复句中。

2) 不同的口气含义主要通过结果小句的格式来表达。例如汉语用 VP 表祈使口气意味,用"要 VP"、"会 VP"表推断语气意味,英语则用 VP 表祈使口气意味,用 must/should/could . . . VP 来表推断语气意味。

3) 就虚拟语气而言,它表示提出的条件与事实相反或实现的可能性极小。教师和学生更应多加关注英语语言教学中存在的虚拟语气现象,因为其不仅是语法教学中的重点,而且其本身又含有一种特殊的语气。

8.3.2.1.3　因果关系

表示因果关系的格式有前因后果式和补充原因式。具体如下:

1. 陈述因果,重在叙述事件,交代事理。汉英表达陈述因果的方式可分为:合用、单用和连用。

1) 合用

汉语中,通常是成对使用、构成关联式来表示因果关系,如:

"因为……所以……"、"因为……因此……"、"由于……所以……"。在英语中,我们仅用 since 和 as ... therefore 来表示因果关系。如:

(25) 秋蝉的衰弱的残声,更是北国的特产,因为北平处处全长着树,屋子又低,所以无论在什么地方,都听得见它们的啼唱。(牛津版:高二下册第一单元第一课《故都的秋》)

(26) 安妮的尸体可能在伯根—贝尔森集中营广大的墓园中,因为在 1944 年 8 月,纳粹敲了他们在阿姆斯特丹密室的门,所有的人被带走之后,荷兰友人在废墟中找到她的日记,因此保留下来。(牛津版:高二上册第二单元第六课《密室的生活》)

(27) 一个荔枝花序,由于生花可有一二千朵,但结实总在一百以下,所以有"荔枝十花一子"的谚语。(牛津版:高二下册第四单元第十二课《南州六月荔枝丹》)

(28) *Since*/*As* it is the colour of winter, the time when plants shed their leaves and die, *therefore* it is considered to be a colour of death and mourning in some countries. (Oxford Edition:Unit Three of the Second Volume in Senior Grade Two:More Reading)

2) 单用

与英语相反,在汉语中单用关联副词表陈述因果关系的例子并不多。一般来说,用了表原因的关联词语,就不用表结果的关联词语;反之亦然。常见的如 because、since、as 等表原因,therefore、hence、so 等表结果。例如:

(29) 到了隋唐时代,由于国际交通贸易的畅通发达,文化交流的广泛频繁和商业都市的繁荣兴盛,这种胡乐更大量传入并普遍流行起来。(牛津版:高二上册第六单元第二十二课《词的起源与特点》)

(30) The late Mr Thomas Cardew found me, and gave me the name of Worthing, *because* he happened to have a first-class ticket for Worthing in his pocket at the time. (Oxford Edition: Unit Six of the First Volume in Senior Grade Three: The Importance of Being Earnest)

(31) *As* these holes get bigger, harmful rays from the Sun are increasingly reaching us, causing crop damage and cancer. (Oxford Edition: Unit Five of the Second Volume in Senior Grade Two: More Reading)

(32) Aerobic exercise *therefore* aims at making the heart and lungs work at a higher rate so as to supply more oxygen to the muscles. (Unit One of the Second Volume in Senior Grade Two: More Reading)

(33) *Since* in many stories and films wolves attack people, it is natural that people should think they are fierce and dangerous. (Oxford Edition: Unit One of the Second Volume in Senior Grade Three: Get the Facts on Wolves)

(34) Animals kept this way can easily get sick, *hence* they have to be given drugs. (Oxford Edition: Unit Five of the First Volume in Senior Grade One: Very Vegetarian)

(35) Well, I lost it, *so* I bought you another one just like it. (Oxford Edition: Unit Five of the First Volume in Senior Grade Three: More Reading)

3) 连用

连用指同一个关联词语连续使用几次,在因果句中,表原因的关联词语"因为"、because 等连用的情况很常见,而表结果的关联词语的连用则较少。有时通常与表并列的关联词连用,如"又"、and、"一则……二则……"。如下例:

（36）在他的心目中,艺术和科学之所以具有永久的魅力,并不是因为它们是两个闪闪发光、可以放在口袋里永远占有的金币,而是因为两个无限的、永远也没有终点的世界,所以,从事艺术和科学的最大乐趣不是占有,而是不断地追求。(牛津版:高二上册第三单元第七课《爱因斯坦与艺术》)

（37）Advertising to children is wrong *because* it makes them ask their parents for money to buy things, and *because* many things advertised, such as toys, are silly and encourage violence. (Oxford Edition: Unit Six of the Second Volume in Senior Grade One: Points of View)

2. 推论因果,重在解释事理,又有强调原因已经被熟知的含义。汉英表达推论因果的代表性构式是:"既然……就……"、since ... then ... 。如:

（38）这些话我本来想私下里对你说的,可是既然你这样白白糟蹋我的时间,我就不懂为什么你的父母不应该听到这些话了。(牛津版:高一下册第四单元第十一课《变形计(节选)》)

（39）初读,既然要领会意思,又要吟味情调,自然速度就不能快。(牛津版:高二下册第六单元第二十三课《古代散文学习漫议》)

（40）*Since* MP3 players were introduced in 1997, *then* people have taken them everywhere. (Oxford Edition: Unit Four of the First Volume in Senior

Grade One：More Reading)

（41）*Since* you're a historian，perhaps you could give us a brief historical perspective on this. （Oxford Edition：Unit One of the Second Volume in Senior Grade Two：Suffering to be Beautiful)

（42）*Now that* they are tough guys，you can try contacting the transport police. （Oxford Edition：Unit Five of the Second Volume in Senior Grade One：More Reading)

3. 汉英表达因果关系的格式比较。

1）无论是陈述因果还是推论因果，汉语的关联词语多以合用为主，而英语中则以单用为主。英语中有合用的表达推论性因果关系的结构是 since ... then ...，但更多的是单用连词 since，而通常情况下表结果的关联副词 then 则被省略了。

2）汉英表陈述因果的句子中，表原因的关联词语都是连词，表结果的关联词语有连词（"所以"、"因此"），也有关联副词"就"，而英语中表结果的连接词一般都是副词性关联词语，如 therefore、hence、so 等。汉英表推断因果的句子中，都是关联副词与连词的搭配使用，分别是"既然……就……"和 since ... then ...。

3）在汉语中，经常能看到"一定"之类的词出现在结果分句中，用来加强语气，而在英语中则很少见。

8.3.2.2 表心理关系

心理关系主要包括转折关系和让步关系。通过对汉英副词性关联词语在复句中表达心理关系的分析，不仅能够帮助学生探索句子中隐含的含义，也可以让他们更有把握地去抓住作者的真实写作意图。因此，为了提高学生的阅读理解能力，有必要对出现在高中课本阅读部分的副词性关联词语做具体的分析。

8.3.2.2.1　转折关系

1. 汉语常用连词搭配来表达转折关系,如:"虽然……但是……";英语中常用的也是连词,如 though、although、but 等。然而,在汉语中表达转折关系的还有一个关联副词"却",它经常跟"虽然"配合,构成"虽然……却……"的格式。"虽然"用在偏句中旨在肯定一个方面的事实,"却"用在正句中,引出另一方面的相反或相对的事实,"却"单独使用表转折关系,如:

(43) 听课虽然有趣而令人神往,但内心的恐惧却不容易消除。(牛津版:高二上册第一单元第三课《幼学纪事》)

(44) 它虽然曾经使我们惴惴不安,却渗透了一种不可取代的香味,真正的六月草莓的那种妙龄十八的馨香。(牛津版:高二上册第四单元第十二课《草莓》)

(45) She also taught them to believe that profits, *although* important, are not the only aim of a business. (Oxford Edition:Unit Six of the Second Volume in Senior Grade Two:Unique and Unconventional)

(46) *Though* necessary, landfills take up valuable space, often stink, and can leak harmful substances into the soil. (Oxford Edition:Unit Six of the Second Volume in Senior Grade Two:More Reading)

需要说明的是,汉语的关联副词在使用上要比英语中的关联副词灵活。"却"还可以跟"但是"搭配使用,在这种情况下,"但是"表转折,"却"起加强转折语气的作用。

(47) 但是,穷不是咱们的错,书却会使咱们拉低而人品不微,贫困而志向不贱。(牛津版:高二上册第一单元第一课《读书示小妹十八生日书》)

另外,"却"也可以单用,只是如果没有"虽然",转折语气就会减弱。如:

(48) 他觉得自己又重新进入人类的圈子,对大夫和锁匠都寄予了莫大的希望,却没有怎样分清两者之间的区别。(牛津版:高一下册第四单元第十一课《变形计(节选)》)

(49) 他正在困难地挪动自己,顾不上作任何观察,却听到秘书主任"哦"的一声大叫。(牛津版:高一下册第四单元第十一课《变形计(节选)》)

2. 汉英表达转折关系的异同。

1) 合用和单用

正如上文所述,汉语用关联副词表达转折关系的主要格式标志是关联词语的连用格式,如"虽然……却……"、"但是……却……"、"虽然……但是……却……"。在汉语中也有单用格式的,其单用的多是关联副词"却"。

然而在英语中却没有类似的关联副词的连用格式。英语是关联词语 though、although、but 等单用表示转折。although、though 一般位于从句的句首位置;but 用于主句句首。这些关联词语只能单用,不能合用,也就是说,用了 although 或 though,不能用 but,反之亦然。在英语语言学习中,大多数的中国学生对此种现象感到困惑,因此他们通常会在此问题上犯错误。这也是我们将汉英副词性关联词语在语言教学中的用法进行对比的原因之一,旨在纠正学生的错误认知,提高语言表达的准确性。

2) 倒装

汉语中,就整个复句的顺序来讲,单用"虽然"的,是倒装。倒装以后,句子就含有一种追补说明的意味,属重转复句。就偏句本身而言,是后置。例如:

(50) 我敢说他一定是病了,虽然他早晨硬说没病。(牛津版:高一下册第四单元第十一课《变形计(节选)》)

(51) 门是向他自己这边拉的,虽然已经打开,人家还是瞧不

见他。（牛津版：高一下册第四单元第十一课《变形计
（节选）》）

8.3.2.2.2 让步关系

1. 实际上,让步关系是"转折＋假设",全句含有一种转折的
心理关系,同时,表转折前事件的分句是假定的,因此,全句又含
有一种假设和推断的逻辑关系。

表达让步关系的代表性构式标志是：汉语中用"即使……
也……",英语中用 even if ... still ...。"即使"和 even if 表达退
让一步,"也"和 still 表示结果,它们通常不受前文状况的影
响。如：

(52) 即使现在,父母和你还在乡下,地分了,粮是不短缺了,
     钱却有出没入,兄虽每月寄点,也只能顾住油盐酱醋,比
     不得会做生意的人家。（牛津版：高二上册第一单元第
     一课《读书示小妹十八生日书》）

(53) *Even if* they were ten years younger, they *still* can't
     see any real point in discussing all these quaint old
     customs. (Oxford Edition：Unit One of the Second
     Volume in Senior Grade Two：Suffering to Be
     Beautiful)

2. 汉英表让步关系的比较分析。

1) 合用和单用

汉英都有让步句,汉语表达让步关系最常用的构式标志是
"即使……也……",而在英语中表达让步关系最常用的构式标志
是 even ... if ... still ...。汉语中表达让步关系的构式还有
"……,也……",省略了"既然",让步语气转弱,是让步关系的弱
式。相对而言,"即使……也……"可以看成表让步关系的强式。

(54) 2 的平方根（既然）是一个无理数,和圆周率类似,也不
     新鲜。（牛津版：高二上册第三单元第八课《说数》）

(55) 谁说数学太抽象? 即使抽象如复数,其应用也实际着
　　　呢。(牛津版:高二上册第三单元第八课《说数》)

通过比较汉英中表达让步关系的构式,我们可以看出二者
的区别如下:"即使"表转折前事件时可以省略,如例(55)可以
转换成"谁说数学太抽象? ＊抽象如复数,其应用也实际着
呢"。然而,在英语中,单词 still 通常在表达转折前事件中被
省略。

2) 不同的副词性关联词语有不同的口气

在英语中,与 even if 同义的关联词语是 even though,它与
still 搭配同样表示让步关系。然而,二者之间的区别在于:even
if 的语气比 even though 强,且 even if 用的次数比 even
though 多。

汉语表示让步关系的关联词语中,"即使、即便、即令、即或、
纵使、纵然、就算、就是"这些词语表示的让步关系也有强弱。一
般来说,"即使、纵使＞即便、即令、即或、纵然＞就算、就是"。其
中"即令、即或、纵使、纵然"有文言味,即书面色彩重一些,"就算、
就是"有白话味,即口语色彩重一些。

3) 倒装

汉语中,同表转折关系的"虽然"的用法一样,表达让步关系
的"即使……也……"已经成为固定搭配,单用"即使",不用"也"
的情况只出现在倒装句中,倒装后有一种补充说明的含义。
例如:

(56) 可是他并不想开门,所以暗自庆幸自己由于时常旅行,他
　　　养成了晚上锁住所有门的习惯,即使回到家里也是这样。
　　　(牛津版:高一下册第四单元第十一课《变形计(节选)》)

(57) 他最担心的还是自己控制不了的巨大响声,这声音一定
　　　会在所有的房间里引起焦虑,即使不是恐惧。(牛津版:
　　　高一下册第四单元第十一课《变形计(节选)》)

8.3.2.3 表事理关系

事理关系主要包含两个方面：并列关系和选择关系。通过对那些表达事理关系的副词性关联词语进行分析,学生也可以从中得到益处。具体来说,就提高学生的阅读理解能力而言,学生可以通过那些表达事理关系的关联副词来推断新词的含义以及理解不同语言表达之间所暗含的关系。在下文中,将会通过具体的例子来进行解释,以便让读者能够认识到这些词的重要性,并且能够在语言输出行为中灵活地运用它们。

8.3.2.3.1 并列关系

1. 用和不用

在汉语中,并列复句最常见的格式是不用关联词语。因此,用上关联词语就有一种强调或者凸显的口气。换句话说,不用关联词语是无显性标记的,加上关联词语则是有显性标记的。如：

无显性标记的：

(58) 你帮我,我帮你。

加上关联副词,就有了显性标记,可以看成是强式：

(59) 你帮我,我也帮你。

与汉语相反,英语中很少见完全不用关联词语的并列复句。汉语以不用为多的句子,在英语中通常要加 and。如例(58)可以转化成 You help me and I help you。

2. 单用和合用

在汉英并列句中,可省略一部分经常连用的关联词语。汉语单用"又"、"也",而在英语中,单用关联词语表并列,用 and。夸克(1985)认为：英语中连接分句表并列关系最常用的是 and、or、but。and 和 or 是中心并列连词,而 but 在某些方面与它们不同,如 but 最多只能连接两个分句,而 and、or 却可以连接两个或者两个以上的分句。

其次,汉语并列关系的表达形式,可以连用同一个关联副词,

如"又……又……"、"也……也……"，英语中则只有 A and B，A
(，)和 B(，)and C 的格式。如：

（60）They have eye operations，facelifts *and* many other
　　　operations just to make other people think they are
　　　more beautiful.（Oxford Edition：Unit One of the
　　　Second Volume in Senior Grade Two：Suffering to Be
　　　Beautiful）

（61）He took his hat from the peg，*and* placed it on his
　　　head，said "Good afternoon"，*and* departed for home.
　　　（Oxford Edition：Unit Two of the Second Volume in
　　　Senior Grade Two）

　　需要指出的是，如果关联词语合用，则强调作用越突出。表
并列关系的合用格式，汉语是"既……又……"和"既……
也……"，英语则用 neither … nor …。如：

（62）但是他既不能作不平之鸣，也不能发怨谤之声，只好把
　　　种种复杂的感情通过为李陵的祖父一代名将李广立传
　　　抒发出来。（牛津版：高二上册第二单元第五课《无韵
　　　之〈离骚〉》）

（63）既不循环，又无终结，所以包含着无限的信息。（牛津
　　　版：高二上册第三单元第八课《说数》）

　　在英语中，nor 后面如果是一个小句，则要使用部分倒装格
式，这将会在下文中进行说明。以上是两个关联词语的合用，在
英语中还存在三个或者三个以上合用的情况。

8.3.2.3.2　选择关系

　　选择关系可以是二选一，也可以是多选一。汉语中常用的搭
配是"或者……或者……"、"要么……要么……"、"……还
是……"，这些都是连词。而英语中相应的关联词语是 either …
or …，是关联副词与连词的搭配。这个格式连接的语言单位结

构相同,可以是词/短语,也可以是小句,具体内容将在下文进行阐述。

8.3.3 汉英特殊类词语的案例研究

本章主要对汉英特殊类词语中的典型词语作了案例研究,大部分的例子来源于高中教材中的阅读部分,因此我们可以根据学生的认知能力和学习需要来分析和解释这些词语的用法。本研究选取了三类词语来做案例比较分析,它们分别是汉语"四字格"和英语"四词格","尤其是"和 especially 以及汉英"侥幸"类词语。选取这些词语的原因如下:首先,这三类词语都分别具备自身的特点,例如"四词格"和"四字格"都是特殊的语言结构,它们都具有修饰功能,并以"三美"而闻名——音美、形美、意象美;"尤其是"和 especially 也有其典型的用法,它们可以体现出汉英副词性关联词语的典型性特征;"侥幸"类副词性关联词语则在不同的位置表达不同的含义;其次,这三种类型的词语在高中阅读材料中出现的频率较高,很少有学者从语篇分析和语用功能上来分析这些词语。因此,本研究具有一定的实用价值和创新性。此外,这些词语都具有修饰功能,它们可以表达语言单位间的逻辑意义,可以帮助学生根据这些词语来推测作者的写作意图,如果学生能够较好的掌握这些词语,那么他们的阅读理解能力将会逐步提高,这也正是我们进行大量调查和比较分析的目的所在。同时,也是再次验证我们前面几章对这三类词语研究的目的所在。具体的分析和解释将会在下文阐述。

8.3.3.1 汉英"四字/词格"的比较

本章着重研究从高中教材中选取的"四字格"和"四词格"的应用及比较。主要目的在于探究它们在语篇衔接中所具有的特性和独特用法,强调它们在篇章中具有的紧凑、简洁和修辞的作用。或许有人会问为什么在汉语中叫做"四字格",而在英语中叫做"四词格",原因主要在于词的划分。在汉语中,一个音节就是一个字,且汉语词典就是以字为单位,因此取名为"四字格"。在英语中,一个单词可能含一个或一个以上的音节,且英语词典以词为单位,因此我们称其为"四词格"。国内外有很多学者已经研究过"四字格"和"四词格"。如在汉语界的学者齐沪扬(2001)对汉语的四字类固定短语进行了讨论,认为这类仿造的成语有特定的格式和功能,它们是由于交际需要临时创造出来的;张谊生(2002)提出了"类固定词语主要是指一些准凝固性的四字格短语";陈昌来等(2007)从句法,语义和语用等方面探讨了类固定短语的格式特点。英语界的学者原苏荣(2012)比较了汉语的"四字格"和英语的"四词格"的共性与差异之处。然而,这些学者并没有将这一语言现象与语言教学相联系,他们仅从语言学的角度来研究,事实上,只有我们对此类词进行系统全面地研究,才能揭示其在语言教学中的实际价值。

其次,"四字格"和"四词格"的概念都是基于构式化理论。也有一些学者研究了这一理论。Bloomfield(1931/1984)认为"构式"是指一个语言表达式的语法特征,即一种语法结构形式。Fillmore(1988)提出语法构式是指任何在语言中被赋予一种以上规约性的句法表征。Goldberg(2005)认为语法是由构式组成的,他把构式定义为形义结合的整体,凸显了构式的整体性以及对语言的普遍性研究。

8.3.3.1.1　汉英"四字/词格"中副词性关联词语的框架成分

汉语中存在一种特殊的四字格式,它们可以独立使用,内部结构紧密,一般不能够拆分或者添字,否则便丧失意义的完整性,这种格式从古代汉语传承到现代汉语中,并且数量不断地增加,使用的频率也越来越高。"成语"是人们最为熟悉的典型代表,其结构类型属固定短语,并且在句子中起到关联作用。下面我们以高中教材中出现的"四字/词格"短语为例,来具体说明其

用法,如:

1."独往独来"

(64)只见他仍然是一介寒儒,书生本色,没有带秘书,也没有带随从人员,那么大年纪了,还是像一个老留学生,一个人独往独来。(牛津版:高二上册第四单元第十一课《我所认识的蔡子民先生》)

这里的"独往独来"是由成语"独来独往"衍生而来的,虽然语序颠倒,但仍被定义为成语,并且二者意思保持不变。像此类的成语还有"亦步亦趋"等。还有一种变化形式我们称其为"类固定短语",它们保留了一些成分,形成框架,框架的部分大都是副词的非连续性叠用,也就是我们所提到的副词性关联词语。如:

2."忽……忽……"

(65)另一条鲨鱼原是忽隐忽现的,这时又张开了大嘴扑上来。(牛津版:高三上册第三单元第十课《老人与海》)

这里的"忽隐忽现",不仅构式简练,而且起到了很好的修辞效果,这种类型的固定结构在汉语中还有很多。

3."不……不……"

(66)孩子不哭不闹,光是瞪着眼睛看窗户上的树影。(牛津版:高一上册第二单元第四课《边城》)

(67)陆虞侯告道:"不干小人事;太尉差遣,不敢不来"。(牛津版:高一上册第六单元《林教头风雨山神庙》)

(68)印书的合同,是明明白白的,但我不愿意到那些不明不白的地方去辩解。(牛津版:高一下册第三单元第十课《哦,香雪》)

(69)千载之下,仍然能使读者不知不觉跟着作者去爱,去恨,是其所是,非其所非。(牛津版:高二上册第二单元第五课《无韵之〈离骚〉》)

例子中的"不哭不闹"、"不言不语"、"不明不白"、"不知不觉"都是典型的由副词性关联词语组合而成的"四字格"，它们结构凝练，言简意赅，含义易懂，充分体现了汉语的韵律性特点，是现代汉语篇章中常用的词语。除此之外，在高中课本中，还有很多这样构式的词语，如："不可不察"、"不能不为"、"不声不响"、"不屈不挠"、"不偏不倚"等。

需要说明的是，汉语的"四字格"和英语的"四词格"有一定的对应。例如，英语 neither haughty nor humble，译成汉语则是"不卑不亢"，二者在性质上是一样的，都属于关联副词，除此之外，还有一些以副词性关联词语为框架的英语的"四词格"，具体如下：

(70) half-genuine，half-false（半真半假）

(71) half-believing，half-doubting（半信半疑）

然而，这种词语在英语中是非常少见的，还有一种情况是英语中的类固定短语，可以翻译成汉语的"四字格"，其中作为语法框架的都有副词成分，但不像汉语中的"四字格"那样，构成非连续性的关联成分，只能说是非常宽泛意义上的副词性关联词语。如：

(72) the more，the better（越多越好）

(73) neither too much nor too little（不多不少）

(74) not bother to ask or listen（不闻不问）

(75) rise and fall in turn（一起一落）

这种固定短语在英语中很少，原因可能跟文化审美有关，中国尚同，英美尚异，汉语自古以来就重视使用修辞手法，如排比，比喻，重复，对偶等，这些修辞手法使得词语平仄交错，简洁明快，句子琅琅上口，言简意赅。而英语则重视个性，同一个意思可以用很多单词来表达，并且单词在结构上有长有短，因此很难达到对称的结构。在英语中除了 neither ... nor ...与汉语"四字格"

对应可以称为"四词格"外,其他都有不同的表达形式。这也是需要我们收集语料进行分析的语言现象之一。

8.3.3.1.2   汉英"四字/词格"中副词性关联词语的类型分析

在汉语中,有不同类型的"四词格",而在英语中,只有这五种格式类型,分别为 neither ... nor ...、either ... or ...、both ... and ...、half ... half ... 和 now ... now ...。为了对汉英阅读材料中出现的"四字格"和"四词格"有更好的理解,并且让学生能在语言输出行为的过程中正确地使用这些词语,现做以下总结:

1. 同一个副词连用

在汉语中,同一个关联副词连用作"四字格"的语法框架有很多,上文例(64)、(65)、(66)中的"独……独……"、"忽……忽……"、"不……不……"结构都属于同一个关联副词连用的情况,除此之外,还有一些其他类似这种构式的"四字格",如:

"现……现……"、"半……半……"、"可……可……"、"非……非……"、"亦……亦……"、"也……也……"、"又……又……"、"一……一……"、"越……越……"、"愈……愈……"、"渐……渐……"

下面以实例来加以阐述:

1)"可……可……"

(76)七言古诗,包括包括七言歌行在内,是中国古典诗歌中形式最灵活,语言最流畅的一种体裁,它的篇幅可长可短,但一般都多于八句。(牛津版:高一下册第六单元第二十二课《诗赋论》)

"可……可……"结构嵌入的成分一般为相对的词语,即二者之间是相反的意义。词语被嵌入到这个结构之后既可以表现出事物的状态,同时也呈现出一种选择性,是汉语修辞中常用的结构形式。

2)"又……又……"

(77) 苇眉子又薄又细,在她怀里跳跃着。(牛津版:高三上
册第一单元第三课《荷花淀》)

除这个句子之外,高中课本中还出现了这些四字格:"又宽又
大"、"又密又精"、"又高又瘦"、"又高又壮"、"又高又陡"。由此可
以看出,"又……又……"的结构在篇章中是很常见的表达方式,
无论对人,对事或对物都起到了一定的强调作用。

3)"一……一……"

(78) 它和它的十几户乡亲,一心一意掩藏在大山那深深的褶
皱里,从春到夏,从秋到冬,默默地接受着大山任意给予
的温存和粗暴。(牛津版:高一下册第四单元第十课
《哦,香雪》)

需要说明的是,这里的"一……一……"结构起到的是修饰作
用,而不是数词①。二者虽然在结构框架上保持一致,但在短语中
起到的作用却有明显的区别,在对其进行分析时,要特别注意,不
要混淆。

在英语中,也有同一个副词连用作副词性关联词语的情况,
但数量要比汉语中少的多,如例(70)、(71)中的 half ... half ...
结构,再如 now ... now ...(忽……忽……)格式,虽然英语中也
存在这种情况,但与汉语相比,数量要少很多,这种修辞对比是语
言学中很有趣的一个现象,原因多数在于汉、英民族的修辞倾向
和表达习惯的不同,汉民族的人喜用"四字格",因为其形式工整,
音韵匀称,具有很强的修辞效果,而英语崇尚言以简洁为贵,不屑
文字的堆砌,但重音节、重节奏。

---

① "一长一短"、"一高一低"、"一左一右"等这类的类固定短语中的"一"是数词,
因此这种结构下的"一……一……"不是副词性关联词语。

2. 不同的关联副词搭配使用

汉语中也有不少"四字格"是采用不同的关联词语搭配的结构框架,但在嵌入的成分上有所差别,具体可以分为以下几类:

1)嵌入的成分是同一个动词或形容词。如:

一拖再拖、一等再等、一错再错、一写再写、
半理不理、半懂不懂、半听不听、半白不白

(79)写生首先要了解物理,观察物态,体会物情,必须要一写再写,写到没有错误为止。(牛津版:高三下册第二单元第五课《画说》)

在"一写再写"的结构中,"一······再······"是副词性关联词语,分别修饰动词"写",而嵌入的成分是同一个动词,这种形式在汉语中也不多见,但据现有考察,在英语中没有这种结构。

2)嵌入的成分是不同的词。

①嵌入的成分是动词,词性相同,前后成分意义相似、相对或者不同。如:

一蹶不振、一定不易、一去不返、一学就会、一开就谢、一教就会、一请就到、一说就懂、一推就倒、一点就通、一拍即合、一招即来、非打即骂、非偷即抢

英语中类似的框架有 neither ... nor ... 和 either ... or ...,嵌入的成分可以是动词原形,如:

(80)Eventually they *either* become part of the original tree trunk *or* become separate tree trunks. (事实上,它们要么成为原始树干的一部分,要么就变成分离的树干。)
(Oxford Edition:Unit Three of the Second Volume in Senior Grade One:The Interesting World of Plants)

(81)*Neither* sorrow *nor* regret followed my outburst. (伴随我情绪爆发而来的,既不是悲伤,也不是遗憾。)
(Oxford Edition:Unit Six of the Second Volume in

Senior Grade Three：The Story of My Life）

由例(80)和(81)可以看出，become 是动词原形，sorrow 和 regret 本身多用于形容词，在这里用作动词，表示"感到悲伤，感到遗憾"的意思。但我们同时可以清楚地看出，英语中的结构并不像汉语那样凝练，翻译成中文也体现不出汉语"四字格"的结构，这也正是汉英"四字/词格"的差异所在。

② 嵌入的成分为形容词，汉语中常见的"四字格"有如下几类。如：

非好即坏、非真即假、半新不旧、半大不小、不卑不亢、不伦不类

(82)前五句罗列头上各部分，用许多不伦不类的比喻，也没有烘托出一个美人来。（牛津版：高三下册第二单元第六课《你为什么会感到愉快—从生理学观点谈美与美感》）

例句中的"伦"和"类"都是形容词，在句子成分中起到修饰作用，英语中也可以嵌入形容词，有时也可以嵌入介词、名词。嵌入介词的用法在汉语中是没有的，这反映了跨语言间词类的差异。鉴于高中课本中没有出现这些情况，在此不再赘述，但在外国名著中，这类"四词格"是存在的，如有兴趣，可自行查阅分析。

3. 关联副词与连词搭配使用

汉语"四字格"中有关联作用的副词与连词搭配使用的常见构式只有"不……而……"、"一……而……"两个。如：

一跃而上、一哄而散、一怒而去、一望而知、一扫而光、一挥而就、不约而同、不言而喻、不劳而获、不一而足、不期而遇、不谋而合

(83)那只黄狗便口衔绳子，最先一跃而上，且俨然懂得如何方称尽职似的。（牛津版：高一上册第二单元《边城》）

(84)其实并没有什么口令，也没有人想到得到什么口令，他

们每一个人都怀着自发的敬仰之心，不约而同地一起站起来了。（牛津版：高二上册第四单元第十一课《我所认识的蔡子民先生》）

例（83）和（84）中的"一跃而上"和"不约而同"都属于与连词搭配的"四字格"，表示动作的前后相继，也隐含着因果关系，这些词现多用于成语。而英语中常见的此类的"四词格"是 both … and … 的关联构式。

（85）Digital technology makes *both* the picture *and* the sound clear. (Oxford Edition：Unit Four of the First Volume in Senior Grade One：More Reading)

（86）I have experienced *both* good *and* bad tutorial centers. (Oxford Edition：Unit Two of the First Volume in Senior Grade Two：Tutorial Centers)

（87）Seldom do people think about the real dangers of this obsession with looks，*both* from eating disorders *and* from having surgery. (Oxford Edition：Unit One of the Second Volume in Senior Grade Two：Suffering to Be Beautiful)

（88）Sunqiao is *both* an experimental research facility *and* a business enterprise. (Oxford Edition：Unit Six of the First Volume in Senior Grade One：The Changing Colours of Our Crops)[①]

从例（85）、（86）、（87）、（88）可以看出，both the picture and the sound 中的 picture（图片）、sound（声音）均是名词；both good and bad 中的 good（好的）、bad（坏的）均是形容词，both from

---

①　说明：例（80）、（85）、（86）、（87）和（88）都不是严格意义上的"四词格"，这里聚焦于嵌入关联构式中的主要紧接成分。

eating disorders and from having surgery 中的 from eating disorders(自进食障碍)、from having surgery(自外科手术)均是介词短语。除此之外,还可以嵌入动词,因此英语中的这类"四词格"要比汉语中的"四字格"相对灵活。

8.3.3.1.3 汉英"四字/词格"在高中课本中的数据统计

为便于读者更加清楚地了解汉英"四字/词格"的应用频率,我们将其用表格形式加以统计,具体如下(表1、表2):

表1 牛津版高中语文教材中"四字格"的应用频率统计

年级册数/单元	第一单元	第二单元	第三单元	第四单元	第五单元	第六单元
高一上册	1	2	2	无(诗歌)	无(古诗)	1
高一下册	1	1	1	6	无(古文/古诗)	1
高二上册	2	1	2	5	无(古诗)	无(诗词)
高二下册	6	3	1	无	无(古文)	1
高三上册	3	1	2	2	无(古诗)	无(古文)
高三下册	8	2	1	无(戏剧)	无(古文)	五(古文)

表2 牛津版高中英语教材中"四词格"的应用频率统计

	高一第一学期	高一第二学期	高二第一学期	高二第二学期	高三第一学期	高三第二学期
应用频率	1	3	3	3	0	4

从表1可以得出以下结论:年级越高,课文中出现的"四字格"情况越多,这说明,年级越高,学生的语言表达能力和认知能力都有提高,无论是在理解上,还是在应用上,学生都能灵活掌握它们。需要说明的是:本章对"四字格"的统计数量并不包含一篇文章中重复出现的同一个"四字格",另外,我们也可以看出,在有

文言文、古诗、戏剧、诗词这样体裁的单元中，没有出现"四字格"现象，足以说明，在高中阶段"四字格"只能用在现代文中，因此学者无需对其进行历时考察。

从表2中，我们可以看出英语中的"四词格"现象本身数量并不多，所以不再以单元数统计，我们可以看出其分布数量大体比较均匀（除高三上册外），这也同时说明，由 neither ... nor ... 等引导的"四词格"现象，本身并没有单词和用法上的难度，也不会随年级的增加而出现次数增加，而是取决于具体的语境和表达需要，对学生来说没有难度。从表1和表2的比较来看，正如上文所提到的那样，汉语中的"四字格"要比英语中的"四词格"用的多，而且用法比较灵活，但各自都存在自身的局限性。

8.3.3.2 "尤其是"和 especially 在阅读中的比较

8.3.3.2.1 选取"尤其是"和 especially 作个案比较的原因和目的

选取这两个词作个案比较分析主要基于以下原因：第一，这两个词是人们交际中使用频率较高的词语；第二，它们虽然是非典型性的副词性关联词语，但其用法比较典型，能体现汉英副词性关联词语的使用特点；第三，本研究在选题上具有创新性，尽管有前人已经对"尤其是"和 especially 分别进行了研究，但是他们更关注从句法、语义和语用的角度来分析。本章是从其在教科书中的阅读语篇中所体现的语用功能和修饰功能上来研究这类词语，并试图探求其表面含义和内在含义的差别。

目的在于所有的比较研究都是为了给教师和学生以教学启示做铺垫。如果教师能对这类词语有一个全面的认知，他们就可以引导学生理解这些词语在句子中的含义，学生不仅可以掌握语言单位间的语义关系，也可以更恰当准确地去使用这类词语。

8.3.3.2.2 "尤其是"和 especially 的语用功能比较

语言教学的目的之一是让学生更好地掌握语言本身和语言

使用规则,尤其是当语言处在具体的情境中。教师和学生都应该能够分析同一个词在不同语境或者不同位置中所表达的不同含义。这也正是语言教学的实质所在。因此,为了让学生更好地理解和使用这类词语,我们从三个方面进行阐述:焦点标记功能、强调功能和简练功能。

1. 焦点标记功能

焦点是说话人或作者试图强调的信息,是关注的中心、表达的重点。从语用角度看,"A 尤其是 B"和 A *especially* B 都有通过对比来强调突出 B 项的,说话人通过强调部分与句子的其他部分形成强烈的对比,吸引说话人或者读者的注意力。"尤其是"和 especially 在句子中或语篇中所连接的成分高度凸显就成为信息焦点,换句话说,"尤其是"和 especially 后面所连接的部分,也就是说话人的语义重心。B 项被"尤其是"和 especially 修饰后,便成为信息焦点,就具有了焦点的功能。因此,我们把"尤其是"和 especially 看成是焦点标记。详见下例:

(89)鲁迅先生家里生客人很少,几乎没有,尤其是住在他家里的人更没有。(牛津版:高一下册第二单元第四课《回忆鲁迅先生》)

(90)由于历来的经验,我知道青年们,尤其是文学青年们,十之九十感觉很敏,自尊心也很旺盛的,一不小心,极容易得到误解,所以倒是故意回避的时候多。(牛津版:高一下册第三单元第八课《为了忘却的纪念》)

(91)平常我们谈论较多的是作为科学家的爱因斯坦,而对艺术家和哲学家的爱因斯坦则较少提到,尤其是对爱因斯坦与艺术的关系,几乎没有触及、发掘。(牛津版:高二上册第三单元第七课《爱因斯坦与艺术》)

(92) Scientists warn us that a lack of certain kinds of food is dangerous, *especially* for children. (Oxford Edition:

Unit Five of the First Volume in Senior Grade One：More Reading)

(93) In the USA，children，*especially* teenagers，are often big spenders. (Oxford Edition：Unit Six of the Second Volume in Senior Grade One：More Reading)

从上面的例子中，我们可以看出，"尤其是"和 especially 在句子中所标记的焦点都是其后面部分，这些焦点可以是任何成分。如例(90)和(93)中的体词"文学青年们"和 teenagers；例(89)和(91)中的短语"住在他家里的人"和"对爱因斯坦与艺术的关系"；例(92)中的介词短语 for children。此外，焦点还可以是分词短语，称为非谓语动词作焦点。这些凸显强调的成分即信息焦点都是作者或说话人表达的重点，也是吸引读者或听话人关注的中心。

2. 强调功能

在复句中或语篇中，"尤其是"和 especially 的基本语用功能是表示对 B 项的强调。在非包含性特提句中，A 项或是提出一种陈述(如例(94))，或是列举几种存在的事物(如例(95))，"尤其是"引出一个特提强调的内容——B 项。在包含性特提句中，A 项表达大范围的发展变化，"尤其是"引出特提的内容，具有强调意味，如例(92)、(93)。在特提举例和进层型特提句中，B 项是特提举例或者进一步分析，也有强调意味。例如：

(94) 况且，瓦连卡长得不坏，招人喜欢；她是五等文官的女儿，有田产；尤其是她是第一个待她诚恳而亲切的女人。(牛津版：高三下册第一单元第三课《套中人》)

(95) 但是，关于机器人智能与人类智能的话题，在科学界始终存在着一些不同意见。尤其是近年来随着生命科学的不断发展，一些科学家甚至提出要对"机器人"重新下定义，将可能出现的"克隆人"也规划在机器人的范畴之内。(牛津版：高二下册第四单元第十三课《走向 21 世

纪的机器人》)

(96) 有些批评家说,中国的文人学士,尤其是诗人,都带着很浓厚的颓废色彩,所以中国的诗文里,颂赞秋的文字特别的多。(牛津版:高二下册第一单元第一课《故都的秋》)

3. 简练功能

"尤其是"和 especially 在语用上都能起到使语言简练的功能,而这种简练的结果主要由以下两个原因造成的:合并同类项和省略。

1) 合并同类项

如下面的例子所示,例(97')和(98')经过合并同类项,可以紧缩成例(97)和(98)。

(97) 因为,语言规律是概括的,而且容许例外,对于某一具体语句,尤其是词,它常常不能告诉你究竟表示什么意思。(牛津版:高二下册第六单元第二十三课《古代散文学习漫议》)

(97') "因为,语言规律是概括的,而且容许例外,对于某一具体语句,尤其是词(它的语言规律不仅是概括的,而且是例外的),它常常不能告诉你究竟表示什么意思"。

(98) Scientists warn us that a lack of certain kinds of food is dangerous, *especially* for children. (Oxford Edition: Unit Five of the First Volume in Senior Grade One: More Reading)

(98') "Scientists warn us that a lack of certain kinds of food is dangerous, *especially* for children(a lack of certain kinds of food is dangerous.)"

2) 省略

通常情况下,我们为了避免表达上的累赘,省略一些成分,尤其是当引进的是体词性短语特别是名词短语时,其中的谓语中心语如果和前项小句的谓词中心词相同,就可省略谓语(如例(99));当引进的是介词短语时,常省略或隐含了前项小句中的主语和谓语成分,如例(98);当引入的是谓词性短语时,通常省略的是主语,如例(91)中省略主语"我们"。

(99) 值得注意的是,中国的叙事研究是建立在优秀叙事作品基础上的,尤其是典型人物研究,所涉及的理论往往不是从抽象的哲学命题出发,所以更具有美学价值。(牛津版:高三下册第一单元第四课《典型》)

8.3.3.3 汉英"侥幸"类副词性关联词语比较

"侥幸"类副词性关联词语是指在句子或语篇中表达有利条件的词语,包括汉语中的"幸亏"、"幸而"和"好在"以及英语中的fortunately、luckily 和 happily。一些学者已经从语言学的角度研究过这类词语。比如原苏荣(2013b)从句法、语义和语用功能方面分析了这些词语的功能。本章集中研究从高中课本中选取的"侥幸"类副词性关联词语,并对其进行分析。

1. 焦点标记功能

众所周知,每个句子都有其强调的部分,尤其是在复句中,强调的部分通常都暗含了作者的意图,每个句子中的焦点标记也恰好可以帮助我们找到从句或者复句中的关键信息点。因此,找到焦点标记是很有必要的。从语音层面来说,信息的焦点通常是反映主要声调变化的部分,例如主升调/降调或者方向的改变。从语句上来看,很难找出句中的焦点成分,但是我们可以从语篇的具体语境中推断信息的焦点。

杨亦鸣曾用三个例子来讨论副词"幸亏"指向的焦点:

(100) 幸亏你提醒了他,(不然他早就忘了)。

(101) 幸亏你提醒了他,(你提醒别人是没有用的)。

(102) 幸亏你提醒了他,(别人提醒他,他是不会理睬的)。

从上述例子中,我们可以清楚的看到分句"幸亏你提醒了他"

存在语用歧义。同时,我们也发现汉语的语言是非常灵活的,不同的焦点有不同的含义,判断焦点的标准之一是根据上下文的语境,因此我们在做阅读理解练习时必须通过上下文来推断含义。下面的例子是用来让学生对句子中的焦点有一个更好的理解。

(103) 母亲惊惶了几个月,昼夜守着我,一换药就说:"怎么会烫了呢? 我还直留神呀!"幸亏伤口好起来,不然她非疯了不可。(牛津版:高一上册第二单元第五课《合欢树》)

(104) 飓风起兮白浪滔天,海上船只倾覆,人或成鱼鳖。好在泱泱大陆,罕见飓风。(牛津版:高一下册第三单元第九课《自然笔记》)

(105) 在阿Q的记忆上,这大约要算是生平第二件的屈辱。幸而拍拍的响了之后,于他倒似乎完结了一件事,反而觉得轻松些,而且"忘却"这一件祖传的宝贝也发生了效力,他慢慢的走,将到酒店门口,早已有些高兴了。(牛津版:高三上册第一单元第一课《阿Q正传(节选)》)

(106) I've never really liked snakes and was afraid it would bite me. *Luckily*, it seemed very tame. (Oxford Edition: Unit Three of the First Volume in Senior Grade Three: Travel)

(107) Since they were city folk, they had no idea how to farm or hunt for food. *Fortunately*, the local American Indians were very friendly. They helped these Pilgrims and taught them how to survive. (Oxford Edition: Unit Four of the First Volume in Senior Grade Three: More reading)

从上文的例子中,我们可以通过对上下文的理解并找到句子中的焦点。在例(103)中的焦点是"好",我们可以从紧接着的词语"不然"中推断出来。例(104)中的焦点是"罕见飓风",因为在这个句子中没有其他的成分能帮助我们推断出此焦点。例(105)中的焦点是"拍拍",我们可以从短语"反而觉得轻松些"推断出来。例(106)中的焦点是 tame,因为在这个句子中没有其他的成分能帮助我们推断出此焦点。在例(107)中,我们可以清楚的看到焦点为 friendly,这将引入下文的结果。如上所述,在汉语中,人们倾向于用这类词来表达积极的影响,我们将这种特性归因于文化背景"趋利避害"的影响。它能帮助我们找到句子中强调的焦点信息。

2. 主观化功能

一般来说,在交际中,交际主体是客观性和主观性的统一体,因为语言必须通过主体的视角来表征现实。如前文所述,本章研究的副词性关联词语反映了语言的人际功能。所谓的主观化功能是指该类词语能够表达说话者的情感和态度,表达讲话者对相应命题的积极肯定的态度,并具有侥幸的含义。它们帮助听话者对内容作出反应,引导他们对内容进行组织、解释和评论。例如:

(108) 他并没有力气运送什么货物。幸亏有一位老先生愿把自己降格为"货",让老王运送。(牛津版:高一下册第一单元第一课《老王》)

(109) 好在《史记》不是编年史,那个时期的重要史实都记载于当时的文臣、武将,甚至匈奴、大宛、南越的列传。(牛津版:高一下册第二单元第五课《无韵之〈离骚〉》)

(110) The doctor smiled. "Well, *luckily* the orchids come from some land which you own, sir, so there won't be any difficulty finding them. They're from a place in South America known as Pakan Valley". (Oxford Edition:Unit Five of the Second Volume in Senior Grade Two:Green Orchids)

(111) Asians whose diets are like westerner's experience

more disease and weight problems. *Fortunately*,
many Asians who are aware of this development are
paying closer attention to their diets than ever
before. (Oxford Edition：Unit Six of the First
Volume in Senior Grade One：More Reading)

从上面例子中,我们可以总结出:例(108)中的"一位老先生愿把自己降格为'货',让老王运送"可以被视为偶然事件。"幸亏"表达了讲话者对后面事实的肯定态度,有侥幸的意味,例(111)的 fortunately 表明说话者对事实 many Asians who are aware of this development are paying attention to their diets than ever before 感到欣喜,是好事。其余两例也一目了然。

通过对这些副词性关联词语的分析,学生可以真正猜测到作者的写作意图。这些词语本身就具有很强的感情色彩,如果学生能够正确地理解和使用该类词语,他们的阅读能力就会逐步提高,这正是本研究的目的所在。

3. 强调功能

在交际中,讲话者运用某些手段凸显重要信息,表达强烈的情感和态度来吸引听话者的注意力,增加交际效果。据语料考察,该类词语多出现在小句之间。同汉语副词性关联词语相比,英语副词前通常会出现逗号。如前文所述,该类词语可以表示转折含义。该类词语后的信息相对于它们前面的是新的信息,并且能够起到标示新信息的作用,在一定程度上帮助听话者预测后面的内容,例如:

(112) 大船追的很紧。幸亏是这些青年妇女,白洋淀长大的,她们摇得小船飞快。(牛津版:高三上册第一单元第三课《荷花淀》)

(113) 到了冬天,暖气烤不了窝头,冷餐总不舒服。幸好,"殿堂"之外的院子里有一间小厕所。(牛津版:高一下册

第一单元第三课《幼学纪事》）

(114) 至若暴风(11级)来时，汽船航行便愈加危险，幸好陆上暴风骤雨尚少，否则人寰楼宇损毁大也。（牛津版：高一下册第三单元第九课《自然笔记》）

(115) *Luckily*, in the 1850s, these hats went out of style and the beavers were saved. (Oxford Edition：Unit Three of the First Volume in Senior Grade Two：Fashion)

从上面的例子中，我们可以看出它们都出现在信息单元之间，表示新旧信息的界限，唯一的区别就在于逗号的使用，例(113)中，新信息前有逗号，而例(103)、(104)、(105)、(108)、(109)、(110)、(112)、(114)中的新信息前却没有逗号。因此我们可以得出结论大多数的汉语"侥幸"类副词前没有逗号，在例(107)、(111)和(115)中的新信息前有逗号，说明在英语中通常使用逗号来标示句子结构。在语言表达中，逗号通常用来表示停顿，表明听话者可以有思考的时间，在书写中也同样如此。当副词后有逗号，强调功能就表现的尤为明显。总之，英语中的副词表示的强调功能更为明显。在英语阅读教学中，如果学生能够掌握这些词语的功能，他们就能很容易了解作者的意图，进一步提高其阅读理解能力。

8.4　上海地区高中英语教材中副词性关联词语的比较

8.4.1　副词性关联词语在新世纪版和上海牛津版教材中应用情况考查

根据副词性关联词语判断标准（原苏荣，2015：14）：1.从单用、合用和位置来判断。2.用在谓词性成分之前，又能用于句首。如：语气副词。3.在语篇中，当副词性关联词语接应句子、段落等时,尤其适合于句首位置。我们统计归纳出在新世纪版和上海牛津版高中一年级第一学期英语教材中副词性关联词语的应用情况,具体见表3。

表3　两个版本教材高中一年级关于副词性关联词语的应用情况统计

功能类型及其词语			《英语》（新世纪版）	《英语》（牛津上海版）
表时顺	先时	at first	1	0
		first	2	0
		now	1	0
	后时	soon（相承）	1	0
		then（相承）	10	3
		later（相承）	4	0
		shortly after（相承）	1	0
		immediately（紧接）	1	0
		therefore（紧接）	1	0
		at once（紧接）	1	0
表转折	对立	however	8	2
	否定	as a matter of fact	0	1
	补充	however	2	4
		actually	1	0
	意外	all of a sudden	1	0
		suddenly	0	1
表结果		therefore	1	1
		so	1	0
		finally	4	2

续 表

功能类型及其词语			《英语》（新世纪版）	《英语》（牛津上海版）
表加和	例外	only	3	0
		just	3	0
	并列	also	1	9
	后重	even	2	0
	特提	especially	2	1
		specially	1	0
表解释	确认	certainly	1	0
	补证	naturally	1	0
		really	1	0
表推论		probably	2	0
		generally	1	0
表发音		perhaps	2	0
表条件	有利条件	fortunately	0	1
	起码条件	at least	1	1
	不利条件	unfortunately	1	0

通过表3我们可以看出，新世纪版教材中，出现的副词性关联词语种类多，涉及八大类中所有类且数量多；牛津上海版副词性关联词语种类较少且数量少；牛津上海版教材中没有涉及到表解释、断言、推论的语义类别；两版教材在表时顺、表后时相承关系的副词性关联词语 then 出现次数都较多；在表转折、表补充和对立关系的副词性关联词语 however 出现次数在两本教材中都较多；两版教材中表示并列/递进、转折关系的副词性关联词语的使用频率高；两版教材中都有表示时顺、转折、结果、加合、条件的

语义类别。下面,通过对教材中出现频率高且典型的副词性关联词语在不同语义与类别下的具体用法的举例分析,观察它们是如何在组句和构篇中所起的衔接作用。

8.4.1.1　表时顺

时顺义是以时间为基础的。根据认知语言学的"时间顺序原则",一般来说语篇中对事件的描述与事件本身实际发生先后顺序大体一致。副词性关联词语出现在相关的位置上具有承上启下的作用,体现出组句和构篇的衔接力和逻辑性。根据时间的先后顺序不同,可分为先时顺序和后时顺序。这类词语出现的频率特别高,分布在听、说、读、写各个方面,这与该类词语表达的语义关系有关,同时也与高一阶段学生的认知和逻辑能力相关。

1. 先时顺序

先时顺序表示某事件先于参考时间发生。常见的"先时"类副词性关联词语有:at first、in advance、previously 等。在新世纪版本的英语教材中出现的有 now、first 和 at first 如:

(116) *Now* the day has come and gone, and you're feeling guilty because you never told the host you couldn't attend. (《英语》(新世纪版)高一 p. 45)

(117) *At first*, he tried to turn down this job, saying that he was not really a painter, but a sculptor. (《英语》(新世纪版)高一 p. 21)

(118) *First* he removes the film from the lead plates that used hold. (《英语》(新世纪版)高一 p. 30)

例(116)、(118)用 now 和 first 具有从时间上的推移的意思。例(117)用 at first 后续从句中带上转折性的词语 but 转折意味更强。在表示先时顺序的语义情景中新世纪版本教材很注重此类词语用法,牛津版本基本没有涉及。

2. 后时顺序

1) 后时相承

后时顺序表示某一事件发生在另一事件之后。表示后时顺序的副词性关联词语一般位于后一部分的头上或者描写前后两个小句或语段之间，后面有停顿。英语中常见的有 then、later 等。

(119) To start a conversation, you should choose suitable topics. *Then*, what you are the rules for choosing a suitable topic?（《英语》(新世纪版)高一 p. 35)

(120) In the afternoon, they stay at home and open the gifts that were gathered around the tree. *Later*, they may watch the Queen appear on television to deliver her traditional Christmas message to the whole country.（《英语》(新世纪版)高一 p. 51)

(121) We should use land to grow food for people instead of cattle. *Then* there'd be no more hungry people in the world.（《英语》(牛津版)高一 p. 63)

例(119)句中的 then(接着)表示事情刚完，后事紧承。例(120)句用 later 表示两事相承，依次发生。此类语意关系较常用且易于理解，两个版本的教材都有一定数量的重复出现，且用法相近。

2) 后时紧接

后时紧接表示一事件发生在另一事件之后的很短时间，甚至接近同步。常见的"后时紧接"类的副词性关联词语有：immediately、therefore、at once 等。

(122) *Therefore*, they observe the coming of New Year on January 1.（《英语》(新世纪版)高一 p. 51)

(123) A person should go to a doctor *at once*, if he has been

bitten by a dog.(《英语》(新世纪版)高一 p. 66)

例(122)句中的 therefore 是紧接着一件事情发生之后的另一件事情,表示时间上的关系。表示后时关系的副词性关联词语用法只出现在新世纪版本教材中,牛津版并没有出现。这种语境应该没有后时相承语境用的普遍。事实上,therefore 还可以表示条件—结果关系,表示在某种条件下出现最终的结果。therefore 在表结果功能的副词性关联词语方面属于简单实用的逻辑关系,在会话、交际的过程中应用广泛,所以两个版本教材都有使用。

8.4.1.2 表解释

表解释就是通过分析和推理,对上文的陈述和情况的原意或者含义等进行解释和说明。这一类的副词性关联词语常有:certainly、naturally 等。

(124) For most British families, *certainly*, Christmas is the most important holiday of the year. (《英语》(新世纪版)高一 p. 51)

(125) With better weather ahead, or plenty of food to eat in winter, people *naturally* felt like having a party! (《英语》(新世纪版)高一 p. 60)

例(124)中的 certainly(确实)表示对上述情况的确认。例(125)中的 naturally(自然)关联前后,以后面事实证明前面情况。表补证功能的副词性关联词语在新世纪版本教材中出现的类别较全面,既有表示确认关系的又有表示补证关系的,但是牛津版教材并没有出现表示衔接功能的副词性关联词语。说明此类词语对于学生的接受能力要求还是比较高的。牛津版教材更注重基础性和普遍性,而新世纪版本教材更加注重多样性和应用性。

8.4.1.3 表转折

转折是指上文和下文所说的情况相反或者相对。我们根据说话人的态度将转折分为否定性转折,意外性转折和补充性转折。

1. 否定性转折

否定性转折是指对上文所说的情况先进行否定然后再给出合理的解释说明,全句带有转折的意味。相关的副词性关联词语有:however,actually 等。

> (126) Tchaikovsky, the composter of Swan Lake, was asked to study law. He, *however*, didn't take an interest in it. (《英语》(新世纪版)高一 p. 16)

> (127) People who live in cities used to regard farming as boring and backward. *However*, the introduction of modern technology has made Sunqiao famous. (《英语》(牛津版)高一 p. 77)

例(126)、(127)中 however(但是)后接小句,是对上文所述情况的否定。"转折"类语义很常用也很基础,所以两个版本的教材都有出现且涉及种类多样。however 还可以表示补充性转折、意外性转折。此外,在表示转折语义时,however 出现的次数明显高于 actually,因此在学生表达转折语义时倾向于使用 however而较少使用其有相同功能的副词性关联词语,导致某些词语的过度使用现象发生。

2. 意外性转折

意外性转折表示从上文所述情况来看,下文应该出现的情况没有出现,反而非常突然、出人意料地发生了别的情况。常见的英语副词性关联词有:suddenly、all of a sudden 等。

> (128) I must have slept pretty hard and pretty long. *All of a sudden*, I woke up and could hardly breathe. (《英语》(新世纪版)高一 p. 76)

例(128)句中 all of a sudden 属于意外转折的副词性关联词

语,在句中表示突然发生的情况。

"转折"类副词性关联词语很常用,所以两个版本的教材都有出现且涉及种类多样。

3. 补充性转折

补充性转折是指虽然上文所说的基本情况属实,但与实际情况不一致或者相反的情况也存在。因此,所提出的后一句情况往往是对上文所说情况的补正或者说明。相关的英语副词性关联词语有:however、actually 等。

(129) It also produces seeds which help farmers grow better crops. *However*, the most unusual aspect of Sunqiao is their research on white agriculture. (《英语》(牛津上海版)高一 p. 77)

(130) At the end of every term, they mark test papers and give grades to their students. *Actually* teachers do more. (《英语》(新世纪版)高一 p. 2)

例(129)和例(130)中的 however 和 actually 后接小句是对上文所述情况补充说明和修正。

8.4.2 副词性关联词语在两个版本教材中应用情况分析

首先,从总体上看两个版本教材中副词性关联词语都得到一定重视,在教材中占有一定比例,高中阶段,已经通过教材有意识地向读者展示语句与段落之间的关系。其次,在"时顺"类中,表后时、相承关系的副词性关联词 then 出现次数都较多。在"转折"类中,表补充和对立关系的副词性关联词 however 出现次数都较多。这表明,从副词性关联词语使用频率来看,表示承接和转折的基础性关系,使用频率最高。这也和我们汉语讲话的逻辑性以及学生的思维能力和表达能力和水平相符合。这说明不同版本教材虽然内容不同,但都是根据学生的认知能力和学习能力,科学地编写教材。再次,两版本教材都很注重"语篇形式的基本篇章结构和逻辑关系"(薄冰，2001)。注重培养教材使用者对掌握的新语言的语意表达连贯性和交际能力。

但是，不同版本的教材中，副词性关联词语的使用情况又有差异。新世纪版本英语教材中副词性关联词语出现次数多且种类多样，用法广泛。牛津版本英语教材中该类词语出现次数相对少，且种类和用法较单一。新世纪版本英语教材中的副词性关联词语的篇章功能多样，有八大类和十八小类。牛津版本中此类词只涉及五大类和十一小类语义衔接功能。

两种版本教材何以出现如此的异同呢？我们认为有以下原因：不同的原因：1. 新世纪教材中第一单元 Writing 部分列出关于副词和连词在句中的用法的语法项，强调语言使用时的逻辑连贯性，有意培养学生对于某类词语在篇章中的各种功能的应用。所以，新世纪版教材总体上更重视此类词语，出现的频率更高。2. 表时顺、表转折的语义关系在交流和使用中范围广、用量大。为了说话的连贯性和逻辑性，必须实现时顺上的承接使得话语表达流畅；而为了说话的逻辑性，常需要"转折"类副词性关联词语连接。所以，"时顺"类和"转折"类，两版教材中均有出现。3. 表解释、推论和断言要求有更高的逻辑和推理能力，两本教材对学生能力的要求侧重点不同。新世纪版本教材侧重多样和实用性，牛津版侧重基础性和普遍性。所以，新世纪版中副词性关联词语在篇章衔接功能中有八大类和十八小类而牛津版只有五大类和十一小类。

相同的原因：无论是哪个版本的教材都是在《英语课程标准》(教育部，2003：18)的指导下，根据学生的认知发展规律和发展能力，适应有效的教学方法而精心设计和编排的，具有其科学性、实用性和有效性。

8.5　苏沪地区高中英语教材中副词性关联词语的比较

长期以来,苏沪地区在教育水平、教学质量和学校管理方面都得到了重视,尤其突出体现在英语教材的选择上。《牛津英语》教材由牛津大学出版社和译林出版社联合编写出版。由于该教材在苏州、南京的试行取得的效果良好,后在江苏省内全面推广。《新世纪英语》的课程目标更紧密贴合上海市的课程标准来编写,是从提高语言能力和情感态度两方面作为教材编写的目标和指导思想。因此,为对苏沪地区不同教材进行比较研究,本书侧重对两版教材中的副词性关联词语的语义类别和功能类型进行分析。在教材编写中,语篇的选择成为编者考虑的重中之重。衔接作为语篇的重要特征,是达成语篇语义连贯的手段之一。在教材中把握语篇的衔接机制能够帮助读者正确猜测词义,更好地分析语篇结构,进而能够准确理解教材内容。而副词性关联词语在语篇衔接中起到了一定的作用。副词性关联词语在上述两版高中教材中的应用情况也各不相同,因此,本书将围绕苏沪两版教材中副词性关联词语的比较研究展开,通过重点探究两版教材中副词性关联词语的语义类别和功能类型,结合真实的语例分析和佐证,比较副词性关联词语在江苏和上海地区教材中的应用情况并进行分析,总结现行教材中的不足,并提出相应的建议。

8.5.1　苏沪两个版本教材中副词性关联词语应用的举例分析

副词性关联词语的篇章衔接功能在原苏荣和陆建非(2011)论文中得到了详细的阐述。原苏荣(2013)提出副词性关联词语主要分为以下八类:表时顺,如 just、then、finally 等;表条件,如 luckily、at least、in any case 等;表加合,如 only、besides、what is more 等;表解释,如 really、certainly 等;表转折,如 however、 actually、on the contrary 等；表推论，如 nearly、no wonder、almost 等；表断言，如 probably、perhaps、likely 等；表结果，如 finally、at last、in the end 等。

下面就副词性关联词语在江苏和上海所用教材中应用的语义类别和语篇衔接功能类型进行阐释，本书主要选取了其中四种常用的类别进行举例分析。

8.5.1.1 表时顺

表时顺的副词性关联词语反映了篇章中相关事件的先后关系，是篇章组织中时间顺序义的显性表达。根据认知语言学的"时间顺序原则"，一般来说语篇中对事件的描写顺序与事件本身实际发生的先后即事件发展顺序大体一致。处在相关事件在开放或封闭的时间序列中的位置上的副词性关联词语一般具有承上启下的作用，表示时间上的承接。根据时间先后顺序的不同，可分为先时顺序和后时顺序。我们发现表时顺关系的副词性关联词语在教材中出现的频率比较高，在听力、词汇、语法、阅读和写作各个部分中都有所涉及，这与该类词语在语篇衔接中的功能和作用有很大联系，也反映出了高中生在认知和逻辑思维能力方面的提高。

1. 先时顺序

先时顺序表示某事件先于参考时间发生。在描写顺序和事件顺序相反的情况下，使用表示先时的副词性关联词语。相关的先时性副词性关联词语有：originally、formerly、previously、in advance 等。而在新世纪和牛津译林版中常见的"时顺"类副词性关联词语有 at first、first 等。例如：

(131) *First*, exchange a "Hello" or "Hi" with the foreigner, but at the same time, pay close attention and see if he feels liking chatting. (《英语》(新世纪版)高一 p. 35)

(132) I found the homework was not as heavy as what I used to get in my old school, but it was a bit challenging for me *at first* because all the homework was in English.（《英语》(牛津译林版)高一 p. 2)

例(131)中的 first(先)与后文中的 but(但是)相照应,转折意味更强,时间对照性更明显。而例(132)中的 at first(起先)与前文的 but 也起到了照应的作用,但和例(131)不同的是,例(132)中出现的 at first 与 but 起到了语义上折射意味更强的作用。苏沪英语教材中都涉及到了此类表时顺的副词性关联词语使用,相比较而言,牛津译林版比新世纪版在此类用法使用上要多。

2. 后时顺序

后时顺序不仅包括前事刚完,后事紧承,而且是依次发生。表示后时顺序的副词性关联词语大都位于描写前后两个事件的句组或语段之间。"后时"类副词性关联词语可以细分为相承和紧接。相关的副词性关联词语有 then、later、soon、immediately 等。在新世纪和牛津译林版中常见的此类副词性关联词语有 soon、then、later 等。例如:

(133) The film is *then* ready to be examined by a doctor.（《英语》(新世纪版)高一 p. 30)

(134) It was a little scary at first, but everyone was so nice and friendly that I *soon* stopped worrying.（《英语》(牛津版)高一 p. 18)

(135) A person should go to a doctor *at once*, if he has been bitten by a dog.（《英语》(新世纪版)高一 p. 66)

例(133)和(134)中的 then、soon 意为"随后"、"随即",即表示两事相承,依次发生,在后时顺序类中属于相承类副词性关联词语。例(135)中的 at once 意为"立刻"。也是前事刚完,后事紧承,在"后时"类中属于"紧接"类副词性关联词语。苏沪两版英语教材中,新世纪版教材"后时"类副词性关联词语复现率较高,相比而言,牛津译林版教材中"紧接"类副词性关联词语却没有出现,"相承"类副词性关联词语中 then、soon 比较常用。新世纪版教材的此类运用比牛津译林版的要更丰富些。

8.5.1.2　表条件

条件关系是以一定逻辑关系为基础的。一般表条件是指上文提出条件,下文得出结论。根据条件性质,"条件"类副词性关联词语可分为有利条件、起码条件和不利条件。教材中常见的此类副词性关联词语有 at least、anyway、fortunately 等。例如:

> (135) For the moment, *at least*, the boy is safe.(《英语》
> 　　　 (新世纪版)高一 p.82)

> (136) The boy is showing his father his school report,
> 　　　 which, *unfortunately*, gives a very poor grade—2
> 　　　 out of 5.(《英语》(新世纪版(高一 p.81)

例(135)中 at least(至少)表示起码条件,在语篇衔接中起到了突出强调重点和模糊限制的语用功能。例(136)中 unfortunately(不幸地)表示对说话人不利的条件,且不好的情况或不希望发生的事情发生。此类用法在会话、交流过程中也较为常见,便于学生对相关副词性关联词语的学习和运用。且此类用法在新世纪版教材中出现的种类较为全面,新世纪教材中既出现了表起码条件关系的副词性关联词语,也出现了表不利条件的副词性关联词语,而牛津译林版教材在这方面没有体现。

8.5.1.3　表加合

加合指相关的人、事物、事件同现或共存的关系。加合关系可分为并列加合、例外、后重和特提加合四类。下面我们以"特提加合"为例进行分析,特提加合表示后面部分所说的人、事物或事件更加重要,在表达上需要突出。常见的相关副词性关联词语包括 specially、especially、particularly。如:

> (137) In some countries parents often decide what careers their children will follow — *especially* their sons. (《英语》(新世纪版)高一 p. 15)

例(137)中的 especially 具有进一步解释说明的作用。在它之前的句子与它后面的短语属于总提和分说的关系,主句总指对事件、情况的概括,而分说是对总提的具体分述。在这里"尤其是他们的儿子"也在句中起到了一定的强调意味。此类是典型的副词性关联词语,能体现出副词性关联词语的特点。该类词语在新世纪和牛津译林教材中都有出现。

8.5.1.4　表结果

表结果的副词性关联词语主要为表时间先后的前因后果关系的副词性关联词语,或经过某些过程之后出现的最后结果。这类副词性关联词语有: finally、therefore、eventually、ultimately 等。例如:

> (138) *Therefore* many people think that computer-made comics will in the end replace hand-drawn ones. (《英语》(新世纪版)高一 p. 82)

> (139) After making repeated revisions that took nearly two years, the program *finally* completed in 1991. (《英语》(新世纪版)高一 p. 116)

例(138)中的"therefore"(因此)表示在某种原因下产生的最终结果,而例(139)中"finally"(终于)在语篇中表事情在时间先后上发展到了特定的阶段或结果。表结果的副词性关联词语在新世纪版教材中出现的比较广泛,主要原因在于该类用法在语篇衔接中起到了重要作用。牛津版中此类副词性关联词语涉猎较少,偏向于较基础且实用的逻辑关系词语。

8.5.2　苏沪两个版本教材中副词性关联词语的应用情况比较分析

根据副词性关联词语的判断标准(原苏荣,2015),我们对高一年级苏沪地区英语教材中副词性关联词语的应用情况进行统计,结果见表4:

表4　苏沪两个版本教材中副词性关联词语的分类及应用情况统计

功能类型			副词性关联词语		《高中英语》(江苏牛津译林版)	《高中英语》(上海新世纪版)
			汉语	英语		
表时顺	先时		先	at first	1	1
			先	first	3	2
			现在	now	4	1
	后时	相承	随即	soon	4	1
			随后	then	7	10
			随后	later	0	4
			不久之后	shortly after	0	1
		紧接	立即	immediately	0	1
			因而	therefore	0	1
			立刻	at once	0	1
表解释	确认		当然	certainly	0	1
	补证		自然	naturally	0	1
			真的	really	8	1
表断言	隐性(推测性)		兴许	perhaps	2	2

功能类型		副词性关联词语		《高中英语》（江苏牛津译林版）	《高中英语》（上海新世纪版）
		汉语	英语		
表转折	补充	实际上	however	3	2
		事实上	actually	0	1
	意外	忽然	all of a sudden	0	1
	对立	但是	however	3	8
		却	instead	1	0
	否定	实际上	as a matter of fact	1	0
表推论	大致性	可能	probably	0	2
		大约	generally	0	1
表结果	结果	终于	therefore	0	1
		因此	so	3	1
		终于	finally	0	4
表条件	起码条件	至少	at least	0	1
	不利条件	不幸地	unfortunately	0	1
表加和	例外	只是	only	3	3
		就	just	2	3
	并列	也	also	2	1
	后重	甚至	even	4	2
	特提	尤其	especially	2	2
		特别	specially	0	1

根据表4显示：从整体来看，苏沪两版教材中副词性关联词

语都得到了重视,且种类较多,有表时顺、转折、加合、解释、条件、结果、推论、断言等八大类副词性关联词语。教材中出现的表时顺的副词性关联词语有 at first、now、soon、then 等,表转折的副词性关联词语有 however、actually 等,表解释的副词性关联词语有 certainly、naturally,表断言的副词性关联词语 perhaps 出现的较多,表结果的多数为 therefore、so、finally,表条件的出现较多的为 at least、unfortunately,表加合的副词性关联词语出现多的是 only、also、especially 等。以上数据充分体现出教材中此类词语已经占有一定比例,且教材有意识地向读者展示了副词性关联词语的语篇衔接功能,以及语句与段落之间的关系。可见,教材的编写都根据语言学习的规律和不同年龄段学生的生理、心理特点体现循序渐进的原则,由易到难、从简单到复杂逐步过渡(张银青、原苏荣,2018:25)。教材的编写也保证了重要副词性关联词语有足够的再现率。

但是,苏沪两版本教材中,副词性关联词语的使用情况又有所不同。相比较而言,上海新世纪版英语教材中涉及到的副词性关联词语种类较多,且出现频率较高。而牛津译林版教材中该类词语使用频率相对较少且用法单一,比较偏向简单易学的副词性关联词语。尤其是在副词性关联词语语篇衔接功能上,新世纪版中功能种类多,八大类十八小类都有所涉及,而牛津译林版要相对涉及的少很多,出现的高频词语用途也都比较基础和单一。如表时顺功能的副词性关联词语中,表相承和紧接的副词性关联词语在新世纪版教材中都有一定的运用,其中使用频率高的是表相承关系的副词性关联词语,如 then(随后),该类词语有较明显的语篇建构功能,用途比较广泛。而牛津版在表相承和紧接的种类很少体现。

通过对两版教材的比较研究,我们认为,造成两版教材中副词性关联词语使用情况不同的有以下原因:第一,单元板块活动设计不同。我们发现,牛津译林教材模块设计分为六大类,分别为:Reading、Word Power、Grammar and Usage、Task、Project、Self-Assessment。六个板块中,副词性关联词语在Reading阅读部分出现频率较高,其他板块更加注重语法讲解和活动的设计。读者在学习中较难发现副词性关联词语在语篇中的功能用法。新世纪版英语教材模块设计可分为七大类:Reading & Additional Reading、Structure、Function、Listening & Speaking、Writing、Study Skills、Task。其中,Reading & Additional Reading和Writing部分中副词性关联词语的复现率较高,且在U1写作模块中,编者部分列出关于副词和连词在句中的功能用法,强调语言使用时的逻辑连贯性,有意培养学生对于某类词语在篇章中的各种功能的应用。新世纪教材更注重此类词语。第二,两版教材版面设计不同。新世纪英语教材在阅读和写作模块部分篇幅设计较大,词汇量也相对较多,注重学生的语篇理解能力,而牛津译林版在语法和任务版面设计部分篇幅相对较多,图形丰富,单元活动多,注重学生的语言运用能力和单元活动丰富性。第三,两版教材对学生的要求不同。副词性关联词语中,表解释、推理、断言等的副词性关联词语相比表"时顺"和"结果"类词语要求有更高的逻辑思维能力和推理能力,新世纪版对上述副词性关联词语都有涉及,注重此类用法的语用功能,侧重多样性和实用性。牛津译林版单元活动丰富,注重学生的语言驾驭能力和创新性,学生在日常会话中使用副词性关联词语相对较普遍和基础。

8.6　副词性关联词语的阅读教学模式探究

8.6.1　本课题相关研究综述

英语阅读在英语学习中扮演着不可或缺的角色,在中学英语阅读教学中尤为重要。当今,大专院校外语学院毕业生中有很多人从事中学英语教学。根据中学生阅读情况的调查问卷结果,显示高中生在阅读理解部分还存在很多的问题,其中显著的问题之一是学生不够重视副词性关联词语;而这一类词语不仅能够表明语言单位之间的逻辑语义关系,而且能够揭示语篇的隐含之意(Halliday,1994:327)。然而,老师在阅读教学的过程中却忽略了这类词语,这直接导致学生缺乏关注副词性关联词语的意识。本书聚焦于副词性关联词语在英语阅读教学中这一重要且研究不够的方面,专注于副词性关联词语的阅读教学模式在高中英语阅读教学中的应用研究,以期通过深入的研究为解决上述问题以启示。

1. 副词性关联词语表征的逻辑语义关系相关研究

副词性关联词语起关联作用,主要表示语言单位之间的逻辑语义关系。国内外学者做了不少有关副词在篇章中表逻辑语义关系的研究。Halliday & Hasan(1976:242 - 243)认为连接副词在语篇中的逻辑关系大体可以分为增补关系、转折关系、因果关系和时间关系。Quirk 等(1985:634 - 636)把语篇中的联加状语(副词)的逻辑语义关系分为:列举、归纳、并列、结果、推断、对比和过渡。Biber 等(2000:765)认为"连接性副词能够表示各种逻辑语义关系,主要包括:列举、加合、归纳、并列、推断、结果、对比、让步及过渡。"张谊生(2014:311)指出副词在篇章中的六种连接功能,即六种关系类型:表顺序、推论、解说、追加、转折和条件。黄国文(1988:130)认为逻辑关系语(包括副词)表示的语义关系是多样的。Sperber & Wilson(1995:260)指出言语双方能顺利进行交际主要是由于有一个最佳的认知模式—关联性(Relevance)。话语连贯取决于关联;只要话语具备了关联,它在意义上就是连贯的(Sperber & Wilson,1995:F33)。基于前人的研究,原苏荣、陆建非(2011:121 - 122)、原苏荣(2013:108 - 110)认为副词性关联词语的衔接功能是架构意义连贯篇章的最重要的手段之一,可以表示时顺、推论、断言、解释、转折、条件、加合和结果等八种意义关系类型。本书采用这一较全面的分类体系。

2. 阅读理解教学模式的相关研究

关于阅读理解的相关研究，本书主要概述阅读理解的定义、阅读活动的分类、现行高中英语阅读教学模式。

阅读是一种交互的过程，在这个过程中，读者依靠他们的语言能力、认知能力、逻辑思维能力以及背景知识解码篇章信息并建构自己对信息的理解(桂诗春，1986：51)。

Nuttall(2000)认为阅读活动可以分为：精读和泛读。"精读侧重的是语言知识点的学习和句法结构分析，更加注重细节"。Lewis & Hill(1992：109)则认为"泛读意味着学生只需从宏观上把握篇章的主旨框架，不需要理解每一个词"。Urquhart & Weir(1998)在其著作中指出阅读分为寻读和细读。细读要求读者细细品读篇章，既需要把握篇章的主旨框架，又需要了解文中的细节；而寻读或泛读要求读者快速地阅读，选择性地读取关键信息，把握篇章的主旨即可。

现行高中英语阅读教学模式有"自下而上"、"自上而下"和"交互"阅读模式三种。Cook(1989：80)把"自下而上"阅读模式定义为"篇章的理解是读者建构作者意图的解码过程。"Goodman(1976：6-35)提出了可以很好地弥补"自下而上"阅读模式不足的"自上而下"阅读模式。该模式指读者根据他们的背景知识、过往经验以及语言的语义系统处理读取的信息，做出预测，在阅读过程中不断地佐证和否定之前的预测。强调读者应该积极地参与到阅读活动中，强调篇章意义的建构。鉴于以上两种阅读模式的缺陷，"交互"阅读模式随之产生。Carrell & Eisterhold(1983：67-82)指出在"交互"阅读模式中，如果读者发现"自下而上"获取的信息与"自上而下"做出的预测有出入，读者需要对其进行调整，以达到两种信息和谐共处。作为"自上而下"和"自下而上"阅读模式的结合体,"交互"阅读模式优点大于缺点。

总之,读者在阅读时应根据文体、阅读目的以及其他的实际情况合理地采用阅读模式,来掌握篇章的主旨,理解其逻辑语义关系和细节。所有这些阅读模式在副词性关联词语的阅读教学模式应用于英语阅读教学实践中发挥了重要作用。

8.6.2　副词性关联词语在英语阅读教学中的作用

8.6.2.1　高中生认知水平的显著特征

众所周知,大多数的学生在 14 - 18 岁这个年龄阶段进入高中学校。根据皮亚杰的认知发展理论,他们的认知水平进入了形式运算阶段(皮亚杰,1985:88)。这意味着他们具有了假设和演绎推理的能力,他们形成了抽象思维和辩证思维的模式。高中生具有了以下认知特征(刘斌,2013:166 - 167):

1. 他们可以利用理论和假设来思考抽象的事物。在这个阶段的学生的思维能力已不再依赖于具体的事物。他们能够凭借逻辑思考来解释抽象的概念和理论。

2. 他们拥有了辩证思维的能力。这意味着高中生有能力去理解多元化的辩证关系。

3. 他们的思维模式具备了预见性。通过副词性关联词语体现的逻辑关系,他们能够预测篇章下文的内容。

从高中生的认知特点来看,副词性关联词语在促使学生理解存在于篇章中语言单位间的逻辑关系方面发挥着重要作用,而这种逻辑关系正是副词性关联词语所体现的。

8.6.2.2　副词性关联词语在高中英语阅读教学中作用

Halliday(1994:48 - 49)指出连接附加语(几乎都是副词或介词短语)表示语篇前后部分的语义关系,把小句和前面的语篇连接起来。副词性关联词语在语篇组织发挥关键作用;具体地讲,它们具有表示语言单位之间语义关系的功能,表示篇章的结构,揭示下文的内容,表明作者的观点以及篇章中潜在的含义(原苏荣、陆建非，2011：123）。基于高中英语阅读教学的特点及功能，副词性关联词语可以加快学生阅读速度，促进文本理解，熟悉语篇结构。其主要作用表现在：1. 帮助学生加深对篇章的理解；2. 帮助其掌握文章的结构和主旨；3. 提升他们的阅读速度。

简言之，副词性关联词语作为宏观组织者，具有承上启下的作用，体现组句和构篇的衔接性，能够帮助学生掌握篇章的结构和主旨思想（贺嘉宁、原苏荣，2016：29）。因此，副词性关联词语阅读教学模式下的该类词语的预测功能能帮助学生提高他们的阅读速度，更精确地说，许多副词性关联词语能够预测下文内容，它们减少了学生处理后续内容的时间，提升了阅读速度。

8.6.3　实验

我们设计并实施了为期六个月的英语阅读教学实验，旨在检测基于副词性关联词语阅读教学模式的可行性和有效性。换言之，实验的目的在于检测这种阅读教学模式能不能提高学生的阅读能力。本研究主要包括：研究问题、研究对象、研究方法、研究步骤、实际应用。

8.6.3.1　研究问题

本研究旨在解答以下问题：

1. 基于副词性关联词语的阅读教学模式能否提高学生的阅读能力？

2. 副词性关联词语在英语阅读教学中有哪些优势？

3. 如何将副词性关联词语运用到高中英语阅读教学中？

8.6.3.2　研究对象

我们选取上海市徐汇区某中学高三的四个班的学生作为本实验的研究对象[①]，分别是高三（1）班、（2）班、（5）班和（6）班，其中高三（1）班和高三（6）班由刘老师授课，高三（2）班和高三（5）班由

---

① 该校的刘老师和江老师直接参与了本问卷调查和实验研究，谨此谢忱！

江老师授课。由于篇幅关系,尤其是为了把该实证研究详尽呈现,本研究聚焦于高三(1)班和高三(6)进行实验研究,其中高三(1)班41个学生(男生24人,女生17人)是本实验的对照班,高三(6)班40个学生(男生25人,女生15人)是本实验的实验班。这两个班由同一名英语老师(刘老师)授课。根据前测的成绩,两个班的英语水平和阅读水平都差不多。

8.6.3.3　研究方法

本研究采用了问卷调查法和实验法。

1. 问卷调查法

本研究进行了两次问卷调查,分别是前测问卷调查和后测问卷调查。其中前测问卷调查旨在了解高中英语阅读教学存在的问题和现状,后测问卷调查是在实验结束后实施的,旨在检测采用基于副词性关联词语的阅读教学模式后,学生的阅读能力和阅读成绩有没有提高。前测问卷调查主要包括13个问题,主要调查学生是否具有副词性关联词语的意识,在阅读理解的过程中是否能够应用副词性关联词语帮助自己理解篇章,老师在阅读教学的过程中是否涉及到副词性关联词语。前测问卷调查可以分为以下三个部分,如表5所示:

表5　前测问卷调查

第一部分问题 1—6	第二部分问题 7—9	第三部分问题 10—13
学生对副词性关联词语的态度和了解情况	老师在英语阅读教学中是否有把副词性关联词语应用到阅读教学中	学生将副词性关联词语应用于阅读教学中的能力

后测问卷调查也包括13个问题,旨在了解实验后学生是否能够利用副词性关联词语来处理篇章信息,副词性关联词语是否有利于学生的篇章理解。我们把后测问卷调查也分为三个部分,如下表6所示:

表6 后测问卷调查

第一部分问题 1—2	第二部分问题 3—8	第三部分问题 9—13
了解学生是否掌握了副词性关联词语	检测学生是否能够将副词性关联词语应用到阅读理解中	学生对基于副词性关联词语的阅读教学的态度和评价

2. 实验方法

设计教学实验的目的是为了检测基于副词性关联词语的阅读教学模式是否能够提高学生的阅读能力。在实验的过程中随机选取该中学两个高三班级作为实验对象。其中,高三(6)班是实验班,高三(1)班是对照班。此外,本实验专门针对阅读能力部分进行了前测和后测。前测主要是为了检测这两个班在阅读理解能力方面是否存在很大的差异。前测所用的阅读材料来自于2016年的上海高考英语真题,总共包括四篇短文,31个单选题和4个问答题。在实验结束后,我们对两个班的学生进行了阅读能力的测试,也就是后测。后测主要检测实验后学生的阅读能力有没有提高。后测的阅读材料来源于2017年的高考英语真题阅读部分,包括27道单选题、4道问答题。

需要说明的是,前测和后测的都是由我们组织的,而且测试时间都是50分钟。之所以选择高考英语真题作为测试的内容,是因为它具有很高的信度和效度。此外,两次测试的数据都通过SPSS 16.0软件进行分析。

8.6.3.4 研究步骤

整个实验包括五个步骤:

第一步,是给学生讲解副词性关联词语的定义、分类、语篇衔接功能,帮助学生熟悉副词性关联词语。

第二步,帮学生整理出课本、高考英语真题、《简爱》、《苔丝》等语料中出现频率较高的副词性关联词语,并要求学生熟悉和掌握这些词语所表征的逻辑语义关系。

第三步，帮助学生辨认阅读材料中的副词性关联词语，培养他们将副词性关联词语应用到阅读理解中的意识，使其能够更敏锐地捕捉副词性关联词语。

第四步，是给学生讲解副词性关联词语的篇章衔接功能，目的在于帮助学生掌握如何利用副词性关联词语来理解语言单位之间的逻辑语义关系及篇章的结构。

第五步，结合具体的案例讲解，使学生了解如何将副词性关联词语应用到阅读理解中。

8.6.3.5　实际应用

传统的阅读教学课堂，教师作为组织者、执行者，控制整个阅读活动过程，包括教什么，如何学，什么时候提供指导，强调词汇、语法、句型结构等微观信息（皮亚杰，1985：138），而忽略了篇章结构、语句和语段之间的逻辑语义关系。因此，我们将副词性关联词语的阅读教学模式应用到高中英语阅读教学中，以期弥补传统教学法的不足。

1. 阅读前

在此阶段，我们首先给学生们介绍阅读文章的相关背景知识，让学生标出文中的副词性关联词语，并根据语义关系和衔接功能对其进行分类，特别是那些表征篇章结构的副词性关联词语，使学生更快更高效地掌握篇章的宏观结构（周顺萍、原苏荣，2017：13）。

接着，我们详细地介绍所给篇章的体裁。之所以要给学生介绍体裁，是因为不同写作风格的篇章具有不同的篇章组织模式，而这些也会表现在副词性关联词语上。这样的话，学生就能够更好地把握篇章的主旨和框架。

2. 阅读中

学生掌握篇章的主旨和结构之后，我们就引导学生关注文中的细节和各个语言单位之间的逻辑语义关系。根据文中的副词性关联词语猜测作者的意图和语言单位之间的逻辑语义关系。此外，我们要求学生学习那些略微超出他们现有水平的关键词汇,还在克拉申(1985)输入假说理论的指导下详述篇章中重要语法点。

3. 阅读后

学生对篇章有了系统全面的理解之后,我们要求学生推测作者的写作意图,并记忆篇章中的副词性关联词语,要求学生写一篇概要,必须用副词性关联词语连接各语言单位,最后复述文章。

下图1为基于副词性关联词语的阅读教学模式,系统描述了此教学模式的步骤和内容:

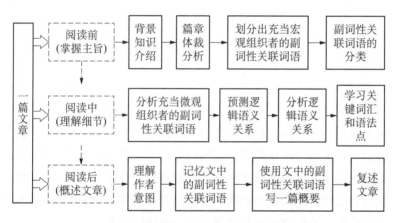

图 1　基于副词性关联词语的阅读教学模式

8.6.4　结果分析与讨论

8.6.4.1　前后测问卷调查数据分析

1. 前测问卷调查数据分析

前测问卷是用来检测学生是否熟悉副词性关联词语,他们在阅读的过程中是否会运用副词性关联词语来理解篇章。如上文所述,本问卷由三部分组成。1-6题是测学生对副词性关联词语的态度以及他们对副词性关联词语了解的程度;7-9题主要是调查教师是否在教授过学生如何将副词性关联词语运用到阅读理解中;10－13题主要是为了检测学生是否具备了将副词性关联词语运用到阅读理解中的能力。

表7　问题1－6数据分析

问题	A（完全同意）	B（同意）	C（不确定）	D（不同意）	E（完全不同意）
问题1	66.5%	23.1%	8.0%	1.4%	1.0%
问题2	63.2%	28.3%	5.7%	1.9%	0.9%
问题3	24.3%	43%	21.1%	6.8%	4.8%
问题4	52.4%	32.1%	11.8%	2.8%	0.9%
问题5	55.2%	25.9%	13.2%	4.2%	1.5%
问题6	19.4%	51.7%	15.3%	8.7%	4.9%

表7显示,89.6%的学生不了解副词性关联词语,但他们都认为副词性关联词语对阅读有较大帮助。比如:91.5%的学生认为副词性关联词语在篇章中充当信号词的角色;67.3%的学生觉得副词性关联词语能够加深对篇章的理解。因此,81.1%的学生认为有必要将副词性关联词语应用到阅读教学中;71.1%的学生称副词性关联词语能够帮助他们提高阅读的效率。

表8　问题7－9数据分析

问题	A（完全同意）	B（同意）	C（不确定）	D（不同意）	E（完全不同意）
问题7	38.8%	32.0%	15.6%	6.8%	6.8%
问题8	17.5%	44.0%	21.1%	11.7%	5.7%
问题9	58%	30.7%	8.0%	2.4%	0.9%

根据表8,70.8%的学生认为老师很少强调副词性关联词语

的重要性。比如：61.5％的学生指出老师没有提到过副词性关联词语的篇章衔接功能；88.7％的学生表示老师没有教过他们如何将副词性关联词语应用到阅读理解中。

表9 问题10-13数据分析

问题	A（完全同意）	B（同意）	C（不确定）	D（不同意）	E（完全不同意）
问题 10	5.5％	18.2％	26.2％	33.6％	16.5％
问题 11	8.4％	18.8％	21.1％	39.7％	12.0％
问题 12	13.1％	15.6	15.5％	32.6％	23.2％
问题 13	7.5％	13.6％	10.8％	47.0％	21.1％

如表9所示，只有23.7％的学生能够利用副词性关联词语理解篇章；仅有27.2％的学生能够根据副词性关联词语推断作者的意图；只有28.7％的学生认为他们能够利用副词性关联词语把握篇章的结构和体裁。

2. 后测问卷调查数据分析

后测问卷调查旨在了解学生基于副词性关联词语的阅读教学模式对副词性关联词语的掌握程度以及他们对此模式的评价。如上文所述，本问卷主要包括三部分。第一部分是问题1-2，旨在了解学生是否掌握了副词性关联词语。第二部分是问题3-8，主要是为了检测学生是否已经学会了如何将副词性关联词语应用到阅读理解中。第三部分是问题9-13，主要是调查学生对基于副词性关联词语的阅读教学模式的态度和评价。

表10 问题1-2数据分析

问题	A（完全同意）	B（同意）	C（不确定）	D（不同意）	E（完全不同意）
问题 1	38.2％	36.5％	9.3％	11.3％	4.7％

续　表

问题	A（完全同意）	B（同意）	C（不确定）	D（不同意）	E(完全不同意)
问题 2	40.2%	31.7%	15.1%	8.9%	4.1%

从表 10 可见,74.7%的学生认为他们已经了解了副词性关联词语;71.9%的学生学习了基于副词性关联词语的阅读模式之后;对文章中的副词性关联词语更敏感了。从上面的数据中可以看出,教学实验之后,学生较好地掌握了副词性关联词语的用法。

表 11　问题 3‑8 数据分析

问题	A（完全同意）	B（同意）	C（不确定）	D（不同意）	E(完全不同意)
问题 3	38.4%	39.3%	15.5%	4.2%	2.6%
问题 4	23.1%	50.6%	10.5%	13.2%	2.6%
问题 5	27.2%	46.9%	19.1%	4.9%	1.9%
问题 6	18.4%	48.8%	21.1%	9.7%	2.0%
问题 7	25.5%	48.2%	16.2%	6.5%	3.6%
问题 8	38.0%	40.8%	14.6%	3.9%	2.7%

根据表 11 可见,77.7%的学生认为他们已经基本养成了读前划出副词性关联词语的习惯;73.7%的学生认为他们能够根据副词性关联词语推断各语言单位间的逻辑语义关系;74.1%的学生表示他们能够利用副词性关联词语猜测作者的意图和观点。还有 67.2%的学生讲他们在阅读的过程中会更加关注那些在篇章中充当宏观组织者的副词性关联词语。73.7%的学生说他们能够利用副词性关联词语掌握文章的主旨。78.8%的学生认为他们在篇章中应用副词性关联词语的

意识提高了。

简而言之,实验后,大多数学生已经较好地掌握了基于副词性关联词语的阅读模式,并认为这种模式提高了他们的阅读能力。

表 12　问题 9－13 数据分析

问题	A(完全同意)	B(同意)	C(不确定)	D(不同意)	E(完全不同意)
问题 9	19.1%	46.9%	24.0%	5.8%	4.2%
问题 10	40.5%	36.8%	20.0%	1.7%	1.0%
问题 11	32.0%	47.9%	14.0%	3.9%	2.2%
问题 12	32.0%	44.7%	15.0%	5.9%	2.4%
问题 13	25.0%	45.0%	19.3%	5.7%	5.0%

如表 12 所示,66% 的学生认为基于副词性关联词语的阅读教学模式提高了他们的阅读效率;77.3% 的学生指出基于副词性关联词语的阅读教学模式改变了他们以往逐字逐句的阅读习惯;79.9% 的学生认为副词性关联词语不仅提高了他们的阅读理解能力,而且使他们的作文更加的连贯。此外,76.7% 的学生认为副词性关联词语使他们能够较快速地分辨篇章的体裁;70% 的学生表示采用基于副词性关联词语的阅读模式后,他们的阅读成绩有所提高。

总之,大多数学生在实验后对基于副词性关联词语的阅读教学模式做出了积极评价。他们已经较好地掌握了副词性关联词语及其在篇章理解中的运用。

8.6.4.2　实验班和对照班前后测结果分析[①]

1. 实验班前测成绩和后测成绩数据对比分析

我们使用 SPSS16.0 数据分析软件对比分析实验班前测成绩

---

① 实验班和对照班前测成绩差异显著性分析,详见原苏荣、陆建非(2019:180)。

和后测成绩数据,具体的数据和分析如下所示(表13):

表13　实验班前测成绩和后测成绩数据

		均值	样本数	标准差	标准误均值
对1	前测	30.0500	40	9.05524	1.43176
	后测	34.4000	40	8.56588	1.35439

从表13中可以发现实验班的平均分由前测的30.0500上升到34.4000,这证明了基于副词性关联词语的阅读教学模式对学生阅读理解能力的提高起到了积极作用。此外,前测和后测的标准差也减少了,意味着实验班学生的阅读成绩的差距越来越小。

表14　实验班前后测成对样本检验

		成对差分					t值	df值	Sig.(双尾)
		均值	标准差	标准误均值	95%置信区间				
					下限	上限			
对1	前测后测	-4.35000	8.31295	1.31439	-7.00861	-1.69139	-3.310	39	.002

如表14所示,双尾t检验sig.值为0.002小于0.05,表明实验后实验班的前测成绩和后测成绩有显著差异,证明基于副词性关联词语的阅读教学模式提高了学生的阅读水平。

2. 对照班前测成绩和后测成绩对比分析

表15　对照班前测成绩和后测成绩数据

		均值	样本数	标准差	标准误均值
对1	前测	30.6585	41	8.20856	1.28196
	后测	28.8049	41	8.39708	1.31140

如表 15 所示,对照班前测的平均分为 30.6585,后测平均分为 28.8049;也就是说在传统阅读教学法的指导下,对照班学生的阅读能力不但没有提高,还略微下降了,且学生阅读能力间的差异呈现扩大趋势。

表 16 对照班前后测成对样本检验

		成对差分					t 值	df 值	Sig. (双尾)
		均值	标准差	标准误均值	95％置信区间				
					下限	上限			
对 1	前测—后测	1.85366	8.85314	1.38263	-.94074	4.64805	1.341	40	.188

从表 16 中的数据可以发现,双尾 t 检验 sig. 值为 0.188 大于 0.05。因此,对照班前测成绩和后测成绩不存在显著差异。同时可见对照班后测成绩平均分较前测平均分降低 1.85366 分,这可以进一步说明传统阅读教学法对学生的阅读能力培养效果有待提高。

综上所述,以上所有的数据证明了基于副词性关联词语的阅读教学模式优于传统的阅读教学模式。也就是说,基于副词性关联词语的阅读教学模式能够帮助学生提高阅读理解能力(原苏荣,2019:114)。

值得一提的是,2017 年下半年在该校另一位老师的积极参与下,在高三(2)班和高三(5)班进行了同样的问卷调查和实验研究,其结果表明基于副词性关联词语的阅读教学模式在提高学生阅读理解能力方面教学效果明显,说明该教学模式的有效性和可推广性。(原苏荣、陆建非,2019:182)

其实,这几年我们也已经在大学英语教学和非英语专业的研究生英语教学中,特别是在其阅读教学、写作教学中尝试这种教学模式,师生普遍反映较好(原苏荣,2016:11)。

8.7　小结

汉英副词性关联词语在阅读材料中的调查比较发现副词性关联词语大多出现在语篇中和复句中,可表示逻辑关系、事理关系和心理关系。从典型案例研究验证了汉语"四字格"和英语"四词格","尤其是"和 especially 以及汉英"侥幸"类词语也常出现在汉英教材中。这对提高学生根据这些词来推测作者的写作意图和阅读理解能力起重要作用。

上海地区主要使用新世纪版和牛津版高中教材。对两个版本中高一年级(上)教材中副词性关联词语的应用情况考察研究发现:1.新世纪版教材中,出现的副词性关联词种类多,涉及八大类中所有类,且数量多;牛津上海版副词性关联词种类较少且数量少。2.牛津上海版教材中没有涉及到解释、断言、推论类语义类别。3.两本教材在"时顺"类中,表后时相承关系的副词性关联词 then 出现次数都较多。4.在"转折"类中,表补充和对立关系的副词性关联词 however 出现次数在两本教材中都较多。5.两版教材中表示并列/递进、转折关系的副词性关联词的使用频率高。6.两版教材中都有表示时顺、转折、结果、加合、条件的语义类别。本研究表明副词性关联词语在教材和篇章衔接方面起重要作用,因此,我们在教学中应重视这类词语的教学。

目前上海地区选用新世纪版教材较多,而在江苏地区则以牛津译林版教材为主。通过比较研究发现:1.上海新世纪版和江苏牛津译林版教材中关于副词性关联词语都有相应的运用,出现了表时顺、解释、断言、转折、推论、加和、结果以及条件等八大类别;2.新世纪版教材中,副词性关联词语种类较为丰富,而牛津译林版教材中相关内容则相对较少,不够多样化且仅在语篇中出现,未做出比较详细的介绍;3.相关语义类别应用于两版教材各有取舍,说明副词性关联词语在教材语篇衔接上面起到了重要作用。

副词性关联词语的阅读教学模式探究,81名学生参加了本项实证研究,通过采用问卷调查法和实验法,结果主要发现:1)78.8%的学生认为运用该类词语的意识提高;2)73.7%的学生认为他们能够根据副词性关联词语推断各语言单位间的逻辑语义关系;3)通过实验研究,结果显示学生的阅读速度和阅读理解能力都有较明显的提高。本研究验证了该教学模式的可行性,旨在对提高英语阅读教学质量和学生的阅读能力以启示。

第九章　结语

　　现在回顾总结一下本书在前人研究的基础上有哪些新的东西、哪些有价值的东西。

　　一、汉英副词性关联词语判别标准及其分类。第一，阐述了副词性关联词语的概念及其来源：a. 复句中连接短语/分句的副词性关联词语（主要是关联副词）；b. 语篇上衔接句子和语段的副词性关联词语（汉语中包括兼表语气的关联性副词/词语）；c. 在固定/类固定短语中具有关联副词作用的词语。第二，阐释了副词性关联词语的性质特点。第三，提出了副词性关联词语的界定标准：1. 从单用、合用和位置来判别；2. 分析复句的关系类别和关联词语的语篇连接功能的三方面标准。第四，做出分类体系：1.汉英副词性关联词语在篇章衔接中的功能类型可以归纳为八大类二十个次类；2. 根据副词性关联词语关联性的强弱，分典型性副词性关联词语和非典型性副词性关联词语两大类。（详见附录 3 - 5）

　　二、认知语言学视阈下的比较研究。首先，本书在认知识解的视角下讨论了汉英副词性关联词语。1. 我们根据不同的认知域对汉英副词性关联词语进行了重新分类（共分为四大类五小类，见第三章中的表 2）。当然由于不同的语境，同一个副词性关联词语可以属于不同的认知域。2. 在大多数情况下，"特提"类副

词性关联词语后面的成分是说话者要特别加以强调的,而前面的
内容就是基体。3.不管汉语中的副词性关联词语还是英语中的
副词性关联词语都存在详略度。有的可以精确地表达某一事件
的含义,有的却不可以,在它们之间存在着层级差异。

研究发现:1.汉英时间域内的副词性关联词语都可以表示
"先时"、"现在"、"后时"、"同时"和"全时"(见第三章中的表1)。
其中,类别数量的优先顺序规律为:后时＞先时＞现在。不同的
是,英语表示"同时"的副词性关联词语比汉语多,而表示"全时"
的则比汉语少。2. 情感域中,交叉情感的副词性关联词语占多
数,几乎没有纯粹表示消极情感的副词性关联词语。3. 在很大程
度上,语境决定汉英副词性关联词语的认知域。4.凸显视角下,汉
英副词性关联词语的基体—侧面主要表示三种语义关系,即整体与
部分、基体与个体和总述与分述关系。5. 本研究发现了汉英副词
性关联词语的层级性和详略度优选顺序的规律特点,从说话人的角
度看自左向右不精确性或者不确定性依次增强。概括出汉英差异:
在表达不确定性方面,英语的副词性关联词语存在的层级性明显,
而汉语的层级性则比较模糊。通过分析,其结论是副词性关联词
语的详略度决定了句子乃至篇章的详略度。6.本书通过在认知
识解视角下对汉英副词性关联词语的研究,得出另一个重要结
论:副词性关联词语不仅是语义词语,而且是以认知为导向的
词语。

本研究还发现认知识解的几个方面之间有密切的联系。
1.在凸显原则下,"侧面—基体"概念是来自心理学术语;"图形—
背景"是在语法分析中的一种特殊应用。2.认知域等同于语境,
而语境是背景的一种。

诚然,对副词性关联词语的认知识解研究还包括背景和视
角,由于篇幅关系,我们另行讨论。本研究有利于拓宽副词性关
联词语的研究范围,有利于语言学习者更好地理解这些语言现

象,有利于加速人类大脑的认知进程并更加深入了解这类词语。

其次,本书在自主/依存联结的框架下从音位、词汇语义以及句子/语篇方面,较全面地分析了汉英副词性关联词语。基于真实语料,通过分析,我们发现自主/依存模型可以较好地解释这类词语。

该框架下探究汉英副词性关联词语,我们发现汉、英语既有差异也有共性。

1. 在音位方面,英语中的元音是自主结构,辅音是依存结构;汉语词的音位结构中,韵母是自主结构,声母是依存结构。但是有些汉语副词性关联词语没有声母,只有韵母,比如"也"、"又"。这种情况下,韵母就是自主结构。

2. 在词汇方面,1)英语的副词性关联词语具有双极性(音位极和语义极)。词根是自主结构,词缀是依存结构,其认知过程图解适合用自下而上的分析方法,如 undoubtedly。3)在一些词组或短语类的副词性关联词语中,如 still more,是修饰语与中心语的关系,那么我们把中心语叫做自主成分,修饰语叫做依存成分。还有,如 in fact,其中一个词带有"整体"意义,与"整体"意义关系紧密时,我们把这个词叫做自主成分,剩下的词叫做依存成分。4)相类似的是,大多数的汉语副词性关联词语都是双音节结构的,其中一个语素带有"整体"意义,与"整体"意义关系紧密时,这个语素就是自主成分,剩下的一个语素就是依存成分。当汉语中一个副词性关联词语的任何一个语素的意思与整体的意思都大相径庭时,这两个语素相互依存。汉语自主/依存结构分类体系,见第三章中的表5。

3. 在句子或语篇方面,英语中副词性关联词语的句法位置比汉语中的此类词语灵活,它们可以放在句首、句中以及句末。不管它们位于句中的哪个位置,整个句子或语篇的意义不会受到很大的影响,不过在某种程度上,说话者对待某件事的态度或者感情是不一样的。例如，当它们放在句首时，它们是整个句子的主位（Halliday & Matthiessen，2004：64）。说话者更倾向于表达他的态度，让读者做好准备去接受后文的信息。当它们位于句中时，它们总是依附于前面或者后面的内容，也就是说，它们与一方（前面或者后面）的关系较密切。除此之外，当说话者想舒缓语气的时候，也会把此类词语放于中间位置。如果它们位于句末，说话者首先陈述事实或者大众的观点，然后使用对应的副词性关联词语使整个句子或者语篇的意义更加完整。

汉语中副词性关联词语也可以放在句首或句中，且与英语副词性关联词语的功能基本相同。但很少有位于句末的情况。

4. 经过从"美国当代英语语料库"和"北大语料库"中检索的例子来分析汉英副词性关联词语所扮演的角色，我们发现在句子或语篇层面，汉英副词性关联词语都充当依存结构，这是汉英两种语言的一大共性。

5. 本书另一贡献是，我们基于前人的研究，提出了副词性关联词语的认知定义：副词性关联词语是介于副词与连词之间的一类词语，它们不仅具有修饰功能而且还具有连接功能。它们体现了说话者对某一现象或特定事件的心理状态、态度或认知过程。比如，当说话者使用 actually 时，至少有两种意思：一是 actually 后面的内容是对前面内容的补证，说话者说出他的真实感受，或对他所说的话表示确认。二是当后句的意思与前面内容相反时，表转折关系的认知过程，说话人持相反的态度。

三、构式语法视阈下的比较研究。基于构式语法理论，本书比较分析了汉英紧缩句中成对的副词性关联词语和汉语的"四字格"与英语的"四词格"。研究结果发现：

1. 汉英紧缩句至少有五种相同的复句关系，但结构形式不同，许多在英语中常用其他构式表达句子，翻译成汉语时，常用汉语的紧缩句形式。在理解紧缩句意思译成汉语时要补上副词性关联词语。可见，汉英紧缩句在表达意义上是相通的，都多用成对的副词性关联词语这一特殊类关联话语标记表达相同的意义关系。

遵循人类共同的认知规律和语言经济原则，汉英语有意义关系相同和相似的紧缩句。根据汉英话语关联构式标记，判断区分汉英紧缩句的意义关系遵循以下规律特点（见下表1所示）：

表1　汉英紧缩句中的语义关系、构式特点

汉英构式 语义关系	汉语构式	英语构式	汉语	英语
承接关系	"一……就……"、"一……便……"	"Prep.（On）＋V-ing/ NP,…"、"V-ing＋NP,…"	√	√
假设条件关系	"不……就……"、"不……不……"	"One more＋NP,…"、"Adj.＋NP_1，Adj.＋NP_2"	√	√
倚变条件关系	"越……越……"	"The＋A_1-er，The＋A_2-er"	√	√
充分条件关系	"一……就……"、"一……便……"	"One more＋NP,…"、"V-ed＋NP,…"	√	√
让步转折关系	"不……也……"、	"V-ed＋by＋NP,…"	√	√

从表1我们可以看出，在汉语紧缩句中：1）当"一……就……"、"一……便……"构式相当于"……接着……"时，是承接关系；2）当"不……就……"构式相当于"要是……就……"、"不……不……"构式相当于"如果……就……"时，是假设条件关系；3）当"越……越……"构式相当于"只要……就……"时，是倚变条件关系；4）当"一……就……"、"一……便……"构式相当于"只要……就……"时，是充分条件关系；5）当"不……也……"构式相当于"即使……也……"时，是让步转折关系。在英语紧缩句

中：1)"Prep.（On）＋V-ing/NP,…"、"V-ing＋NP,…"构式相当于"一……就……"，表承接关系；2)"One more＋NP,…"、"Adj.＋NP, Adj.＋NP"构式相当于"只要……就……"，表假设条件关系；3)"The＋A_1-er, The＋A_2-er"构式相当于"越……越……"，表倚变条件关系；4)"V-ed＋by＋NP, …"构式相当于"虽然……却……"，表示让步转折关系；5)"V-ed＋NP, …"构式相当于"只要……就……"，表充分条件关系。

本书还有许多问题有待研究：比如，汉英每种意义关系相同的紧缩句特点及其原因需要进一步探究；又如，汉英不是所有反推复句都得满足以上被隐含或缩略的成分，有的复句只需填补某项成分即可，有的复句则需要填补某几项成分。有些紧缩句不能复原，其条件，我们想另外专门讨论。再比如，汉英紧缩句意义关系不对应的情况不少：如，汉语用"非……不……"构式表示唯一条件关系，英语用"Being＋NP,…"、"V-ed＋by＋NP, …"表达因果关系等，这些形式既不对应，意义关系又不一致的情况及其原因也需专门讨论。

2. 汉英具有关联作用的副词构成的"四字格"和"四词格"有共性也各有自己的特点：1)"四字/词格"是学得的形式和意义的对子，且具有习语性、能产性的特征。2)"四字/词格"成因和结构特点的相似，都具有韵律性特征和一定的修辞效果。具有关联功能的副词在汉语"四字格"中的作用尤为突出，凸显其简明凝炼的特点，是英语所不能比的。3)汉语"四字格"二二组合，声律对仗，抑扬顿挫，和谐悦耳；英语"四词格"则受语法和语义制约，除少数与汉语的"四字格"对应外，其它只能用不同的表达式表达相应的汉语"四字格"。4)由于汉、英民族修辞倾向和表达习惯的不同，二者在诸多方面有所差异。汉民族的文人墨客喜用"四字格"，并把它作为判别语言艺术水平的标准之一，因为"四字格"工整匀称，音韵齐整，可排比使用，具有很强的修辞效果和浓郁的文采。

而英语崇尚言以简洁为贵（*Brevity is the Soul of Wit.*），反对文字的堆砌，是重音节、重节奏的语言；从另一方面看英语崇尚言以简洁为贵，其实汉语同样很讲求简洁。只是汉语是音节语言，重视韵律、音步，英语是音素语言，更重视节奏配合、轻重抑扬。还因为英语作为拼音文字，单词有长有短，音节多少不一，一词几义不一，因此较难做到像汉语那样音韵的齐整和词的对称。5）我们比较两种语言在习用的构式化短语方面的异同还发现：构式研究的关键，就是现有一些固化的成分，如"不……不……"、"一……即……"等可以填进去一些可变成分，随着可变成分也专化了，就成了习语。汉语的情况基本如此，而英语像 neither ... nor ...，now ... now ...，both ... and …等也接近于此，而且汉英"四字/词格"都可能遵循从凝固化到构式化到习语化的变化过程或规律。

值得指出的是，从局部问题考察，汉语"四字格"不一定都是由复句紧缩而成，像"不破不立"可以说是复句紧缩，而"不闻不问"就不大是，是短语固化，而"不干不净"只是"不干净"的强调形式。其实，仅"不 X 不 Y"内"不"就有"表条件"、"表并存"、"表适中"、"表强化"四种情况，这些都是我们今后进一步研究的课题。

四、功能语言学视阈下的比较研究。通过功能语言学视阈下探究汉英"侥幸"类副词性关联词语，研究结果发现：

1. 两种语言的该类词语都倾向于出现在句首位置，尤其在结构"△＋主语＋谓语"中；两种语言的该类词语都能够出现在下面的结构中：△＋主语＋谓语，～＋△＋主语＋谓语，～＋△＋谓语，△＋体词，主语＋△＋谓语，～＋主语＋△＋谓语，但是各自的数量不同。两种语言的该类词语能够出现在位于逗号前面的结构中，不过各自的数量明显不同。一般而言，英语更倾向于在该类词语前运用连接词来表现衔接。汉语是意合语言，重隐性连贯，而英语是形合语言，重显性连接。

语言的人际功能和语篇功能共同起作用限制该类词语的分

布。反映语言人际功能的该类词语不对话语增加同命题相关的内容。它们辅助听话者对命题做出反应，带领他们组织、释解、评论讲话者的命题内容。我们已经部分证实了在副词和连词间存在一个连续统。我们认为该类词语可以像连接附加语一样在语篇中起到连接作用，实现语篇的连贯。

2. 语篇中存在围绕该类词语的语义结构。它有两种形式：完全式和省略式。从收集的语料中我们得出结论：汉语更倾向表达该类词语所在的语义成分带来的积极结果或进一步阐释其积极影响。相应地，我们提出，在表达上汉语该类词语的情态值可能比英语该类词语的情态值要高的假设。该类词语能够表达转折和有利的因果—条件关系。

3. 我们已经探究了这些副词性关联词语同一些典型词语的共现现象。同英语该类词语共现的词语种类上简单，数量上也不典型。此外，在英语中，讲话者似乎不倾向从否定的角度使用诸如 otherwise（对应的汉语为"否则"）等词语引出或强调语义成分 C 带来的积极影响。我们认为这从另一方面再一次证明了前文提及的假设。我们认为使用 otherwise 等词语从否定的角度引出或强调语义成分 C 带来的积极影响或许不符合英语语言习惯（参见第五章表 4）。从人们跨文化交际和认知的角度看，这种差异受制于"趋利避害"的原则。

4. 通过语篇功能比较与分析，我们也发现主位结构和衔接是语篇功能的实现方式。主位和述位构成主位结构。在含有汉英副词性关联词语的语篇中，主位有三种：简单主位、多重主位和小句主位。概括起来讲，汉语副词性关联词语的省略频率比英语的高，这跟汉语更关注意义、英语重视语法结构有关。搭配方面，英语的搭配比汉语更加多样化，但汉语的连词常成双出现。在主位推进模式中，汉语语篇中有更多的同一型推进模式，而英语语篇中则有较多阶梯型推进模式，这跟汉语喜用排比，英语重视衔接不无关系。

　　本研究为在功能语言学视阈下全面研究汉英副词性关联词语提供规则和理论上的支持和服务。

　　五、语篇语言学视阈下的比较研究。是专门对国、内外著名文学作品的原文与译本中副词性关联词语的比较研究。涉及一个国内作家作品及其英译文比较和两个国外作家作品及其汉译文中副词性关联词语的比较，旨在对中外文学作品汉译英和英译汉研究以启示。

　　研究一，是对副词性关联词语在巴金散文汉英文本中的句法、语义、语用功能作对比分析，主要以《龙》、《虎》、《狗》三篇散文及其译文为语料进行分析，发现：1）就句法功能而言，汉英副词性关联词语可位于句首和句中，英语该类词语还可位于句末。这也体现了散文句式的灵活自由。此外原文中该类词语出现在主谓之间的情况最多，但在译文中用于主谓之前的情况最频繁，突出其在散文中的句法功能。2）语义功能方面，该类词语可表示时顺、转折、加合等七种语义关系，这些生动的语义关系，传递了丰富的情感。文中该类词语表加合、时顺关系最多，体现了散文所具有的叙事性特点。3）该类词语还具有语用功能，如焦点标记功能、主观化功能和强调功能。这些功能在散文中有助于反映作者的思想情感，凸显散文的"形散而神聚"优点。通过本研究，希望能够为读者欣赏汉语散文及其英译文提供新的视角。

　　研究二，是以加拿大著名现代女性作家的 14 部作品及其英译文为语料，以语篇语言学理论为依据，采用定量分析和定性分析方法，探究汉英副词性关联词语在句法特征、语义关系及语篇衔接功能异同特点。比较发现：

　　1. 爱丽丝·门罗和玛格丽特·阿特伍德的作品及其汉译本中的汉英副词性关联词语可以位于句首、句中、句末和单独使用，其位置关系如下表（表 2）：

表2　句法分布对比英语和汉语状语连词

位置	分类	汉语副词性关联词语	英语副词性关联词语
句首	□＋S＋P	＋①	＋
	～＋□＋S＋P	＋	＋
	□＋P	＋	－
	～＋□＋P	＋	＋
	～＋□＋PP	＋	＋
	□＋N	＋	＋
句中	S＋□＋P	＋	＋
	～＋S＋□＋P	＋	＋
句末	S＋P＋□	＋	＋
	S＋P＋□＋PP	－	＋
单独使用		＋	＋

　　基于上述分析,我们发现汉英副词性关联词语都可以在以下结构中：□＋S＋P、～＋□＋S＋P、～＋□＋P、～＋□＋PP、□＋N、S＋□＋P、～＋S＋□＋P、S＋P＋□和单独使用,尽管出现的频率可能有所不同。汉语副词性关联词语可以出现在结构"□＋P"中,而英语副词性关联词语不存在此结构。汉英副词性关联词语都可以出现在其变体结构"～＋□＋P"中,但英语副词性关联词语出现在该结构的数量远远低于汉语副词性关联词语出现的频率,原因在于英语是一种形合语言,主语的省略不符合英语的语法规则。然而,汉语副词性关联词语在结构"S＋P＋□"的数量远远低于英语,这表明汉语在词序上的限制性更强。此外,英语副词性关联词语可以出现在结构"S＋P＋□＋PP"中,

---

①　表中"＋"表示"存在","－"表示不存在。

尽管该用法并不多。英语中的介词短语通常在汉语中转变为谓语。

一般来说，位于句末位置的副词性关联词语用于评估或客观地描述之前的整个句子，而当它们位于句首或句中时，用于强调主语或谓语。副词性关联词语位于句末时通常前面有逗号隔开，表明语气的停顿，但不影响对整篇文章的理解。此外，汉英副词性关联词语可以单独使用。事实上，该用法可以视为省略了句子中的某些成分。汉英副词性关联词语具有作为修饰语的基本功能，修饰句子的不同语言单位。

2. 爱丽丝·门罗及玛格丽特·阿特伍德作品及其汉译本中的汉英语副词性关联词语，从语义上来说都可以被分为七大类：1）时顺（先时、同时、后时）；2）解释（确认、补证）；3）加合（并列、后重、特提）；4）转折（否定、对立、意外）；5）结果；6）条件（有利、让步）；7）断言（显性、隐性、解释）。从语义上说，汉英副词性关联词语的语义分布情况具有某些相似点：首先，汉英"加合"类副词性关联词语都位于前两位，并且其出现频率都超过20%。更确切地说，英语"加合"类副词性关联词语的出现频率为27.43%，汉语"加合"类副词性关联词语占20.06%。其次，"结果"类和"条件"类副词性关联词语使用频率最低，在汉语和英语中都低于10%。英语中"条件"类副词性关联词语使用频率高于"结果"类副词性关联词语的使用频率，分别占6.64%和2.14%。而汉语中两者的使用频率则相反，"结果"类副词性关联词语占8.07%，"条件"类占3.76%。此外，汉英"解释"类和"转折"类副词性关联词语使用频率都处于中间阶段，占11.15-16.16%。然而，汉英"时顺"类副词性关联词语的使用频率并不相同，英语"时顺"类副词性关联词语占23.98%而汉语中的占15.71%。由于汉英两种语言的句法结构有很大区别，对英语语篇的机械翻译会使得语篇单调且意义发生变化，因此，翻译者倾向于打破原始的英语句法结构的限制,根据中国本土语言的语言习惯来进行翻译,以便读者能够更好地理解语篇。

3. 衔接是实现语篇连贯的一个主要方法,语法衔接和词汇衔接是实现衔接的两种主要方式。语法衔接包括指称,替代和省略,因为它涉及到人、数量、接近程度的比较,词汇衔接是词汇层面的。一个词项的选择在某种程度上与前一个小句有关。语篇衔接功能可以概括如下表(表3):

表3　汉英副词性关联词语的语篇衔接功能

语法衔接 grammatical cohesion	指称 reference	人称 personal
		指示 demonstrative
		比较 comparative
	替代和省略 substitution and ellipsis	名词 nominal
		动词 verbal
		小句 clausal
	连接 conjunction	
词汇衔接 lexical cohesion	重复 reiteration	重复 repetition
		同义 synonymy
		反义 antonymy
		上下义 hyponymy
	搭配 collocation	

从表3中我们可以发现,语法衔接和词汇衔接在汉英副词性关联词语中都有所体现,而实现的方式有一些相似点和不同点。

首先,指称在汉语和英语中是一种重要的衔接手段。在两种语言中,代词是一种很重要的衔接方式,但出现的频率不同。英语是一种形合性语言，而汉语是一种意合性语言，英语中的人称代词和指示代词的使用频率明显高于汉语，而汉语通过省略或名词的重复出现形成的指称现象明显高于英语。

其次，汉英副词性关联词语引导的句子中都有名词、动词和小句的省略和替代，而它们的使用频率是不同的。汉语中省略和替代的使用频率低于英语，汉语多用重复原词的方法来实现文本的衔接。英语的省略具有形式或形态标记，因此从形式上可以看出来，汉语中最常见的省略是主语的省略，英语中的主语则不能省略，否则句子结构不完整。

第三，从词汇衔接的角度来看，重复和搭配在汉英副词性关联词语引导的句子中也较为明显，重复包括重复、同义、反义、上下义词，他们都存在于语篇中。此外，搭配在语篇的衔接中也具有非常重要的角色，可以预测和猜测话语的潜在语义。

本章研究为读者阅读欣赏国外文学作品及其英译文提供新的视角。

六、类型学视阈下的比较研究。经过对汉语、英语、法语和日语的常用"特提"类副词性关联词语的比较和分析，我们得出了以下结论：

1. 当它们都位于句首时，日语语序对"特提"类副词性关联词语的干扰影响最不明显。

2. 当它们位于体词性短语之间时，日语的语序特点使得它不同于其它三门语言，干扰影响逐渐加大，SOV 语序使得"特に"与后面谓语之间的距离加长，导致强调密集度下降，给予了听话者思考踌躇的时间，而汉语、法语、英语都是 SVO 语序，它们的"特提"类副词性关联词语距离后面的谓语都较近，强调密集度较高，不会使听话者在听话期间有思考踌躇的时间。

3. 当它们都位于小句之间时，在前后主语都一致时，都省略了后面小句的主语，但日语的"特に"等"特提"类副词性关联词语在连接两个小句时,SOV 语序下的格助词后置和递进副词性关联词语后置的特点,导致其与小句谓语和宾语的距离前后都比较远,其强调密集度仍然不高。但这四门语言的"特提"类副词性关联词语位于句中位置时,具有同一象似性:即意义关系密切的成分在结构上也靠近。这也正体现了语言的经济性。因为象似性是建立在经济性的基础之上,象似性越高,说明经济性越强,语言结构越容易被人理解。

4. 在使用"特提"类副词性关联词语时,在不同的语义条件关系中,法语有加重强调语气的特提句法标志 et, plus 和 et plus 等用法形式,我们称其为"叠加型强调标记",意义具有多元化特点,关于 tout 的用法有待进一步研究,英语中有 and especially 的用法,而汉语和日语中几乎没有这种类似的用法。这体现了法语和英语的语言规则性更强,而日语和汉语的语言运用更加灵活,这里并不否认英语句法位置的灵活性。这一发现启示我们可以根据"特提"类副词性关联词语的使用特点,重新审视语言的灵活性程度分类。

5. 通过吴语中的副词性关联词语音高重音相对位置比较,本书提出了判断音高重音相对位置的两条标准,即音节距离(首要标准)和音域宽度。使用 Praat 软件的基频音高曲线图和显示时长数据依次进行验证。从声调音域图和 Praat 的时长数据中,根据音节距离和音域宽度,得出同类方言不同地区音高重音相对位置的排序:1) 音节距离越大,音高重音位置相对偏后;2) 在音节距离都相等时,音域宽度越大,音高重音位置相对偏前。以此解释为何不同地区的人,即使说的是同一类方言,但最终语用交际效果的强弱有所差异,其原因是不同的声调和音域影响了音高重音的相对位置。

最后,汉语中的"特提"类副词性关联词语还有"特别是",英语中还有 particularly,法语中还有 notamment,日语中还有"中でも"、"别けても"等，都有待深入研究。本研究对于"特提"类副词性关联词语的研究具有重要的类型学价值。

七、应用语言学视阈下的比较研究。有以下四个方面研究成果：

1. 通过汉英副词性关联词语在阅读材料中的调查，通过汉英副词性关联词语在阅读中出现的频率比较和从阅读中选取的典型性副词性关联词语的案例分析，可以得出结论：副词性关联词语大多出现在复句中，并贯穿于语篇中，可表示：1）逻辑关系，包含条件、假设和因果关系；2）事理关系，主要包含并列关系和选择关系；3）心理关系，主要包括转折和让步关系。通过典型案例，验证在汉英语教材中也常使用汉语"四字格"和英语"四词格"，"尤其是"和 especially 以及汉英"侥幸"类词语，表明副词性关联词语在汉英教材中特点、功能和作用；旨在引起教材编撰者、教育工作者和学生对副词性关联词语的重视；提高学生根据这些词来推测作者的写作意图和阅读理解能力。

2. 通过对新世纪版和牛津上海版教材中副词性关联词应用的情况进行考查和分析，发现两本教材在表时顺中，表后时相承关系的副词性关联词 then 出现次数都较多。在表转折中，表补充和对立关系的副词性关联词 however 出现次数在两本教材中也都较多。两版教材中表示时顺/条件、转折关系的副词性关联词的使用频率都较高。两版教材中都有表示时顺、转折、结果、加合、条件的语义类别。然而，不同之处在于新世纪版教材中，出现的副词性关联词种类多，涉及八大类中所有类别，且数量多；牛津上海版中的副词性关联词种类较少且数量少。牛津上海版教材中没有涉及到解释、断言、推理类语义类别。通过对牛津上海版和新世纪版高中英语教材中关于副词性关联词进行较为全面、客观的比较、分析和研究，对以后高中英语教材及其他版本英语教材的设计和选择有借鉴价值，同时对一线教师使用教材提供现实的指导意义,对教材研究者起到启示作用,同时可以借助这一研究丰富和完善我国英语教材的理论与实践研究。

3. 通过对苏沪两版教材中副词性关联词语的应用调查和比较研究,重点探究教材中副词性关联词语的语义类别和功能类型,结合语例进行分析。结果发现:两版教材中的副词性关联词语使用情况各不相同,新世纪版教材对此类用法有较为全面的呈现,种类丰富,涉及到了八大类十八小类副词性关联词语。学生在了解和熟悉相关副词性关联词语的用法后,能够在教材中把握语篇的衔接机制,正确猜测词义,更好地分析语篇结构,进而能够准确理解教材内容。牛津译林版教材中没有涉及到的副词性关联词语表条件、相承和紧接等词语。在模块设计时也没有相关用法的介绍,仅在语篇中呈现,学生较难以注意并把握此类用法的正确运用。

根据以上调查和比较研究,有以下三个方面的启示:1)在教材编写上,高中英语教材中相关副词性关联词语的版面设计能够保证一定的复现率;2)教材中词汇讲解部分可以对相关副词性关联词语在语篇中的衔接功能进行相应的解释和佐证;3)在日常教学中,为提高学生对语篇的理解能力,教师课堂教学中也可以适当的对相关用法进行讲解,熟练掌握相关用语并运用于课堂话语中。

简言之,本研究给苏沪地区教材编写提供相应参考,对苏沪地区副词性关联词语的比较研究提供了实践价值,这种比较分析和描写对英语语法的本体研究有补充和完善作用,也给相关英语教学提供基础性的理论支持。此外,通过对牛津译林教材和上海新世纪教材的比较研究,希望相关副词性关联词语的应用研究能够给教材使用者和研究者更多启发,对以后研究不同版本的高中英语教材的设计和编写有借鉴意义。

4. 通过半年的实验,并对收集的数据做深入分析,我们发现基于副词性关联词语的阅读教学模式在提高学生的阅读能力方面起到了积极地作用,本研究有发现也得到一些启示。

第一,我们发现在采用了基于副词性关联词语的阅读教学模式后,实验班的学生平均分有了较大提高。这表明副词性关联词语对学生阅读能力的提高有积极的影响

第二,副词性关联词语不仅可以充当微观组织者,同时也能够充当宏观组织者的角色,对英语组句与篇章衔接发挥重要作用(贺嘉宁、原苏荣,2016:28)。

第三,基于副词性关联词语的阅读教学模式使学生在无意识的情况下增加了词汇量(江浩,2016:106),在阅读理解中使用副词性关联词语的潜意识也得到了较大的提升。

第四,本研究证明了基于副词性关联词语的阅读教学模式在实际教学中的可行性。多数学生已经具备了基于副词性关联词语的阅读教学模式的能力,尤其是在测试逻辑推理能力方面有了较大的进步。

第五,基于副词性关联词语的阅读教学模式使学生在英语学习中建立了自信,激发了他们学习英语的兴趣。

本研究有以下几点教学启示:

首先,教师应该培养学生在做阅读理解中运用副词性关联词语的意识,可以采用以下措施:1)更多地强调副词性关联词语在提高学生阅读理解能力上的重要性和有效性;2)对副词性关联词语做一个详细的介绍,比如从概念、功能、分类上去做介绍;3)向学生展示如何使用基于副词性关联词语的阅读教学模式,鼓励他们在阅读理解中应用副词性关联词语,自发地使用这种阅读模式。

其次,教师应该指导学生如何将副词性关联词语应用于写作中,使学生写出衔接连贯的作文(江浩,2016:109)。下面的一些任务可以用来提高学生的写作水平:1)给学生详细解释副词性关联词语的衔接功能,使学生能够意识到副词性关联词语在写作中的重

要性;2)要求学生在阅读后,归纳出文章中所出现的副词性关联词语;3)将学生在写作中是否运用副词性关联词语作为打分的标准,这是促使学生在写作中使用副词性关联词语的一种有效方式。

诚然,本研究对提高学生的阅读能力有积极作用,但也存在一些局限性,如实验的时间相对较短,可能从一定程度上降低了文章的说服力。再者,该阅读教学模式并不能够适用于所有体裁的阅读文章、所有学校或者学生,因为本研究只是就如何将基于副词性关联词语的阅读教学模式适用于高中做了一个初步的探索,后期仍然有许多问题需要解决。

可以肯定的是,应用基于副词性关联词语阅读教学模式有助于提高高中生阅读理解能力,得到师生好评。在英语阅读教学,尤其是大学英语阅读教学中值得尝试推广,主因之一是大学英语词汇量共收录单词 7676 个、词组 1870 条(中学阶段应掌握的词为 1800 个)(参见《大学英语课程教学要求》,2007:58)。经过一一核对,我们所研究的八类副词性关联词语都在大学英语词汇量所收录的单词、词组之列。因此,在大学英语的阅读材料和阅读教学中,副词性关联词语的出现频率更高、表达的逻辑语义关系更丰富、使用范围更大。

八、本书的独特价值。

学术价值:1.构建认知—功能—类型—应用视阈下的比较模式。提出应用认知—功能—类型—应用视阈下汉英这一特殊类词语比较研究的新方法。2.建立从理论语言学视阈下到应用语言学视阈下的(宏观)比较机制。揭示在语言共性观照下研究其功能差异和认知规律,探究汉英副词性关联词语的具体应用规则和语言结构类型上的机制与原理。3.通过认知分析、功能解释、多语型比较和应用研究,解决汉英副词性关联词语在多学科、多领域比较研究中的不足,填补多视阈下比较研究汉英副词性关联词语的空白。

应用价值：1.对从事汉英对比语法教学和研究，特别是汉英副词教学和研究者有实际参考价值。2.为对外汉语教学及英语教学提供规则描写和理论解释上的参考和服务；对汉英/英汉词典编撰、汉英互译也有启发和支持作用。3.副词性关联词语的阅读教学模式探究，在调查研究、实际应用和深入分析的基础上，验证了该教学模式的可行性。

九、本书的独到之处。认知—功能—类型—应用视阈下的比较模式是本书研究的新框架；从理论语言学理论到应用语言学理论是本书多视阈比较研究的重要理论依据；以大规模真实语料佐证，本书主要解决了以下问题：1.在提出副词性关联词语的界定标准和分类体系的基础上，首次提出了副词性关联词语的认知定义；2.提出了判断区分汉英紧缩格式的意义关系所遵循的规律特点；3.对汉英副词性关联词语进行了句法、语义和语篇层面的功能解释以及在语篇语言学理论指导下的语篇分析；4.揭示该类词语的类型学特点；5.通过实证研究验证了副词性关联词语的阅读教学模式可行性和可推广性；6.通过多视阈系统地比较汉英副词性关联词语，发现了汉英语言在相同、相似、相关的语言现象背后的共同特点、共性规律，探究了它们的异同及其原因。

简言之，我们进行跨语言比较研究，就是在"不同现象中分解出共同的普遍因素"，挖掘两种（或两种以上）语言的内部特征，探究语言表面的同和内部的异，表面的异和内部的同。（原苏荣，2008）

本书只是作者研究汉英副词性关联词语的又一个阶段性汇报。有关汉英副词性关联词语比较研究的诸多问题，还有待学界同仁和我共同努力。本书有些问题由于涉及面很多、很广，难以用少量的篇幅作全面而清楚的阐述，对一些问题的解释不一定让人满意。再者，书中某些内容难免有交叉重复之处，虽作修改，仍有不尽人意之处，望读者见谅。总之，由于本人学识和能力有限，书中一定有一些缺点和不足，恳切希望专家和读者赐教。

参考文献

安桂清. 西方"整体语言教学流派"述评[J]. 教师教育研究,2007(5)：69-74.

巴金. 龙·虎·狗[M]. 上海：文化生活出版社,1947.

白莲花. 语言类型学视角下的韩汉语语序对比研究[M]. 上海：上海三联书店,2014.

白娜. 浅谈应用语言学与外语教学的关系[J]. 才智,2015(17)：150.

薄冰,赵德鑫. 英语语法手册[M]. 北京：商务印书馆,1999.

薄冰. 薄冰英语语法[M]. 北京：开明出版社,1998/2001.

鲍川运. 关于翻译教学的几点看法[J]. 中国翻译,2003(2)：48-50.

鲍晓英,钱明丹. 学生口译语用能力培养模式构建[J]. 外语界,2013(1)：88-94.

边永卫. 语言习得动机与学习者自我认同建构——中外研究综述[A]. 高一虹主编. 中国大学生英语学习社会心理[C]. 北京：外语教学与研究出版社,2003：1-24.

蔡龙文. 论基于认知语言学的翻译机制[J]. 广东外语外贸大学学报,2010(3)：57-61.

蔡瑱. 汉语趋向范畴的跨方言专题研究[D]. 上海：复旦大学,2013.

曹冬雪. 否定性"让"字句的标记模式[J]. 牡丹江大学学报,2015(11)：25-26.

曾利沙. 体验—建构融通式教学模式探索——本科笔译教学创新实验报告[J]. 外语界,2013(1)：62-71.

柴晚锁. 功能学派翻译观在教材翻译中的运用[D]. 北京：北京林业大学,2008.

常晨光. 英语中的人际语法隐喻[J]. 外语与外语教学,2001(7)：6-8.

常晨光. 语法隐喻与经验的重新建构[J]. 外语教学与研究,2004(1)：31-36.

晁保通. 本文语言学说略[J]. 西安外国语学院学报(哲学社会科学版),1995(2)：72-76.

陈昌来,李传军. 现代汉语类固定短语研究[M]. 上海：学林出版社,2012.

陈昌来. 现代汉语句子[M]. 上海：华东师范大学出版社,2000.

陈昌来. 应用语言学导论[M]. 北京:商务印书馆,2007.

陈道明. 隐喻与翻译——认知语言学对翻译理论研究的启示[J]. 外语与外语教学,2002(9)：40-43.

陈刚,沈家煊. 从"标记颠倒"看韵律和语法的象似关系[J]. 外语教学与研究（外国语文双月刊）,2012(4)：483-639.

陈宏薇,李亚丹. 新编汉英翻译教程[M]. 上海：上海外语教育出版社,2004.

陈晖. 认知语言学理论视角下的英语隐喻问题研究[J]. 长春理工大学学报（社会科学版）,2012(7)：160-161.

陈慧,张焕镇. 终身学习时代高教自学考试改革的探讨[J]. 教育与职业,2004(6)：59-61.

陈家旭. 金融报道中的隐喻认知及其翻译研究[J]. 上海翻译,2016(6)：22-27.

陈嘉. 语言学理论与外语教学法[J]. 国外语言学,1980(1)：12-14.

陈洁,张婷婷. 俄罗斯语篇语言学研究评述[J]. 外语与外语教学,2008(7)：30-33.

陈晋秋. 应用语言学及教师教育理论与实践研究[J]. 教育文化论坛,2011(3)：28-31.

陈可佳,原苏荣. 英语 even 与汉语"甚至"的句法、语用比较[J]. 宜春学院学报,2016(2)：85-89.

陈力. 语篇理论在 EFL 教学中的应用[J]. 课程·教材·教法,2006(8)：48-52.

陈琳,王蔷,程晓堂. 英语课程标准（实验）解读[M]. 南京：江苏教育出版社,2003.

陈满华,贾莹. 西方构式语法理论的起源和发展[J]. 苏州大学学报,2014(1)：127-135.

陈满华. 构式语法理论对二语教学的启示[J]. 语言教学与研究,2009(4)：64-70.

陈满华. 关于构式语法理论的几个问题[J]. 外语教学与研究,2009(5)：337-344,400.

陈明瑶. ESP 与语料库建设[J]. 外语研究,2000(2)：60-61.

陈前瑞. 完成体与经历体的类型学思考[J]. 外语教学与研究,2016(6)：803-959.

陈水生. 基于语料库的汉英动词性隐喻的对比与翻译研究——以"微笑"构式及《尤利西斯》的相关译例为个案[J]. 上海翻译,2017(4)：75-79.

陈松松,张辉. 汉语双宾"转移"方向问题研究——动词、构式和轻动词的互动[J]. 解放军外国语学院学报,2017(1)：68-76.

陈向明. 质的研究方法与社会科学研究[M]. 北京：教育科学出版社,2000.

陈晓蕾,陈文博. 构式语法化与语法构式"各种 X"的显现[J]. 当代修辞学, 2016(6)：75 - 83.

陈旸.《论语》英译本研究的语篇语言学方法[J]. 广东技术师范学院学报(社会科学),2010(6)：88 - 140.

陈颖. 紧缩句的有标关联和无标关联[D]. 武汉：华中科技大学,2005.

陈云松,吴晓刚. 走向开源的社会学——定量分析中的复制性研究[J]. 社会, 2012(3)：1 - 23.

陈珍玉. 认知语言学翻译观评述[J]. 太原大学教育学院学报,2015(3)：41 - 44.

成梅. 教材翻译中的问题不容忽视[J]. 外语教学与研究,1991(3)：50 - 53.

成晓光. 语言哲学视域中主体性和主体间性的建构[J]. 外语学刊,2009(1)：9 - 15.

程乃胜. 论类型学研究范式在法制现代化研究中的运用[J]. 法学评论,2006(1)：15 - 22.

程琪龙,程倩雯. 动词和构式之间的关系——词汇构式语法[J]. 外国语,2015(3)：2 - 11.

程晓堂,孙晓慧. 中国英语教师教育与专业发展面临的问题和挑战[J]. 外语教学理论与实践,2010(3)：1 - 6.

程晓堂. 基于语篇的语言教学途径[J]. 国外外语教学,2005(1)：8 - 16.

程晓堂. 英语教材分析与设计[M]. 北京：外语教学与研究出版社,2002.

程亚恒. 差比构式"(X)连 YA 都没有"探析[J]. 汉语学习,2015(1)：47 - 56.

崔俊学. 基于认知语言学视域中隐喻的象似性及其教学意义研究[J]. 教改实践,2015(2)：288 - 289.

崔淑燕. 构式语法理论下的特殊句式"把"字句的教学[J]. 首都经济贸易大学学报,2014(1)：126 - 128.

崔希亮. 语言理解与认知[M]. 北京：北京语言大学出版社,2001.

崔允漷. 课堂观察 20 问[J]. 当代教育科学,2007(24)：23 - 25.

戴庆厦,朱艳华. 20 年来汉藏语系的语言类型学研究[J]. 云南民族大学学报(哲学社会科学版),2011(5)：131 - 137.

戴庆厦. 汉藏语并列复合词韵律词序的类型学特征——兼论汉藏语语法类型学研究的一些认识问题[J]. 吉林大学社会科学学报,2015(3)：141 - 175.

戴炜栋,刘春燕. 学习理论的新发展与外语教学模式的嬗变[J]. 外国语,2004(4)：1 - 4.

戴炜栋,束定芳. 英语常用衔接词例解词典[Z]. 上海：上海外语教育出版社,1997.

戴炜栋. 高中英语(新世纪版)[M]. 上海：上海外语教育出版社,2008.

戴炜栋. 关于二语习得研究学科建设的几个问题[J]. 山东外语教学,2008(6)：3 - 5.

戴炜华.关于整体语言教学[J].外语界,2001(1):3－36.

邓惟佳.中国学术"走出去"的现状与发展[J].对外传播,2016(1):51－53.

邓云华,石毓智.论构式语法理论的进步与局限[J].外语教学与研究,2007
　　(5):323－330,400.

丁秋阳.翻译的语篇语言学探索[D].黑龙江:哈尔滨工业大学,2008.

丁言仁.应用语言学导学[J].学科导学,2013(8):39－40.

丁志斌,李茂莉.语言类型学视野下的第二语言习得研究[J].语言与翻译,
　　2011(1):72－75.

丁志丛.汉语有标转折复句的关联标记模式及使用情况考察[D].长沙:湖南
　　师范大学,2008.

董晓明,林正军.《基于使用的构式语法论元结构》述评[J].外语教学与研究,
　　2017(3):307－312.

董燕萍,陈焕鹏,余志斌.口译焦虑量表的研制[J].外语界,2013(6):57－64.

窦汝芬,史青玲.语篇语言学及语篇例析[J].无锡商业职业技术学院学报,
　　2007(3):86－88.

法鹏宇.认知语言学翻译观视角下《老人与海》汉译本的译者主体性研究[D].
　　西安:陕西师范大学,2015.

樊永前,程丹.从目的论的视角看教材翻译存在的问题[J].延安职业技术学
　　院学报,2009(1):76－78.

樊中元.量词重叠形式和语义的类型学研究[J].河地学院学报,2016(4):
　　19－24.

范东生,欧宗义,张庆民.对暑期英语教师培训项目的评估及思考[J].安徽教
　　育学院学报,1997(2):83－89.

范开泰,张亚军.现代汉语语法分析[M].上海:华东师范大学出版社,2000.

范开泰.对外汉语教学与汉语语法的经济性特点[A].编辑委员会(编).第五
　　届国际汉语教学讨论会论文选[C].北京:北京大学出版社,1997:
　　187－190.

范瑜,李国国.科技英语文体的演变[J].中国翻译,2004(5):88－89.

方红."侥幸"类语气副词研究[D].上海:上海师范大学,2003.

方琰.Applications of Functional Grammar to the Teaching of Advanced
　　Reading Course [A].朱永生主编.语言·语篇·语境(第二届全国功能语
　　言学研讨会论文集)[C].北京:清华大学出版社,1993:189－204.

费小东.扎根理论研究方法论:要素、研究程序和评判标准[J].公共行政评
　　论,2008(3):23－43.

冯庆华,穆雷.汉英翻译基础教程[M].北京:高等教育出版社,2010.

冯树鉴."四字格"在译文中的运用[J].中国翻译,1985(5):19－22.

冯志伟,孙可中."一颗燃烧的心"——论巴金前期散文[J].中国文学研究,
　　1978(2):95－101.

高波,石敏. 构式语法家族概览[J]. 外语学刊,2010(1)：57－61.

高强,朱玉山.《应用语言学与语言教师教育》述评[J]. 外语电化教学,2006
(111)：78－80.

高书贵."幸亏"隐含的转接功能与语义辖域[J]. 天津大学学报(社科版),
2006(6)：424－28.

高文成. 认知语言学理论框架下的汉英存在句对比研究[D]. 上海：上海外国
语大学,2007.

高一虹,李莉春,吕珺. 中、西应用语言学研究方法发展趋势[J]. 外语教学与
研究,1999(2)：8－16.

高一虹,吴红亮,李莉春. 关于外语教学研究方法的调查[J]. 外国语,2000
(1)：65－72.

高一虹. 中、西应用语言学研究方法发展趋势[J]. 外语教学与研究,1991(2)：
8－16.

高永伟. *A New English-Chinese Dictionary*《新汉英词典》[Z]. 上海：上海译
文出版社,2009.

葛传槼,陆谷孙等. 新汉英词典(世纪版)[Z]. 上海：上海译文出版社,2000.

葛欢欢. 认知语言学理论框架下的隐喻研究[D]. 西安：西北大学,2015.

葛晓华.《翻译的多学科探讨》述评[J]. 上海理工大学学报,2016(3)：220－
224,247.

葛晓华. 翻译与语言发展："词汇触发"理论视角及其分析[J]. 外语与外语教
学,2014(4)：15－20.

龚嵘. 二/外语教育研究范式的哲学思考：定性与定量研究设计决策的交互
制约[J]. 外语教学理论与实践,2013(3)：39－46.

顾鸿飞. 基于语篇语言学的俄语口译研究的设想[J]. 中国俄语教学,2015
(1)：50－53.

顾礼芬. 论整体语言教学法[J]. 天津大学学报,2003(2)：178－181.

顾鸣镝."有 N"和"有 V"的同构性研究[J]. 语言教学与研究,2016(4)：
104－112.

顾日国. 多媒体、多模态学习剖析[J]. 外语电化教学,2007(2)：3－12.

关崇霖. 社会建构主义模式与高中英语阅读教学[D]. 桂林：广西师范大
学,2003.

桂诗春,宁春岩. 语言学方法论[M]. 北京：外语教学与研究出版社,1997.

桂诗春. 20 世纪应用语言学评述[J]. 外语教学与研究,2000(1)：2－7,79.

桂诗春. 关于我国外语教学若干问题的思考[J]. 外语教学与研究,2010(4)：
275－281.

桂诗春. 开展应用语言学研究,努力提高外语教学质量[J]. 外国语,1979(1)：
54－58.

桂诗春. 什么是应用语言学? [J]. 外语教学与研究,1987(4)：14－19,79.

桂诗春.以语料库为基础的中国学习者英语失误分析的认知基础[J].现代外语,2004(2):129-139.

桂诗春.应用语言学的系统论[J].外语教学与研究,1994(4):8-10.

桂诗春.应用语言学和认知科学[J].外语教学与研究,1993(3):19-26.

桂诗春.应用语言学思想:缘起、变化和发展[J].外语教学与研究,2010(3):163-169,240.

桂诗春.应用语言学研究方法:原理篇[J].外语教学与研究,1988(3):11-17,79.

桂诗春.中国学生英语学习心理[M].长沙:湖南教育出版社,1992.

桂诗春.中国学生英语阅读能力诸因素分析——一份实验报告[J].外国语,1986(5):51-58.

桂严捷,刘斌.汉英副词性关联词语"果然"与 *as expected* 的比较研究[J].现代语文,2014(33):156-160.

桂严捷,原苏荣.英语:"no wonder"和汉语"难怪"比较研究[J].现代语文,2014(27):130-135.

郭卫民.英译汉中汉语四字格的运用探索[J].山东外语教学,2009(4):84-87.

郭中.现代汉语复句关联标记模式的类别研究[D].武汉:华中师范大学,2013.

海德格尔.路标[M].北京:商务印书馆,2001.

韩宝成.结构方程模型及其在语言测试中的应用[J].现代外语,2006(1):78-86.

韩宝成.外语教学科研中的统计方法[M].北京:外语教学与研究出版社,2002.

韩大伟,邓奇.动态抑或互动?——动态系统理论与社会文化理论在二语习得中的应用[J].外语电化教学,2013(5):10-15,25.

韩丹.动态系统理论在二语习得中的应用研究[D].锦州:渤海大学外国语学院,2016.

韩梅.应用语言学研究方法新视角——《应用语言学研究的质性研究方法》述评[J].语文学刊·外语教育教学,2015(3):22-23,37.

韩晓雪.语言类型学视角下的英语语音二语习得研究[D].青岛:青岛大学,2013.

韩子满.应用翻译:实践与理论研究[J].中国科技翻译,2005(4):50-53.

郝红艳.类型学视角下的方言"子"尾研究[J].河南师范大学学报(哲学社会科学版),2015(2):163-167.

何乔.Cohesion, Coherence and Translation——A Text Linguistic Approach[D].成都:电子科技大学,2004.

何伟,王敏辰.汉英语"小句"语法地位再审视[J].外语教学与研究,2018(2):

195 – 204.

何伟等. 英语功能语义分析[M]. 北京：外语教学与研究出版社,2017.

何周春,龚彦知. 中国英语学习者的语言意识发展研究——以语用意识与语法意识为视角[J]. 现代外语,2013(3)：278 – 285.

何自然. 语用学概论[M]. 长沙：湖南教育出版社,1988.

贺嘉宁,原苏荣. 上海地区不同版本高中英语教材中副词性关联词语的比较研究[J]. 中学外语教与学(人大复印报刊资料),2016(11)：28 – 32.

侯国金. 对构式语法八大弱点的诟病[J]. 外语研究,2013(3)：1 – 12.

侯国金. 构式语法的内外互补[J]. 外语教学,2015(2)：8 – 12.

侯学超. 现代汉语虚词词典[Z]. 北京：北京大学出版社,2004.

侯胤. 克拉申二语习得理论与大学双语教学[J]. 沈阳师范大学学报：社会科学版,2007(1)：59 – 62.

胡芳芳,原苏荣. 中外名著中"侥幸"类副词性关联词语比较[J]. 合肥学院学报,2015(6)：95 – 99.

胡芳芳. 汉英"特提"类副词性关联词语比较研究——语义范畴视角[D]. 上海：上海师范大学,2016.

胡健,张佳易. 认知语言学与语料库语言学的结合：构式搭配分析法[J]. 外国语,2012(4)：61 – 69.

胡曙中. 语篇语言学导论[M]. 上海：上海外语教育出版社,2012.

胡壮麟,朱永生,张德禄,李战子. 系统功能语言学概论[M]. 北京：北京大学出版社,2005.

胡壮麟. 韩礼德学术思想的中国渊源和回归[J]. 外语研究,2016(5)：9 – 13.

胡壮麟. 评语法隐喻的韩礼德模式[J]. 外语教学与研究,2000(2)：88 – 94.

胡壮麟. 系统功能语言学的认知观[J]. 外语学刊,2014(3)：44 – 50.

胡壮麟. 语言学教程[M]. 北京：北京大学出版社,2006.

黄国文,陈旸. 翻译研究中的"元功能对等"[J]. 中国外语,2014(2)：97 – 102.

黄国文,余娟. 功能语篇分析视角下的翻译显化研究[J]. 外语与外语教学,2015(3)：41 – 47.

黄国文. "译意"和"译味"的系统功能语言学解释[J]. 外语教学与研究,2015b(5)：732 – 742,800.

黄国文. 翻译研究的语言学探索——古诗词英译本的语言学分析[M]. 上海：上海外语教育出版社,2006.

黄国文. 功能语篇分析纵横谈[J]. 外语与外语教学,2001(12)：1 – 4.

黄国文. 功能语用分析与《论语》的英译研究[J]. 北京科技大学学报(社会科学版),2015a(2)：1 – 7.

黄国文. 系统功能类型学：理论、目标与方法[J]. 外语学刊,2010b(5)：50 – 55.

黄国文. 系统功能语言学的一个模式：加的夫语法[J]. 北京科技大学学报(社

会科学版),2008(1):94-100.

黄国文.英语"John is easy/eager to please"的系统功能语法分析[J].外语教学与研究,2010a(4):261-267,320.

黄国文.语法隐喻在翻译研究中的应用[J].中国翻译,2009(1):5-9.

黄国文.语篇分析概要[M].长沙:湖南教育出版社,1988.

黄国文.作为普通语言学的系统功能语言学[J].中国外语,2007(5):14-19.

黄昆海.汉英主语使用差异述略[J].外语与外语教学,2002(9):26-28.

黄月圆,顾曰国.以学生为中心,多维一体的大学英语教学法[J].外语教学与研究,1996(2):9-13.

纪云霞,林书武.一种新的语言理论:构块式语法[J].外国语,2002(5):16-22.

贾冠杰.二语习得论[M].南京:东南大学出版社,2006.

贾冠杰.自主诱导论与二语习得[J].外语与外语教学,2010(2):1-5.

贾娜.试论应用语言学与外语教学论[J].课程教育研究,2017(4):94-95.

贾旭东.经典扎根理论及其精神对中国管理研究的现实价值[J].管理学报,2010(5):656-665.

江浩.副词性关联词语在高中英语阅读教学中的调查与应用研究[D].上海:上海师范大学,2016.

江轶.国际当代语言类型学发展动态[J].现代外语,2006(3):302-308.

姜望琪.语法隐喻理论的来龙去脉及实质[J].解放军外国语学院学报,2014(5):63-72.

教育部.普通高中英语课程标准(实验)[M].北京:人民教育出版社,2003.

金国芬.应用语言学与外语教学理论研究[J].法国研究,1987(3):69-76.

金立鑫,于秀金.从与OV—VO相关和不相关参项考察普通话的语序类型[J].外国语,2012a(2):22-29.

金立鑫,于秀金.关于时体类型的思考[J].中国语文法研究,2015(4):1-18.

金立鑫,于秀金.左右分枝结构配置的功能分析[J].外语教学与研究,2012b(4):496-509.

金立鑫."有"和"是"[J].语言教学与研究,1995(3):82-84.

金立鑫.什么是语言类型学?[M].上海:上海外语教育出版社,2011.

金胜昔,林正军.识解理论关照下的等效翻译[J].东北师大学报(哲学社会科学版),2015(2):119-123.

荆桂萍.认知语言学翻译观下的科技文本翻译研究[D].长春:吉林大学,2016.

鞠志勤.高校英语语法课程改革的路径探索——以英语专业为例[J].山东高等教育,2017(2):82-87.

康冰.认知语言学翻译观与英语专业三年级笔译教学[J].继续教育研究,2012(8):171-173.

康光明.语篇语言学及语篇例析[J].外语与外语教学,2002(7):39-41.

柯飞.翻译中的隐和显[J].外语教学与研究,2005(4):303-307.

柯飞.外语学报概述与分析[J].现代外语,1992(4):69-73.

克里斯特尔(Crystal).现代语言学词典[Z].沈家煊译.北京:商务印书馆,2000.

寇代辉.中文紧缩句的英译[J].成都大学学报(社科版),1998(2):76-78.

匡小荣,宗世海.汉语语言学期刊与应用语言学发展论坛综述[J].华文教学与研究,2016(4):87-95.

蓝纯,蔡颖.电视广告中多模态隐喻的认知语言学研究——以海飞丝广告为例[J].外语研究,2013(5):17-23.

雷冬平."V个XP"构式家族及其主观量一致性研究[J].上海师范大学学报(哲学社会科学版),2017(3):87-97.

雷蕾,韦瑶瑜.中国非英语专业大学生写作障碍实证研究[J].中国英语教学,2007(5):13-18.

雷蕾.结构方程建模及AMOS软件在应用语言学研究中的应用[J].中国外语,2009(1):39-44.

李波.语言类型学视野下的日语语序研究[M].上海:上海三联书店,2014.

李发根.语篇语言学·连贯·作文教学[J].外语学刊,1995(3):60-65.

李观仪.应用语言学与外语教学——李观仪副教授谈赴英考察观感[J].外国语,1982(6):61-63.

李弘,王寅.语义理论与翻译研究——认知语言学对翻译的解释力[J].外语与外语教学,2005(10):35-39.

李洪儒.索绪尔语言学的语言本体论预设——语言主观意义论题的提出[J].外语学刊,2010(6):17-24.

李华.论大学英语教材中翻译内容编排的缺陷[J].中北大学学报(社会科学版),2011(3):69-71.

李慧.从认知语言学角度浅析金融英语中隐喻的翻译[D].上海:复旦大学,2011.

李江春.认知语言学翻译视角下图式知识对旅游翻译的启示[J].外国语文,2012(2):101-104.

李金满,王同顺.当可及性遇到生命性:中国学习者英语关系从句使用行为研究[J].外语教学与研究,2007(3):198-206.

李金满,吴芙芸.类型学概括与二语学习者汉语关系从句产出研究[J].外语教学与研究,2013(1):80-92,161.

李金满.语言类型学视角下的汉英语序对比研究[J].当代外语研究,2010(5):45-61.

李金满.中国学习者英语关系从句使用行为研究[J].现代外语,2008(4):406-438.

李炯英."整体语言法"理论对高校外语教学改革的启示[J].四川外国语学院学报,2004(3):138-141.

李炯英.自然语义元语言理论的类型学研究取向[J].南京邮电大学学报(社会科学版),2012(4):41-46.

李兰霞.动态系统理论与第二语言发展[J].外语教学与研究,2011(3):409-421.

李蓝.汉语的人称代词复数表示法[J].方言,2008(3):224-243.

李蓝.现代汉语方言差比句的语序类型[J].方言,2003(3):214-232.

李美霞,宋二春.从多模态语篇分析角度解读意义共建——以一幅中国古代山水写意画为例[J].外语教学,2010(2):6-10.

李美霞.三大功能语法观对比研究[J].外语学刊,2007(2):90-94.

李苗.构式"What's X doing Y?"的内部结构及其规约性语义的构建条件[J].解放军外国语学院学报,2013(1):17-22.

李敏.认知语言学理论视阈下的小学词语教学[D].济南:山东师范大学,2013.

李明,卢红梅.形意兼备创而有度——认知语言学翻译观视域下《天净沙·秋思》的复译[J].广东外语外贸大学学报,2011(6):18-22.

李鹏娟,张红.图形背景理论下《静夜思》英译文认知解读[J].课程与教学,2016(2):35-39.

李庆明,刘冰琳.认知语言学翻译观视域下秦腔翻译的多重互动性研究——以《杨门女将》为例[J].外语教学,2016(2):101-104.

李泉.副词和副词的再分类[A].胡明扬主编.词类问题考察[C].北京:北京语言学院出版社,1996:364-388.

李泉.关于"汉语难学"问题的思考[J].语言教学与研究,2010(2):31-38.

李韧之.类型学及其理论框架下的语言比较[J].解放军外国语学院学报,2008(1):1-14.

李如龙.论汉语方言的类型学研究[J].暨南学报(哲学社会科学),1996(2):91-99.

李如龙.应用语言学的性质和内容[J].海外华文教育,2000(2):1-6.

李瑞林.学习科学视角下的项目翻译学习模式研究[J].外语教学,2011(1):94-98.

李绍山.语言研究中的统计学[M].西安:西安交通大学出版社,1999.

李思旭."部分格"的语言类型学研究[J].外国语,2015(1):42-54.

李思旭.从语言类型学看三个平面互动研究[J].汉语学习,2014(2):20-31.

李思旭.全称量化和部分量化的类型学研究[J].外国语,2010(4):16-31.

李铁范."十五"期间应用语言学研究综观[J].淮北煤炭师范学院学报,2007(5):89-94.

李维娜.从目的论角度看财经英语教材的翻译[D].青岛:中国海洋大

学,2010.

李文中. 基于英语学习者语料库的主题词研究[J]. 现代外语,2003(3)：283-293.

李锡江,刘永兵. 语言类型学视野下语言、思维与文化关系新探[J]. 东北师大学报(哲学社会科学版),2014(4)：148-152.

李小华,王立非. 第二语言习得的构式语法视角：构式理论与启示[J]. 外语学刊,2010(2)：107-111.

李小辉,董宝华. 涌现理论及其在二语习得中的应用[J]. 中国外语,2008(4)：41-45.

李小芹. 交际教学法在大学英语教学中的应用[J]. 赤峰学院学报：自然科学版,2014(18)：221-222.

李兴华. 要加强研究生研究方法的训练——从应用语言学硕士学位论文中的几个问题谈起[J]. 学位与研究生教育,2007(9)：41-43.

李亚青,吴喜才. 国内认知语言学与翻译研究综述[J]. 牡丹江师范学院学报(哲学社会科学版),2011(3)：85-87.

李毅. 当代认知语言学隐喻研究[J]. 山东社会科学,2009(3)：146-150.

李瑛. 国外认知语言学方法指导下的词汇教学研究综述[J]. 西华大学学报(哲学社会科学版),2012(6)：69-73.

李宇明. 中国语言规划论[M]. 东北师范大学出版社,2006.

李战子. 从会话分析看英语口语课课堂活动[J]. 外语界,1996(2)：33-36.

李战子. 身份理论和应用语言学研究[J]. 外国语言文学,2005(4)：234-241.

李正风,曾国屏,林组贻. 试论"学术"国际化的根据、载体及当代特点与趋势[J]. 自然辨证法,2002(3)：32-34.

李志雪,李绍山. 对国内英语写作研究现状的思考[J]. 外语界,2003(2)：55-60.

李子鹤. 北方方言两字组连读变调的类型学考察[A]. 语言学论丛[C]. 北京：商务印书馆,2013：167-188,373.

梁燕华,王小平. 中国认知语言学(2004—2013)研究综述——基于15种外语类核心期刊的统计分析[J]. 昆明理工大学学报(社会科学版),2014(6)：103-108.

廖秋忠. 汉语篇章中的连接成分[J]. 中国语文,1986(6)：413-427.

廖庶谦. 口语文法[M]. 北京：生活·读书·新知三联书店,1951.

林琳. 应用语言学研究方法发展四十年：回顾,问题与建议[J]. 陕西教育,2017(7)：24-26.

林璐. 认知语法和构式语法视野下的动词名化 V-ing 构式研究[J]. 解放军外国语学院学报,2014(6)：91-98.

林素娥. 汉语方言语序类型学比较研究刍议[J]. 暨南学报(哲学社会科学版),2007(3)：164-168.

林星.认知语言学的具身化假说和身体隐喻研究[J].外国语言文学,2009
　　(3):164-168.

林正军,刘永兵.构式语法视阈下的英语语法教学[J].外语教学理论与实践,
　　2012(1):51-57.

林正军,王克非.跨语言语法隐喻探讨[J].外语学刊,2012(1):59-63.

林正军,杨忠.语法隐喻的语义关系与转级向度研究[J].外语教学与研究,
　　2010(6):403-410.

刘艾娟,戴曼纯.中国学生英语主语习得研究[J].现代外语,2009(4):
　　378-388.

刘斌. The Enlightenments of Krashen's Input Hypothesis on Reading
　　Instruction [J].中学生导报·教学研究,2013(50):166-167.

刘斌.副词性关联词语在高中英语阅读教学中的应用研究[D].上海:上海师
　　范大学,2015.

刘承宇.弗里斯的语法理论[J].福建外语,2002(1):16-20.

刘承宇.概念隐喻与人际隐喻级转移的逆向性[J].外语教学与研究,2005
　　(4):289-293.

刘承宇.语法隐喻的文体价值[J].现代外语,2003(2):120-127.

刘春霞,杨永林,张歆秋.逻辑·语法·认知———一种跨学科的应用视角[J].
　　外语与外语教学,2007(2):17-22.

刘丛.论应用语言学理论指导下的大学英语教学与实践[J].英语教师,2017
　　(11):13-15.

刘大为.从语法构式到修辞构式(上)[J].当代修辞学,2010a(3):7-17.

刘大为.从语法构式到修辞构式(下)[J].当代修辞学,2010b(4):14-23.

刘丹青.汉语是一种动词型语言——试说动词型语言和名词型语言的类型差
　　异[J].世界汉语教学,2010(1):3-17.

刘丹青.语序类型学与介词理论[M].北京:商务印书馆,2003b.

刘丹青.语言库藏类型学构想[J].当代语言学,2011(4):289-303.

刘丹青.语言类型学与汉语研究[A].语言学前言与汉语研究[C].上海:上海
　　教育出版社,2005:199-228.

刘丹青.语言类型学与汉语研究[J].世界汉语教学,2003a(4):5-12.

刘道义.浅议英语教材的评价标准[J].课程教材改革,2004(12):26-29.

刘富利.外语教师发展研究中的观念与实践[J].教育与职业,2008(5):
　　85-87.

刘海燕.类型学与方言学[J].方言,2004(2):148-157.

刘辉.《应用语言学研究方法》的教学模式探究[J].哈尔滨金融学院学报,
　　2013(5):66-67.

刘瑾,杨旭.论构式化的基本特征[J].外语研究,2017(3):30-34.

刘丽.《小狗包弟》教学设计[J].课程教材教学研究,2014(9):77-78.

刘曼.应用语言学与外语教学论的关系及实践应用[J].剑南文学：教学研究，2012(2)：344.

刘念.语篇连贯与翻译[D].上海：上海海事大学，2005.

刘然.语篇语言学视角下的古文英译主语转换——以《孟子》为例[J].昌吉学院学报，2017(5)：79-84.

刘润清.谈谈外语教学中的科研方法[J].大学英语，1996：281-317.

刘润清.外语教学研究的发展趋势[J].外语教学与研究，1999(1)：7-12.

刘润清.外语教学中的科研方法(修订版)[M].北京：外语教学与研究出版社，2015.

刘润清.外语教学中的科研方法[M].北京：外语教学与研究出版社，1999.

刘润清.西方语言学流派[M].北京：外语教学与研究出版社，1995.

刘叔新.固定语及其类别[A].语言研究论丛编辑部(编).语言研究论丛(第二集)[C].天津：天津人民出版社.1982：156-179.

刘树晟，段业辉.构式语法与承继层级[J].外语学刊，2015(5)：23-27.

刘晓宇，王刚.认知语言学的哲学基础及研究路径综述[J].科技展望，2015(32)：235-235.

刘艳春，赵艺，王小帆等.中英应用语言学期刊中语言教育论文对比[J].中国社会语言学，2014(1)：32-42.

刘艳春.从《语言文字应用》看我国应用语言学研究方法[J].语言文字应用，2005(2)：80-86.

刘艳春.我国应用语言学研究方法的历史发展[J].语言文字应用，2010(2)：98-106.

刘曜，原苏荣.巴金散文汉英文本中副词性关联词语的语篇衔接功能[J].蚌埠学院学报，2016(2)：119-123.

刘奕，李小洁.玛格丽特·阿特伍德小说中的女性意识[J].外国文学研究，2011(4)：118-119.

刘永兵，张会平.认知语言学视域下的二语学习概念迁移理论探究[J].外语与外语教学，2015(4)：37-42.

刘泽权，刘超朋，朱虹.《红楼梦》四个英译本的译者风格初探——基于语料库的统计与分析[J].中国翻译，2011(1)：60-64.

刘正光.构式语法研究[M].上海：上海外语教育出版社，2011.

刘作焕，陈林汉.漫谈语言研究方法[J].现代外语，1991(4)：24-27.

龙国富.试论汉语"为"字被动式的构式语法化[J].古汉语研究，2014(3)：9-15,95.

卢莎.副词性关联词语 *however* 的语篇衔接功能研究——以英美经典小说为例[D].上海：上海师范大学，2013.

鲁子问.中国外语教育政策的实然分析与应然设想[J].基础英语教育研究，2005(1)：4-10.

陆丙甫,蔡振光."组块"与语言结构难度[J].世界汉语教学,2009(1)：3-16.

陆丙甫,金立鑫.语言类型学教程[M].北京：北京大学出版社,2015.

陆丙甫,刘小川.语法分析的第二个初始起点及语言象似性[J].语言教学与研究,2015(4)：33-48.

陆丙甫,从语义、语用看语法形式的实质[J].中国语文,1998(5)：353-367.

陆丙甫."的"的基本功能和派生功能：从描写性到区别性再到指称性[J].世界汉语教学,2003(1)：14-29.

陆丙甫.论"整体—部分、多量—少量"优势顺序的普遍性[J].外国语,2010(4)：2-15.

陆丙甫.语句理解的同步组块过程及其数量描述[J].中国语文,1986(2)：106-112.

陆丙甫.语序类型学理论与汉语句法研究[A].沈阳、冯胜利主编.当代语言学理论和汉语研究[C].北京：商务印书馆,2008：124-256.

陆丙甫.语序优势的认知解释(上)：论可别度对语序的普遍影响[J].当代语言学,2005(1)：1-15.

陆丙甫.再谈汉语"的"和日语"の"的区别[J].外国语,2008(3)：55-63.

陆丙甫.直系成分分析法——论结构分析中确保成分完整性的问题[J].中国语文,2008(2)：35-45,98.

陆丙甫.作为一条语言共性的"距离—标记对应律"[J].中国语文,2004(1)：3-15.

陆丙甫.作为语法分析起点之一的数量性限制[J].汉语学习,2012(2)：3-13.

陆国强.现代英语词汇学[M].上海：上海外语教育出版社,1999.

陆俭明,郭锐.汉语语法研究所面临的挑战[J].世界汉语教学,1998(4)：3-21.

陆俭明.从构式看语块[J].中国语言学,2010(4)：67-72.

陆俭明.从语法构式到修辞构式再到语法构式[J].当代修辞学,2016a(1)：1-9.

陆俭明.对构式理论的三点思考[J].外国语,2016b(2)：2-10.

陆俭明.构式语法理论的价值与局限[J].南京师范大学文学院学报,2008(1)：142-151.

陆俭明.构式语法理论有待深究的三个问题[J].东北师大学报(哲学社会科学版),2016c(4)：2-7.

陆俭明.句类、句型、句模、句式、表达格式与构式——兼说"构式—语块"分析法[J].汉语学习,2016(1)：3-11.

陆俭明.再论构式语块分析法[J].语言研究,2011(2)：1-7.

陆建非,原苏荣.汉英复句中副词性关联词语的逻辑关系比较[J].上海师范大学学报,2012(4)：88-93.

陆效用. 应用语言学与大学英语教学改革[J]. 外语界,1999(4)：38－43.

罗黎,王晓东. 国内语篇语言学研究的发展动态研究[J]. 中国外语,2014(4)：105－111.

罗一. 研究生英语论文中连接副词使用情况调查[J]. 解放军外国语学院学报,2003(1)：98－101.

吕公礼,张勇. 汉英翻译中词类变换的功能类型学研究[J]. 外语研究,2014(5)：78－82.

吕晶晶. 认知语言学研究的热点与动向——第七届全国认知语言学研讨会暨第三届认知语言学暑期讲习班综述[J]. 外国语,2011(5)：93－96.

吕叔湘. 汉语语法分析问题[M]. 北京：商务印书馆,1979.

吕叔湘. 现代汉语八百词[M]. 北京：商务印书馆,1980.

吕文茜. 基于组配—构式分析法的"把"字句典型构式义研究[J]. 外语研究,2015(5)：22－25.

吕宇霞. 关于应用语言学定义的思考[J]. 文学教育,2017(7):149.

麻金星. 语法化、词汇化的认知构式语法研究——《构式化与构式调变》评介[J]. 外国语文研究,2015(6)：106－108.

马白菊. 语篇语言学理论在非英语专业阅读教学中的应用[D]. 上海：上海外国语大学,2008.

马秉义. 英语词汇系统简论[M]. 北京：气象出版社,2004.

马广惠,文秋芳. 大学生英语写作能力的影响因素研究[J]. 外语教学与研究,1999(4)：34－39.

马海侠. 浅析功能学派翻译理论的实用性研究[J]. 中国校外教育,2013(10)：63.

马建忠. 马氏文通[M]. 北京：商务印书馆,1983.

马楠. "越来越……"中"来"的性质及其他——《"越来越……"构式的语法化》读后[J]. 中国语文,2017(2)：238－242.

毛润民. 现代汉语紧缩句研究[J]. 内蒙古大学学报(哲社版),2007(1)：183－188.

孟春国,陈莉萍. 走向多元融合的研究范式——中外应用语言学与外语教学期刊的载文分析[J]. 外语界,2015(1)：2－11.

孟悦. 目前我国应用语言学研究方法的调查与分析[J]. 现代外语,1993(1)：1－6.

苗佳. 扎根理论研究法在应用语言学研究中的应用[J]. 外文研究,2015(1)：25－31,105.

宁玲. 汉英语篇结构差异的探讨——浅析《红楼梦》中的译例[J]. 天津外国语学院学报,2002(2)：10－13.

牛保义,王义娜,席留生,高航(译)(R. W. Langacker 著). 认知语法基础[M]. 北京：北京大学出版社,2013.

牛保义. 构式语法理论研究[M]. 上海：上海外语教育出版社,2011.

牛保义. 坚持形义一体,不能重义轻形[J]. 中国外语,2015(1)：35-41.

牛保义. 新自主/依存联结分析模型的建构与应用[J]. 现代外语,2011(3)：230-236.

牛保义. 自主/依存联结——认知语法的一种分析模型[J]. 外语与外语教学,2008(1)：1-5.

欧阳莉花. 从认知语言学理论探索英语词汇教学[J]. 长沙大学学报,2011(3)：154-156.

潘杰,原苏荣. 语言类型学视野下"附置词共现"[J]. 海外英语,2017(15)：189-191.

潘绍嶂. 大学英语写作中的问题及对策[J]. 外语界,1992(1)：23-26.

潘菽. 心理学简札[M]. 北京：人民教育出版社,1984.

潘瑶,冯跃进. 非英语专业研究生写作中连接词用法的语料库调查[J]. 现代外语,2004(2)：17-19.

庞人骐. 英语转换修辞句法[M]. 北京：北京师范大学出版社,1985.

裴沛. 二语习得领域中的认知语言类型学研究——以运动事件表达为例[J]. 亚太教育,2016(27)：66.

彭明强. Cohesion and Coherence Focused Studies on the Three English Versions of the Art of War [D]. 成都：电子科技大学,2008.

彭睿. 语法化·历时构式语法·构式化——历时形态句法理论方法的演进[J]. 语言教学与研究,2016(2)：14-29.

彭晓辉. 汉语方言复数标记系统研究[D]. 长沙：湖南师范大学,2008.

彭宣维. 韩礼德与中国传统学术——系统功能语言学的范式设计溯源[J]. 中国人民大学学报(社科版),2016(5)：130-138.

彭宣维. 系统功能语言学概念语法隐喻新探[J]. 当代外语研究,2013(11)：6-8.

彭宣维. 语言与语言学概论——汉语系统功能语法[M]. 北京：北京大学出版社,2011.

皮德敏,邓云华. 被动句类型标记的语言共性研究[J]. 湖南师范大学社会科学学报,2013(3)：138-141.

皮亚杰. 发生认识论原理[M]. 商务印书馆,1985.

戚雨村,王志伟. 应用语言学、外语教学法和外语教学中的几个问题[J]. 外国语,1980(5)：1-8.

齐沪扬. 现代语文[M]. 北京：商务印书馆,2007.

齐沪扬. 有关类固定短语的问题[J]. 修辞学习,2001(1)：2,8.

齐丽. 教学改革背景下的大学英语教学研究[J]. 赤峰学院学报(自然科学版),2014(16)：201-203.

钱叶萍,李维. 汉英语音的类型学比较[J]. 北京第二外国语学院学报,2013

(4)：9-14.

秦丽莉,戴炜栋. 活动理论框架下的大学英语学习动机自我系统模型构建[J]. 外语界,2013(6)：23-31.

秦龙生. 2013年诺贝尔文学奖得主爱丽丝·门罗[J]. 环球内外,2014(6)：66-68.

秦晓晴,文秋芳. 非英语专业大学生学习动机的内在结构[J]. 外语教学与研究,2002(1)：51-58.

秦晓晴. 外语教学研究中的定量数据分析[M]. 武汉：华中科技大学出版社,2003.

裘因. 试论文学翻译中汉语四字格的运用[J]. 上海大学学报(社会科学版),1991(2)：47-51.

曲辰. 语言类型学视野下的汉法对比研究[M]. 上海：上海三联书店,2014.

任学良. 汉英比较语法[M]. 北京：中国社会科学出版社,1981.

桑婷婷. 基于类型学框架的关系从句二语习得对比研究[D]. 青岛：青岛大学,2012.

尚新. 语言类型学视野与语言对比研究[J]. 外语教学与研究,2013(1)：130-139.

邵敬敏,罗晓英. 功能主义与汉语语法研究[J]. 汉语学习,2004(5)：1-9.

邵敬敏,王鹏翔. 陕北方言的正反是非问句[J]. 方言,2003(1)：40-48.

沈昌洪,吕敏. 动态系统理论与二语习得[J]. 外语研究,2008(3)：65-68.

沈家煊. R. W. Langacker 的认知语法[J]. 国外语言学,1994(1)：12-20.

沈家煊. 类型学的标记模式[J]. 外语教学与研究,1997(1)：1-10.

沈家煊. 认知语法的概括性[J]. 外语教学与研究,2000(1)：29-33.

沈家煊. 汉英介词对比[J]. 外语教学与研究,1984(2)：1-8.

沈家煊. 语法化学说导读[M]. 北京：外语教学与研究出版社,2001.

沈家煊. 语法化研究综观[J]. 外语教学与研究,1994(4)：17-21.

沈阳. 词义吸收、词形合并和汉语双宾结构的句法构造[J]. 世界汉语教学,2009(2)：147-159.

施春宏. 互动构式语法的基本理念及其研究路径[J]. 当代修辞学,2016(2)：12-29.

施春宏. 应用语言学不等于理论语言学的应用——读《二十世纪的中国语言应用研究》[J]. 汉语学习,1999(1)：60-62.

施麟麒. 国际化视野下应用语言学学科建设与发展高峰论坛综述[J]. 当代修辞学,2015(3)：94-95.

石定栩,韩巍峰. 系词的语法化过程与趋势[J]. 汉语学习,2013(5)：3-12.

石毓智. 汉语研究的类型学视野[M]. 南昌：江西教育出版社,2004.

石毓智. 汉英双宾结构差别的概念化原因[J]. 外语教学与研究,2004(2)：83-89.

史金生. 情状副词的类别和共现顺序[J]. 语言研究,2003(4):1-9.

史蕊. 认知语言学翻译观及其对英语翻译教学的启示[J]. 教育探索,2014(2):45-46.

束定芳. 从隐喻研究看认知语言学、修辞学和语用学之间的相互关系及启发[J]. 福建师范大学学报(哲学社会科学版),2013(5):43-50.

束定芳. 语言的认知研究——认知语言学论文精选[M]. 上海:上海外语教育出版社,2004.

束定芳. 中国认知语言学二十年——回顾与反思[J]. 现代外语,2009(3):248-256.

司显柱. 功能语言学视角的翻译标准再论[J]. 外语教学,2006(2):63-66.

司显柱. 功能语言学视角的翻译质量评估模式——兼评《孔乙己》英译文本的翻译质量[J]. 解放军外国语学院学报,2005(5):61-65.

司显柱. 试论翻译研究的系统功能语言学模式[J]. 外语与外语教学,2004(6):52-54.

斯涕格·埃里阿森. 理论语言学与应用语言学的关系[J]. 外语与外语教学,1991(3):1-7.

宋德生. 认知的体验性对等值翻译的诠释[J]. 中国翻译,2005(5):21-24.

苏丹洁,陆俭明. "构式—语块"句法分析法和教学法[J]. 世界汉语教学,2010(4):557-567.

苏丹洁. 构式理论、语块理论和语法教学[A]. 对外经济贸易大学. 首届全国语言语块教学与研究研讨会论文[C]. 北京:对外经济贸易大学出版社,2009.

苏丹洁. 构式是一条语块链——构式语块分析法的理论框架[J]. 语言科学,2012b(3):241-253.

苏丹洁. 构式语块教学法的实质——以兼语句教学及实验为例[J]. 语言教学与研究,2011(2):16-22.

苏丹洁. 取消"兼语句"之说——构式语块法的新分析[J]. 语言研究,2012a(2):100-107.

苏丹洁. 试析"构式—语块"教学法——以存现句教学实验为例[J]. 汉语学习,2010(2):83-90.

苏立昌. 概念隐喻与传统意义理论研究之比较——概念隐喻认知语言学意义研究的特征及理论局限[J]. 天津师范大学学报(社科版),2008(6):61-65.

孙方方. 基于学生视角的英语教师教育项目评估[D]. 上海:华东师范大学,2012.

孙平华. 国外英语教材评价标准综述[J]. 中小学外语教学,2003(3):13-15.

孙瑞云. 应用语言学视角下外语教学本质的思考[J]. 外语学刊,2016(5):132-136.

孙文访.基于语言类型学的第二语言习得研究[J].语言教学与研究,2012(2):1-8.

索振羽.语用学教程[M].北京:北京大学出版社,2000.

谭业升.翻译教学的认知语言学观[J].外语界,2012(3):68-75,90.

谭业升.翻译中的识解运作[D].上海:复旦大学,2004.

谭业升.跨越语言的识解:翻译的认知语言学探索[M].上海:上海外语教育出版社,2009.

谭载喜.试论翻译学[J].外国语,1988(3):24-29.

唐金海,张晓云.真挚灼热畅达自然——论巴金前期散文的思想艺术特色[J].上海大学学报(社科版),1992(4):29-35.

唐婧,杨洋.汉语"好不AP"的认知构式语法阐释与翻译[J].广东外语外贸大学学报,2016(3):66-71.

唐文生.认知语言学理论与中国翻译研究的回顾与前瞻[J].西华大学学报(哲学社会科学版),2011(2):86-89.

唐雯.类型学视角下的西语形容词定语在名词短语中的位置及其与汉语形容词定语的比较[M].上海:上海三联书店,2014.

唐正大.关中方言第三人称指称形式的类型学研究[J].方言,2005(2):109-118.

陶文好.论象征结构——认知语法理论的核心[J].外语与外语教学,2000(2):19-21.

田永弘.《语言学研究方法》介绍[J].当代语言学,2014(1):113-116.

田臻,黄妮,汪晗.词汇体、语法体与there存现构式原型性的共变[J].外国语,2015(5):33-43.

汪品先.汉语被挤出科学,还是科学融入汉语?[N].文汇报,2015-02-27(006).

汪榕培,卢晓娟.英语词汇学教程[M].上海:上海外语教育出版社,1997.

王寅.认知语言学与语篇分析[J].外语教学与研究,2003(2):83-88.

王初明.从系统功能语法看阅读[J].现代汉语,1996(4):24-28.

王初明.构式和构式语境与第二语言学习[J].现代外语,2015(3):357-365.

王初明.以"续"促学[J].现代外语,2016(6):784-793,873.

王初艳.汉英存现句的类型学研究[D].长沙:湖南师范大学,2012.

王聪.复数标记"们"的功能扩张及其类型学表现——以人称代词合音现象为例[J].云南师范大学学报(对外汉语教学与研究版),2016(5):57-66.

王翠.俄语语序的语言类型学研究[D].上海:上海外国语大学,2011.

王翠.语言类型学视野下的俄汉语序对比研究[M].上海:上海三联书店,2014.

王丹丹.基于认知语言学理论的独立学院大学英语汉英翻译教学模式研究[J].亚太教育,2015(28):87-88.

王东风. 功能语言学与翻译研究[M]. 广州：中山大学出版社,2006.

王东风. 西方学术视野中的翻译学[J]. 外语教学与研究,2017(3)：449-455.

王东风. 形式的复活：从诗学的角度反思文学翻译[J]. 中国翻译,2010(1)：6-12.

王馥芳. 认知语言学反思性批评[M]. 北京：外语教学与研究出版社,2015.

王光武. 走向完美[M]. 长沙：湖南师范大学出版社,1999.

王国凤,喻旭燕. 汉英新闻语篇言据性类型学研究[J]. 西安外国语大学学报,2011(2)：30-33.

王慧娟. 类型学视域中的项城方言被动句研究[D]. 杭州：浙江财经学院,2013.

王健. 类型学视野下的汉语方言"量名"结构研究[J]. 语言科学,2013(4)：383-393.

王金铨. 英语从句汉译过程的个案研究[J]. 外语教学与研究,2002(6)：471-475.

王金铨. 应用语言学框架下的翻译研究——《翻译过程中的专业知识以及显性化》评介[J]. 山东外语教学,2006(6)：18-21.

王克非. 论严复《天演论》的翻译[J]. 中国翻译,1992(3)：6-10.

王克明. 论翻译过程的语义隐显转换[J]. 山东外语教学,2005(1)：87-89.

王力. 中国现代语法[M]. 北京：商务印书馆,1943.

王力媛. 中英商科学生课堂小组讨论方式对比研究——跨文化交际视角[J]. 外语教学与研究,2013(4)：593-605.

王立非,鲍贵. 应用语言学研究的路径分析方法：原理与应用评介[J]. 现代外语,2003(4)：404-409.

王立非,文秋芳. 母语水平对二语写作的迁移：跨语言的理据与路径[J]. 外语教学与研究,2004(3)：205-212.

王立非,文艳. 应用语言学研究的多模态分析方法[J]. 外语电化方法,2008(121)：8-12.

王立非. 计算机辅助建模方法及其在外语教学研究中的应用[J]. 外语电化教学,2007(5)：8-11.

王立非. 应用语言学研究的路径分析方法：原理与应用评介[J]. 现代外语,2003(4)：405-409.

王立非. 语言标记性的诠释与扩展[J]. 外语学刊,2003(2)：87-92.

王璐璐,戴炜栋. 二语习得研究方法综述[J]. 外语界,2014(5)：29-37.

王仁强,龙日金. 从功能类型学的标记理论看英语主位的标记模式[J]. 四川外语学院学报,2000(3)：45-57.

王瑞昀. 认知语言学理论与阅读理解[J]. 江苏大学学报(高教研究版),2003(4)：72-75.

王瑞昀. 汉英疑问句类型学比较研究[D]. 上海：上海外国语大学,2005.

王睿. 认知语言学理论指导下的大学英语词汇教学模式[J]. 科技信息,2012：
　　3－4.

王石. A Contrastive Study of Reference in English and Chinese TV
　　Documentaries [D]. 北京：北京语言大学,2006.

王守仁. 关于高校大学英语教学的几点思考[J]. 外语教学理论与实践,2011：
　　1－5.

王守仁. 坚持科学的大学英语教学改革观[J]. 外语界,2013(6)：1－6.

王守仁. 牛津高中英语[M]. 江苏：译林出版社,2004.

王天翼. "S 比 N1 还 N2"的语言哲学解读[J]. 外语学刊,2016(2)：6－10.

王甜甜,原苏荣. 汉语的"反倒"与英语的 Instead [A]. 卜友红主编. 英语语言
　　学及应用语言学研究[C]. 上海：同济大学出版社,2014：29－36.

王望妮,孙志农. 试论构式语法中的"构式"[J]. 外语教学,2008(6)：46－50.

王文. 玛格丽特·阿特伍德与《使女的故事》[J]. 吉林广播电视大学学报,
　　2010(3)：79－83.

王汶成. 文学话语类型学研究论纲[J]. 中国文学批评,2016(3)：46－59,126.

王小兵. 基于市场需求的集群模块式课程开发[J]. 湖南工业大学学报,2008
　　(3)：109－110.

王晓华. 汉日情态共现的差异与共性[J]. 外语教学与研究,2014(2)：
　　202－213.

王雪梅. 英语专业研究生课程设置与学术能力发展[J]. 外语界,2009(1)：
　　44－50.

王雅刚,刘正光. 构式化中的识解干预[J]. 现代外语,2017(4)：451－
　　462,583.

王遥,李景娜. 格标记的形态编码与语言配列模式的蕴涵共性[J]. 外国语,
　　2016(1)：44－54.

王寅,曾国才. 英语 WH-问答对话构式的语义分析[J]. 外语教学,2016(2)：
　　1－6.

王寅. 构式压制、词汇压制和惯性压制[J]. 外语与外语教学,2009(12)：5－9.

王寅. 认真参照点原则与语篇连贯[J]. 中国外语,2005(5)：17－29.

王寅. 认知语法概论[M]. 上海：上海外语教育出版社,2005.

王寅. 认知语言学的翻译观[J]. 中国翻译,2005(5)：15－20.

王寅. 认知语言学与语篇连贯研究[J]. 外语研究,2006(6)：6－12.

王寅. 语篇连贯的认知世界分析方法——体验哲学和认知语言学对语篇连贯
　　性的解释[J]. 外语学刊,2005(4)：16－23.

王瑛,谭业升. 视觉化翻译的认知语言学观[J]. 上海翻译,2010(2)：22－27.

王勇,徐杰. 系统功能语言学与语言类型学[J]. 外国语,2011(3)：40－48.

王勇,周迎芳. 二语习得研究与语言类型学[J]. 中国外语,2014(5)：49－55.

王瑜. 应用语言学教材 Curriculum Development in Language Teaching（第

六章)汉英翻译实践报告[D].哈尔滨:黑龙江大学,2015.

王远国.类型学框架下汉英关系从句之比较[J].盐城师范学院学报(人文社会科学版),2012(5):97-102.

王云桥,张维峰,辛修国.语篇语言学概述[J].聊城大学学报(社会科学版),2009(6):68-71.

王振华,张庆彬(译).系统功能语言学的演变:小句之外——J·R·马丁教授访谈录[J].当代外语研究,2013b(10):1-12.

王振华,张庆彬.基于语料库的中外大学校训意义研究——"评价系统"视角[J].外语教学,2013a(6):7-12.

王振华.试论系统思想与外语教学[J].外语教学,2004(1):80-83.

王宗炎.评桂诗春《应用语言学》[J].上海外国语学院学报,1990(1):68-71.

威廉·克罗夫特.语言类型学与语言共性(第二版)[M].龚群虎等译,上海:复旦大学出版社,2009.

魏大为,武和平.应用语言学研究方法新探:复杂系统的视角[J].外语教育,2010(00):67-73.

魏在江.隐喻的语篇功能——兼论语篇分析与认知语言学的界面研究[J].外语教学,2006(5):10-15.

文炼.固定短语和类固定短语[J].世界汉语教学,1988(2):65-67.

文秋芳,林琳.2001—2015年应用语言学研究方法的使用趋势[J].现代外语,2016(6):842-852,874.

文秋芳,王立非.二语习得研究方法35年:回顾与思考[J].外国语,2004(4):18-25.

文秋芳,王立非.英语学习策略实证研究[M].西安:陕西师范大学出版社,2003.

文秋芳,俞洪亮,周维杰.应用语言学研究方法与论文写作[M].北京:外语教学与研究出版社,2004.

文秋芳."作文内容"的构念效度研究——运用结构方程模型软件AMOS 5的尝试[J].外语研究,2007(3):66-71.

文秋芳.二语习得重点问题研究[M].北京:外语教学与研究出版,2010.

文秋芳.构建"产出导向法"理论体系[J].外语教学与研究,2015(4):547-558,640.

文秋芳.国家语言能力的内涵及其评价指标[J].云南师范大学学报(哲学社会科学版),2016(2):23-31.

文秋芳.输出驱动假设与英语专业技能课程改革[J].外语界,2008(2):2-9.

文秋芳.输出驱动假设在大学英语教学中的应用:思考与建议[J].外语界,2013(6):14-22.

文秋芳.输出驱动—输入促成假设:构建大学外语课堂教学理论的尝试[J].中国外语教育,2014(2):3-12,98.

文秋芳. 微变化研究法与二语习得研究[J]. 现代外语,2003(2):311-317.

文秋芳. 我国应用语言学理论国际化的标准与挑战——基于中国大陆学者国际论文创新性的分析[J]. 外语教学与研究,2017(2):254-266.

文秋芳. 我国应用语言学研究国际化面临的困境与对策[J]. 外语与外语教学,2017(1):9-17.

文秋芳. 应用语言学研究方法与论文写作[M]. 北京:外语教学与研究出版社,2001.

文旭,杨坤. 构式语法研究的历时取向——历时构式语法论纲[J]. 中国外语,2015(1):26-34.

文旭,杨旭. 构式化:历时构式语法研究的新路径[J]. 现代外语,2016(6):731-741,872.

文旭. 语义、认知与识解[J]. 外语学刊,2007(6):35-39.

邬澜. 二语习得理论对我国大学英语教学的启示[J]. 湖南农业大学学报,2008(3):81-83.

吴波. 认知语言学的翻译观及其对翻译能力培养的启示[J]. 外国语文,2008(1):56-60.

吴迪,付有龙. 从认知语言学的角度谈翻译教学中的文化教学[J]. 中国西部科技,2009(7):93-94.

吴福祥,张定. 语义图模型:语言类型学的新视角[J]. 当代语言学,2011(4):336-350.

吴红云,刘润清. 写作元认知结构方程模型研究[J]. 现代外语,2004(4):370-377.

吴黄青娥. 汉越复句关联标记模式比较[D]. 武汉:华中师范大学,2012.

吴始年. 数量分析在测试及应用语言学中的局限性[J]. 外语教学与研究,1997(4):52-56.

吴旭东. 二语习得实证研究评估方法[J]. 现代外语,2002(1):86-97.

吴宗杰. 行动研究:外语师资教育新途径[J]. 外语教学与研究,1995(2):48-53.

武和平,韩百敬. 应用语言学与二语习得研究中"语言水平"的测量与界定——一项基于文献计量学的研究[J]. 山东外语教学,2010(2):20-25.

习晓明. 标记模式与蕴涵共性[J]. 贵州师范大学学报(社会科学版),2005(4):109-112.

席建国,王文斌. Have a N_{Dev} 结构之语法转喻及构式化特征考察[J]. 外语研究,2016(1):18-23.

席建国. 汉英介词研究的类型学视野[D]. 上海:上海外国语大学,2013.

夏秀文. 认知语言学视阈下的李白诗歌颜色词研究[J]. 西安外国语大学学报,2016(4):49-52.

肖姗. 语篇分析与翻译[J]. 社会与法制,2008(3):225-226.

萧立明. 认知语言学与翻译[J]. 中南大学学报(社会科学版),2005(5):572-575.

谢菁. 基于认知语言学的中医病因病机概念隐喻研究[D]. 北京:北京中医药大学,2012.

谢琴. 从认知语言学角度谈隐喻翻译[D]. 天津:天津大学,2009.

谢晓明,左双菊. "难怪"的语法化[J]. 古汉语研究,2009(2):31-35.

辛斌,李曙光. 认知语言学理论的发展、应用及跨学科研究——第四届全国认知语言学研讨会综述[J]. 外语研究,2006(5):1-4.

辛志英,黄国文. 系统功能语言学研究方法论[J]. 外语研究,2010(5):1-5,112.

辛志英,黄国文. 系统功能语言学与生态话语分析[J]. 外语教学,2013(3):3-11,31.

辛志英. C. C. Fries 的应用语言学模式及其对现代外语教学的启示[J]. 山东外语教学,2008(1):12-16.

邢公畹. 现代汉语教程[M]. 天津:南开大学出版社,1994.

熊学亮. 汉英语双宾构式探析[J]. 外语教学与研究,2007(4):261-267.

修旭东,肖德法. 英语写作策略、八级写作认知过程及成绩关系的结构方程模型研究[J]. 外语教学与研究,2006(6):460-465.

徐彩华. 从认知语言学的翻译观探讨翻译教学中译者主体性的发挥[J]. 课程教育研究,2014(21):18-19.

徐昉. 非英语国家学者国际发表问题研究述评[J]. 外语界,2014(1):27-33.

徐海铭. 二语习得研究的九大主流理论和研究走向[J]. 外语教学与研究,2009(3):234-236.

徐晶凝. 应用语言学入门[M]. 北京:世界图书出版公司,2010.

徐珺. 基于语料库的英语翻译教材与翻译教学研究现状分析[J]. 外语电化教学,2008(5):16-22.

徐开妍,肖奚强. "X还在,Y没了"与"X没了,Y还在"构式[J]. 当代修辞学,2015(2):41-46.

徐盛桓. 常规关系与句式结构研究——以汉语不及物动词带宾语句式为例[J]. 外国语,2003(2):8-16.

徐爽. 应用语言学研究的新视角层面理论[J]. 佳木斯教育学院学报,2012(8):6-10.

徐伟成. 英语作文中的衔接、连贯与质量[J]. 广州大学学报(综合版),2000(5):36-38.

徐蔚. 语言类型学之语序共性问题[J]. 复旦外国语言文学论丛,2010:110-117.

徐鑫. 认知语言学翻译观视角下译者的主体性探讨——以葛浩文《饥饿的女儿》英译本为例[D]. 宁波:宁波大学,2014.

许国璋. 论外语教学的方针与任务[J]. 外语教学与研究,1978(2)：6-15.

许国璋. 许国璋论语言[M]. 北京：外语教学与研究出版社,1991.

许恒,宫齐.《二语习得中的研究方法：实用指南》评介[J]. 当代语言学,2015 (3)：348-351.

许宏晨. 结构方程模型多组分析在应用语言学研究中的运用——Amos 17.0 实例演示[J]. 中国外语教育,2010(1)：59-67.

许善玉. 语篇语言学在中译韩实践中的运用[D]. 北京：对外经济贸易大学,2007.

许双如. 语篇衔接与英语习得程度调查分析[J]. 广州大学学报(社会科学版),2004(5)：35-38.

许文胜. 语言类型学视角下的汉英连词对比与翻译研究——基于"汉英文学名著语料库"的采样分析[J]. 外国语,2015(3)：41-52.

薛旭辉. 认知语言学视域下的英语语块分类认知研究综述[J]. 西安外国语大学学报,2012(4)：47-51.

闫军丽. 认知语言学理论在英语词汇教学中的应用[J]. 教育现代化,2017 (3)：214-217.

严辰松. 定量型社会科学研究方法[M]. 西安：西安交通大学出版社,2000.

严辰松. 构式语法论要[J]. 解放军外国语学院学报,2006(4)：6-11.

严辰松. 谈语言学和应用语言学中的定量型研究方法[J]. 解放军外国语学院学报,2001(5)：4-6.

严敏芬,李健雪.《英语中的构式演变：语素变体、构词和句法的发展》评介[J]. 外语教学与研究,2016(1)：155-158.

杨炳钧,罗载兵. 系统功能语言学的多重述位及其构成[J]. 当代外语研究,2012(9)：5-9,77.

杨炳钧,尹明. 系统功能语法核心思想对语言教学的指导意义[J]. 外语学刊,2000(3)：9-15.

杨春雷,姜霞.《基于语符的构式语法》介绍[J]. 当代语言学. 2017(3)：462-464.

杨佳. 湖南汨罗方言的补语标记"得"和"唧"[J]. 方言,2017(1)：32-41.

杨黎霞. 语篇语言学与翻译[J]. 中国科技翻译,2003(3)：1-4,55.

杨若东. 语篇衔接关系的建立与跨文化语篇理解[J]. 外国语,1997(2)：23-28.

杨士杰. 英语教材分析[M]. 沈阳：辽宁大学出版社,2000.

杨小虎,丁仁仑. 大学生英语听力学习动机维度结构类型及其与听力学习行为的关系[J]. 现代外语,2004(3)：311-318.

杨晓华,龚菊菊. 反思硕士翻译研究方向：需求评价与课程设置[J]. 西安外国语大学学报,2011(4)：99-104.

杨信彰. Charles C. Fries 的语言交际理论与信号语法[J]. 外国语,2000(4)：

41 - 46.

杨信彰. 多模态语篇分析与系统功能语言学[J]. 外语教学,2009(4)：11 - 14.

杨旭. 汉语趋向连动式的构式化研究[D]. 重庆：西南大学,2016.

杨学前. 语言教学的"语篇"观点[J]. 外国语,2014(4)：180 - 182.

杨雪燕. "语篇"概念与翻译教学[J]. 中国翻译,2003(5)：59 - 64.

杨雪燕. 系统功能语言学视角下的话语分析[J]. 外语教学,2012(2)：31 - 36.

杨亦鸣,徐以中. 副词"幸亏"的语义、语用分析——兼论汉语"幸亏"句相关话题的形成[J]. 语言研究,2004(1)：19 - 23.

杨瑛. 应用语言学研究综述[J]. 天津工程师范学院学报,2005(4)：64 - 67.

杨永龙. 结构式的语法化与构式演变[J]. 古汉语研究,2016(4)：46 - 57,104.

杨子,王雪明. 《马赛克重构——翻译研究的构式语法途径》述介[J]. 上海翻译,　2014(3)：91 - 93.

杨自检. 语言多学科研究与应用[M]. 广西：广西教育出版社,2002.

姚绪宁. 翻译中的衔接——兼谈《孔乙己》的翻译[D]. 济南：山东大学,2005.

叶晓锋. 汉语方言语音的类型学研究[D]. 上海：复旦大学,2011.

尹广琴. 大学低年级学生汉英作文对比实验与分析[J]. 外语教学,1999(2)：21 - 27.

尹洪波. 《目的小句类型学研究》述评[J]. 外语教学与研究,2011(3)：463 - 468.

尹洪山. 应用语言学中的术语翻译问题[J]. 语言与翻译,2009(1)：47 - 50.

尹洪山. 语言类型学视角下的二语习得顺序研究[J]. 山东教育学院学报,2005(5)：63 - 65.

尹丽雯. 国内二语习得研究方法十年回顾[J]. 海外英语,2011(12)：147 - 148.

于翠红,刘件福. 认知语言学视角下的二语习得研究范式新进展[J]. 现代外语,2015(6)：833 - 841.

于根元. 二十世纪的中国应用语言学研究[J]. 语言教学与研究,1998(4)：116 - 123.

于根元. 加强应用语言学理论的建设[J]. 语言文字应用,1988(1)：12 - 13.

于根元. 应用语言学概论[M]. 北京：商务印书馆,2003.

于根元. 应用语言学教程[M]. 北京：华语教学出版社,2008.

于根元. 应用语言学理论发展的一般规律[J]. 淮北煤炭师院学报,1998(3)：89 - 98.

于林龙. 隐喻的认知语言学研究及其对英语词汇学习的影响[D]. 长春：吉林大学,2004.

于鑫. 《构式语言学》评介[J]. 天津外国语大学学报,2017(2)：71 - 75.

于秀金,金立鑫. 俄汉时体的类型学蕴涵共性假设[J]. 外国语,2015(2)：25 - 39.

于秀金,金立鑫.蕴涵共性的假设论证与语法特异性解释[J].现代外语,2011
　　(4):347-355.

于秀金.跨语言体范畴的类型与认知动因[J].天津外国语大学学报,2017
　　(3):19-29.

于元芳,冯晶.应用语言学理论研究发展趋向[J].大连大学学报,2008(4):
　　53-55.

于元芳,刘永兵.对二语学习策略理论的验证性研究——兼谈本土外语学习
　　理论之必要[J].中国外语,2009(4):83-89.

余成林.藏缅语的假设关联标记[J].民族语文,2013(5):35-43.

喻爱菊.英语快速阅读理解率标准的论证[J].外语教学与研究,1989(1):
　　57-62.

袁道之.英语教学研究方法介绍[J].外语教学与研究,1984(3):46-50.

袁玺.基于语篇语言学理论的韩中翻译实践报告——以《职场神功》翻译为中
　　心[D].烟台:烟台大学,2013.

袁晓亮.近15年来认知语言学视角下的中国翻译研究综述[J].安徽电子信
　　息职业技术学院学报,2013(4):78-81.

袁野.基于构式语法的书面及对话语篇分析框架——以网络语体为例[J].外
　　语学刊,2017(2):45-49.

袁毓林.构式语法研究的新探索——《形式和意义互动的句式系统研究——
　　互动构式语法探索》序[J].海外华文教育,2017(5):699-702.

袁毓林.论元结构和句式结构互动的动因、机制和条件——表达精细化对动
　　词配价和句式构造的影响[J].语言研究,2004(4):1-10.

原苏荣,陆建非.副词性关联词语的阅读教学模式探究[J].现代基础教育研
　　究,2019(2):177-183.

原苏荣,陆建非.汉英副词性关联词语篇章衔接功能比较[J].上海师范大学
　　学报(哲社版),2011(2):117-127.

原苏荣,陆建非.汉英副词性关联词语在紧缩句中的对应关系[J].上海师范
　　大学学报,2016(1):144-152.

原苏荣.典型事件宾语的形式分类及其认知基础[J].外语,2013a(2):
　　33-43.

原苏荣.副词性关联词语的阅读教学模式应用调查[J].中小学教育,2019
　　(2):113-115.

原苏荣.汉英副词性关联词语比较研究[M].上海:上海三联书店,2013b.

原苏荣.汉英"侥幸"类副词性关联词语在语篇中的语义构式[J].外语教学,
　　2013c(12):71-73.

原苏荣.汉英特殊类词语——副词性关联词语的性质特点和界定标准[J].西
　　安外国语大学学报,2015(1):12-15.

原苏荣.汉语的"哈"与英语的 Eh [J].外国语,2008(3):64-72.

原苏荣. 汉语的"四字格"和英语"四词格"[Z]. 上海师范大学 2012 跨文化交际国际研讨会,2012：1‐9.

原苏荣. 汉语的"四字格"和英语的"四词格"比较研究[J]. 西安外国语大学学报,2017(1)：7‐11.

原苏荣. 语篇分析与大学英语教学[J]. 中国高教研究,1998(5)：87.

原苏荣. 主题-任务教学模式在研究生英语写作教学中的应用研究[A]. 叶兴国、杨金才主编. 华东外语论坛(第 11 辑)[C]. 上海外语教育出版社,2016：3‐12.

岳鑫鑫. 认知语言学在语篇分析中的应用[J]. 科教文化,2012(33)：201‐201.

张宝林. 关联副词的范围及其与连词的区分[M]. 北京：北京语言学院出版社,1996.

张斌. 固定短语和类固定短语[J]. 世界汉语教学,1988(2)：65‐67.

张斌. 汉语语法学[M]. 上海：上海教育出版社,2003.

张斌. 现代汉语描写语法[M]. 北京：商务印书馆,2010.

张斌. 新编现代汉语(第二版)[M]. 上海：复旦大学出版社,2009.

张伯江. 现代汉语的双及物结构式[J]. 中国语文,1999(3)：175‐184.

张潮生. JCT 日汉机器翻译系统的设计与试验[J]. 语言研究,1986(1)：64‐76.

张赪. 二语语法习得研究的类型学方法探析[J]. 烟台大学学报(哲学社会科学版),2016(2)：114‐120.

张诚. 二语习得理论与大学英语教学[J]. 同仁师范高等专科学校学报,2006,8(2)：46‐48.

张道真. 实用英语语法[M]. 北京：商务印书馆,1984.

张德禄. 多模态话语分析综合理论框架探索[J]. 中国外语,2009(1)：24‐30.

张德禄. 外语教学多模态选择框架探索[J]. 外语界,2013(3)：39‐46,56.

张德禄. 系统功能语言学 60 年发展趋势探索[J]. 外语教学与研究,2018(1)：37‐48.

张德禄. 系统功能语言学对计算机辅助外语教学的启示[J]. 外语电话教学,2004(6)：14‐19.

张德禄. 语篇连贯研究纵横谈[J]. 外国语,1999(6)：24‐31.

张广勇,王俊菊. 中国外语教学研究者国际期刊发表回顾与展望[J]. 广东外语外贸大学学报,2015(3)：54‐58.

张国宪. 谈隐含[J]. 中国语文,1993(2)：126‐133.

张辉,江龙. 试论认知语言学与批评话语分析的融合[J]. 外语学刊,2008(5)：12‐19.

张建. 汉语复句关联标记模式的组合经济性[J]. 汉语学报,2012(4)：88‐94.

张娟. 国内汉语构式语法研究十年[J]. 汉语学习,2013(2)：65‐76.

张克定. 构式语法研究的新进展[J]. 语言教育,2014(3):90-95.

张莉. 词义类型学研究[J]. 语言研究,2013(3):33-39.

张美芳,黄国文. 语篇语言学与翻译研究[J]. 中国翻译,2002(3):3-7.

张美芳. 翻译研究的功能途径[M]. 上海:上海外语教育出版社,2005.

张美芳. 中国汉英翻译教材研究[M]. 上海:上海外语教育出版社,2001.

张铭涧. 二语习得研究的类型学视角[J]. 青岛大学师范学院学报,2012(4):113-118.

张培,张昕昕,韩子钰. 应用语言学质化研究方法类型:2000-2010[J]. 外语与外语教学,2013(1):66-69,95.

张培基. 汉英翻译教程[M]. 上海:上海外语教育出版,2010.

张培基. 英译中国现代散文选(二)、(三)[M]. 上海:上海外语教育出版社,2007.

张勤. 标记与英语主题句习得[D]. 上海:复旦大学,2011.

张蕊. 再论认知语言学与批评话语分析的融合——以"侧重"识解操作为例[J]. 外语研究,2015(6):34-41.

张锐. 国内外教师口语研究与课程设置[J]. 语言文字应用,1994(2):27-33.

张绍杰,杨忠. 外语学科博士研究生教育:问题与对策[J]. 中国外语,2009(1):4-8.

张玮. 隐喻视角下的语篇连贯研究[D]. 济南:山东大学,2008.

张文曦. 混合式教学模式在英语写作过程教学法中的应用[J]. 现代教育科学(高教研究),2014,15(4):40-43.

张晓楠. 语篇语言学与大学英语阅读教学[J]. 内江科技,2012(2):76.

张妍.《阿Q正传》的日译本研究——以语篇性为中心[D]. 沈阳:沈阳师范大学,2013.

张艺宁. 语篇语言学在文学翻译中的创造性应用——《阿丽丝镜中奇遇记》两种译本的对比研究[J]. 吉林省教育学院学报,2009(5):129-131.

张银青,原苏荣. 副词性关联词语在高中英语教材阅读部分的调查研究——以《牛津高中英语》模块六、七为例[J]. 中学外语教与学(人大复印报刊资料),2018(11):23-26.

张谊生. 副词的篇章连接功能[J]. 语言研究,1996(1):128-138.

张谊生. 现代汉语副词研究[M]. 上海:学林出版社,2000.

张谊生. 现代汉语副词分析[M]. 上海:上海三联书店,2010.

张谊生. 现代汉语副词研究(修订本)[M]. 北京:商务印书馆,2014.

张谊生. 现代汉语副词阐释[M]. 上海:上海三联书店,2017.

张寅. 认知语言学理论在高中英语词汇教学中的应用[D]. 重庆:重庆师范大学,2012.

张远扬. 探究应用语言学理论指导下大学英语教学与实践[J]. 佳木斯职业学院学报,2015(10):324-325.

章国军. 认知语言学翻译观视角下诗歌的意象翻译——以李商隐诗歌中的"蜡烛"意象为例[J]. 外国语文,2011(4):78-81.

章兼中. 国外外语教学法主要流派[M]. 上海:华东师范大学出版社,1983.

章默英,江畅. 构建学习型社会的实践——湖北自考20年[M]. 武汉:湖北人民出版社,2004.

章振邦. 新编英语语法[M]. 上海:上海译文出版社,1983.

赵宏. 应用语言学和描写语用学之关系——以语用学理论研究应用语言学探[J]. 贵州大学学报,2013(3):138-142.

赵金铭. 差比句语义指向类型比较研究[J]. 中国语文,2002(5):452-480.

赵俊海. 批评应用语言学研究述评[J]. 云南民族大学学报,2009(2):142-144.

赵丽梅.《黄帝内经》一词多义的认知研究[D]. 上海:上海外国语大学,2013.

赵娜. "特别"和"尤其"的多角度考察及其在对外汉语教学课堂上的辨析[D]. 武汉:华中师范大学,2013.

赵娜. 应用型大学英语教师转型发展[J]. 教育与职业,2015(23):63-65.

赵蔚彬. 中国学生英语作文中逻辑连接词使用量化对比分析[J]. 外语教学,2003(2):21-23.

赵文静. 语篇视角的2010-2014年高考语文作文材料研究[D]. 哈尔滨:哈尔滨师范大学,2015.

赵文婷. 构式语法视角下文学翻译的压制取向研究——以《西风颂》英译为例[J]. 太原城市职业技术学院学报,2016(7):194-196.

赵晓贝. 关于汉语形容词的语言类型学研究[J]. 韩国语教学与研究,2016(4):4-11.

赵晓东. 认知语言学研究综述[J]. 长春理工大学学报(自然科学版),2010(7):45-46.

赵萱,郑仰成. 科技英语翻译[M]. 北京:外语教学与研究出版社,2013.

赵彦春. 副词位置变化与相关的句法——语义问题[J]. 汉语学习,2001(6):41-45.

赵艳芳. 认知语言学研究综述(一)[J]. 解放军外国语学院学报,2000(5):22-26.

赵艳芳. 认知语言学研究综述(二)[J]. 解放军外国语学院学报,2000(6):26-30.

赵勇,王芳. 英语"插入语"的认知语法研究[J]. 文山学院学报,2014(2):92-96.

赵元任. 汉语口语语法[M]. 北京:商务印书馆,1979.

郑弼权. 认知语言学的意象理论视角下的翻译研究[D]. 宁波:宁波大学,2009.

郑贵友. 篇章语言学:从肇始到中兴[N]. 中国社会科学报,2014-06-09

(A07).

郑国锋,欧阳秋芳. 汉英运动事件方向语义研究 30 年：回顾与展望[J]. 西安外国语大学学报,2016(3)：1-4.

中国社会科学院语言研究所词典编辑室编. 现代汉语词典(增补本)(汉英双语)[Z]. 北京：外语教学与研究出版社,2002.

钟虹.《应用语言学的研究方法》述介[J]. 现代外语,2009(2)：208-210.

钟书能,黄瑞芳. 中国英语学习者习得英语虚拟位移构式的实证研究[J]. 外语教学理论与实践,2017(1)：10-21.

钟书能,石毓智. 汉语双宾结构的构式语法视角研究[J]. 外语研究,2017(3)：1-6,112.

钟潇,徐晓菲,武亚琪. 翻转课堂在《基础英语写作》课程中的实践与应用[J]. 英语广场(下旬刊),2016(3)：62-64.

仲晨晨. 浅论应用语言学理论指导下的职校英语教学[J]. 考试周刊,2015：94-95.

仲颖,李健雪. 认知语言学视角下的构式与隐喻关系研究述评[J]. 牡丹江大学学报,2016(11)：86-88.

周家连. 高教自考实践考核改革的思考[J]. 中国成人教育,2005(5)：71-74.

周莉. 汉西领属结构的类型学研究[D]. 上海：上海外国语大学,2011.

周频. 对语法隐喻与科学及真理相对论相关论题的反思[J]. 外国语,2008(5)：44-54.

周频. 论认知语言学与系统功能语言学对语篇连贯解释的互补性[J]. 外语学刊,2009(3)：56-61.

周瑞英. 认知域视角下词义民族性特点探析[J]. 湘潭大学学报(哲学社会科学版),2013(2)：155-157.

周顺萍,原苏荣. 苏沪地区不同版本高一年级英语教材中副词性关联词语的比较研究[J]. 基础教育外语教学研究,2017(6)：12-16.

周维杰,曹丹. 应用语言学研究方法三题——以"是英语难学还是汉语难学"为例[J]. 扬州大学学报,2010(2)：104-109.

周维杰. 应用语言学中"研究"的界定及分类[J]. 扬州大学学报(人文社会科学版),2009(2)：123-127.

周翔华. 巴金小说《狗》的叙事解读[J]. 小说论丛,2017(1)：125-126,171.

周洋. 从构式语法看语言演变——《构式化与构式变异》评介[J]. 外国语,2016(1)：104-108.

朱斌. 并列句关联标记模式的类型学问题[J]. 语言研究,2015(1)：101-109.

朱剑. 学术评价、学术期刊与学术国际化——对人文社会科学国际化热潮的冷思考[J]. 清华大学学报(哲学社会科学版),2009(5)：126-137.

朱坤玲. Realization of Coherence in Translating from the Perspective of Text Linguistics [D]. 成都：西南石油大学,2005.

朱丽燕. 认知语言学视角下的翻译研究综述[J]. 内蒙古农业大学学报(社会科学版),2010(1)：337-339.

朱琳. 镜像神经元和构式语法[J]. 当代语言学,2015(3)：284-292.

朱玲. 语言类型学视角下的汉英新词比较[J]. 广西民族师范学院学报,2012(2)：117-119.

朱守信. XYZ 构式隐喻的认知语言学研究[D]. 南京：南京师范大学,2012.

朱文. 基于构式的第二语言学习者汉语动结式习得研究[J]. 语言教学与研究,2017(4)：26-35.

朱永生,郑立信,苗兴伟. 汉英语篇衔接手段对比研究[M]. 上海：上海外语教育出版社,2001.

朱永生. 多模态话语分析的理论基础与研究方法[J]. 外语学刊,2007(5)：82-86.

朱永生. 系统功能语言学个体化研究的动因及哲学指导思想[J]. 现代外语,2012(4)：331-337.

朱永生. 汉英语篇衔接手段对比研究[M]. 上海：上海外语教育出版社,2001.

庄智象. 构建具有中国特色的外语教材编写和评价体系[J]. 外语界,2006(6)：49-56.

庄智象. 我国翻译专业建设：问题与对策[M]. 上海：上海外语教育出版社,2007.

宗世海,刘晓露. 他山之石,可以攻玉——美国第 38 届 TESOL 年会综述[J]. 暨南大学华文学院学报,2004(4)：71-76.

邹清妹,原苏荣. "傥幸"类副词性关联词语的语篇功能比较——以爱丽丝·门罗的短篇小说及其汉译文为例[J]. 宜春学院学报,2015(10)：88-91.

AILA. What is AILA? [OL]. http：//www. aila. info/about. htm (accessed 10/01/2010)，2010.

Alexander, L. G. *Longman English Grammar* [M]. Beijing：Foreign Language Teachingand Research Press，1991.

Allen, J. & S. P. Corder. *Papers in Applied Linguistics* [M]. Oxford：Oxford University Press，1980.

Allerton, D. J. *Stretched Verb Constructions in English* [M]. London：Routledge，2002.

Allwright, D. Exploratory Practice：Rethinking Practitioner Research in Language Teaching [J]. *Language Teaching Research*，2003,7(2)：113-141.

Altenberg, B. & S. Granger. The Grammatical and Lexical Patterning of Make in Native and Non-Native Student Writing [J]. *Applied Linguistics*，2001,22(2)：173-195.

Asher, R. E. & J. M. Y. Simpson. *The Encyclopedia of Language and*

Linguistics [M]. Oxford: PergamonPress, 1994.

Atkinson, D. Some Guidelines for Conducting Quantitative and Qualitative Research in TESOL [J]. *TESOL Quarterly*, 2003,37(1): 157 - 178.

Bachman, L. F. *Fundamental Considerations in Language Testing* [M]. Oxford: OUP, 1990.

Baker, M. *In Other Words — A Coursebook on Translation* [M]. London: Routledge, 1992.

Bardovi-Harlig, K. & B. S. Hartford. Learning the Rules of Academic Talk: A Longitudinal Study of Pragmatic Development [J]. *Studies in Second Language Acquisition*, 1993,15(3): 279 - 304.

Bassnett, Susan. & A. Lefevere. *Constructing Cultures — Essays in Literary Translation* [M]. Shanghai: Shanghai Foreign Language Education Press, 2004.

Bates, E. & A. Devescovi. Processing Complex Sentences: A Cross-Linguistic Study [J]. *Language and Cognitive Processes*, 1999(14): 69 - 123.

Bazerman, C. *Shaping Written Knowledge* [M]. Madison: University of Wisconsin Press, 1988.

Beaugrande, R. & W. Dressler. *Introduction to Text Linguistics* [M]. London: Longman Publishing Group, 1981.

Beaugrande, R. de *New Foundations for a Science of Text and Discourse: Cognition, Communication, and Freedom of Access to Knowledge and Society* [M]. Norwood, New Jersy: Ablex Publishing Corporation, 1997.

Beaugrande, R. de. Text Linguistics and New Applications [J]. *Annual Review of Applied Linguistics II*, 1991(11): 17 - 41.

Beaugrande, R. *Text, Discourse and Process-toward a Multidisciplinary Science of Texts* [M]. London: Longman Publishing Group, 1979.

Beck, D. *The Typology of Parts of Speech Systems: The Markedness of Adjectives* [M]. New York: Routledge, 2002.

Belcher, D. Seeking Acceptance in an English — Only Research World [J]. *Journal of Second LanguageWriting*, 2007,16(1): 1 - 22.

Bell, J. S. Narrative Inquiry: More than Just Telling Stories [J]. *TESOL Quarterly*, 2002,36(2): 207 - 213.

Bell, R. T. *Translation and Translating: Theory and Practice* [M]. London: Longman, 1991.

Bellert, I. On Semantic and Distributional Properties of Sentential Adverbs [J]. *Linguistic Inquiry*, 1977 (8/2): 337 - 351.

Belz, J. A. & C. Kinginger. The Cross-Linguistic Development of Address Form in Telecollaborative Language Learning [J]. *Canadian Modern*

Language Review, 2002(5): 189 - 214.

Beninca, P. *Dialect Variation and the Theory of Grammar* [M]. Foris: Dordrecht, 1989.

Benjamin, W. The Task of the Translator: An Introduction to the Translation of Baudelaire's Tableaux Parisiens [A]. In L. Venuti(ed.). *The Translation Studies Reader* (2nd edition) [C]. New York & London: Routledge, 2004: 75 - 85.

Benson, P. Narrative Inquiry in Applied Linguistics Research [J]. *Annual Review of Applied Linguistics*, 2014(34): 154 - 170.

Benson, P. Qualitative Research in Language Teaching and Learning Journals, 1997 - 2006 [J]. *The Modern Language Journal*, 2009,93(1): 79 - 90.

Benson, P., A. Chik, X. Gao, J. Huang & W. Wang. Qualitative Research in Language Teaching and Learning Journals [J]. *The Modern Language Journal*, 1993(1): 79 - 90.

Kortmann, B. New Prospects for the Study of English Dialect Syntax: Impetus from Syntactic Theory and Language Typology [A]. In S. Barbiers, *et al.* (eds.). *Syntactic Microvariation* [C]. North-Holland: Amsterdam, 2002: 185 - 213.

Bhatia, V. K. *Analysing Genre: Language Use in Professional Settings* [M]. London: Longman, 1993.

Biber, D., S. Johansson, G. Leech, S. Conrad & E. Finegan. *Longman Grammar of Spoken and Written English* [M]. London: Pearson Education Limited, 1999/2000.

Black, J. R. & V. Motapanyane. *Microparametric Syntax and Dialect Variation* [M]. Benjamins, Amsterdam & Philadelphia, 1996.

Block. D. *The Social Turn in Second Language Acquisition* [M]. Edinburgh: Edinburgh University Press, 2003.

Boas, H. C. *A Constructional Approach to Resultatives* [M]. Stanford, CA: CSLI Publications, 2003.

Boas, H. Cognitive Construction Grammar [A]. in H. Thomas & G. Trousdale (eds.). *The Oxford Handbook of Construction Grammar* [C]. Oxford: Oxford University Press, 2013: 233 - 252.

Borg, S. Teachers' Pedagogical Systems and Grammar Teaching: A Qualitative Study [J]. *TESOL Quarterly*,1998(32): 9 - 38.

Bowerman, M. Typological Perspectives on Language Acquisition: Do Cross-Linguistic Patterns Predict Development? [A]. In E. V. Clark (ed.). *Proceedings of the 25th Annual Child Language Research Forum* [C].

Stanford, Cal. : Center for the Study of Language and Information, 1993:
7 - 15.

Brinton, L. G. *Pragmatic Markers in English: Grammaticalization and
Discourse Functions* [M]. Berlin: Mouton de Gruyer, 1996.

Briton, L. J. & E. C. Traugott. *Lexicalization and Language Change*
[M]. Cambridge: Cambridge University Press, 2005.

Brown, C. H. Lexical Typology from an Anthropological Point of View [A].
In M. Haspelmath, *et al*. (eds.) *Language Typology and Language
Universals: An International Handbook* [C]. Berlin and New York:
Walter de Gruyter, 2011.

Brown, G. & G. Yule. *Discourse Analysis* [M]. CUP, 1983.

Brown, R. *A First Language: the Early Stages* [M]. Cambridge:
HUP, 1973.

Brumfit, C. Teacher Professionalism and Research [A]. In S. Cook & B.
Seidlhofer (eds.). *Principles and Practice in Applied Linguistics* [C].
Oxford: OUP, 1995: 27 - 41.

Bryman, A. *Social Research Methods* (2nd edition) [M]. Oxford: Oxford
University Press, 2004.

Cameron, L. & A. Deignan. The Emergence of Metaphor in Discourse [J].
Applied Linguistics, 2006(27): 671 - 690.

Canale, M. & M. Swain. Theoretical Bases of Communicative Approaches to
Second Language Teaching and Testing [J]. *Applied Linguistics*, 1980
(1): 1 - 47.

Carlisi, K. & S. Charistie. *TAPESTRY — Listening & Speaking* 3 [M].
California: Thomson Learning Inc. , 2000.

Carrell, P. L. & J. C. Eisterhold. Theory and ESL Reading Pedagogy [J].
Interactive Approaches to Second Language Reading, 1983(11): 67 - 82.

Carroll, S. E. Acquisition by Processing Theory: A Theory of Everything?
[J]. *Bilingualism: Language & Cognition*, 2004,7(1): 23 - 25.

Carroll, S. E. Induction in a Modular Learner [J]. *Second Language
Research*, 2002,18(3): 224 - 249.

Carroll, S. E. *Input and Evidence: The Raw Material of Second Language
Acquisition* [M]. Amsterdam: John Benjamins, 2001.

Carroll, S. E. Putting Input in Its Proper Place [J]. *Second Language
Research*, 1999,15(4): 337 - 388.

Casanave, C. P. Transitions: The Balancing Act of Bilingual Academics [J].
Journal of Second LanguageWriting, 1998(2): 175 - 203.

Chalker, S. *Linking Words* [M]. Beijing: Foreign Language Press, 2001.

Chao, Yuen Ren. *A Grammar of Spoken Chinese* [M]. California: University of California Press Berkeley and Los Angeles, 1968.

Charolles, M. Coherence as a Principle in the Interpretation of Discourse [A]. In C. N. Li (ed.) *Subject and Topic* [C]. London: Academic Press, 1983: 71 - 98.

Chomsky, N. *Lectures on Government and Binding* [M]. Dordrecht: Foris Publications, 1982.

Chomsky, N. *Syntactic Structures* [M]. The Hague: Mouton, 1957.

Cingue, G. *Adverbs and Functional Heads — A Cross-Linguistic Perspective* [M]. Oxford: Oxford University Press, 1999.

Cohen, L & L. Manion. *Research Methods in Education* [M]. London: Croom Helm, 1985.

Cohen, L. , L. Manion. & K. Morrison. *Research Methods in Education* (6th edition)[M]. London: Routledge, 2007.

Comrie, B. & E. L. Keenan. Noun Phrase Accessibility Revisited [J]. *Language*, 1979(55): 649 - 664.

Comrie, B. Why Linguistics Needs Language Acquisition? [A]. In W. E. Rutherford (ed). *Language Universals and Second Language Acquisition* [C]. Philadelphia: John Benjamins Publishing Company, 1984: 11 - 29.

Comrie, B. *Language Universals and Linguistic Typology: Syntax and Morphology* [M]. Chicago: University of Chicago Press, 1989.

Cook, G. *Discourse* [M]. Oxford: Oxford University Press, 1989.

Cook, G. *Discourse and Literature* [M]. Oxford: Oxford University Press, 1994.

Corder, S. P. *Introducing Applied Linguistics* [M]. Harmondsworth: Penguin Books, 1973.

Cowie, A. P. *Oxford Advanced Learner's Encyclopedic Dictionary* [Z]. Oxford: Oxford University Press, 1993.

Creswell, J. *Qualitative Inquiry and Research Design: Choosing Among Five Tradition* [M]. Thousand Oaks: SAGE, 1998.

Creswell, J. W. *Educational Research: Planning, Conducting, and Evaluating Quantitative and Qualitative Research* [M]. Boston: Pearson, 2015.

Croft, W. A. *Radical Construction Grammar: Syntactic Theory in Typological Perspective* [M]. Oxford: Oxford University Press, 2001.

Croft, W. *Typology and Universals* [M]. Beijing: Foreign Language Teaching and Research Press, 2008.

Crowley, S. & X. Fan. Structural Equation Modeling: Basic Concepts and

Applications in Personality Assessment Research [J]. *Journal of Personality Assessment*, 1997,68(3): 508 - 531.

Crystal, D. *The Cambridge Encyclopedia of the English Language* [M]. Cambridge: Cambridge University Press, 2000.

Csizér, K. & Z. Dörnyei. The Internal Structure of Language Learning Motivation and Its Relationship with Language Choice and Learning Effort [J]. *The Modern Language Journal*, 2005,89(1): 19 - 36.

Cumming, A. Alternatives in TESOL Research: Descriptive, Interpretive, and Ideological Orientations [J]. *TESOL Quarterly*, 1994 (28): 673 - 703.

Cunningsworth, A. *Choosing Your Coursebook* [M]. Shanghai: Shanghai Foreign Language Education Press, 2002.

Curry, M. & T. Lillis. Multilingual Scholars and the Imperative to Publish in English: Negotiating Interests, Demandsand Rewards [J]. *TESOL Quarterly*, 2004(4): 663 - 688.

Dahl, Ö. Typology of Sentence Negation [J]. *Linguistics*, 1979,17(1 - 2): 79 - 106.

Sperber, D. & D. Wilson. *Relevance: Communication & Cognition* [M]. Beijing: Foreign Language Teaching and Research Press, 2001.

Davies, A. & C. Elder. *The Handbook of Applied Linguistics* [M]. Oxford: Blackwell, 2006.

Davis, K. A. & A. Lazaraton. In This Issue [J]. *TESOL Quarterly*, 1995, 29(3): 423 - 425.

De Beaugrande, R. *Factors in a Theory of Poetic Translating* [M]. Assen: Van Gorcam, 1978.

Deignan, A. *Metaphor and Corpus Linguistics* [M]. Amsterdam: John Benjamins, 2005.

Denscombe, M. *The Good Research Guide: For Small-Scale Social Research Projects* [M]. England: Open University Press, 2014.

Dixon, R. Adjective Classes in Typological Perspective [A]. In R. Dixon & A. Aikhenvald (eds.). *Adjective Classes: A Cross-Linguistic Typology* [C]. Oxford: OUP, 2004: 1 - 49.

Dörnyei, Z. Attitudes, Orientation, and Motivations in Language Learning: Advances in Theory, Research, and Applications [J]. *Language Learning*, 2003(53): 3 - 32.

Dörnyei, Z. *Research Methods in Applied Linguistics: Quantitative, Qualitative, and Mixed Methodologies* [M]. Oxford: Oxford University Press, 2007.

Dryer, M. S. The Greenbergian Word Order Correlations [J]. *Language*, 1992,68(1): 81 - 138.

Duff, P. A. & A. Lazaraton. Current Trends in Research Methodology and Statistics in Applied Linguistics [J]. *TESOL Quarterly*, 2000, 34 (1): 175 - 181.

Dulay, H. & M. Burt. Natural Sequences in Child Second Language Acquisition [J]. *Language Learning*, 1974(24): 37 - 53.

Durban, C. , T. Martin, B. Mossop & R. Schwartz. Translator Training & the Real World: Concrete Suggestions for Bridging the Gap [J]. *Translation Journal*, 2003,7(1): 1 - 35.

Earl, R. & C. MacCormac. *A Cognitive Theory of Metaphor* [M]. Cambridge: A Bradford Book, 1985.

Edwards, H. T. *Applied Phonetics* [M]. San Diego, California: Singular Publishing Group, Inc, 1997.

Egbert, J. Quality Analysis of Journals in TESOL and Applied Linguistics [J]. *TESOL Quarterly*, 2007,41(1): 157 - 171.

Ellis, R. *Task-Based Language Learning and Teaching* [M]. Oxford: Oxford University Press, 2003.

Ellis, R. *The Study of Second Language Acquisition* [M]. Oxford: Oxford University Press, 2008.

Enkvist, N. Contrastive Text Linguistics and Translation [A]. In L. Grahs (ed.). *Theory and Practice of Translation* [C]. Berne: Peter Lang, 1978: 169 - 188.

Ernst, T. *The Syntax of Adjuncts* [M]. Cambridge: Cambridge University Press, 2002/2006.

Ernst, T. *Towards an Integrated Theory of Adverb Position in English* [M]. Bloomington: Indiana University Linguistic Club, 1984.

Fang, Zhihui. A Reviewof Research on Teacher Beliefs and Practices [J]. *Educational Research* , 1996,38(1): 47 - 65.

Fauconnier, G. *Mental Spaces: Aspects of Meaning Construction in Natural Language* [M]. Cambridge: Cambridge University Press, 1994.

Feng, H. , G. Beckett & D. Huang. From "Import" to "Import - Export" Oriented Internationalization: The Impact of National Policy on Scholarly Publication in China [J]. *Language Policy*, 2013,12(3): 251 - 272.

Ferreira, A. & J. Schwieter. W. *Translation and Cognition* [M]. Amsterdam: John Benjamins Publishing Co. , 2010.

Fillmore, C. J. The Mechanisms of "Construction Grammar" [J]. *BLS*, 1988(14): 35 - 55.

Fillmore, C. , P. Kay, L. Michaelis & I. Sag. *Construction Grammar* [M]. Chicago: The University of Chicago Press, 2003.

Fillmore, C. J. , P. Kay & M. C. O' Connor. Regularity and Idiomaticity in Grammatical Constructions: The Case of Let Alone [J]. *Language*, 1988, 64(3): 501 – 538.

Firth, A. & J. Wagner. On Discourse, Communication, and (Some) Fundamental Concepts in SLA Research [J]. *The Modern Language Journal*, 1997,81(3): 285 – 300.

Flanders, Y. A Teacher's Guide to Classroom Research [J]. *Applied Linguistics*, 1960(5): 156 – 171.

Flick, U. *An Introduction to Qualitative Research* [M]. London: Sage, 2014.

Flowerdew, J. & Y. Li. English or Chinese? The Trade-off between Local and International Publication among Chinese Academics in the Humanities and Social Sciences [J]. *Journal of Second Language Writing*, 2009(1): 1 – 16.

Flowerdew, J. Attitudes of Journal Editors to Nonnative Speaker Contributions [J]. *TESOL Quarterly*, 2001,35(1): 121 – 150.

Flowerdew, J. Discourse Community Legitimate Peripheral Participationand the Nonnative-English-Speaking Scholar [J]. *TESOL Quarterly*,2000(1): 127 – 150.

Flowerdew, J. English for Research Publication Purposes [A]. In B. Paltridge & S. Starfield (eds.). *The Handbook of English for Specific Purposes* [C]. Malden: Wiley-Blackwell, 2013: 301 – 321.

Fontaine, L. *Analyzing English Grammar: A Systemic-Functional Introduction* [M]. Cambridge: Cambridge University Press, 2013.

Foster, P. & P. Skehan. The Influence of Planning and Task Type on Second Language Performance [J]. *Studies in Second Language Acquisition*, 1996,18(3): 299 – 323.

Francois, A. Semantic Maps and The Typology of Colexification [A]. In M. Vanhove (ed.). *From Polysemy to Semantic Change: Towards a Typology of Lexical Semantic Associations* [C]. Amsterdam and Philadelphia: John Benjamins Publishing Company, 2008: 163 – 215.

Fraser, B. What are Discourse Markers? [J]. *Journal of Pragmatics*, 1999, (31): 931 – 952.

Fried, M. & J. Olastman. *Construction Grammar in a Cross-Language Perspective* [M]. Amsterdam and Philadelphia: Benjamins, 2004.

Fries, C. C. As We See It [J]. *Language Learning — A Quarterly Journal of Applied Linguistics*, 1948(1): 12 - 16.

Fries, C. C. *The Structure of English* [M]. London: Harcourt, Brace and Co. , 1952.

Fries, C. C. *The Teaching of the English Language* [M]. New York: Thomas Nelson and Sons, 1927.

Gao, X. , Y. Liao. & Y. Li. Empirical Studies on Foreign Language Learning and Teaching in China(2008 - 2011): A Review of Selected Research [J]. *Language Teaching*, 2014,47(1): 56 - 79.

Gao, Y. & Q. Wen. Co-Responsibility in the Dialogical Co-Construction of Academic Discourse [J]. *TESOL Quarterly*, 2009(4): 700 - 703.

Garrod, S. & A. J. Sanford. Resolving Sentences in a Discourse Context: How Discourse Representation Affects Language Understanding [A]. In M. Gernsbacher (ed.). *Handbook of Psycholinguistics* [C]. New York: Academic Press, 1994: 675 - 698.

Gass, S. & L. Selinker. *Second Language Acquisition: An Introductory Course* [M]. New York: Routledge, 2008.

Giacalone Ramat, A. Introduction [A]. In A. Giacalone Ramat (ed.). *Typology and Second Language Acquisition* [C]. Berlin: Mouton de Gruyter, 2003: 1 - 18.

Goffman, E. *Forms of Talk* [M]. Oxford: Basil Blackwell, 1979.

Goffman, E. Replies and Responses [J]. *Language in Society*, 1976(5): 257 - 313.

Goldberg, A. E. Argument Realization: The Role of Construction, Lexical Semantics and Discourse Factors [A]. In Ostman & Fried (eds.). *Construction Grammars* [C]. Amsterdam: John Benjamins Publishing Company, 2005: 17 - 40.

Goldberg, A. E. *Constructions: A Construction Grammar Approach to Argument Structure* [M]. Chicago / London: University of Chicago Press, 1995.

Goldberg, A. E. *Constructions at Work: The Nature of Generalization in Language* [M]. Oxford: Oxford University Press, 2006.

Goodman, K. S. Reading: A Psycholinguistic Guessing Game [J]. *Journal of the Reading Specialist*, 1976(3): 6 - 35.

Greenbaum, S. *Studies in English Adverbial Usage* [M]. London: Longman, 1970.

Greenberg, J. H. Some Universals of Grammar with Particular Reference to the Order of Meaningful Elements [A]. In J. H. Greenberg (ed). *Universal of Language* (second edition) [C]. Cambridge, Mass: MIT

Press, 1963: 73 - 113. 中译文"某些主要跟语序有关的语法普遍现象"(陆丙甫、陆致极译). 国外语言学, 1984(2): 45 - 60.

Greenberg, J. *Language Universals: With Special Reference to Feature Hierarchies* [M]. The Hague: Mouton, 1966.

Gries, S. T. & A. Stefanowitsch. Extending Collostructional Analysis: A Corpus-Based Perspective on 'Alternations' [J]. *International Journal of Corpus Linguistics*, 2004,9(1): 97 - 129.

Gries, S. T. , B. Hampe & S. Doris. Converging Evidence: Bringing Together Experimental and Corpus Data on the Association of Verbs and Constructions [J]. *Cognitive Linguistics*, 2005(4): 635 - 676.

Grundy, P. Comment: From Model to Muddle [J]. *ELT Journal*, 1999(1): 54 - 55.

Halliday, M. A. K. & C. Matthiessen. *An Introduction to Functional Grammar* (3rd ed.) [M]. London: Hodder Arnold, 2004/2013.

Halliday, M. A. K. & R. Hasan. *Cohesion in English* [M]. London: Longman, 1976.

Halliday, M. A. K. & R. Hasan. *Language, Context and Text: Aspects of Language in a Social-Semiotic Perspective* (2nd ed.) [M]. Oxford: Oxford University Press, 1989.

Halliday, M. A. K. (Revised by Matthiessen, C. M. I. M.). *Halliday's Introduction to Functional Grammar* (4th ed.) [M]. London, UK: Routledge, 2014.

Halliday, M. A. K. *An Introduction to Functional Grammar* (1st ed.) [M]. London: Edward Arnold, 1985.

Halliday, M. A. K. *An Introduction to Functional Grammar* [M]. London: Edward Arnold. / Beijing: Foreign Language Teaching and Research Press, 1994/2004.

Halliday, M. A. K. Language Structure and Language Function [A]. In J. Webster(ed.). *On Grammar* [C]. London: Continuum, 2002: 173 - 195.

Halliday, M. A. K. Linguistic Studies of Text and Discourse (V2) [A]. in J. W. Jonathan(ed.). *The Collected Works of M. A. K. Halliday* [C]. London: Continuum International Publishing Group, 2006: 1 - 6.

Halliday, M. A. K. Some Basic Concepts of Educational Linguistics [A]. In V. Bickley (ed.). *Languages in Education in Bi-Lingual or Multi-Lingual Setting* [C]. Hong Kong: ILE, 1987: 55 - 82.

Halliday, M. , A. Mcintosh & P. Strevens. *The Linguistic Sciences and Language Teaching* [M]. London: Longmans, 1964.

Halliday, M. A. K. & R. Hasan. *Language, Context and Text* [M].

Victoria: Deakin University Press, 1985.

Hamawand, Z. The Construal of Salience in Atemporal Complement Clauses in English [J]. *Language Sciences* 2005,27(3): 193 - 213.

Hammersley, M. & P. Atkinson. *Ethnography: Principles in Practice* [M]. New York: Routledge, 2007.

Hasan, R. The Conception of Context in Text [A]. In P. H. Fries & M. Gregory (eds.). *Discourse in Society: Systemic Functional Perspectives* [C]. New Jersey: Ablex, 1995.

Hashemi, M. R. & E. Babaii. Mixed Methods Research: Toward New Research Designs in Applied Linguistics [J]. *The Modern Language Journal*, 2013,97(4): 828 - 852.

Hashemi, M. R. Reflections on Mixing Methods in Applied Linguistics Research [J]. *Applied Linguistics*, 2012,33(2): 206 - 212.

Hatch, E. *Discourse and Language Education* [M]. Cambridge: Cambridge University Press, 1992.

Hatim, B. & I. Mason. *Discourse and the Translator* [M]. 上海: 上海外语教育出版社, 2001.

Hatim, B. *Communication Across Cultures: Translation Theory and Contrastive Text Linguistics* [M]. 上海: 上海外语教育出版社, 2001.

Hawkins, J. A. Implicational Universal as Predictors of Language Acquisition [J]. *Linguistics*, 1987(25): 453 - 473.

Hawkins, J. A. *Word Order Universals* [M]. New York: Academic Press, 1983.

Heine, B. *Cognitive Foundations of Grammar* [M]. Oxford: Oxford University Press, 1997.

Hendriks, P. Edgar Allan Poe and the Case of the Misbehaving Coordinators: 'Either', 'Both' and 'Neither' in Coordinate Structures [D]. Unpublished Manuscript, University of Groningen, 2001.

Henning, G. Quantitative Methods in Language Acquisition Research [J]. *TESOL Quarterly*, 1986(4): 701 - 708.

Hershberger, S. The Growth of Structural Equation Modeling: 1994 - 2001 [J]. *Structural Equation Modeling*, 2003,10(1): 35 - 46.

Hewings, M. *Advanced Grammar in Use* [M]. Cambridge: CUP, 1999.

Higgins, C. "Ownership" of English in the Outer Circle: An Alternative to the NS - NNS Dichotomy [J]. *TESOL Quarterly*, 2003, 37 (4): 615 - 644.

Hilpert, M. *Constructional Change in English: Developments in Allomorphy, Word-Formation and Syntax* [M]. Cambridge: Cambridge

University Press, 2013.

Hoey, M. P. *On the Surface of Discourse* [M]. London: George Allen & Unwin, 1983.

Hoey, M. P. *Patterns of Lexis in Text* [M]. Oxford: Oxford University Press, 1991.

Hoey, M. P. Signaling in Discourse: A Functional Analysis of a Common Discourse Pattern in Written and Spoken English [A]. In M. Coulhard (ed.). *Advances in Written Text Analysis* [C]. London: Routledge, 1994: 26 - 45.

Hoey, M. P. *Textual Interaction: An Introduction to Written Discourse Analysis* [M]. London: Routledge, 2001.

Horwitz, E., M. Horwitz & J. Cope. Foreign Language Classroom Anxiety [J]. *Modern Language Journal*, 1986, 70(2):125 - 132.

Howatt, A. P. R. *A History of English Language Teaching* [M]. Oxford: Oxford University Press, 1984

Hu, L. & P. Bentler. Cut off Criteria for Fit Indicesin Covariance Structure Analysis: Conventional Criteria Versus New Alternatives [J]. *Structural Equation Modeling: A Multidisciplinary Journal*, 1999, 6(1): 1 - 55.

Huddleston, R. *et al.* *The Cambridge Grammar of English Language* [M]. Cambridge: CUP, 2002.

Hyland, K. English for Professional Academic Purposes: Writing for Scholarly Publication [A]. In D. Belcher (ed.). *Teaching Language Purposefully: English for Specific Purposes in Theory and Practice* [C]. New York: Cambridge University Press, 2007: 53 - 70.

Hymes, D. H. On Communicative Competence [A]. In J. B. Pride & J. Holmes (eds.). *Sociolinguistics: Selected Readings* [C]. Harmondsworth: Penguin Books, 1972: 269 - 293.

Jarvis, S. Identifying L1 Influence in the Interlanguage Lexicon [J]. *Language Learning*, 2000(50): 245 - 309.

Jaworski, A. & N. Coupland. *The Discourse Reader* [M]. London: Routledge, 1999.

Jeffrey, P. & R. Liu. Research for Gaining Knowledge [J]. *Foreign Language Teaching and Research*, 1991(2): 44 - 50.

Jesperson, O. *The Philosophy of Grammar* [M]. New York: W. W. Norton & Company Inc., 1924.

Jiang, N. Lexical Representation and Development in a Second Language [J]. *Applied Linguistics*, 2000, 21(1): 47 - 77.

Johannessen, J. B. Correlative Adverbs in Germanic Languages [J].

Nordlyd, 2003,31(1): 165 - 186.

Johannessen, J. B. The Syntax of Correlative Adverbs [J]. *Lingua*, 2005 (115): 419 - 443.

Johnson, D. M. *Approaches to Research in Second Language Learning* [M]. New York: Longman, 1992.

Johnson, R. B. & A. J. Onwuegbuzie. Mixed Methods Research: A Research Paradigm Whose Time Has Come [J]. *Educational Researcher*, 2004(7): 14 - 26.

Lo Bianco, J. , 刘国强. 澳大利亚的语言政策与中文教学生态环境 [J]. 世界汉语教学, 2007(3): 120 - 131.

Jung, H. Paris in London Revisited or the Foreign Language Teacher's Top-Most Journals [J]. *System*, 2004,32(3): 357 - 361.

Kanno, Y & B. Norton. Imagined Communities and Educational Possibilities: Introduction [J]. *Journal of Language, Identity, and Education*, 2003, 2(4): 241 - 249.

Schmidtke-Bode, K. *A Typology of Purpose Clauses* [M]. Amsterdam: John Benjamins, 2009.

Kasper, G. & J. Wagner. Conversation Analysis in Applied Linguistics [J]. *Annual Review of Applied Linguistics*, 2014 (34): 171 - 212.

Katan, D. *Translating Cultures: An Introduction for Translators, Interpreters and Mediators* [M]. Shanghai: Shanghai Foreign Language Education Press, 2008.

Kay, P. An Informal Sketch of a Formal Architecture for Construction Grammar [J]. *Grammars*, 2002,5(1): 1 - 19.

Kay, P. Construction Grammar [A]. In J. Verschueren (ed.). *Handbook of Pragmatics: Manual* [C]. Amsterdam / Philadelphia: John Benjamins, 1995: 171 - 777.

Keenan, E. & B. Comrie. Noun Phrase Accessibility and Universal Grammar [J]. *Linguistic Inquiry*, 1977(8): 63 - 99.

Kirschner, P. A. , J. Sweller & R. E. Clark. Why Minimal Guidance During Instruction Does not Work: An Analysis of the Failure of Constructivist, Discovery, Problem-Based, Experiential, and Inquiry-Based Teaching [J]. *Educational Psychologist*, 2006(2): 75 - 86.

Ko, M. Y. A Case Study of an EFL Teacher's Critical Literacy Teaching in a Reading Class in Taiwan [J]. *Language Teaching Research*, 2013,17(1): 91 - 108.

Krashen, S. D. *Principles and Practice in Second Language Acquisition* [M]. Oxford: Pergam on Press, 1982: 58 - 60.

Krashen, S. *The Input Hypothesis: Issues and Implications* [M]. London: Longman, 1985.

Kuzar, R. Constructions: A Construction Grammar Approach to Argument Structure [J]. *Journal of Pragmatics*, 1998,29 (3): 359 - 362.

Kwan, B. & H. Chan. An Investigation of Source Use in the Results and the Closing Sections of Empirical Articles in Information Systems: In Search of a Functional-semantic Citation Typology for Pedagogical Purposes [J]. *Journal of English for Academic Purposes*, 2014(14): 29 - 47.

Kweon, S. O. & R. Bley-Vroman. Acquisition of the Constraints on Wanna Contraction by Advanced Second Language Learners: Universal Grammar and Imperfect Knowledge [J]. *Second Language Research*, 2011 (2): 207 - 228.

Ladd, D. R. *The Structure of Intonational Meaning: Evidence from English* [M]. Bloomington: Indiana University Press, 1980.

Lado, R. & C. C. Fries. *English Pattern Practices* [M]. Ann Arbor: University of Michigan Press, 1970.

Lakoff, G & M, Johnson. *Metaphors We Live By* [M]. Chicago: University of Chicago Press, 1980.

Lakoff, G. & M. Johnson. *Philosophy in the Flesh — The Embodied Mind and its Challenge to Western Thought* [M]. New York: Basic Books, 1999.

Lakoff, G. & M. Turner. *More Than Cool Reason: A Field Guide to Poetic Metaphor* [M]. Chicago: University of Chicago Press, 1989.

Lakoff, G. *Women, Fire and Dangerous Things: What Categories Reveal about the Mind* [M]. Chicago: Chicago University Press, 1987.

Lampert, M. How do Teachers Manage to Teach: Perspectives on Problems in Practice [J]. *Harvard Educational Review*, 1995(55): 178 - 194.

Langacker, R. W. An Overview of Cognitive Grammar [A]. In R. O. Brygida(ed.). *Topics in Cognitive Linguistics* [C]. Amsterdam and Philadelphia: John Benjamins Publishing Company, 1988:3 - 48.

Langacker, R. W. Cognitive (Construction) Grammar [J]. *Cognitive Linguistics*, 2009,20(1): 167 - 176.

Langacker, R. W. *Cognitive Grammar: A Basic Introduction* [M]. Oxford: Oxford University Press, 2008.

Langacker, R. W. *Concept, Image and Symbol: The Cognitive Basis of Grammar* [M]. Berlin: Walter de Gruyter Co. , 1990.

Langacker, R. W. *Foundations of Cognitive Grammar, Vol. I. Theoretical Prerequisites* [M]. California: Stanford University Press,

1987.

Langacker, R. W. *Foundations of Cognitive Grammar*, *Vol. II. Descriptive Application* [M]. California: Stanford University Press, 1991.

Langacker, R. W. *Investigations in Cognitive Grammar* [M]. Berlin and New York: Mouton de Gruyter, 2009.

Langacker, R. W. Reference — Point Constructions [J]. *Cognitive Linguistics* 1993,4(1): 1 - 38.

Langacker, R. W. Space Grammar, Analyzability, and the English Passive [J]. *Language* 1982,58(1): 22 - 80.

Langacker, R. W. The Nature of Grammatical Valence [A]. In R. O. Brygida (ed.). *Topics in Cognitive Linguistics* [C]. Amsterdam and Philadelphia John Benjamins, 1988: 91 - 125.

Langacker, R. W. *Grammar and Conceptualization* [M]. Berlin: Mouton de Gruyter, 1999.

Larsen Freeman, D. & L. Cameron. Methodology on Language Development from a Complex Systems Perspective [J]. *The Modern Language Journal*, 2008(92): 200 - 213.

Larsen Freeman, D. Complexity Science and Second Language Acquisition [J]. *Applied Linguistics*, 1997,18(2): 141 - 165.

Larson, R. The Syntax of Disjunction Scope [J]. *Natural Language and Linguistics Theory*, 1985,3(2): 217 - 264.

Laufer, B. & P. Nation. Vocabulary Size and Use: Lexical Richness in L2 Writing Production [J]. *Applied Linguistics*, 1995(16): 307 - 322.

Laufer, B. & T. S. Paribakht. The Relationshipbetween Passive and Active Vocabularies: Effects of Language Learning Context [J]. *Language Learning*, 1998(48): 365 - 391.

Lave, J. & E. Wenger. *Situated Learning: Legitimate Peripheral Participation* [M]. Cambridge: Cambridge University Press, 1991.

Lazarato, A. *A Qualitative Approach to the Validation of Oral Language Tests* [M]. Cambridge: Cambridge University Press, 1987a.

Lazaraton, A. Current Trends in Research Methodology and Statistics in Applied Linguistics [J]. *TESOL Quarterly*, 2000(34): 175 - 181.

Lazaraton, A. Evaluative Criteria for Qualitative Research in Applied Linguistics: Whose Criteria and Whose Research [J]. *The Modern Language Journal*, 1987b(1): 1 - 12.

Lazaraton, A. Qualitative Research in Applied Linguistics: A Progress Report [J]. *TESOL Quarterly*, 1995,29(3): 455 - 472.

Lee, D. & J. Swales. A Corpus-based EAP Course for NNS Doctoral Students: Moving from Available Specialized Corpora to Self-compiled Corpora [J]. *English for Specific Purposes*, 2006(1): 56 - 75.

Lehmann, W. P. American Linguistics and Generative Linguistics Today [J]. *General Linguistics*, 2002(1): 61 - 72.

Lennon, P. Investigating Fluency in EFL: A Quantitative Approach [J]. *Language Learning*, 1990, 40(3): 387 - 417.

Levin, B. & M. R. Hovav. Morphology and Lexical Semantics [A]. In Spencer & Iwicky (eds.). *The Handbook of Morphololgy* [C]. Oxford: Blackwell Publishing Ltd., 2001: 248 - 271.

Lewis, M. & J. Hill. *Practical Techniques for Language Teaching* [M]. Cambridge: Cambridge University Press, 1992.

Li, C., Thompson & J. O. Sawyer. Subject and Word Order in Wappo [J]. *International Journal of American Linguistics*, 1977(2): 85 - 100.

Li, D. Language Teaching in Translator Training [J]. *Babel*, 47(4): 343 - 354.

Li, D. Needs Assessment in Translation Teaching: Making Translator Training More Responsive to Social Needs [J]. *Babel*, 2000, 46 (4): 289 - 299.

Li, D. Translator Training: What Translation Students Have to Say [J]. *Meta: Translators' Journal*, 2002, 47(4): 513 - 531.

Li, Y. A Doctoral Student of Physics Writing for Publication: A Sociopolitically-Oriented Case Study [J]. *English for Specific Purposes*, 2006, 25(4): 456 - 478.

Lillis, T. & M. Curry. Professional Academic Writing by Multilingual Scholars: Interactions with Literacy Brokers in the Production of English Medium Texts [J]. *Written Communication*, 2006(1): 3 - 35.

Lillis, T., A. Magya & A. Robinson-Pant. An International Journal's Attempts to Address Inequalitiesin Academic Publishing: Developing a Writing for Publication Program [J]. *Compare*, 2010(6): 781 - 800.

Liu, J. T. English Denominal Verbs: An Interpretation From Cognitive Grammar Perspective [D]. Ji Nan: Shan Dong University, 2014.

Loewen, S. & S. Gass. The Use of Statistics in L2 Acquisition Research [J]. *Language Teaching*, 2009, 42(2): 181 - 196.

Long, M. H. Native Speaker/Non-Native Speaker Conversation and the Negotiation of Comprehensible Input [J]. *Applied linguistics*, 1983, 4(2): 126 - 141.

Long, M. The Role of the Linguistic Environment in Second Language

Acquisition [A]. In W. Ritchie & T. Bhatia (eds.). *Handbook of Second Language Acquisition* [C]. San Diego: Academic Press, 1996: 413 - 468.

Lott, B. Sociolinguistics and the Teaching of English [J]. *ELT Journal*, 1975: 271 - 277.

Lu, B. F. & Wu, X. Z. The Placement of Chinese Adverbial Revised: What Differentiates Chinese Word Order from Other SVO Languages [A]. In J. Xing (ed.). *Studies of Chinese Linguistics: Functional Approaches* [C]. Hongkong: Hong Kong University Press, 2009: 23 - 44.

Lu, B. F. The Parallelism between NPs and Clauses in Terms of Pragmatic Effects on Word Order [J]. *CahiersLinguistics-Asie Orientale*, 2009(2): 177 - 219.

MacCallum, R. & J. Austin. Applications of Structural Equation Modeling in Psychological Research [J]. *Annual Review of Psychology*, 2000, 51 (1): 201 - 226.

Mallinson, G. & B. J. Blake. *Language Typology: Cross-Linguistic Studies in Syntax* [M]. North-Holland: Amsterdam, 1981.

Martin, J. R. & D. Rose. *Working with Discourse* (2nd ed.) [M]. London: Continuum, 2007.

Martin, J. R. & D. Rose. *Working with Discourse: Meaning Beyond the Clause* [M]. London: Continuum, 2003.

Martin, J. R. *English Text: System and Structure* [M]. Amsterdam: Benjamins, 1992.

Martín, R. M. *On Paradigms and Cognitive Translatology* [M]. Translation and Cognition, 2010.

Martin, J. R. & P. R. R. White. *The Language of Evaluation: Appraisal in English* [M]. London /New York: Palgrave Macmillan, 2005.

Matthiessen, C. M. I. M. The Multimodal Page: A Systemic Functional Exploration [A]. In T. Royce & W. L. Bowcher (eds.). *New Directions in the Analysis of Multimodal Discourse* [C]. Mahwah: Lawrence Erlbaum and Associates, 2007.

McCarthy, M. & R. Carter. *Language as Discourse: Perspectives for Language Teaching* [M]. London: Longman, 1994.

McCarthy, M. *Discourse Analysis for Language Teachers* [M]. Cambridge University Press, 1991.

McDonough, J. & C. Shaw. *Materials and Methods in ELT (2nd edition)* [M]. Oxford: Blackwell Publishing, 2003.

Mcelhanon, K. A. Metaphor in Cognitive Linguistics [J]. *Language*, 2002 (3): 605 - 606.

Mehnert, U. The Effects of Different Lengths of Time for Planning on Second Language Performance [J]. *Studies in Second Language Acquisition*, 1998,20(1): 83 - 108.

Mercer, N. & L. Dawes. The Study of Talk between Teachers and Students, from the 1970s until the 2010s [J]. *Oxford Review of Education*, 2014: 430 - 445.

Mitchell, R. & F. Myles. *Second Language Learning Theories* [M]. London: Hodder Arnold, 2004.

Miyawaki, K. Selective Learning Enabled by Intention to Learn in Sequence Learning [J]. *Psychological Research*, 2012: 84 - 96.

Morgan, B. Identity and Intonation: Linking Dynamic Processes in an ESL Classroom [J]. *TESOL Quarterly*, 1997,31(3): 431 - 450.

Neubert, A. & M. S. Gregory. *Translation as Text* [M]. Kent: The Kent State University Press, 1992.

Newmark, P. *Approaches to Translation* [M]. Shanghai: Shanghai Foreign Language Education Press, 2001.

Nida, E. A. *Language and Culture — Contexts in Translating* [M]. 上海: 上海外语出版社,2002.

Nida, E. A. *Towards a Science of Translating* [M]. Leiden: E. J. Brill, 1964.

Ning, Yu. *The Contemporary Theory of Metaphor — A Perspective from Chinese* [M]. Amsterdam: John Benjamins Publishing Company, 1998.

Norris, J. M. & L. Ortega. Effectiveness of L2 Instruction: A Research Synthesis and Quantitative Meta-Analysis [J]. *Language Learning*, 2000, 50(3): 417 - 528.

North, B. & G. Schneider. Scaling Descriptors for Language Proficiency Scales [J]. *Language Testing*, 1998,15(2): 217 - 262.

Nunan, D. *Introducing Discourse Analysis* [M]. London: Penguin, 1993.

Nunan, D. *Second Language Teaching and Learning* [M]. Hoston. Mass: Heinle & Heinle, 1999.

Nuttall, C. *Teaching Reading Skill in a Foreign Language* [M]. Oxford: Heinemann, 2000.

Nuttall, C. *Teaching Reading Skills in a Foreign Language* [M]. 上海: 上海外语教育出版社,2002.

Olsson, A. & V. Sheridan. A Case Study of Swedish Scholars' Experiences with and Perceptions of the Use of English in Academic Publishing [J]. *Written Communication*, 2012(1): 33 - 54.

Ortega, L. Methodology, Epistemology, and Ethics in Instructed SLA

Research: An Introduction [J]. *The Modern Language Journal*, 2005,89 (3): 317 - 327.

Pajares, M. F. Teachers' Beliefs and Educational Research: Cleaning Up a Messy Construct [J]. *Review of Educational Research*, 1992 (3): 307 - 332.

Papegaaij, B. & Klaus, S. *Text Coherence in Translation* [M]. Foris Publication, 1988.

Paasi, A. Globalization, Academic Capitalism and the Uneven Geographies of International Journal Publishing Spaces [J]. *Environment & Planning A*, 2005,37(5): 769 - 789.

Patton, M. Q. *Qualitative Research & Evaluation Methods: Integrating Theory and Practice* [M]. Thousand Oaks, CA: Sage Publications, 2005.

Pavlenko, A. Narrative Study: Whose Story Is It, Anyway? [J]. *TESOL Quarterly*, 2002,36(2): 213 - 218.

Pearson Education (ed.). *Longman Advanced American Dictionary* [Z]. London: Longman, 2000.

Pearson Education (ed.). *Longman Dictionary of Contemporary English* [Z]. London: Longman, 2003.

Peirce, N. Social Identity, Investment, and Language Learning [J]. *TESOL Quarterly*, 1995,29(1): 9 - 31.

Piaget, J. *The Principles of Genetic Epistemology* [M]. Beijing: The Commercial Press, 1997.

Plonsky, L. & S. Gass. Quantitative Research Methods, Study Quality, and Outcomes: The Case of Interaction Research [J]. *Language Learning*, 2011,61(2): 325 - 366.

Polio, C. Editor's Introduction [J]. *Annual Review of Applied Linguistics*, 2014(34): v-vi.

Post, M. The Semantics of Clause Linking in Galo [A]. In R. M. W. Dixon & A. Y. Aikhenvald (eds). *The Semantics of Clause Linking: A Cross-Linguistic Typology* [C]. Oxford: Oxford University Press, 2009: 74 - 95.

Price, S. *The Plays, Screenplays and Films of David Mamet* [M]. New York: Palgrave Macmillan, 2008.

Purpura, J. Investigating the Effects of Strategy Use and Second Language Test Performance with High-and - Low-Ability Test Takers: A Structural Equation Modeling Approach [J]. *Language Testing*, 1998, 15 (3): 333 - 379.

Qian, D. D. Assessing the Roles of Depth and Breadth of Vocabulary

Knowledge in Reading Comprehension [J]. *The Canadian Modern Language Review*, 1999(56)：282 - 307.

Quirk, R. , Greenbaum, S. , Leech, G. & Svartvik, J. *A Comprehensive Grammar of the English Language* [M]. London：Longman, 1985.

Rajagopalan, K. The Philosophy of Applied Linguistics [A]. In A. Davies & C. Elder (eds.). *The Handbook of Applied Linguistics* [C]. Oxford：Blackwell, 2004：397 - 420.

Rast, R. *Foreign Language Input：Initial Processing* [M]. Bristol：Multilingual Matters Ltd, 2008.

Reagan, T. Constructivist Epistemologyand Second/Foreign Language Pedagogy [J]. *Foreign Language Annals*, 1999(4)：413 - 425.

Riazi, A. M. & C. N. Candlin. Mixed-Methods Research in Language Teaching and Learning：Opportunities, Issues and Challenges [J]. *Language Teaching*, 2014,47(2)：135 - 173.

Richards, J. C. &T. S. Rodgers. *Approaches and Methods in Language Teaching* [M]. Cambridge：Cambridge University Press, 2001.

Richards, K. Trends in Qualitative Research in Language Teaching Since 2000 [J]. *Language Teaching*, 2009,42(2)：147 - 180.

Rijkhoff, J. & D. Bakker. Language Sampling [J]. *Linguistic Typology*, 1998(3)：263 - 314.

Rivers, W. *The Psychologist and the Foreign Language Teacher* [M]. Chicago：University of Chicago Press, 1964.

Robinson, P. Cognitive Abilities, Chunk-Strength, and Frequency Effects in Implicit Artificial Grammar and Incidental L2 Learning：Replications of Reber, Walkenfeld, and Hernstadt(1991)and Knowlton and Squire(1996) and Their Relevance for SLA [J]. *Studies in Second Language Acquisition*, 2005,27(2)：235 - 268.

Rosch, E. Cognitive Representation of Semantic Categories [J]. *Journal of Experimental Psychology：General*, 1975(104)：192 - 233.

Rosenblatt, L M. Viewpoints：Transaction Versus Interaction：A Terminological Rescue Operation [J]. *Research in the Teaching of English*, 1985,19 (1)：96 - 107.

Saferoglu, G. Teacher Candidates' Reflections on Some Components of a Pre-Service English Teacher Education Program in Turkey [J]. *Journal of Education for Teaching*, 2006,32 (4)：369 - 378.

Salager-Meyer, F. Scientific Publishing in Developing Countries：Challenges for the Future [J]. *English for Research Publication Purposes*, 2008(2)：121 - 132.

Salager-Meyer, F. Writing and Publishing in Peripheral Scholarly Journals: How to Enhance the Global Influence of Multilingual Scholars? [J]. *Journal of English for Academic Purposes*, 2014(2): 78 – 82.

Salli-Copur, D. S. *Teacher Effectiveness in Initial Years of Service: A Case Study on the Graduates of METU Language Education Program* [D]. Ankara: Middle East Technical University, 2008.

Schank, R. *Dynamic Memory Revisited* [M]. Cambridge: Cambridge University Press, 1999.

Schiffrin, D. *Discourse Markers* [M]. Cambridge: Cambridge University Press, 1987.

Schiffrin, D. , D. Tannen & H. E. Hamilton. *The Handbook of Discourse Analysis* [M]. Oxford: Blackwell, 2001.

Schmidt, R. The Role of Consciousness in Second Language Learning [J]. *Applied Linguistics*, 1990(11): 129 – 158.

Schotta, S. G. Student Evaluations and Foreign Language Programs: A Case Study [J]. *Foreign Language Annals*, 1973: 6(4):500 – 517.

Schwarz, B. On the Syntax of Either … Or … [J]. *Natural Language and LinguisticsTheory* 1999,17(2): 339 – 370.

Scriven, M. The Theory behind Practical Evaluation [J]. *Evaluation*, 1996: 393 – 404.

Semino, E. Schema Theory and the Analysis of Text Worlds in Poetry [J]. *Language and Literature*, 1995,4(2): 79 – 108.

Shehadeh, A. Comprehensible Output, from Occurrence to Acquisition: An Agenda for Acquisition Research [J]. *Language Learning*, 2002(52): 597 – 647.

Sheldon, L. Evaluating ELT Textbooks and Materials [J]. *ELTJ*, 1988,42 (4): 237 – 246.

Shleppegrell, M. J. Teacher Research through Dialogic Inquiry [J]. *The Canadian Modern Language Review*, 1997(54): 68 – 83.

Showalter, E. Acts of Violence: David Mamet and the Language of Men [N]. *Times Literary Supplement*, 1992: 16 – 17.

Shulman, L. Knowledge and Teaching: Foundations of the New Reform [J]. *Harvard Educational Review*, 1987: 1 – 22.

Skehan, P. *A Cognitive Approach to Language Learning* [M]. Oxford: Oxford University, 1998.

Sklar, E. S. Sexist Grammar Revisited [J]. *College English*, 1983,45(4): 348 – 358.

Song, J. J. *Linguistic Typology Morphology and Syntax* [M]. Beijing:

Beijing University Press, 2008.

Sperber, D. & Wilson, D. *Relevance: Communication and Cognition* [M]. New York: Wiley-Blackwell, 1995/2006.

Steele, S. Word Order Variation: A Typological Study [A]. In J. H. Greenberg (ed.) *Universals of Human Language Vol. 4: Syntax* [C]. Stanford University Press, 1978: 585 – 623.

Swain, M. Communicative Competence: Some Roles of Comprehensible Input and Comprehensive Output in Its Development [A]. In S. M. Gass & C. G. Madden (eds.). *Input in Second Language Acquisition* [C]. Rowley, MA: Newbury House, 1985: 235 – 253.

Talmy, S. & K. Richards. Theorizing Qualitative Research Interviews in Applied Linguistics [J]. *Applied Linguistics*, 2011,32(1): 1 – 5.

Taylor, J. *Cognitive Grammar* [M]. Oxford: Oxford University Press, 2002.

Thomason, R. *A Semantic Theory of Adverbs* [M]. Yale: Yale University, 1970.

Thompson, G. *Introducing Functional Grammar* (3rd edition) [M]. London, UK: Routledge, 2014.

Thompson, G. *Introducing Functional Grammar* [M]. London: Edward Arnold, 1996/2004.

Thorndike, E. L. Reading as Reasoning: A Study of Mistakes in Paragraph Reading [J]. *Journal of Educational Psychology*, 1917(8): 323 – 332.

Traugott, *et al. Grammaticalization* [M]. Cambridge: Cambridge University Press, 2003.

Traugott, E, C. & G. Trousdale. *Constructionalization and Constructional Changes* [M]. Oxford: Oxford University Press, 2013.

Traugott, E. C. & B. Heine. *Approaches to Grammaticalization* [M]. Amsterdam: John Benjamins, 1991.

Traugott, E. C. Constructions in Grammaticalization [A]. In B. Joseph & R. Janda (eds.). *The Handbook of Historical Linguistics* [C]. Oxford: Blackwell, 2003: 624 – 647.

Traugott, E. C. Gradience, Gradualness and Grammaticalization: How Do They Intersect? [A]. In E. C. Traugott & G. Trousdale (eds.). *Gradience, Gradualness and Grammaticalization* [C]. Amsterdam: John Benjamins, 2010: 19 – 44.

Traugott, E. C. Toward a Constructional Framework for Research on Language [J]. *Cognitive Linguistic Studies*, 2014,1(1): 3 – 21.

Trousdale, G. & M. Norde. Degrammaticalization and Constructionalization

[J]. *Language Sciences*, 2015,36 (1): 32 - 46.

Tyler, R W. General Statement on Evaluation [J]. *The Journal of Educational Research*, 1942,35(7): 492 - 501.

Ungerer, F. & H. J. Schmid. *An Introduction to Cognitive Linguistics* [M]. Boston: Addison Wesley Longman Limited, 1996.

Urquhart, A. H. & C. Weir. *Reading in a Second Language: Process, Product and Practice* [M]. London: Longman, 1998.

Van Patten, B. *From Input to Output: A Teacher's Guide to Second Language Acquisition* [M]. New York: The McGraw-Hill Companies, Inc, 2003.

Van, D. *Text and Context* [M]. London: Longman, 1977.

Wang, C. & M. Wan. Effect of Alignment on L2 Written Production [J]. *Applied Linguistics*, 2015,36(5): 503 - 526.

Watson-Gegeo, K. A. Ethnography in ESL: Defining the Essentials [J]. *TESOL Quarterly*, 1988,22(4): 575 - 592.

Wegener, R. Studying Language in Society and Society through Language: Context and Multimodal Communication [A]. In W. Bowcher & J. Y. Liang (eds.). *Society in Language, Language in Society: Essays in Honour of Ruqaiya Hasan* [C]. London: Palgrave Macmillan, 2016: 227 - 248.

Weir, C. & J. Roberts. *Evaluation in ELT* [M]. Oxford: Blackwell, 1994.

Wen, Q. & Y. Gao. Dual Publication and Academic Inequality [J]. *International Journal of Applied Linguistics*, 2010,17 (2): 221 - 225.

Wen, Q. F. *Applied Linguistics: Research Methodsand Thesis Writing* [M]. Beijing: Foreign Languages Teaching Research Press, 2001.

Whaley, L. J. *Introduction to Typology: The Unity and Diversity of Language* [M]. Beijing: World Publishing Corporation, 2009.

Widdowson, H. G. The Ownership of English [J]. *TESOL Quarterly*, 1994,28(2): 377 - 389.

Widdowson, H. New Starts and Different Kinds of Failure [A]. In A. Friedman, I. Pringle & J. Yalden (eds.). *Learning to Write* [C]. Harlow: Longman, 1983: 34 - 47.

Widdowson, H. On the Limitations of Linguistics Applied [J]. *Applied Linguistics*, 2000(9): 3 - 25.

Wierzbicka, A. The Semantics of Interjection [J]. *Journal of Pragmatics*, 1992,18(2): 159 - 192.

Wilkins, D. A. *Notional Syllabuses* [M]. Oxford: Oxford University Press, 1976.

Wilkins, D. A. Second Languages: How They Are Learned and Taught [A]. In N. E. Collinge (ed.). *An Encyclopedia of Language* [C]. London: Routledge, 1990: 285.

Wilkins, D. Interjections as Deictics [J]. *Journal of Pragmatics*, 1992,18 (2): 119 - 158.

Wilss, W. *The Science of Translation — Problems and Methods* [M]. Shanghai: Shanghai Foreign Language Education Press, 2004.

Wong, W. *Input Enhancement: From Theory and Research to Classroom* [M]. New York: The McGraw-Hill Companies, Inc, 2005.

Worthen, B. R. &. J. R. Sanders. *Educational Evaluation* [M]. London: Longman, 1987.

Xie, L. *Cognitive-Grammatical Analysis of English There-Be Construction* [M]. New York: Pearson Education Limited, 1999.

Xin, R. *Food for Talk* [N]. The Guardian Friday, 1994: 29.

Xu, M. A Contrastive Study of Reference as a Cohesive Device in English and Chinese Oratorical Text [D]. Shandong: Qufu Normal University, 2004.

Yuan, S. R. The Functional Approach to the Teaching of Translation: A Case Study on *Beiying* and Its English Translations [J]. *Chinese Journal of Applied Linguistics*,2016(3): 304 - 315.

Zhang, R. H. Measuring University-Level L2 Learners' Implicit and Explicit Linguistic Knowledge [J]. *Studies in Second Language Acquisition*, 2014 (37): 457 - 486.

Zhou, Y. &. J. W. Creswell. The Use of Mixed Methods by Chinese Scholars in East China: A Case Study [J]. *International Journal of Multiple Research Approaches*, 2012,6(1): 73 - 87.

Zhu, J. *Effects of Input Frequency on L2 Learners' Reading Comprehension Improvement and Vocabulary Learning* [D]. Nanjing: Nanjing University, 2003.

Zuidema, W. &. G. Westermann. Self-Organization of the Optimal Lexicon: Constrains from Embodiment [J]. *Artificial Life*, 2003(4): 387 - 402.

附　　录

附录1　汉语副词性关联词语表

副词性关联语	复句中连接短语/分句	就、也、才、都、却、还、又、再、便、越、不
	语篇上衔接句子和语段	本来、毕竟、大都、大凡、大概、大约、当即、当然、倒、倒是、的确、顿时、反、反倒、反而、反正、方才、敢情、刚、刚刚、高低、跟着、更、更加、果然、果真、好歹、横竖、忽地、忽而、忽然、或许、几乎、既而、接着、仅、仅仅、可能、立即、立刻、另外、马上、猛然、蓦地、蓦然、其实、起码、确实、甚至、时而、随后、随即、特别、同时、唯独、无怪、先、显然、兴许、旋即、也许、尤、尤其、有时、原本、原来、真的、只、至多、至少、终、终归、终究、终于、自然、总、总归、总是、一会儿、实际上、基本上
兼表语气的关联性副词/词语		好在、难怪、宁可、宁肯、宁愿、偏、偏偏、幸而、幸好、幸亏、总算、怪不得、无怪乎、怨不得、更有甚者、果不其然、显而易见
在固定/类固定短语中具有关联副词作用的词语		半……半……、不……不……、一……一……、一……就……、非……非……、亦……亦……、越……越……、一……再……、非……即……、又……又……、愈……愈……、也……也……、忽……忽……、可……可……、渐……渐……、独……独……、现……现……、光……不……

注："更有甚者"、"果不其然"、"显而易见"这三个短语的句法位置不是副词。"更有甚

者"和"果不其然"只能用于句首,不能用于谓词前,"显而易见"在话题主语句中可以用于谓词前,但在"显而易见"的前后要有一个停顿,书面上用逗号隔开,如"这件事,显而易见,他没有料到",更常见的句式是"显而易见,他没有料到这件事"。这三个短语主要是表示语气,同时又具有类似关联副词的关联功能。

附录2 英语副词性关联词语表

副 词 性 关 联 词 语	复句中连接 短语/分句	then, still, again, also, even, just
	语篇上衔接 句子和语段	abruptly, accordingly, accurately, actually, additionally, after all, afterwards, all of a sudden, all the same, almost, already, altogether, always, anyhow, anyway, apparently, approximately, as a matter of fact, as expected, as well (as), at first, at last, at least, at length, at long last, at most, at once, at times, barely, besides, better, certainly, chiefly, concurrently, consequently, consistently, constantly, continually, conversely, correctly, currently, definitely, definitively, deliberately, directly, distinctly, doubtless, effectively, else, especially, even, eventually, evidently, exactly, excessively, extraordinarily, extremely, fairly, finally, firmly, first, firstly, for a short while, formerly, forthwith, fortunately, further, furthermore, generally, gradually, half, happily, hardly, hence, however, immediately, in a moment, in addition, in advance, in any case, in fact, in the end, increasingly, indeed, insistently, instead, invariably, inversely, just now, lastly, lately, later, later on, likely, likewise, little wonder, luckily, mainly, maybe, meantime, meanwhile, merely, momentarily, more, moreover, mostly, namely, naturally, nearly, never, nevertheless, next, no wonder, nonetheless, normally, now and then, obviously, of course, on earth, on the contrary, once, only, ordinarily, originally, partially, particularly, partly, passably, perhaps, persistently, perversely, plainly, positively, practically, precisely, presently, presumably, previously, principally, probably, promptly, quickly,

续　表

副词性关联词语		rather，really，regardless，reversely，right now，roughly，scarcely，secondly，shortly/soon after，simply，simultaneously，small wonder，so，solely，sometimes，soon，specially，still，stubbornly，subsequently，suddenly，sure，sure enough，surely，synchronically，temporarily，thereafter，therefore，though，tolerably，totally，truly，ultimately，unceasingly，undoubtedly，unexpectedly，unfortunately，virtually，what is more，without exception，yet
在固定/类固定短语中具有关联副词作用的词语		neither … nor …，either … or …，both … and …，half … half …，now … now …，not … not …

注：关于附录 1 和附录 2,参见原苏荣(2013b：300 - 302)

附录3　汉英副词性关联词语的篇章衔接功能类型表

功能类型	副词性关联词语		功能类型	副词性关联词语	
	汉语	英语		汉语	英语
先时	先、原本[1]、原来[1]、本来[1]	at first, in advance, originally, formerly, previously	表解释	补证	原来[3]、自然[1]、本来[2]、果然、果真、果不其然	actually[2], really[2], naturally, indeed[2], truly[2], surely[2], sure enough
表时顺　后时	相承	随即、随后、接着、既而、才	then, later, soon, later on, soon after, thereupon, afterword（s）immediately[1], thereafter, soon afterward, subsequently	表转折	否定	其实[1]、实际上[1]	actually[3], really[3], effectively, as a matter of fact, in fact
					补充	其实[2]、当然[2]、自然[2]、实际上[2]	truly[3], surely[3], certainly[2], really[4], actually[4], however
	紧接	立即、旋即、当即、立刻、顿时、俄顷、马上	right away, promptly, directly, instantly, straight away, immediately[2], presently, forthwith		对立	却、反而、反倒、倒是	instead, however, on the contrary, conversely, only[1]
					意外	忽地、忽然、蓦地、猛然、蓦然、倏地、骤然	suddenly, quickly, all of a sudden, abruptly, unexpectedly, precipitately, impulsively

续　表

功能类型		副词性关联词语		功能类型		副词性关联词语	
		汉语	英语			汉语	英语
表解释	确认	的确、确实、真的、当然[1]、肯定原来[2]	really[1]，truly[1]，surely[1]，actually[1]，certainly[1]，indeed[1]，definitely，definitively，positively，undoubtedly	表断言(一)	显性	显然、当然[3]、显而易见	obviously，clearly，evidently，apparently，distinctly，conspicuously
表推论	大致性	大约、大概、大致、可能[1]、大体、大略、大凡、大抵、大多、大都、几乎、基本上	generally，roughly，approximately，likely[1]，probably[1]，possibly[1]，nearly，almost，presumably[1]，more or less，thereabout		并列	也、再[1]、又、亦、还[1]、同时、半……半……、不……不……、一会儿……一会儿……	likewise，too，again，similarly additionally，repeatedly，simultaneously，meanwhile，concurrently，synchronically，contemporaneously，half ... half ...，not ... not ...，neither ... nor ...，now ... now ...
	可理解性	难怪、无怪、无怪乎、怪不得、怨不得	no wonder，small wonder，not surprisingly，understandably，pardonably		例外	只、只是、就、光、仅、仅仅、单、单单、独、唯独、偏、偏偏	only[2]，simply，merely，just，deliberately，alone，nothing but，willfully，persistently，pertinaciously

续　表

功能类型		副词性关联词语		功能类型		副词性关联词语	
		汉语	英语			汉语	英语
表结果	结果	终、终于、终归、终究、总算、总归	finally, at last, therefore, lastly, after all, eventually, in the end, ultimately, consequently, accordingly		后重	再²、更、还²、甚至、更有甚者、越/愈……越/愈……	further, furthermore, even, moreover, besides, still more, even more, what is more, the ... -er, the ... -er
表加合	特提	尤、尤其、尤其是、特别、特别是、极其	especially, particularly, specially, peculiarly, extremely, excessively, extraordinarily				
表条件	有利条件	幸好、幸亏、幸而、好在	luckily, fortunately, happily	表断言(二)	隐性(猜测性)	也许、兴许、或许、可能²	probably², maybe, perhaps, likely², possibly², presumably²
	起码条件	至少、至多、起码、无论如何	at least, at most, anyway, anyhow, in any case				

注：1. 我们把有些短语归入副词性关联词语主要基于以下观点：1)有些固定短语也可用作副词，这些短语在形式上是恒定的，短语/词组中的单个词几乎不保留其各自意义。如：of course(当然)、at last (终于)等 (Biber, *et al.*, 1999：540)；2)我们应把短语的衔接力当作一个整体来对待，而不是把某个词单独拿出来当作某一成分

(Halliday & Hasan，1976：230)。同样，汉语中有几个三音节和四音节的词语，从结构上看是短语，从语义上和句法功能上看是词，因它们与副词性关联词语的功能相似，我们称之为关联性短语副词。还有，非连续性/框架性关联短语，如：不……不……(neither . . . nor . . .)，越……越……(the -er . . . the -er . . .)等也都划入副词性关联词语的范围。

　　2. 本功能分类主要是基于句法功能、借助相关意义并参考共现顺序的标准(原苏荣、陆建非，2011)。

　　3. 关于附录3，参见原苏荣(2013b：108 - 110)

附录4　汉英典型性副词性关联词语

汉语	半、便、不、才、倒、都、独、反、反倒、反而、反正、非、刚、刚刚、高低、更、更加、光、还、横竖、忽、即、渐、仅、仅仅、就、可、宁可、宁肯、宁愿、却、甚至、现、幸而、幸好、幸亏、也、一、亦、又、愈、越、再、只、总、总是
英语	accordingly, afterwards, also, anyhow, anyway, as well (as), at first, at last, barely, consequently, else, even, eventually, finally, first, firstly, fortunately, furthermore, happily, half, hardly, hence, however, lastly, lately, later, luckily, meantime, still meanwhile, merely, more, moreover, neither, never, nevertheless, next, nonetheless, nor, not, now, once, only, particularly, partly, perhaps, rather, scarcely, secondly, so, yet, then, therefore

附录5　汉英非典型性副词性关联词语

汉语	本来、毕竟、大都、大凡、大概、大约、当即、当然、倒是、的确、顿时、方才、敢情、跟着、更有甚者、怪不得、果不其然、果然、果真、好歹、好在、忽地、忽而、忽然、或许、基本上、几乎、既而、接着、可能、立即、立刻、另外、马上、猛然、蓦地、蓦然、难怪、偏、偏偏、其实、起码、确实、时而、实际上、随后、随即、特别、同时、唯独、无怪、无怪乎、先、显而易见、显然、兴许、旋即、也许、一会儿、尤、尤其、有时、原本、原来、怨不得、真的、至多、至少、终、终归、终究、终于、自然、总归、总算
英语	abruptly, accurately, actually, additionally, after all, again, all of a sudden, all the same, almost, already, altogether, always, apparently, approximately, as a matter of fact, as expected, at least, at length, at long last, at most, at once, at times, besides, better, certainly, chiefly, concurrently, consistently, constantly, continually, conversely, correctly, currently, definitely, definitively, deliberately, directly, distinctly, doubtless, effectively, especially, evidently, exactly, excessively, extraordinarily, extremely, fairly, firmly, for a short while, formerly, forthwith, further, generally, gradually, happily, immediately, in a moment, in addition, in advance, in any case, in fact, in the end, increasingly, indeed, insistently, instead, invariably, inversely, just now, later on, likely, likewise, little wonder, mainly, maybe, momentarily, mostly, namely, naturally, nearly, no wonder, normally, now and then, obviously, of course, on earth, on the contrary, ordinarily, originally, partially, particularly, passably, persistently, perversely, plainly, positively, practically, precisely, presently, presumably, previously, principally, probably, promptly, really, regardless, reversely, right now, roughly, simply, simultaneously, small wonder, solely, sometimes, soon, shortly/soon after, specially, stubbornly, subsequently, suddenly, sure, sure enough, surely, synchronically, temporarily, thereafter, though, tolerably, totally, truly, ultimately, unceasingly, undoubtedly, quickly, unexpectedly, unfortunately, virtually, what is more, without exception

附录6　英语副词性关联词语在艾语作品中的语义功能上出现频率统计

功能	ACs\作品	The Robber Bride	The Edible Woman	The Blind Assassin	Surfacing	Alias Grace	Too Much Happiness	The Progress of Love	The Love of a Good Woman	Runaway	Open Secrets	Lives of Girls and Women	Hateship, Friendship, Courtship, Loveship, Marriage	Dear Life	Dance of the Happy Shades
表加合	likewise	1	0	1	0	1	0	0	0	0	1	1	2	1	2
	similarly	0	1	6	0	0	1	0	0	1	0	1	1	1	1
	again	262	172	162	123	162	108	103	119	104	108	130	132	38	80
	additionally	0	0	0	0	0	0	0	1	0	0	0	0	0	0
	meanwhile	7	1	13	1	7	2	0	1	2	2	3	1	3	2
	simultaneously	0	2	1	0	0	0	0	1	0	0	0	0	1	0
	further	4	30	11	14	16	10	14	13	0	11	6	6	14	4

续　表

furthermore	1	2	0	1	1	0	1	2	2	0	0	0	1	0
even	108	63	167	147	91	218	249	217	162	255	85	225	146	314
moreover	4	8	9	6	4	27	16	6	8	5	1	15	10	10
besides	1	0	0	1	0	0	0	0	0	0	0	0	1	0
especially	6	12	0	3	8	10	7	9	27	5	3	27	25	27
particularly	14	12	16	10	8	18	8	11	14	1	0	6	7	61
peculiarly	1	2	0	0	1	0	1	1	0	0	0	0	1	0
extremely	0	1	0	2	1	1	1	0	0	0	0	0	2	0
excessively	0	1	0	0	1	1	1	0	1	0	0	0	0	0
extraordinarily	0	1	0	0	1	0	0	0	0	0	0	0	1	0
表解释 indeed	1	17	13	6	6	13	9	9	5	65	9	14	2	10
certainly	9	14	15	9	7	13	17	5	9	31	28	42	13	17
really	76	62	33	86	67	93	45	59	58	47	27	105	150	145
truly	4	9	8	4	1	8	7	3	1	14	1	5	2	16
surely	27	21	23	5	6	21	17	23	9	45	2	34	14	24

续表

分类	词语														
	definitely	2	3	1	0	1	2	1	0	0	0	2	0	16	5
	positively	1	2	1	0	1	0	0	2	1	1	5	0	2	0
	undoubtedly	0	0	0	0	0	0	0	1	0	2	6	0	0	0
	actually	8	42	10	8	11	29	11	19	6	17	22	26	33	42
	naturally	4	8	9	6	4	27	16	6	8	5	1	15	10	10
	originally	0	0	0	1	1	2	0	2	1	1	0	1	0	0
	formerly	2	1	2	0	2	1	0	0	0	3	1	2	1	0
	previously	1	1	0	0	1	2	0	0	1	4	0	1	1	0
	meantime	1	0	1	0	0	1	0	3	0	0	0	1	2	0
表时顺	meanwhile	1	2	2	3	2	2	2	1	4	7	1	14	1	7
	instantly	2	2	1	0	0	3	4	0	1	1	0	2	0	2
	simultaneously	1	0	1	0	0	0	0	0	0	0	0	1	2	0
	presently	0	1	0	3	0	0	2	3	0	2	0	1	1	1
	subsequently	0	0	0	0	0	0	0	1	1	0	0	0	0	1
	promptly	0	0	0	0	1	2	1	0	0	1	0	0	0	0

续　表

	1	2	3	4	5	6	7	8	9	10	11	12	13	14
immediately	4	3	6	8	6	18	6	4	12	7	0	10	7	7
finally	14	9	16	13	14	18	20	28	14	9	14	16	37	47
afterward(s)	8	6	13	4	10	6	18	8	11	25	2	18	6	21
soon	53	25	52	50	26	46	50	55	54	91	22	98	43	61
later	35	18	54	40	38	43	40	48	31	48	27	89	32	66
then	161	161	123	136	162	161	208	126	118	168	151	168	259	151
actually	5	21	28	14	11	29	19	24	27	9	0	19	33	42
really	58	16	88	56	45	83	66	85	62	47	27	105	150	145
effectively	1	0	0	0	1	1	0	1	0	0	0	2	1	0
instead	6	3	6	0	1	6	9	1	4	15	9	19	7	54
表转折　however	6	15	14	11	6	16	4	5	17	43	5	51	24	28
conversely	0	1	0	0	0	0	0	0	0	0	0	0	0	0
only	2	3	4	5	5	6	4	0	6	6	1	12	4	9
suddenly	6	8	9	9	12	16	6	6	12	16	7	16	30	13
unexpectedly	3	1	5	1	2	2	0	1	0	0	2	1	2	0

续　表

abruptly	0	1	0	0	2	1	0	1	1	1	2	5	3	2
precipitately	0	0	0	0	1	0	0	0	0	0	0	0	0	0
finally	9	16	13	13	14	18	14	21	9	9	14	16	37	47
accordingly	0	0	0	0	0	0	0	0	0	0	0	2	2	0
therefore	0	3	2	1	1	1	1	2	1	10	1	20	9	9
ultimately	0	0	0	0	0	0	0	0	0	3	3	0	0	3
eventually	0	5	6	2	10	6	2	2	0	2	2	3	5	4
consequently	0	1	0	0	1	1	0	0	0	1	0	0	2	1
luckily	0	1	2	0	0	0	0	4	0	4	0	7	3	10
fortunately	1	4	3	0	1	1	2	1	2	3	0	4	1	3
happily	0	0	1	0	0	0	0	1	0	0	0	2	0	0
anyway	25	43	39	26	21	50	40	23	33	10	15	87	58	105
anyhow	0	0	0	1	0	0	2	0	0	0	0	1	1	0
in any case	0	2	2	0	0	0	2	1	0	27	3	15	0	19
at least	16	31	31	15	21	36	24	16	34	53	12	85	34	25

表结果：abruptly, precipitately, finally, accordingly, therefore, ultimately, eventually, consequently

表条件：luckily, fortunately, happily, anyway, anyhow, in any case, at least

续 表

at most	3	1	1	3	1	3	4	2	6	2	0	2	1	2
clearly	2	1	1	1	1	2	4	7	2	2	3	8	9	8
obviously	2	1	2	1	1	4	2	3	1	3	1	6	15	3
evidently	2	5	0	1	1	1	1	2	3	2	0	5	11	1
apparently	3	9	6	2	2	14	10	2	11	1	3	4	5	5
distinctly	2	0	1	0	1	0	1	0	1	1	1	0	0	0
conspicuously	0	0	1	0	0	0	0	0	0	0	0	0	0	0
表断言 perhaps	33	63	67	25	60	73	55	60	55	104	48	123	50	27
possibly	4	12	11	6	8	5	8	2	11	17	6	14	14	31
probably	18	39	51	12	35	54	41	32	50	4	10	12	43	35
maybe	40	98	79	17	52	86	78	33	62	3	46	48	82	180
likely	9	19	19	11	11	16	17	14	11	29	1	34	8	29
presumably	0	1	1	2	1	0	3	1	2	0	0	0	1	0

注:附录 6 中的数据是来源于第六章表 6 作品中的数据。

附录 7　汉语副词性关联词语在汉译本中的语义功能上出现频率统计

功能	ACs 作品	《爱的进程》	《公开的秘密》	《好女人的爱情》	《恨友谊追求爱情婚姻》	《快乐影子之舞》	《女孩和女人们的生活》	《亲爱的生活》	《逃离》	《幸福过了头》	《别名格雷斯》	《浮现》	《可以吃的女人》	《盲刺客》	《强盗新娘》
表时顺	本来	5	11	13	11	9	5	21	22	20	10	1	18	23	19
	原来	2	9	3	25	2	19	15	23	14	7	3	7	8	6
	原本	3	5	3	2	1	1	11	8	8	1	0	4	14	3
	先	9	7	13	0	5	1	4	5	7	8	2	3	1	2
	原先	12	19	3	0	0	3	12	0	0	0	16	8	0	0
	同时	17	12	16	16	7	18	29	27	13	39	16	25	62	48
	还	26	13	14	0	9	1	6	20	6	8	5	7	9	4

	1	2	3	4	5	6	7	8	9	10	11	12	13	14
随即	1	0	0	0	2	0	0	0	2	0	16	8	0	0
旋即	16	0	19	0	0	0	0	0	0	0	0	0	0	0
立即	1	2	5	4	1	2	9	7	1	6	5	3	12	10
立刻	10	13	19	12	14	7	10	20	46	13	7	33	9	11
顿时	4	1	2	0	3	0	0	2	2	1	1	1	2	1
当即	0	0	10	0	0	0	0	2	0	0	0	0	1	0
接着	7	39	14	50	11	9	37	42	15	40	24	88	107	12
马上	5	11	10	9	2	6	9	14	21	31	13	15	12	15
随后	2	3	6	3	6	2	1	1	8	2	32	10	4	3
既而	0	0	30	0	0	0	0	0	0	0	0	0	0	0
才	101	87	93	91	44	65	89	81	82	81	89	62	53	67
确实	63	14	54	15	16	9	16	17	54	51	19	12	33	23
的确	0	17	0	22	3	19	36	32	30	12	4	18	13	7
真的	62	40	34	78	42	63	71	112	64	71	42	46	61	59
当然	52	41	56	67	31	32	99	52	128	75	20	13	96	98

表解释

续　表

类别	词语														
	肯定	25	45	46	143	62	60	57	24	6	36	20	37	59	44
	原来	6	20	8	2	5	27	27	8	10	1	14	2	7	2
	自然	5	19	23	3	5	16	62	8	2	3	1	5	4	9
	果然	2	1	1	3	2	0	3	1	0	1	0	3	4	6
	果真	10	6	1	4	2	10	0	1	0	0	0	3	0	7
	果不其然	0	0	0	0	0	0	1	0	0	0	0	0	0	0
表加和	也	15	92	32	89	73	35	42	77	62	93	51	57	87	62
	又	36	37	40	74	58	77	33	81	41	28	57	21	31	12
	再	52	31	24	152	52	10	56	52	49	58	50	107	41	95
	同时	48	62	25	16	47	13	27	29	18	7	16	16	36	17
	甚至	98	83	27	34	28	89	26	30	17	61	95	100	63	88
	更有甚者	0	1	1	0	0	0	0	0	0	0	1	0	0	0
	尤其	1	18	7	1	4	1	2	4	4	1	16	15	4	12
	尤其是	0	13	4	0	2	0	0	1	2	0	9	3	7	4
	特别	43	24	21	7	13	31	28	47	16	11	28	9	30	18

续 表

类别	词														
	特别是	22	12	0	2	42	8	13	4	0	1	1	0	1	3
	极其	6	4	22	1	0	3	1	1	4	0	3	3	2	2
	其实	25	42	30	8	60	51	43	62	4	35	7	60	27	69
	实际上	59	19	4	9	17	39	12	29	18	20	24	13	19	14
	却	154	106	95	63	87	50	211	119	48	54	61	96	106	89
	倒	14	16	12	20	9	12	2	4	2	8	4	11	3	7
	反而	17	8	11	8	2	2	5	2	5	2	2	1	8	3
	反倒	0	3	0	0	1	7	8	0	0	2	1	3	0	3
表转折	倒是	13	21	33	13	12	12	47	1	3	7	1	10	7	10
	忽然	0	2	9	3	2	1	11	0	2	0	2	1	21	0
	猛然	0	1	12	0	3	0	0	1	1	4	0	0	2	0
	骤然	0	0	0	1	0	0	0	0	0	0	0	0	0	0
	倏地	0	0	0	1	0	0	0	0	0	0	0	0	0	0
表结果	终究	1	4	2	1	0	5	2	4	10	2	12	9	2	4
	总算	1	8	16	2	13	10	15	0	5	0	7	6	4	13

续　表

		17	14	26	19	13	14	15	16	16	13	14	27	31	28
	终于														
	终归	0	0	2	6	3	7	1	0	9	1	0	5	1	3
	总归	14	10	2	3	0	11	0	1	0	2	0	1	2	2
	终	77	89	87	62	100	57	82	64	96	96	90	82	99	86
	幸亏	0	2	0	0	0	0	5	2	3	1	0	3	4	0
	幸好	3	0	1	1	0	3	6	1	0	1	5	2	6	6
	好在	0	1	0	2	0	2	9	1	2	3	1	2	0	0
	幸而	0	0	0	0	0	2	5	0	0	2	0	2	0	0
	多亏	0	0	0	0	0	5	5	1	0	9	2	1	0	0
表条件	至少	24	25	34	31	18	26	40	31	9	11	31	18	97	36
	至多	0	0	1	0	1	6	3	2	42	7	6	0	0	0
	无论如何	1	49	2	5	5	1	6	7	1	2	1	7	2	34
	起码	0	0	0	0	0	0	7	1	0	1	3	2	2	30
	显而易见	0	0	1	0	3	1	0	0	2	1	0	0	3	6
表断言	当然	32	31	36	37	35	32	57	52	78	75	20	31	96	98

续表

自然	显然	可能	也许	兴许	或许	难怪	无怪乎	怪不得	怨不得
5	23	112	159	3	71	3	1	1	0
19	45	104	169	1	42	6	0	1	0
23	16	97	119	0	16	0	0	0	0
3	9	87	87	0	33	0	0	0	0
5	19	100	67	0	30	2	0	2	3
6	30	101	175	0	20	1	0	9	0
62	19	138	117	0	5	0	0	1	0
8	8	124	133	1	4	0	0	0	0
2	10	125	57	0	9	3	0	0	0
3	5	71	94	0	5	0	0	0	0
1	13	211	173	0	25	0	0	0	0
5	20	183	11	0	131	0	0	0	0
4	7	178	82	0	13	2	0	0	0
9	10	122	4	0	104	0	0	0	0

注：附录7中的数据是来源于第六章表7作品中的数据。

后　记

　　本书是在我的上海市教委科研创新重点项目"汉英特殊类词语——副词性关联词语比较研究"以及上海市哲社项目"汉英特殊类词语——副词性关联词语多视角比较研究"结项课题的基础上,全面系统修改之后完成的。

　　2006 年 9 月起,在范开泰教授的指导下,我在上师大语言学及应用语言学科攻读博士学位,主攻方向为汉英对比语法。在多位老师指引下,2007 年 6 月确定了博士学位论文选题"汉英副词性关联词语对比研究"。从此开始,我有意识地集中我的研究视角与学术兴趣,如饥似渴地阅读了大量中外有关语法理论的论著,梳理了自己对汉英语法理论的理解思想。2010 年 3 月提交初稿进行预答辩,2010 年 5 月博士学位论文顺利通过答辩。毕业后我在博士论文的基础上从多个不同方面作了更广泛和深入的研究,撰写了多篇汉英副词性关联词语的研究论文,对论文做了全面修改、补充与扩展,2013 年 8 月出版专著《汉英副词性关联词语比较研究》。回想起各位老师的关心、鼓励与帮助,我深铭感怀。

　　汉、英语的副词性关联词语是比较复杂而又研究得不够充分的一种特殊类词语,其功能多种多样,值得探讨的问题也很多。虽然学界已有很多研究,取得了不少成果;本书作者也在这方面有一定的研究成果,发表了一些论文,并且出版了专著《汉英副词性关联词语比较研究》，但是从具体研究成果来看，学界主要在单语内、同一视角、分散研究的成果较多，而从语篇层面进行双语多个视角的比较研究不够，有不少问题需要研究回答，比如：认知语言学视角下该类词语的认知特点和规律是什么？在功能语言学、语篇语言学视阈下该类词语的衔接共同特点与差异有哪些？从类型学视角下探究该类词语多语类共性规律是什么？从应用语言学角度探究该类词语的实际应用及其教学模式如何？是否可能选择当代主要语言学流派作为描写框架，在众多表面的差异之下，找到汉英副词性关联词语的基本相同点等？正是有鉴于此，历时五年我们又完成了《汉英特殊类词语——副词性关联词语多视阈比较研究》一书，以期弥补该类词语研究的不足。需要说明的是，两部论著之间虽有相通之处，但更有多方面的差异。如果说第一本专著是"以语篇功能理论为基础，讨论了副词性关联词语的范围及分类，考察了汉英副词性关联词语在复句中的连接功能和语篇中的衔接功能。探索了汉英非连续的副词性关联词语以及紧缩格式中的副词性关联词语的功能和特点。重点研究了汉英副词性关联词语的共性和差异，并以个案分析加以印证"。那么，第二部专著则依次从认知语言学视阈、构式语法视阈、功能语言学视阈、语篇语言学视阈、类型学视阈和应用语言学视阈等六个方面对汉英副词性关联词语作了逐项深入的比较与阐释。做到了不同视角的互相补充，进而从用法解释、规则描写深入到共性规律及其差异的原理解释和机理探究。

书稿完成之际，我要感谢很多人！陆建非教授是我多年的良师益友，他不仅在学术上与我有相通之处，两人有许多合作成果，而且一直对我的工作、学习和生活也十分关心，给予我相当大的关心、支持和帮助。张谊生教授从我读博以来，始终关心我的学术成长，经常与我分享学术思想、交流学术问题，对于学术问题永远有问必答、诲人不倦。他总是热情、详细地解答我的学术研究中遇到的问题,给予了我很多建议和帮助。陈昌来教授也一直关心我的学术,在工作和学习中给予了我很多鼓励与支持、关怀和帮助。陆丙甫教授、曹秀玲教授、宗守云教授治学严谨、处事认真、为人谦和,我与三位都有过多方面的学术交流,他们曾分别给了我很大的帮助,而且影响进而夯实了我认真扎实为学的风格。诸位学者对我的支持、关心与帮助,我都将永远铭记于心。

　　本书的一部分章节,曾经以单篇论文的形式发表在《西安外国语大学学报》、《上海师范大学学报》、《基础教育外语教学研究》、《中学外语教与学》(人大复印报刊资料)、《江苏科技大学学报》等学术刊物,其中合作完成人包括陆建非、殷佳越、刘曜、贺嘉宁、周顺萍诸位。还有参与调查和合作的刘斌、江浩、邹清妹、温茹老师等。这次编入本书时,因当时论文发表时限于篇幅所作的删节及省略,此次均按原文予以补充。2014年我获得上海市教委科研创新人文社科类重点项目,同年还获上海市哲社项目。在结项课题与单篇论文的基础上,我对原稿作了大幅度的修订、充实,完成了这部结构体系较完整的专著。

　　本书各个章节在校对中,曾得到我的研究生张银青、孟燕燕、杨琪、陈小云、孙中源和刘湘瑜的协助。她们提出过不少很有见地的修改意见,我都尽量作了修改或改正。上海三联书店责任编辑杜鹃女士,为了本书出版、编辑与校对,花费了大量心血。对所获一切帮助和协助,作者一并表示由衷的谢意。

　　本书稿从确定选题到现在定稿,历时近五年。这些来,我除感谢许多名师和我的研究生外,也要感谢我的夫人李伟,三十多年来,如果没有她在各项家庭事务上全力协助、相辅相伴,我要想全心全意投入学术研究,显然是不可能的。本书的完成还要感谢我的儿子原野,他聪明懂事,认真勤奋,曾帮我解决诸多电脑程序难题,设计图表,还一起讨论分析与梳理相关例句,为本书稿提供极大帮助。还要感谢岳父母李文正、姚霭如对我的鼓励与关心。

　　这部书稿,是我孜孜求学近四十年的又一成果。这么多年来,每当我的人生取得一点收获与成功之时,我都会想起父母对我的养育教诲之恩。所以,我要将我第二本正式出版的学术著作敬献到我从未进过学堂门的父母的灵前。

原苏荣

2019 年 7 月于上海师范大学科技园

图书在版编目（CIP）数据

汉英特殊类词语——副词性关联词语多视阈比较研究/原苏
荣著. —上海：上海三联书店，2019.11
ISBN 978-7-5426-6651-2

Ⅰ.①汉⋯　Ⅱ.①原⋯　Ⅲ.①汉语-副词-对比研究-英语
Ⅳ.①H146.2②H314.2

中国版本图书馆 CIP 数据核字（2019）第 056355 号

汉英特殊类词语
——副词性关联词语多视阈比较研究

著　　者 / 原苏荣

责任编辑 / 杜　鹃
装帧设计 / 一本好书
监　　制 / 姚　军
责任校对 / 王凌霄

出版发行 / 上海三联书店
　　　　　（200030）中国上海市漕溪北路 331 号 A 座 6 楼
邮购电话 / 021-22895540
印　　刷 / 上海肖华印务有限公司

版　　次 / 2019 年 11 月第 1 版
印　　次 / 2019 年 11 月第 1 次印刷
开　　本 / 890×1240　1/32
字　　数 / 410 千字
印　　张 / 14.5
书　　号 / ISBN 978-7-5426-6651-2/H·77
定　　价 / 59.00 元

敬启读者，如发现本书有印装质量问题，请与印刷厂联系 021-66012351